日外選書 Fontana 時代に即した新鮮な内容、新しいヒント！
日外選書 Fontana シリーズ

教育パパ血風録

澤井 繁男 著
四六判・200頁　定価1,680円（本体1,600円）　2007.5刊

「教育」は、教育する側にとっても自分が教えられ育つものである、という持論を基に、学力低下論争、後発進学校、予備校、学校週休2日制、いじめ問題などについて元予備校講師の著者が鋭く切り込む。

ビジネス技術 わざの伝承
——ものづくりからマーケティングまで

柴田 亮介 著
四六判・260頁　定価1,980円（本体1,886円）　2007.5刊

2007年問題を踏まえて、仕事の「わざ」を次世代へ伝えるために、能・歌舞伎・噺家など、古典芸能の世界における弟子養成術からヒントを会得、その伝承方法を説く。

ぱそこん力をつけよう！
——御仁のためのパソコン活用塾

白鳥 詠士 著
四六判・230頁　定価1,680円（本体1,600円）　2007.6刊

"ワードはわかる、エクセルもなんとか…。でもそこから先へ進めない"。そんな初級者のために、Windowsの仕組みやパソコンの選び方、設定方法、インターネットの基本などをわかりやすく解き明かす。

からだ、不可解なり
——透析・腎臓移植に生かされて

澤井 繁男 著
四六判・230頁　定価1,980円（本体1,886円）　2007.6刊

血液人工透析、腎臓移植、再人工透析、腹膜透析、再々人工透析…と現在まで26年間続く治療。「からだ こころ いのち」に正面から向き合い、社会・医療のあり方を考え続けてきた真摯な記録。

様々な事柄を調べるために

企業不祥事事典──ケーススタディ150

斎藤 憲 監修
A5・500頁　定価5,800円（本体5,524円）　2007.7刊

近年の事例を中心に、様々な企業の不祥事150件について、事件の背景、発端、経緯、裁判、企業の対応などを詳細に記載した事典。新聞・雑誌記事、WEBサイトなどの参考文献も掲載。

鉄道・航空機事故全史　シリーズ災害・事故史1

災害情報センター，日外アソシエーツ 共編
A5・510頁　定価8,400円（本体8,000円）　2007.5刊

明治～2006年に発生した、鉄道事故・航空機事故を調べられる事典。第Ⅰ部は大事故53件の経過と被害状況・関連情報を詳説、第Ⅱ部では全事故2,298件を年表形式（簡略な解説付き）で総覧できる。

柳田邦男氏推薦

三国志研究入門

渡邉 義浩 著，三国志学会 監修
A5・270頁　定価2,300円（本体2,190円）　2007.7刊

正史「三国志」、小説「三国志演義」の本格的研究論文を書くための指南書。研究に必要な参考図書の紹介、文献の収集方法、中国や日本のデータベースの利用方法等について記載。歴史・思想・文学のテーマごとに主要研究論文を解説し、研究文献目録を付した愛好家から上級者まで使えるわかりやすい内容。

環境史事典──トピックス1927-2006

日外アソシエーツ編集部 編
A5・650頁　定価14,490円（本体13,800円）　2007.6刊

昭和初頭から2006年まで、日本の環境問題に関する出来事を一覧できる年表形式の事典。土呂久鉱害、水俣病、放射性廃棄物、地球温暖化、京都議定書、クールビズなど、幅広く5,000件のトピックを収録。

200706

お問い合わせ・ご注文は…　データベースカンパニー　**日外アソシエーツ**
〒143-8550　東京都大田区大森北1-23-8
TEL. (03) 3763-5241　FAX. (03) 3764-0845
http://www.nichigai.co.jp/

図書館人物伝

図書館を育てた20人の功績と生涯

日本図書館文化史研究会 編

日外選書
Fontana

装丁：浅海 亜矢子

被伝者の光と影
―序にかえて―

　先ごろ，図書館における「人的援助」(aids to readers) の必要性を説いた Samuel S. Green および，その人的援助を「レファレンス・ワーク」(Reference Work) と名づけ，定義をした William B. Child の生没年を調べた。Green は，たやすく見つけることができたのだが，Child については，ちょっと手間がかかりそうである。詳細は省くとして，この探索を通じて，後世のわれわれから見ると，図書館活動において同じように価値ある仕事を成し遂げた人たちだが，その人物について知ろうとすると，研究者であったとか，著作物があるとか，あるいは大規模な図書館の長として活躍していた人物には，当人に関する資料，情報が多くあること，このような人たちに比べ，図書館の実務畑で，地道に仕事をしていた人物に関する情報が残されている例が少なく，被伝者にとっても伝記作家にとっても明暗が分かれる，と同時に少ない情報の中から芋蔓式にたどり，一次資料を発掘した時の喜びは何ものにも変えがたいものともなる。
　さて，日本図書館文化史研究会（当時は，図書館史研究会）が1982年創立以来，本年（2007年），25周年という節目を迎えることとなり，記念事業のひとつとして，本書を刊行できたことは，まことに喜ばしいことである。
　図書館情報学史上，偉大な業績を残した人は，無論のこと，図書館活動において，新しいサービスを試みたり，展開した人物に焦点が当てられたりと，これまで，わが国ではあまり知られていなかった人物の発掘もある。
　新たにどのような人物に出会えるか，先人達の開拓精神の陰にどのような努力があったのか，わくわくしながら本書を手に取る方も多いだろう。
　今後の自分自身の研究，調査に役立てようとする方，図書館情報学関連の授業において，これらの先人達を紹介するのに，伝記辞典代わりに重

宝される方もおられるだろう。本書が様々な目的で，活用されれば，当研究会としては，このうえない喜びである。

　人物達のなかには，様々な伝説が残され，流布しているが，一次資料にあたることにより，これまで知られなかった一面が顕わになる，あるいは，その人物が図書館界に残した業績の影にある部分が，公にされることによって，よきにつけ，あしきにつけ，その人物に肉迫でき，親近感を憶える，というところに人物伝の面白さを感ずる人もいるだろう。

　今回，執筆者はもとより，査読者，編集委員など，多くの方々のご苦労のもとに，刊行が実現した。本書に関ったすべての人に感謝の意を表したい。

　加えて，本書の刊行を契機に，また新たな人物発掘調査，研究が進展することを願ってやまない。

2007年7月

日本図書館文化史研究会
代表　阪田 蓉子

凡　例

　本書の配列は次の順になっています。

1. 日本人篇・外国人篇に大別。
2. 日本人篇は，被伝者の主な活躍地により北から配列し，同一地域の場合，生年順に配列。
3. 外国人篇は，被伝者の主な活躍地により北から配列し，同一国の場合，生年順に配列。

目　次

日本人篇

覚え書　秋田県立秋田図書館長佐野友三郎のこと
　………………………………………………………… 小川　徹　1

図書館員教習所設置の意義
　―乗杉嘉壽に焦点をあてて― ……………………… 坂内　夏子　23

帝国図書館長松本喜一について
　………………………………………………………… 鈴木　宏宗　47

森清の生涯と業績
　―間宮不二雄との交流を軸として― ……………… 石山　洋　71

府中市立図書館長大西伍一
　………………………………………………………… 小黒　浩司　97

情熱の図書館人，村上清造
　―薬学図書館の改革から公共図書館運動への軌跡―
　………………………………………………………… 参納　哲郎　119

叶沢清介の図書館づくり
　―PTA母親文庫まで― …………………………… 石川　敬史　141

半月湯浅吉郎，図書館を追われる
　………………………………………………………… 高梨　章　163

志智嘉九郎の業績について
　―レファレンス・サービスを中心に― …………… 伊藤　昭治　187

「道の島」に本を担いで
　―奄美の図書館長・島尾敏雄― …………………… 井谷　泰彦　211

外国人篇

ヴァルター・ホーフマンとドイツの公共図書館
　　……………………………………………… 河井 弘志　233

児童図書館員リリアン H. スミス小伝
　　……………………………………………… 深井 耀子　257

ジョン・ショウ・ビリングスの二つの生涯
　　……………………………………………… 藤野 寛之　277

ジョン・コットン・デイナの生涯と図書館哲学
　　……………………………………………… 山本 順一　299

アメリカ公共図書館における自動車図書館の先覚者
　　メアリー・レミスト・ティッコム　……………… 中山 愛理　323

ピアス・バトラーの図書館学における理論と実践
　　―書物観を中心に―　……………………… 若松 昭子　347

戦後占領期初代図書館担当官キーニー
　　……………………………………………… 三浦 太郎　367

20世紀アメリカのライブラリアン そして図書館学者ジェシー・
　　H・シェラについて
　　……………………………………………… 松崎 博子　389

セーチェーニ・フェレンツの生涯
　　―ハンガリー国立セーチェーニ図書館の設立者―
　　……………………………………………… 伊香 左和子　411

「はだしのライブラリアン」の足跡
　　―ヘディッグ・アニュアールと東南アジア図書館界の発展―
　　……………………………………………… 宮原 志津子　435

　　編集後記　………………………………………………　455

覚え書　秋田県立秋田図書館長佐野友三郎のこと

Tomosaburo Sano,
Librarian of Akita Library. Akita Prefecture

小川　徹
（元法政大学）

佐野友三郎（さの・ともさぶろう） 　1864（元治 1 ）年　川越に生まれる。のち前橋に転居 　1890（明治23）年　米沢の中学校，その後大分・広島の中学校 　　　　　　　　　　の教員 　1895（明治28）年　台湾総督府に勤務（～ 1899 年） 　1900（明治33）年　秋田県立秋田図書館長に就任 　1903（明治36）年　山口県立山口図書館長に就任 　1920（大正 9 ）年　死去

はじめに

　小稿は，早くより注目され，語られてきた佐野友三郎について[1]，その業績を論じたものではなく，秋田県立秋田図書館長時代の関連する若干の資料を整理しようとしただけのものである。

　関連する資料には，当時のものとしては秋田県会会議録（以下県会会

議録），『秋田魁新報』(国立国会図書館所蔵のマイクロフィルムによる。以下『魁』) などがある。石井敦編『佐野友三郎：個人別図書館論選集』(日本図書館協会，1981。以下『佐野』) には佐野の秋田時代の論考が収められている。また佐野の没後間もなく，佐野を秋田に県立秋田図書館長として呼んだ，当時の県知事武田千代三郎の回想（以下「回想」）がある。これは全国専門高等学校図書館協議会の大阪で行われた第3回大会（大正15年11月）のとき，その初日の懇親会の席上，今井貫一大阪府立図書館長が列席者のなかには日本図書館事業の隠れた恩人がいるといって，武田千代三郎大阪高商校長を紹介し，これを受けて武田が語ったものである（同協議会会報第3号：1927.7）。上掲『佐野』に収められている。石井敦氏は「いくつか武田の記憶違いはあるが，佐野を知るうえできわめて重要な資料である」といわれている。

のちのものとしては『秋田県立秋田図書館沿革誌：昭和36年版』(1961，以下『沿革誌』) や『秋田の先覚 5：水平三治の項』秋田県（1971，以下『秋田の先覚』)，『秋田県史 5（復刻版）』(1977，以下『県史』)，『秋田県教育史 5』(1985，以下『教育史』)，『創立九十周年記念秋田県立秋田図書館史年表』(1990，以下『年表』)，『佐野』の「解説・年譜」などがある。

1. 就任まで

やや遡ってみてみよう[2]。1880（明治13）年1月秋田公立書籍館開館，1882年9月秋田書籍館と改称，1884年7月以後休館，1886年3月廃止する（『年表』)。それから10年余，1896年12月の通常県会で，9日秋田県教育会の会合についての県会議員（以下原則県議という）の質問に答えて県庁委員が，県教育会は5件の諮問案を検討した，そのなかに図書館の件があったが，これは「大ニ県経済ニ関スルモノナレハ本年ハ先ツ見合トセリ」と述べた（県会会議録，以下概ね発言部分のみ注記）。

この県教育会は前年暮れの県会で，従来の教育会（私立教育会と称した）とは別に知事に教育に関して建議する役割をもつものとして設立が決まり，この年の会合は7月6日から5日間県会議事堂で行われ，上記諮問案が審議された（『教育史』)。

12月22日に県議から県立図書館を設立すべしとの建議が出され、採択された。県教育会が図書館設立を見合わせたことを踏まえたものであろう。
　翌年9月の臨時県会で質問があり、11月の通常県会に設立諮問案が提出された。当時知事は岩男三郎である。
　1899年4月図書館の敷地が千秋公園内と決まり、開館にむけて準備がはじまる。この月知事が岩男から武田千代三郎に交代した[3)]。
　同年8月水平三治、図書館書記に任命（『魁』(8.3))、同月2名の図書館看守任命（同 (8.12)) と準備が進んでいるようすがみられる。『魁』(1900.2.15) によれば図書館書記として水平三治とともに片岡律蔵がいた。当時図書館は館長、書記・看守各2名、小使、給仕他であった（1900年度図書館費より）。
　同年11月1日秋田県立秋田図書館は開館した（以下秋田図書館）。館長は秋田中学校長の兼任であった。
　その年12月の通常県会で武田知事は、提出した予算案のなかで、私立教育会に図書館と県史史料収集の事を委託する方針を示した。
　ところで詳細は省くが、1890年に公布された府県制では、府県に府県会とともに、知事・府県高等官・府県会議員で構成される参事会が議決機関として置かれた（秋田県の事情は『秋田県政史』(1955-56)、『県史』）。例えば知事は県会に予算案を提出する、この予算案は県会に出される前に参事会で審議され、その結論が県議に意見書として配付された。県議はこの意見書もみながら予算案の審議を行う。両者に違いのあることもある。
　この年の参事会の予算案についての意見（「明治32年秋田県通常県会議案県参事会意見書」の第1号議案「明治33年度秋田県歳入歳出予算書」への意見）のなかに、知事が出した予算案と異なるところがあった。図書館についてみると、参事会はこれを県の事業とする提案をしている。
　私立教育会をめぐって、県史編纂事業を委ねることの是非などの問題もあって、かなり厳しい議論が交わされた。県議にはできたばかりの県立図書館を私立教育会付属のものとすることへの疑問もあって、採決の

結果，参事会の意見をとって満場一致で図書館を県事業とすることと決まった[4]。

　参事会提案の図書館予算では館長の俸給を単価50円，金額600円としている。これは兼務であった中学校長が年に50円であったのを，専任にするための年俸の金額である。榊田清兵衛は審議のなかで「館長俸給ハ前年度ハ中学校長ノ兼務トシ年額五拾円ナリシガ今参事会意見ヲ採ルモノトセハ六百円トセザルベカラズナリ」とこれを支持している（県会会議録1899.12.23）。翌日予算審議が終えたあと，三浦盛徳が発言を求め「館長ニハ単純ニ五拾円丈ケノ人物ヲ雇フト云フ如キコトヲ爲サスシテ館長トシテ適当ナル人物ヲ撰任セラレタシ」と知事に念を押した（同上12.24）。

　武田知事はこういう経過があって，専任の館長を探すこととなり，佐野友三郎を呼んだのである。

　武田は「回想」で「秋田市には，其の前より県立の図書館が公園内に設けてありました。（中略）旧藩士中の読書好きの老人を事務員として閲覧者を待受けて居ましたが，一向「流行」らないので，是では行かぬ，何とかしやうぢやないかと云ふので寄々有志者とも相談しましたが，（中略）然るべき人が見付からず（中略）非常に人選に困りました。折から，其の当時，山形県立山形中学校に勤務して居た佐野友三郎（中略）が都合で他に転じたいと云つて居るとの事を聞き出しまして，早速交渉しました処，図書館の仕事は自分も予てからやつて見たいと思っていた所だから，引受けてもよい，だが，其の経営上，他から要らぬ干渉制肘を加へられる様ではいやだと，佐野の木地丸出し（ママ）の返事がありました」と語る（前掲協議会会報。以下同）。

　さて武田は「一向「流行」らない」図書館をなんとかしようとして，しかるべき人物を求めたと語っているが，そうではない。また当時図書館は開館前，武田知事になってから，上記のように水平三治らを採用している。水平は，『秋田の先覚』によれば，1862（文久2）年，久保田城下（今の秋田市）で藩士渡辺家に生まれ，明治始め水平家の養子となる。1882（明治15）年上京，根本通明，ボアソナードに学ぶ。1886年渡米，1891年帰国，秋田美以教会（メソジスト派）で洗礼を受け東北で伝道を

していたが，辞めて1999年秋田商工会書記となった[5]。そして同年8月図書館に採用された。図書館で中心的な役割を果たすことを期待されてのことである。のちに佐野は山口に転ずるにあたり，後任の館長と決めていた（『魁』（1903.3.12．なお注（15））。

また，山形中学の教師であった佐野を呼んだといっていることに『沿革誌』も『教育史』も依っているようだが，石井敦氏がいわれるように，佐野はその前年台湾総督府を休職になって内地に帰っていた（『佐野』）。

台湾から内地にもどってどこにいたのか，石井敦氏は妻の実家ではないか，と推測しておられる（『佐野』）。いまのところ資料はないが，家族をかかえての休職中ゆえ，新たな就職口を探していたのではないか，そのためには東京のほうがいいに違いない，と考えるのであるが，どうであろうか。

武田は休職中の佐野に再び救いの手を差しのべた。佐野は予てからやってみたいと思っていたといったと，武田は語っているが，そういったのか，仮にいったとしても図書館のことを理解した上でなのであろうか。

憶測に過ぎないが，佐野が「極めて真面目で正直な人」（「回想」）であれば，帝国図書館に行って少々は知識をえたのではないだろうか，そして館長の田中稲城や佐野と同年で大学予備門中退の太田為三郎と会う場面もあったのではないか[6]。

それはともかく，おそらく武田は手紙（と電報？）のやりとりで話をすすめ，最後のつめは，武田が1900年2月14日朝急に上京したときに行われたのではあるまいか。「主なる用向は」奥羽鉄道，船川築港問題での折衝と伝えられるが（『魁』2.15, 23），この上京のひとつの目的は佐野と会うことにあったのだろう。3月2日武田知事京地出発帰県の途についたと伝えられる（『魁』3.3）。帰庁間もなく，3月10日の『魁』に新館長の人物評が出ている[7]。武田が出張先で決めてきて，新館長はこんな男だと周囲にもらしたためとみていいようである。

2. 着任して

　1900年4月1日,佐野は着任した(『年表』)。37歳。その前後の『魁』が欠けているので,何時秋田に到着したのかは明らかでない[8]。知事は上京中であった。

　武田は上記「回想」で「佐野が来ました。図書館の面目が一変しました。蔵書の分類,目録の編纂,新規購入書籍の撰択等一切之を館長の独裁に任せて,吾々は約束通り一言も喙(くちばし)を容れずに居ました」と述べている。

　任されたとしても,佐野は所詮は他国人であり,奥さんが米沢の出であっても,第一秋田の言葉を理解するのに苦労したに違いない。県庁の部局との交渉,県会議員とのつきあいなど,大変だったろう。だれか手助けする人物がいたのではないだろうか。前記『秋田の先覚』は水平について「図書館未経験の佐野を補佐し,県立図書館としての運営に遺憾の無いよう細心の努力を払い,県民の期待にこたえるよう奮闘した。(中略)平常業務はもちろん再建関係諸事務いっさい,彼が中心となって遂行した」ともいっている。そのことを示す記録があるのかどうか,私は知らない。しかし少なくとも仕事を進めていく上で部下の,ことに水平の協力は必要だったであろう,そして水平には館長の付託に応えられるだけの力があったに違いない。次第に水平を,離任にあたり後任に推すほどに,信頼するようになったのであろう。信頼ということでいえば,水平は宣教師を辞め,実業の世界に入ったあとも布教活動は続けるといっていた[5]。水平が佐野にキリスト教について語ったかどうか,のちに佐野は山口のメソジスト派の教会で受洗している。このことは秋田でのふたりの触れ合いの一面を考えさせるのではあるまいか。

3. 最初の仕事

　秋田図書館規則の改正は佐野の最初の仕事と云っていいであろう。着任した年の6月15日,秋田図書館規則を一部改正し,定例の休館日を元の規則では,年末年始,大祭日,館内大掃除定日(毎月第二第四金曜日)であったのを,年末年始,大祭祝日,毎月曜日とした。

　何故6月に休館日の変更だけを決めたのであろう。そのようにせねば

ならないさしせまった事情があったのであろうか。佐野のアイデアだったのだろうか。のちに武田山口県知事は県立山口図書館創設にあたって規則を作るときに（佐野赴任以前），秋田図書館の改正された規則にほぼ倣ったのであるが，月曜日休館にはしていない。佐野も山口の図書館長となって，月曜日休館にはしていない。するとそれは佐野の意見によるものであるまい。あるいは水平が外国で日曜日開館・月曜日休館の図書館を知っていて，秋田で採用しようとしたのであろうか[9]。いずれもわからない。

しかしともあれ佐野はこの部分だけを了承して，後日規則の他の部分の検討に取りかかったのであろう。

『魁』は6月12日「秋田図書館長佐野友三郎氏御用有之上京を命ぜらる」と伝える。着任して2ヵ月，規則のこともあり，館長としてより深く図書館について研究する必要に迫られての上京かと思われる。帝国図書館で調査研究したのであろう。

9月11日秋田図書館規則が改正された。どの点を変えたのか，少しみてみよう。以下改正前のを「元」，改正したのを「改」，第1条は（1）というようにした。以下秋田県公文書館所蔵「秋田県県令全書」によった。

　元（1）　本館ハ博ク中外古今ノ図書ヲ蒐集シ衆庶ノ閲覧ニ供シ学芸ノ参考ニ資スルヲ以テ目的トス
　改（1）　本館ハ博ク内外古今ノ図書ヲ蒐集シ公衆ノ閲覧ニ供スルヲ以テ目的トス

字句の改定に止まらず「学芸ノ参考ニ資スル」という文言が消えている。当時帝国図書館は参考図書館，それ以外は通俗図書館という考えがあった。佐野はこれに従ったのであろう。

　元（2）　本館ノ規則ヲ遵守シ手続ヲ履行スルモノハ何人ヲ問ハス登館シテ適意ノ図書ヲ閲覧スルコトヲ得

この条項が削られている。第1条があるので不要とされたのであろうか。ただ，

　改（6）　年齢十二年未満ノ者ハ登館シテ図書ヲ借覧スルコトヲ得ス

が新たに置かれた。これは佐野の意向であったのだろうか。帝国図書館

規則が「満15歳以上ノ者ハ何人ニテモ本館ノ図書ヲ借覧スルコトヲ得」としていることが背景にあるのであろうか。むしろ、1902年12月の県会で「此処ノ図書館ニモ楽書トカ或ハ写生ナドヲスル者ハゴザイマセヌカ」という県議の質問に県視学官が「開館当時ニ於キマシテハ、子供ナドモ沢山這入リマシタ為メデモゴザイマセウガ、壁ニ鉛筆ヲ以テ楽書ヲシ、或ハ書物ニモ悪戯ヲスルト云フヤウナ者モ往々アリマシタ（中略）近頃ニナリマシテハ図書館ト云フモノニ対スル考モ余程進ンダノデゴザイマセウシ、又一方ニハ満十二年以上ノ者ニ限リマシタ結果モゴザイマセウガ（中略）悪戯スル者ハ余程減ッタヤウデゴザイマス」と答えていること（県会会議録）にみられるような、当時の教育関係者の考えにそったものかと考えられる。佐野は幼年者閲覧室がなく何とかしたいと考えていた（『魁』1902.11.18）。

 元（7） 図書ヲ借覧セントスルモノハ館内ニ備ヘアル借用簿ニ図書名及住所氏名ヲ記入シ館員ニ差出シ図書ヲ受取ルヘシ

 元（9） 図書ヲ返納セントスルトキハ之ヲ館員ニ交付スヘシ、館員之ヲ受取タルトキハ直ニ借用簿ニ返済ノ印ヲ押捺スヘシ

 改（7） 図書ヲ借覧セントスル者ハ閲覧請求券ニ書名部門冊数表装函号番号及住所氏名ヲ記入シ図書出納掛ニ差出シテ図書ヲ借受ケ退館セントスルトキハ其借受ケタル図書ヲ返納スヘシ

  （補注　改（7））の「書名部門冊数」は『沿革誌』では「書名部数冊数」）。

総じて比較的ラフであった元の規則を帝国図書館の規則を参照しながら整備したといっていいであろう。

4．巡回文庫

秋田図書館がおこなった巡回文庫は先進的な試みとして紹介されているが、『沿革誌』は村山茂真ら県議の活動を語り、佐野には言及していない。『秋田の先覚』はこの事業は「佐野館長の統率下に、彼三治（水平、引用者注）によって推進された」、水平が在米5年、この間「近代公共図書館活動の実態を親しく見聞し得た彼三治なればこそ（中略）この制度

を展開し得た」とするが、同時に水平の「滞米生活は詳かでない」ともいっているので、かれが「近代公共図書館活動の実態を親しく見聞し得た」とまで云えるのか、は疑問である。『県史』は県議、佐野、水平らの「協力によって実現された」としている。『教育史』は「佐野が秋田に残した画期的事業」と評価している。巡回文庫の実現には佐野の力とともに、周囲の人びとの役割を考える必要がありそうである。少しみてみよう。

　1900年12月12日、県会は郡町村に図書館、文庫を設置する者への県費による補助を求める知事あての意見書を決議した。意見書に「欧米文明諸国ニハ図書館ノ事業発達シテ配達図書館ナルモノアリ」と書かれている（県会会議録）[10]。

　翌年6月4日『魁』は「秋田図書館書記水平三治は御用有之上京を命せられ往復とも二週間の予定と」伝える。

　同年10月24日『魁』は図書館長佐野友三郎と図書館書記片岡律蔵が「御用有之上京を命せられ」たと伝える。

　同年12月24日、県会は郡立図書館への補助費について建議し、そのなかで「欧米諸国に於ては巡回図書館なるものを設けて其普及を計ると聞く我か図書館も其の例を取り漸次各郡に図書館を設置せしめ適当の方法を設けて県図書館設備の書籍を交互盾環展覧せしめん」（ママ）と述べている（県会会議録）。

　1902年2月27日の『魁』は県議村山茂眞の長文の「郡立図書館の設置を各郡会に望む」を掲載している。

　同年2月刊行の『秋田県教育雑誌』（115号）に「米国巡回文庫起源及発達」（執筆者：県図書館当事者）が出る。その前書きの終わりに「今、当事者の調査したる米国巡回文庫中の一節を抄録して、本誌に収めて読者の参考に供す」とみえる。

　郡立図書館・巡回文庫をめぐるこの流れのなかにおいてみると、図書館から水平、続いて佐野と片岡が出張したのは（図書館のスタッフが全員出張しているだけに差し迫った重要なテーマであった）、その調査研究を託されてのことと考えていいであろう。帝国図書館で入念に海外の事情を調べたのではあるまいか[11]。その報告書は、上記「米国巡回文庫起

源及発達」に、これが調査の「一節を抄録」したものとあるのでそれなりの分量のものであったろう。それはおそらく県議に提供され、その年の暮れの県会での建議に役立ったことであろう[12]。村山はそのデータに基づいて『魁』に郡立図書館の設置を訴える論考を掲載したのであろう。そして報告の一部が翌年始めの『秋田県教育雑誌』に掲載されたのである。ところでこの論考は本文では無署名であるが、目次では執筆者を「県図書館当事者」としている。それは、この論考が佐野の手によるものであったが、同じ号に佐野の名で「チャールス・ディッケンス」が掲載されているので、同一人の名が並ぶのをきらっての処置であったとも考えられるが、むしろこれが、最終的には佐野がチェックしたとしても、水平、片岡とともに（あるいはかれらの協力をえて）調査しまとめたものだったからなのではないだろうか。その成果の一端がここにみえるといってよいであろう。

1902年『魁』（11.11）に「巡回文庫発送日割」、同（11.16）「巡回文庫実施準則」と巡回文庫が準備されていくようすがうかがわれるが、実際に発足したのは佐野が秋田を去ったあとであった。

5. 日々：『秋田魁新報』から

『魁』にはしばしば秋田図書館に関する投書、記事が掲載されている。前後の文中に引用したものを除いて少しみてみよう。秋田図書館の利用統計がほぼ毎月佐野の着任以前から掲載されている。

1900年10月2日、「図書館の昨今」で書籍の収集について、仏書は欠乏、基督教物は皆無のようだ、といいつつ、史籍集覧、皇清経解（こうしんけいかい）、知不足斎叢書、漢魏百三名家集などの大部のもの、洋書は百科全書などを紹介している。翌日（10.3）「同館の書籍は各部の釣合は整頓して居らるれど部数の少なきは遺憾である」、京阪地方には得難い古書があるそうで、館員に出張させて求めてもらいたい、とも書いている。

同年10月27日、「図書館に就き：公署各学校に望む」として、図書館は各分野の古今の書籍を集めつつある。公署各学校は率先して図書館に書籍を寄付嘱託してほしい、例えば県庁には旧藩庁から引き継いだ書籍

覚え書　秋田県立秋田図書館長佐野友三郎のこと

記録が，かの有名な「真澄遊覧記」を始めとして沢山あるではないか，これらは倉庫に入れておくだけでは蠹魚の餌になるだけだ，速やかに図書館に付与すべきだ，各学校でも利用の少ないものは県立図書館に貸与あるいは嘱託して一般の需要に応ずるようにすべきだと論じている。

　よく利用されるようになれば利用者の苦情も出てくる。「吾輩の同学三名は教科用参考として或る書籍必用に付図書館に行き借覧を申込んたか受付先生一言の下に該書籍などは貴様に分るものじやないと叱り飛ばし到頭借覧を許さなかつた受付は斯んナ職権あるものでせうか佐野館長に伺ひます（一中三年生）（1900.11.6）」。「投書のいろいろ」欄に「秋田図書館内に奇怪なる白鼠が住し居る館長さん少々気を付けて一ケ月位は大掃除を爲し玉へ（実見生）（1900.11.17）」、「図書館受付の年寄は毎度書を間違って困ります。何とか若い人を置くやうにして貰いたいものだ（1900.12.22）」投書函に「図書館の書記蛭田の爺やは勤務怠りて困る」（1902.11.6）など。

　（注記。これらの質問・疑問にどのように秋田図書館が答えたのか『魁』にはみえず，残念ながらわからない）

　1901年5月15日，広告「夜間開館　本月十六日ヨリ毎日午前七時ヨリ午後十時迄開館ス　秋田図書館」（土崎に発電所が建設されたのである）

　1901年5月30日，図書館は公園にあった。公園の街灯は晴夜は点火するが，雨中はしからず，街灯の用をなさない。是非晴雨にかかわらず点灯して「図書館通ひの人に便を与へられたき」と。

　1901年10月29日，「秋田県図書館和漢書目録　五十音順序に排列し編纂の上発行せられたり煩労は謝するに足れど却って分類目録はより必要なるにあらざりしや」とやや批判的である。

　なお「洋書書名著者名目録」が現存する。「明治三十五年六月現在　秋田図書館書名著者名目録摘要」とタイトルページに書かれていて，和綴じ本，54枚。

　1900年10月3日，「県議員が一同相揃ひ巡覧せられたことはあるが未だ一人の書籍を展覧した人がないさうだ」と。

　1900年12月12日の県会で村山は県の教育にとって図書館は大切だと

― 11 ―

いうことを感じ「県立図書館設立以来努メテ同館ニ行キ」と述べている（県会会議録）。

1901年12月22日，「聞くところに依れば県議員で図書館に出入りするものは村山氏のみであるさうだ」と。村山氏は村山茂真。榊田清兵衛，三浦盛徳とともに県会でしばしば図書館について発言している。

1902年1月16日，「隈本視学官の本県学事観」が載る。他県に比べて進んでいること六点の二番目に「県立図書館の整備せること」をあげている[13]。

6. 図書費の削減

1902年11月7日の『魁』に論説記事「図書館費削減の風説」が載った。そのなかで本県の図書館は他府県に誇るべき価値のあるものであり，さらに大いに完成させるべき義務があるにもかかわらず，「聞く処に依れば，三十六年度予算査定会に於て，本県庁は節減主義を執り（中略）図書館費の費目中に於ても減殺する所あり，殊に書籍費五千円を一・二千円に減却せんとす。（中略）図書館の食物たる書籍費を減却するに於ては，果して図書館の健康を全うし得べきや否やを保証すること能はざるなり」といい，図書館は36年度の書籍費として5千円が計上されることを前提として，千円は新聞雑誌等予約出版のため，千円は巡回縦覧書籍のため，千円は佐藤信淵の写本謄写のため，千円は信淵の自筆本購入のため，残り千円を普通書籍のためと考えている。予算を減却すれば有用な書籍のみならず，新刊の小冊子さえも買えなくなる，と訴えている。

同年11月8日『魁』は「図書館費の内訳　詳細を聞く」として「書籍費支出方覚書」を掲載する。

同年11月16日『魁』の「秋田図書館の近況（上）」に，本年度は前年，前々年度に比べて特に不便を感じたのは秋田に関する図書旧記，一般旧刊和漢書購入に必要な予算不足であり（因みに。明治33, 34年度書籍費5千円，35年度3千円），来年度には何とかしてほしいと切望している。

同年11月18日『魁』の「秋田図書館の近況（中）」で，巡回文庫につ

いて，当面は郡立図書館に配本するが，それは本来の目的ではなく，いずれは学校，講習会，研究会などにも普及させていきたいこと，図書館には幼年者閲覧室がなく，閲覧室自体狭隘であり，許すかぎり早く本館・書庫の新改築又は移転・設備の完成を切望している。また「秋田の図書」と題して秋田に関する図書，秋田の先輩の遺著の収集状況を語るとともに，今後一層の収集充実の必要性を訴えている。

同年11月19日『魁』の「秋田図書館の現況（下）」（ママ）は，平田・佐藤両先生の遺著の謄写・あるいは購入がなお必要なことを述べるとともに，本年度3千円の書籍費の使い道を示して予算不足と新刊書，遺著・旧記収集の必要を訴えている。

同年12月の県会にかけられた予算案では図書費を1千円減額するものであった。参事会は昨年通りとの意見を出している。種々意見が交わされたが，図書費減額に反対する県議の意見に基づき，1903-1907年度にかけて「五ケ年継続事業」として毎年「県立図書館費」5千円を計上し「図書館ノ書籍ヲ購入シ其設備ヲ完全ニスル」という議案が提出され，満場一致で可決された。

1903年度予算の臨時部のなかにそれは「秋田図書館費本年度支出額金五千円」としてみえる。経常部の「秋田図書館費」には図書費は計上されていない[14]。

佐野館長がこのように予算が決まっていく過程でどのように考え，行動したのであろう。新聞紙面で県民に訴えた。おそらくそれだけでなく，減額される予算の復活を求めて必死に，知事や県会，関係部局に働きかけたのではあるまいか。水平らも働いたことであろう。しかし結局図書費は臨時費として残るかたちで落着した。佐野は奔走に心身共疲れ果て，落胆し，大酒もしたのではあるまいか。

秋田日日新聞のこの年のある日の記事の切り抜き（明治35年とのみ記されている）「佐野図書館長の発狂」（石井敦監修『新聞集成図書館1:明治編（上）』大空社，1992。竹林熊彦の切り抜きより）がある。この頃の秋田日々新聞は散逸していて，この記事が何月のものなのか，不明である。この記事は佐野の苦悩を思いやるところがないものであるが，佐

野は大酒のみで時々脳に異常をきたすことがあり，4，5日前から西山医学士の治療を受けているが捗々しくないと伝え，「伝ふる所に依れば同氏の発狂は昨今駅（騒か）（ママ）き居る或る大問題に起因したるにあらずや」と書いている。「或る大問題」とはこの図書費をめぐる問題ではないか。そうであればこの記事は12月のものと思われる。『魁』はその翌年1月31日「佐野図書館長　病気にて引籠り療養中のところ頃日来大に快方に赴ける由」と伝えている。2月12日『魁』の「未開紅」欄は「佐野図書館長の病が全快し不日出勤する斗りになったは結構である」と伝え，同時に「氏は就任以来所謂る図書館学に通じ地方に於て此位の技術を養ふた人は得られまいとの事である。呉々も同館の為め其健康を祈るものである」と書き添えている。佐野が秋田を去るかもしれぬ，という情報に接していたのであろうか。

　「明治36（1903）年2月21日，佐野友三郎館長退任する」（『年表』）。『魁』にはこのことを伝える記事はない。

　武田は「回想」のなかで「私は明治三十五年の春，秋田から山口に転任を命ぜられ [中略] 山口でも其の頃県立図書館熱が勃興しかゝつて居ました。[中略] 此処でも佐野の腕を仮り（ママ）なければ殆んど見当がつかぬので，秋田県に交渉して同人を転任させるのに少からず骨が折れました」というのみであるが，武田は佐野が倒れたことを知って，山口で必要だからということを口実に，強引に佐野を引き抜いたのではあるまいか[15]。

7．佐野，秋田を去る

　いつ佐野が秋田を発ったのか，わからない。これも憶測であるが，山口へは前年1902年10月21日に開通したばかりの奥羽鉄道で青森をへて，東北本線経由，東京を経て行ったのであろう。

　1903年3月3日，佐野，山口県立山口図書館長に就任（『山口県立山口図書館100年のあゆみ』2004）。

　ここで擱筆すべきところであるが，ひとつだけ述べておきたいことがある。

　『山口県立山口図書館100年のあゆみ』によれば，当時の受入原簿は明

覚え書　秋田県立秋田図書館長佐野友三郎のこと

治36（1903）年4月21日から始まり，この日に受け入れられた本は34点，1,300冊である。購入先は[佐藤]となっている[16]。

　これらの本のうち登録記号1から21番までが和漢書，22から34番までは洋書である。30番までのには多く教育博物館，東京書籍館あるいは東京図書館の蔵書印が押され，かつ[東京図書館消印]が入っており，蔵書印がないものにも東京図書館の請求記号を記入したラベルが貼付されている。いずれも帝国図書館（あるいはその前身の図書館）の蔵書だったものである。

　帝国図書館の明治期，1903年以前に作成された蔵書目録ほかによれば，和漢書については，巻数や出版事項に違いはあるものの山口県立山口図書館（以下山口図書館）が受け入れたものの複本と考えられるものがみえる。目録上では山口図書館に渡ったものをみることはできない。それは，目録が作成されたときにはそれらが閲覧に供しない「乙部」にあったからであろう[17]。そこから除籍したものが山口図書館にあるのであろう。『皇清経解400冊』，『鷲峰林学士詩文集103冊』（[山口藩文庫]の蔵書印がある），『大平御覧200冊』，『玉海100冊』，『高麗史72冊』などがみられる。

　洋書については当時の蔵書目録に，山口図書館が受け入たものとみなされるものとその複本が記載されている。
　一例として山口図書館の原簿の登録記号23の
　　Edwards　Free Town Libraries　1869
をみてみよう。〔東京図書館蔵〕印があり，これに消印が入っている。
　国立国会図書館人文総合情報室架蔵の『帝国図書館洋書目録：哲学・心理・倫理・論理・教育1899』（今は複写本）に，
　　EDWARDS, E. Free town bibraries,（ママ）
　　　their formation, management,
　　　and history;in Britain, France
　　　German,（ママ） and America, N. Y.,
　　　etc. 1869, 8°　..................23-68
　　　----- The same. Lond. 1869, 8°　........10-17

がみえる。何時しか前者の出版事項以降 [N. Y., etc. 1869, 8°.....23-68] が線を引いて消されている。除籍されたためである。
　山口図書館が所蔵するものの出版事項は,
　　NEW YORK ／ JOHN WILEY AND SON, 2, CLINTON HALL
　　LONDON ／ TRÜBNER AND CO., PATERNOSTER ROW
　　1869
である。これによればこの山口図書館本が上記目録のうちの除籍された前者に対応していることがわかる。他の洋書も同様に（目録上では消されていないが）複本が除籍されたのであろう。
　では,こうして山口図書館のものとなったものは,除籍されて［佐藤］に売却された多くの複本[18]のうちから山口図書館に赴任した佐野がこれというものを選んで購入したものであろうか。いやそうではなく,館長田中稲城ができたばかりの山口図書館に提供すべく,30点の図書を選んで除籍して［佐藤］に売却し,連絡を受けた同館が購入したのではあるまいか[19]。

おわりに

　永末十四雄氏は,佐野友三郎,沖縄県立図書館初代館長伊波普猷,このふたりの先駆者の苦悩に触れつつ「挫折の意味は省みられないままでいる」と云われている（『日本公共図書館の形成』（日本図書館協会,1984. p.300）。拙稿は永末氏の問題提起に刺激されつつも,資料整理でしかない上に憶測を多く重ねた。思わぬ過ちもあるかと思うだけに,同学の方々のご批判をいただければ幸いである。
　最後になりましたが,石井敦先生,石井先生にご紹介いただいた佐野の親族の滝山満子さん,資料の閲覧・問い合わせなどでお世話になった山口県立山口図書館,秋田県立図書館・秋田県公文書館,米沢市立図書館,国立国会図書館,青山学院大学学院資料センター,東京農工大学工学部図書館,法政大学図書館の担当の方にお礼を申しあげます。また石山洋,田沢恭二,中林隆明,奥泉和久の諸氏から資料提供,示唆をいただきました。謝意を表する次第です。

覚え書　秋田県立秋田図書館長佐野友三郎のこと

『秋田県会会議録』・『秋田県県令全書』は秋田県公文書館所蔵の，『護教』・『日本美以教会年会記録』は青山学院資料センター所蔵のを利用させていただいた。

(2007.1.10)

注
1) 佐野の仕事については，早く竹林熊彦「明治年間地方図書館の展望 (2)」(『図書館雑誌』27-3:1943.3)，田村盛一『初代館長佐野友三郎氏の業績』(山口県立山口図書館，1943) がある。第二次大戦後は，石井敦「日本図書館史上に於ける山口図書館の意義」(『図書館界』16,17:1953.6,8)，同「黎明期の日本公共図書館運動」(『図書館学会年報』4-1:1957.3)，同「我が国巡回文庫頽廃化の歴史」(『図書館の発展のために : 50 ねん会 5 周年記念論文集』1958) (いずれも『日本近代公共図書館史の研究』(日本図書館協会，1972 所収)，石井敦編『佐野友三郎 : 個人別図書館論選集』(日本図書館協会，1981)。山口源治郎「佐野友三郎論 : 通俗図書館論を中心として」『図書館界』36-1,2,4 (1984.5-11)，永末十四雄『日本公共図書館の形成』(日本図書館協会 1984)，「西日本の図書館人　その群像 (4) 佐野友三郎の図書館経営論」(『図書館学』88:2006)，『公共図書館サービス・運動の歴史 1』(小川・奥泉・小黒共著　日本図書館協会，2006) の「4.3 佐野友三郎の通俗図書館論 (執筆，奥泉和久)」など。
2) 佐野友三郎の略歴を上記『佐野』によりつつ，少し補足して秋田に呼ばれるまでについて簡単にみてみよう。
　　佐野は 1864 (元治 1) 年武蔵国川越に生まれる。佐野家は士族であった。その頃藩主が前橋に移るに伴い前橋に移住。1882 (明治 15) 年群馬中学卒業，1885 年東京大学入学，卒業試験のとき，一外国人教師に不信をいだき，退学 (1890)。大学時代ボート部で一緒だった武田 (井上佑「図書館の父・武田千代三郎知事 : 山口県立図書館百周年を迎えて」(『山口県地方史研究』no.90:2003)) ら友人の世話で山形県米沢中学校に就職，27 才であった。1891 年米沢市東町，山口龍造二女，きみと結婚した。きみ，25 か 26 才。実家は江戸時代から続く医家であった (滝山満子さんの話により，米沢市立図書館で調べていただいた)。
　　のちに警視総監となった岡田文次は，佐野が遺書を残したひとりであったが，1874 (明治 7) 年米沢市に生まれ，1887 年米沢中学に進む。1890 年から佐野はそこで英語を教えていた。岡田が佐野の教え子だった可能性がある。岡田は米沢美以教会 (米沢明星教会の前身，メソジスト派) のバイブルクラスや米沢英和女学校に付設された英語夜学校に通って英語の勉強をしていた。1892 年卒業，青山学

院，東大へと進み官僚となった（米沢市立図書館で調べていただいた）。のちに佐野がメソジスト派の教会で受洗していることを考えると関心がひかれるところである。

　1892年大分県，ついで翌年広島県の中学校の教師を経て，1895年台湾総督府に勤める。1899年6月27日付けで「文官分限令第11条第1項第4号ニ依リ休職ヲ命」ぜられた7名のなかに「台北県弁務署長兼臨時台湾土地調査局事務官佐野友三郎」の名が見える（『官報』4808：1899.7.12）。この第11条第1項第4号は勤務先の都合によって休職にすることができるもので，月給は3分の1出た。

3) 1896（明治29）年9月岩男三郎が知事となった。岩男は県会とのあいだがうまくいかず，そのためであろう，計画された横手・大館中学，秋田高等女学校，農業学校，育英会，秋田図書館，いずれも先に進まず，これらの実現は1899年4月岩男のあと着任した武田にゆだねられた。武田は「壮年有為」との評があり，のちに教育知事といわれた。これらの企画の功を武田に帰せしめたのは，武田が岩男時代の暗雲を切り開いたことによるといわれた。しかし後には，武田知事は「沢山の仕事を派手に引受け，空手形を発行しただけで支払いを済まさずに逃げ去った感がある」。1902年武田知事のあとにきた志波知事は「武田知事が腹一杯に呑み込んだ数々の事業の収束に奔走しなければならなかった」と評されている（『秋田県政史　上』）。

4) 武田知事は，1900年1月14日の私立秋田県教育会臨時総会で演説した時，図書館を「絶対的教育会に委任せさるの趣意にあらすして他日本会の発達を待ち其管理を諾するの精神なり」と述べたと『魁』（1900.1.16）は伝える。当時各地の教育会に付設する図書館が普通であり，県の視学官も「現に帝国教育会モ図書館アリ又神奈川県教育会モ図書館アリ」と県議の質問に答えて云っている（県会会議録1899.12.1）。

5) 『護教』（no.17:1891.10.31）に水平が帰国後秋田美以教会で受洗したとみえる。以来東北で布教活動に従事していたが，1897年（任地が八戸の時）「健康上少シク故障アリシヲ以テ伝道上幾分ノ障リナシトモセズ」。しかし大館の牧師がシカゴに招かれ，空席となり，結局「不得止八戸ノ牧師水平氏ヲ大館ニ送リ」こととなったが（『第15回日本美以教会年会記録1897』），水平はその翌年「辞職せねば叶はぬ都合になり終に辞職して実業に着手しぬ，然れども猶ほ将来実業の傍ら定住伝道師として働くの目的でありと云ふ」と書かれている（同16回記録1898）。

6) 佐野の田中との関係はおそらく秋田への赴任以来のもので，ことに佐野が，田中の郷里でもある山口県に赴任したことで，一層深まったのではないか。同志社大学図書館にある田中稲城文書のなかに僅かながら，佐野が山口図書館時代，田中にあてた手紙がある。そのなかからもふたりの親密さがみえ（国立国会図書館所蔵マイクロフィルムによる），さらに佐野が田中に宛てた遺書を残していることなどからもそれがうかがえる。

7) 『魁』「取り交ぜ集」欄（1900.3.10）に「今度来る図書館長某氏は」と書き出し

覚え書　秋田県立秋田図書館長佐野友三郎のこと

文科大学3年で中退し,「言ひ出したことは一歩も引かず信じたことは少しも枉けぬと云ふがこの男の立て前で」,後に米沢の中学,大分の中学で外国語の教師をし,日清戦争の時外征軍に従てあちこちを歩いたそうで」「教育雑誌の編纂などには無論適当たらふとある人は語られた」とする。「ある人」は武田知事であろう。
「図書館にては外国教育雑誌三四種宛購入云々」(『魁』1900.5.16)とみえるのはこのことと関わりがあるのであろうか。

8)　『魁』(1900.4.10)の「投書のいろいろ」に「図書館長年俸六百円とは余り高すぎる」,そのお金で本を買うべきだ,との意見があった。ちなみに『魁』(同年2.15)は書記水平の月俸が25円に,片岡のが15円に昇給したと伝えている。

9)　その頃アメリカの公共図書館は日曜日休館が普通であったようである。例えばボストン公共図書館の1867年の年報に,休館日は,日曜日と法律で決められた祭日,その他何日かだと書かれている ("15th Annual report of the Trustees of the Public Library. City of Boston" の 'Is the Library open as much as possible?')。ウースター公共図書館のように貸出はしないが,読書室だけ開けている図書館もあった(同館の年報)。しかし当時日曜日開館是非をめぐる議論があったことが Fletcher, W.I. "Public libraries in America" (London, 1894) の "Appendix Ⅲ Sunday opening of libraries" から少しうかがえる。

10)　当時の「洋書書名著者名目録」(明治35年6月現在)にはわずかながらも図書館関係の外国書がみえる。そこに参照したものがあったのであろうか(ただしわずかながら巡回文庫の記述がみられる J.J.Ogle の 'The Free library' は明治34年3月30日購入, J.C.Dana の 'A Library primer' も明治35年6月10日購入)。あるいは佐野が6月に上京したときに,あるいは帝国図書館に問い合わせて知識をえ,水平にもなにがしか知識があったかもしれず,それらをもとに「配達図書館」についてのある程度の情報を県議に伝えたのだろうか。

11)　東京では帝国図書館で調べたと憶測される。余分な詮索は差し控えるが,『帝国図書館洋書目録:哲学・心理・倫理・論理・教育1899』によれば,当時,"Library Journal" があった。その v.15.no.2 (Feb.1890) には,ニューヨーク州立図書館長メルヴィル・デューイが住民からの訴えに応えて州内のどこに住んでいても本を借りることができる方法の検討をはじめた記事があり,1892年には travelling library が姿を現し,その後それが各州に広がっていく記事をみることができる。ニューヨーク州立図書館の年報も,44th (1862) から所蔵していた。

12)　調査結果を年末の県会までに出すには,佐野らの出張が10月というの遅いように思われるが,佐竹家の秋田藩遷封三百年祭が影響したのではないか。5月佐竹家の家令大縄久雄がその相談のために来秋,準備が始まる。例えば,水平の出張を伝える日の『魁』(1901.6.4)にその前々日,大縄主催の公園松風亭での懇親会に水平・片岡が参加したとみえる。かれらもこの「三百年祭」に準備段階からかかわっていたのではないだろうか。9月から10月にかけて旧藩主佐竹侯一行が来た。県をあげての行事であったのでそれが終わるまで佐野らは動けなかったのであろう。

図書館人物伝　日本人篇

13)『魁』は前(1901)年11月3日に「文部省視学官吏隈本繁吉氏は一昨日来秋」,同月10日に「隈本文部視学官が子細に本県の学事を視察し殆ど微細の点まで調査したさうだ」と伝えている。このとき隈本は佐野を知ったことであろう。このことと係わるかと思われることがのちにあった。1914(大正3)年4月に「台湾総督府図書館官制」が公布される。当時台湾総督府学務部長は隈本繁吉だった。隈本はその初代館長のことを帝国大学図書館長和田万吉に相談する。隈本にも面識があったためであろう,佐野で話がまとまり,和田が佐野と交渉し,佐野は承諾する。しかし当時の赤星山口県知事が了承せず,話は流れた。佐野がだめになって,隈本が館長兼務となった。しかし隈本には補佐が必要で,また和田に相談し,和田は帝国図書館の太田為三郎に頼み,田中館長の同意をえて,台湾に行ったもらった(上沼八郎「台湾総督府学務部隈本繁吉『部務ニ関スル日誌』について」『高千穂商科大学総合研究所総合研究』(no.5-7:1992-1994),同「台湾総督府学務部『部務ニ関スル日誌』(承前):植民地教育史研究ノート・その七」『高千穂論叢』(30-4:1996))。ちなみに和田と太田は大学予備門時代の同窓。和田が帝国大学を出てこの図書館に入ったとき,田中稲城が「管理」という名の館長だった(波多野賢一「和田万吉先生伝(1)」『図書館雑誌』36-3:1942.3))。
14)『教育史』は図書費が臨時費になったことについてふれず,むしろ「全国から注目される優れた実績を背景に,県会では,県立図書館の図書購入費を向こう五年間,毎年五千円ずつ計上」云々としている。1904(明治37)年度,当初予算には「秋田図書館費本年度支出額金五千円」とある。しかし1905年3月の臨時県会で「対露時局ハ振古未曾有ノ事変国家安危」の時期ゆえ,1904年度既定予算の大削減を知事は告げ,この「金五千円」は「全部削除」となった(以後「五ヶ年継続事業」は打ち切り)。経常予算に図書費はない。その翌年図書費1千円が計上されたが,低迷を続け大正期後期に回復した(『沿革史』)。
15)武田は「秋田県に交渉して同人を転任させるのに少なからず骨が折れました」と語る。武田は山口に転任したとき,農業学校長を引き抜いた。このことについて県会で後任の志波知事らが問い詰められている(県会会議録1902.12.2)。『魁』も批判している。このことも影響しているのではないだろうか。
　　佐野が秋田を去った後,『魁』(1903.3.12)の「筆の雫」は「前館長は一定の方針を定め且つ此方針を実行する為め水平氏を後任に内嘱をしておる」と。しかし別の人物を後釜に据えようとする画策もあった,とも。翌(3.13)日の記事,図書館長心得の水平氏は交遊なきがため余り人に知られていないが,「卓爾たる見識と活気ある材幹を有し」と評している。水平は館長事務取扱を経て,11月館長となった。しかしその翌々1905年には図書館を去っている(『年表』)。その後,秋田で組合の組合長,県議などを経て,東京に移住した(『秋田の先覚』)。
16)「佐藤」は山口図書館の「明治36年往復書類録」に「佐藤正三」とも出ていて,東京の当時は麹町区飯田町2丁目にあった。
17)例えば『帝国図書館明治36年度年報』には閲覧に供する[甲部の]和漢書は

— 20 —

57,543 部，177,599 冊，閲覧に供しない（「複本欠本又ハ卑猥ニシテ公衆ノ閲覧ニ供スベカラザル」と『東京図書館明治 26 年報』）「乙部の」和漢書は 200,418 冊と書かれている。大量の乙部図書があった。
18) 東京図書館・帝国図書館の年報によれば，壊敗（敗損とも）甚だしいものは廃棄，重複不用なものは売却している。
19) これは佐野へのはなむけだったのではないか，と思うのであるが，除籍して渡す相手が国の機関でないので譲与・保管転換が出来ず，購入してもらう以外になかったのであろう。

30 点の図書はどんな基準で選んだのであろうか。確かに［山口藩文庫］の蔵書印がある『鷲峰林学士詩文集 103 冊』は山口県に戻したに違いない。しかし他はどうであろう。例えば何故（田中が？）図書館関係の複本のある洋書のなかから Edward Edwards の作品を選んだのだろうか（佐野のために？）。

図書館員教習所設置の意義

―乗杉嘉壽に焦点をあてて―

The meaning of the establishment of the librarian school :
focused on Yoshitoshi Norisugi

坂内　夏子
（早稲田大学）

乗杉嘉壽（のりすぎ・よしとし）
1878年　富山県に生まれる
1904年　文部省普通学務局に勤務
1917年　欧米留学（〜1918年）
1919年　文部省普通学務局第四課課長に就任
1921年　図書館員教習所の設置
1947年　死去

はじめに

　1921年6月，文部省図書館員教習所の開設により，図書館員養成の道が開かれることになったが，それには乗杉嘉壽（1878-1947）の努力によるところが大きかった。しかし開設にあたり文部省内や図書館界，帝国図書館館長田中稲城らとの相克があったとされている。それを乗り越え開設にこぎつけた彼の意図するものは何であったのか考察することが本稿の目的である。

乗杉は日本社会教育行政の事実上の出発点であった文部省普通学務局第四課の初代課長として今日の社会教育の基礎を築いた。当時の乗杉を知る人物は彼を「当時の役人としては型破りの人物」,「口も八丁手も八丁」,「一種愛するべき野心家」と評し，乗杉は「油乗杉」の異名をとった。普通学務局第四課は「課長一名属官三名の外数名の嘱託あるに過ぎぬ」状態からスタートした。当時の文部省は大学教育や師範教育，小中学校教育に重きが置かれ，社会教育に対する認知度は低かった。そうした困難な状況において乗杉は社会教育の重要性を主張し，新しい社会教育の事業に着手した。それは社会教育に対する乗杉の情熱の表れである。彼は名刺の肩書きに文部省社会教育課長と刷り込み，課の部屋の表札にも社会教育課と記したとされている。

　乗杉に関する先行研究は，乗杉が文部省において，また内務省との関連でいかに社会教育を行政として確立させようとしたのか描き出した小川利夫の研究[1]，乗杉の社会教育を構成する多彩な取り組みについて個別に掘り下げて詳細に分析した名古屋大学教育学部社会教育学研究室グループの研究[2]，乗杉の教育論，社会教育論，および社会教育行政論と彼の活動を関連させながらトータルで明らかにした松田武雄の研究[3]に大別される。本稿は先行研究の成果に学びつつ，なぜ乗杉は図書館員教習所の設立をめざしたのかに焦点をあてる。彼は戦後経営における教育の再編成の必要を欧米留学において学んだ。それが「教育改造」であり，その過程で社会教育論を構築した。それは従来の教育，つまり学校教育に対する批判となって表れた。学校教育が注入主義のため自主的に行動する人物が育たないと見た乗杉は，自主性をもった人物が育つには教育の捉え直しが必要であり，それを社会教育，特に図書館に期待したのである。

　以上を踏まえ，本論では，通俗教育から社会教育への転換，その中での図書館の位置づけ，欧米留学を通して得られた乗杉の見解，図書館員教習所においてめざした点を明らかにしたい。

1. 通俗教育から社会教育への転換
1.1 戦後経営における「教育改造」の必要

　第一次大戦後,乗杉は1917年3月末から,教育と教授法研究を目的に1年半アメリカおよびイギリスに留学をする機会を得た。加えて時局教育状況の視察のためにフランス,イタリアなどを巡回し帰国している。この間,乗杉は学校教育の施設と合わせて「学校外の教育事業」も視察した。これらの国々では学校外の教育が行き届いており,学校が「学校外の教育に引張られていく状況」であって,学校外の教育の方面で非常に参考になることが多かったと彼は述べている[4]。

　また欧米視察中に乗杉は大戦後のアメリカの教育状況に関する調査報告である『時局に関する教育資料』を執筆した。この中で彼は日本の学校教育を批判し,教育内容の改善の必要を主張した。

　　我邦に於ける教授の実際は如何。各科の教授が他に交渉関係すること甚だ薄く,且つ重複紆余亦少なからず。従て教授の能率愈々減殺せられ,結局生きたる知識,生きたる能力として生徒の血となり肉となりて在すること甚だ僅少に止まるべきは理の当然なりと云ふべし。蓋し我邦の中学校の教科編制は生きたる社会組織の要求に立脚せざる所謂空理空論的の編制系統を事とせる十数年又は数十年以前の稍々陳腐教育学説に立脚せるものに属し,世界文化の変遷と我邦文物の進歩とに応ずべきものとして其の余りに実際の要求と遠かりつつあることを念はずんばあらず[5]。

　乗杉はアメリカにおける学校の視察からそれとの対比で日本の学校教育の問題点を捉え,特にアメリカの学校が「能く社会化」されている点を評価したのである。

　欧米視察を経て乗杉は「我国が非常に進歩したと云ふ事実を以て,直に偉いものになつた」や,「最早外国と肩を並べても恥しくない」などと思うことは「大なる間違である」として,戦後経営にあたり教育の国家的再編成の必要性を認識した[6]。「国家の改造は結局教育の問題に帰する」[7]という立場から乗杉は欧米の教育改革の動向を学び日本における「教育の改造」の必要を唱えたのである。その過程において社会教育論が展

開されていく。

1.2　乗杉の社会教育観

『社会教育の研究』(1923年)は乗杉が数年にわたり公にした社会教育に関する意見や議論をまとめたものである。乗杉は社会教育を教育行政,教育の一分野として確立させることに努めたが,通俗教育に対する批判が根底にある。

> 我が邦の如き,社会教育の施設を見るに至つたのは極めて最近のことであつて,それも甚だ漠然たる意味に於て所謂通俗教育の名称の下に其の教育の一部が行はれたものであつたが,今日では最早是の如き狭義の社会教育のみを以ては満足することが出来なくなつた。
>
> 即ち今日に於ては従来通俗教育の名によつて行はれたやうに,知識道徳の普及発達を通俗的な講義講演又は通信の方法によつて行ふばかりでなく,社会進歩の為には時に高遠なる専門的の知識思想を或特殊の階級又は社会に伝ふることも必要であつて,単に通俗的であることが社会教育にはならぬのである。加之,社会の欠陥に対して特に教育的救済の手段を講ずることも亦此の教育の施設の重要なる部分を形作るものと言はねばならぬ。茲に教育的救済といふことは,社会に於ける弱者を救済するに,物質的に之を行ふに対し精神的に行ふの意味である。[8]

もはや通俗教育では「現代の如き複雑なる社会」には不十分で,乗杉は通俗教育に変わる新しい教育として社会教育を求めた。通俗教育における「通俗」には下流人民に対する教育や啓蒙の方法といった意味がこめられていたが,それを超えるべく,乗杉は社会を構成する個々人にその社会の成員としてふさわしい「資質・能力を得せしめる作業の全体」を社会教育として捉え,よって社会教育を「社会の生成発育のために必要欠くべからざる事業である」と考えたのである[9]。そのめざすところは,「社会生活を完全に遂げしめ,社会の基礎を愈々鞏固にし其の社会の発達を容易ならしむる」点にあるが,欧米視察の経験から実際には日本国民は「公共犠牲の精神共同戮力の習慣」や「自主自立の精神」に乏しいと見て

彼は「社会共同奉仕の観念」を盛んにすべきだと主張したのである[10]。

乗杉は社会を「共同目的を有する人格者をその要素とする有機的の団体」と定義したが,それは「部分と部分,部分と全体の間には必ず活力の交通の存してゐる」ことを要件とする。個人と社会の関係について,彼は「各個人の意志はそれ自体に於て自由である」が,「これが発生生成の間に於ては互に働きあひ,而して更にその個人の意志を超越し,之を制御し支配すべき,より有力なる意志が,社会の意志として存する様になつて来る」と捉えた。社会意志は個人の意志を離れて存在し得ないが,一旦社会意志として形成されると個人の意志ではなく社会意志に個人が育まれ導かれるというものである。したがって「社会に於ける個人は常にその社会の成員たるに適する資質と能力を養ふ」ことが必要であり,「この資質能力を得せしむる作業の全体」を社会教育と乗杉は理解したのである。それは単に個人を社会に適応させるということではない。乗杉は「個人に適切なる資質能力を付与するためにする一切の教化作業」を社会教育の役割であると捉えて,教化作業に「精神的方面,即ち思想道徳の方面」と「物質的方面で職業及び能力に関する方面」の二面を見出し,この両側面を備えることが社会の成員たる条件であると述べた[11]。こうした社会教育観を礎に乗杉は社会教育事業,社会教育に必要な施設を構想したのである。

2. 社会教育行政の組織化

2.1 社会教育行政の確立

乗杉は普通学務局第四課課長に就任するとまず社会教育調査室を設置し,社会教育の調査・研究に着手した。1920年には社会教育研究会を組織し,1921年に機関誌『社会と教化』を創刊した。乗杉が具体的に取り組んだ主な事業は,①社会教育主事の設置(1919年),②図書館員教習所の開設(1921年),③博物館・展覧事業の振興,④団体の指導,⑤内務省の民力涵養運動に対する文部省の生活改善運動,⑥民衆娯楽の改善指導,⑦教育的救済事業,⑧成人教育と職業指導である。

乗杉は社会教育行政の組織化を「系統立て一定の組織をもつて,教育行

政上に一のまとまつた社会教育といふ概念の下に，秩序整然と仕事を進めて行く」と評している[12]。しかし同時期（1920 年）内務省は社会局を設置し，その管掌事項において「感化教育其他児童保護」，「民力涵養」，「社会教化事業」が分課規定に示されていた。内務省系統の社会事業や学校教育に包摂ないし従属していた社会教育の領域を文部省独自の事業，領域として位置づけ統括すべく，乗杉は社会教育局設置の必要を主張した。内務省系統として行われていた社会行政と社会教育が混然としている状況について，乗杉は社会教育の担うべき役割を明確にすることで社会事業と社会教育との関係を整理した。彼は社会的弱者の救済には物質面，精神面の両面から対策を講じるべきであるが，これまでそうした観点が不十分であった点を問い，社会行政とは一線を画すことで社会教育行政の確立をめざしたのである。

　　加之社会や家庭の欠陥から生じて来た不幸なものに対して，特に教育的救済或は矯正の手段と講じることも，亦社会教育の施設の中の重要なる部分を形造くるものといはねばならぬ。並に教育的救済といふのは，社会に於ける弱者を救済するに，物質的に之を行ふに対し，精神的に行ふ意味である。かくの如き事業が，将来社会教育の重要なる部分を占むべきことは，最早疑を容るべき余地がなくなつた[13]。

したがって乗杉は貧困者や労働者の救済問題において物質の供給と共に精神的教養の機会を与える必要性を提起した。また学校教育の欠陥を救済する手立てとして，「貧困児童の保護」，「盲唖者の教育」，「不良少年の感化事業」，「病弱児童，結核児童，不具児童等の教育」を社会教育の重要な事業と位置づけた[14]。そこで障害のある子どもの教育については社会問題として対応し，子どもたちの教育機会を保障するという立場を示した。乗杉は，まず「社会に於ける弱者を救済するに，物質的に之を行ふに対し精神的に行ふ」ことを教育的救済として社会教育に位置づける。次に「人を人として認むる，即人格尊重，個人の自由を認め，平等の観念を重んずる事」をあげた。

　　デモクラシーは，権利の平等ではない。又絶対の自由でもない。デ

モクラシーとは各個人が自己の責任を理解しこれを果すだけの実力識見を養つて秩序ある自由の公民として社会に立つという思想であります。これによつて受くべき自由を意味するのであります。我儘勝手ではなく忍ぶべきを忍び行ふべきを行ひ国民が一致団結して尽くすべきを尽くし，すべきを為して意識的に各自の職責を果し，以て社会の構成分子として同時に個人としての生活を有意義に完からしめんとするのであります。[15]

「秩序ある自由の公民として社会に立つ」ためには，「自由の公民」を育てる教育において機会均等（デモクラシー）を実現させていくべきだと乗杉は解したのである。ではいかにして実現させるのか。

　　近時教育上の機会均等といふことを叫ぶものがあるが，教育本来の意義目的から言へば凡ての教育事業は全人類を相手になさるべきもので，特に選ばれたるものに対しては之を為すが如きは誤れるものであるが，今日の学校教育では到底此の要求を具体化することが出来ない。機会均等の叫びの如きもこの不満から生じたものである。然るに社会教育は社会生活を構成する凡ての人々を相手とすべきもので，特殊例外を認容すべきでなく，一の方法で不能なるときは他の方法によるといふ風にあらゆる方法を利用し，社会全般に向かつて之をなすのである。即ち社会教育は教育のそれ自身機会均等なるを具体的に示すものである。[16]

　乗杉は，学校教育の限界を指摘し，それを改め補うべく「教育上の機会均等」の実現の役割を社会教育に見出した。その中で今日の福祉と教育の接点に位置づくような領域も社会教育の範疇として認識された。それが乗杉のデモクラシー理解である。

2．2　教育の自主性・独立性の必要

　乗杉は日本の教育行政のあり方について次のように批判し改革の必要を示した。

　　我が国の教育の制度は他の諸制度と比較して，全く従属的の地位に立つて居る事は事実であつて，従つて教育は軽視せられ，教育者

自ら卑屈となり，国民また教育の重要なる事を自覚せず，遂には教
　　育者自らが叫んで教育の尊重を求めんとして居るのである。[17]
　具体的には「教育の監督」と「義務教育に要する経費支出」の二面か
ら問題が指摘されている。「教育の監督」に関しては，誰が担うかに課題
があると述べる。つまり本当に教育について理解ある者が担っているの
か否かを問うたのである。
　　　行政の根本に於て，我同胞は行政の運用は法令其のものの運用で
　　は無くして，行政の内容となるべき実際的事項の智識並に技能の卓
　　越した者が其の衝に当り，国民と共に歩み行くべきであって，即ち
　　民衆を指導し，教養するだけの実力あるものが其の主要なる地位を
　　占めて，法令の運用は単に少数の専門家を以て之に当てしめる様に
　　ならなくてはならぬ。元来行政の本体は国民の指導者であって，指
　　揮命令は之に付帯すべきものとせねば真の治績は挙がらない。[18]
　行政の礎は法令の運用ではなく実際に何が行われるのか，その内容に
ある。よって行政官もその領域の専門家を任用して国民の指導に当るべ
きで，指導命令はそれに付帯する。
　また「義務教育に要する経費支出」に関しては，他との折衝によって決
められるため制約を受けざるを得ない点を乗杉は問題として指摘した。
　　　我教育費の徴収及支出関係に於ては，他の行政費と同一の方法で
　　之を取扱はれて居る結果，常に他との権衡によつて決定せらるゝので
　　あって，此の国家永遠の基本的動力たるべき教育事業は，其事業の必
　　要不必要よりも他との権衡といふ制限に依つて緊縮に緊縮を重ね退
　　廃を重ね，或は全く之を放擲して顧みられない場合さへある。[19]
　教育は不当な支配を受けるべきではなく，財政面においてもその自主
性・独立性を確保すべきである。しかし当時乗杉の立場からのこの主張
は大きな挑戦であり，後に彼は文部省を去り松江高等学校校長へ転出さ
れることになった。

3. 欧米留学の影響―教育の捉え直しと図書館への注目―
3.1 学校教育の社会化
　文部省普通学務局第四課において「学校の社会化と社会の学校化」(乗杉, 江幡),「教育の社会化と社会の教育化」(川本) は社会教育の組織化に際して大方共有されていた[20]。乗杉は, 学校教育に対するアンチテーゼとして社会教育を位置づけた。つまり「社会教育は学校教育其者が基本」と捉えて彼は「学校教育に対する批判としての社会教育」を明確に提起した[21]。

　　社会教育の主張はそれ自身学校教育に対する実に有力なる一の批判である。学校教育を広い教育といふ立場から徹底的に批判して, その短所欠点を極め, その匡救の方法を講ずるとき, そこに社会教育は自ら生れ出でざるを得ないのであつて, 即ち社会教育そのものは, その独自本来の使命の外, 一面, 学校教育に対する批判として之を見ることが出来る。[22]

　社会教育の第一の意義は,「学校教育の完成」にあると乗杉は指摘した。「人間教養の初歩であり準備である」学校教育は人間の教育としてすべてではない。社会において練り上げ, 仕上げをするのが社会教育である。学校教育は社会教育につながることでその本来の役割を成し遂げるのであり, 社会教育は学校教育を基礎にすることでそのつとめを十分にはたすことができるという。

　社会教育の第二の意義は, 学校教育をより優れた意味あるものにするものと乗杉は理解した。彼は, 学校教育は「知識の篭城主義」であり「教室の中の教室壁の中の教育」であると見た。したがって学校教育を「生きた社会」と結び, 学校卒業後も継続して教育と関わる必要を指摘した。

　社会教育の第三の意義は, 学校教育の実際化であると乗杉は指摘した。学校教育の特徴かつ問題でもある「知育に偏する」点をあげ,「偏知的非実際的傾向を緩和指導して, より実際的に導く」ためには学校教育のみでは困難なゆえである[23]。

　乗杉は, 社会教育について「家庭の教育を補充し, 且つ延長し, 又学校教育を補充し, 延長し社会をして一つの大なる学校となさしむるもの」

と捉え，それを「社会の学校化」と見たのである。学校教育を絶対化するのではなく，家庭教育や学校教育，および社会教育の施設や事業を通して，社会そのものを教育的に発展させることを意味している[24]。

また乗杉は学校の拡張事業による「学校の社会化」を提唱した。つまり「学校教育をして社会的に意義あらしむる」ためには，学校教育を児童生徒に限定するのではなく国民一般を対象とすべきで，必要な人材と経費を学校に充てることを提案したのである。したがって乗杉は，学校教育を社会と結びつけることで学校教育の内容・機能を改革し，社会教育は学校教育に働きかけその内容を広げていき，学校機能を社会へ拡張させ社会における教育的各種施設を充実させることを社会教育行政組織化の理念とした。

3.2 教育の実際化

乗杉はアメリカ滞在中に教育学者であるジョン・デューイ（John Dewey）に会う機会を得て，彼の教育観およびアメリカの教育状況に影響を受けた。デューイから，日本の教育はあまりに理想に走って実際を軽視する弊害に陥っていないかと指摘されている。そこで乗杉は，日本の教育は欧米諸国と比較して最も古い型の教育が千篇一律に行われているのではないかと考え，「教育の実際化」を論じるようになった[25]。

教育の実際化のためには何が必要なのか。例えば，「学校教育それ自体の実際化」を「教材の実際化」,「学習方法の実際化」,「教員の修養」の観点から図り，学校教育が社会の実際生活と関係すること。さらに教育の内容や方法を実生活に合わせて変えること，例えば卒業後に従事する職業を考慮した教科課程を編成し，実際的な教育内容にするために教師の自由裁量の幅を広げること。「学校の拡張事業」を学校が持っている知識能力，つまり教師やその設備を学校外に拡張して社会的に有効に利用することで中等以上の学校を社会の中に位置づけること，小学校が地域センターの機能を担うことで「社会の中心機関としての学校の運動」を可能にすること。子どもの学校卒業後の生活を考慮して指導を行うといった「学校における職業指導」の必要を論じている[26]。つまり学校教育の

内容を多様化し，児童中心主義を取り入れることで可能になる学校経営の能率化にも乗杉は注目した。

> 我が国の学校教育は過去の児童心身の発達の過程に重きを置かざること。児童の自発自動の能力を助長すべき教授法を重んぜざること。児童に対し余りに完成したる作業を過大に要求すること。個人指導を重んぜざること。学科課程並に教材の内容が児童の環境並に其の実生活と交渉余りに少なく，且つ貧弱なるが為に（中略）新学習の精神を十分に貫徹することが出来ない[27]。

児童一人一人が持つ個性を尊重してその将来を考える教育ではなかった当時の画一的な教育制度では教育の効果は期待できず，よって学校教育が効率よく経営され得ないのである。教育の効果をあげるためには教育における能率を考慮する必要があり，乗杉は教育の実際化を主張したのである。子どもは学校卒業後に実生活において将来何らかの職業に従事する。つまり学校生活終了後の実際生活を生き抜く力を子どもにつけさせるような教育が必要であり，欧米諸国の職業指導や実業教育に乗杉は示唆を得たのである。

3.3 教育の保障—義務教育年限の延長と補習教育—

1917年臨時教育会議で義務教育年限の延長や補習教育の義務化が議論されたが時期尚早と見なされた。この点について乗杉は義務教育の年限を15歳まで延長し18歳までの補習教育を定めたイギリスのフィッシャー法（1918年）を評価していた。加えて乗杉はまず現行の義務教育の普及とその内容の充実の必要を指摘し，義務教育を受けられない子どもの存在に目をむけ，その現実的な解決すべきだと主張した。

> 義務教育の延長を後まはしにせよといふのではないけれども，現在の制度の内容を充実し，且つ制度の精神を確実に把持する事に努力しなければ，たとへ之を二ヵ乃至数ヵ年延長しても，其の効果は甚だ疑ふべきものであると信ずる。現に義務年限中にあるもので，其の教育を受ける事の出来ない者が甚だ少なくないのではないか。之に対して単に免除や猶予の制度をおいて，積極的に之を救済する道

が開かれて居らんではないか[28]。

身体的・精神的状況、家庭の経済状況により就学が難しい子どもにはその免除、猶予が規定されているが、それでいいのだろうかと乗杉は問うた。子どもがどんな状況にあっても、その保護救済し教育を受けられるようにすべきだと彼は考えたのである。

また合わせて補習教育の義務化が指摘された中で、乗杉は義務教育と補習教育の関係を問うている。まずをもって「教育の機会均等」の立場から義務教育の徹底普及とその内容の改善をはかるべきだと乗杉は述べる。

> 義務補習教育の制度を布き、義務教育に代へんとするの説、或は義務教育の完全なる実現に至るまで一部をこれに代へんとするの説もあるやに聞く。けれども、これは頗るその根本に於て誤つた考であつて、義務教育の完成された後に於て、若しくは義務教育の完成を期すべき確実なる計画の一部、又はその準備教育振興を計るのならばいざ知らず、義務教育と補習教育とを同列に考へたり、或は寧ろ補習教育を以て重しとするやうな考は非常に誤解であつた[29]。

しかし現実には義務教育の延長は難しく、よって現在の義務教育の不完全さを補習教育で支えるという選択が現実的解決策と見なされたが、そこに乗杉は矛盾を感じたのである。

> 義務教育年限も亦其の実現の一日も速かならむことを欲する（中略）が、現在義務教育終了者の内で高等小学校其の他中等諸学校に引続き就学しないものに対する教育施設としては、此の補習教育が大なる役割を持つて居るので、是等のものに対しては、国家が（中略）義務制度を布く事は最も必要なことゝ思ふ[30]。

義務教育年限の延長や補習教育制度の義務制が望ましいとされるが、それは国力の程度や国民の生活状態に関わることであって、実現には困難を伴う。そこで不完全ながらもその欠陥を補うべく、乗杉は、補習教育を社会教育に位置づけることで、社会教育の役割を指摘している。すなわち学校教育の代替的役割である。

また教育の改善に関しては「何を置いても教員の養成程重要なる問題はない」[31]として教員養成の機関の設置や教員の待遇の改善について指

摘している。つまり「教育改造」を担う教師がどのような教育を展開させるか、いかに導くかは重要であるという認識であり、実際生活や社会につながる教育や社会教育への理解を教師に求めたのである。

3.4 「自主の人　セルフメードマン」の育成

では「教育改造」の必要を指摘した乗杉がめざした人間像はいかなるものであったのだろうか。それは彼が日本の教育や学問のあり方を批判的に捉えていた点からうかがえる。

> 日本の学問の学風と云うものが欧米の学風と違つて居る。(中略)我邦の学風は本当はどうも進んで求めようと云ふ精神を鼓吹すべき学風ではない。
> 一般国民の研究の途を抑へ付けて行くと云ふやうな教育の仕方である[32]。

乗杉は、日本の教育・学問体系においては自ら主体的に求める・考えるという積極性に弱く、結果として研究の発展を抑制する方向に働いているのではないかと見たのである。

国家社会は「自分自から造り上げると云ふやうな斯の如き自主的自立的な人が沢山出て来なければ」繁栄はできないのであって、「教師の言ふことを一から十まで漏さず書留めてそれ以上一歩も出ない」というような学風では、「総ての方面に役立つと云ふ人」つまり「自主の人、セルフメードマン」は育たないと乗杉は述べている[33]。何のために学問をするのか。ただ学年や学校、試験を通過していくためなのか。また物事を理解するとはどういうことなのか。自分から進んで実際に物事を理解しようとさまざまに試みるといった姿勢を彼は重視した。よって日本の学問、教育のあり方に一石を投じたのである。

こうした「自主の人、セルフメードマン」の育成は、学問をする出発点から異なっており、それは図書館事業の発達の違いとなって現れる点を欧米留学から乗杉は学んだのである。自主性を育てるためには、「外から之を強ひるのでなくして、各人自らの要求によつて、その欲するだけ修養することが出来」て「その効果の著るしい」のは図書館であり、そ

こで「人は何時でも又如何なる多忙の間に於ても，その足らざる知識を補ひ，その到らざる修養を積むことができる」[34]として，図書館を「自主の人，セルフメードマン」の育成には不可欠だと彼は認識した。

社会教育において図書館，巡回文庫の重要性は認識され，日本において発展してきたが，やはり欧米諸国にはおよばない。図書館数，図書購入費など日本の現状とは比較にならず，例えばアメリカでは「土地の人文の進歩の程度を調べて見る」際には「其土地に於ける図書館の利用の程度に依つて之を表はす様になつて居る」こと[35]，つまり図書館のあり方が地域や社会の文化の状況を反映しているという点に乗杉は注目したのである。

4. 社会教育における図書館の位置づけ

4.1 社会改造としての図書館

乗杉はめざす人間像として「自主の人，セルフメードマン」を掲げ，そこに教育の目的をおいた。具体的には図書館にその役割を期待したのであるが，通俗教育から社会教育への転換において彼は図書館をいかに捉えたのか。乗杉が欧米視察から帰国後行った，1919年第14回全国図書館大会における講演に注目してみたい。

先述の通り，乗杉は第一次大戦後の世界と日本社会の大きな変動に際して，戦後経営における教育の国家的再編成の必要を認識していた。それが彼のいうところの「教育改造」である。その中で乗杉は図書館に「社会改造の機能」を期待したのである。

> 所謂学校教育の本来の使命と云ふものは，従来考へられて居る様な窮屈な形式的なものでない，活社会の活事実に対する活経験活知識を児童生徒に与ふる処のものである[36]

「改造」を所謂レコンストラクションと解して，彼は教育観の抜本的な捉え直しの必要を説いた。

> 学校が社会の内に突進して行かねばならぬ，(中略) 教育と云ふ考は非常な広い意味のものであり，又其働きが実にさう云ふ上面のもので無い，実際生活に吾々が喰ひ込んで仕事をして行くので無けれ

ば真に教育の効果を挙げる事は出来ないものである[37]。
　したがって図書館の見方も再考が求められる。これまでの「書物の収つて居る倉庫」という静的な機関ではなく，「社会の実生活に切り込んで之に至大な光明を与へる働きを持つて居る」動的な機関として図書館を捉えるべきだ[38]と乗杉は主張したのである。加えて図書館をいかに組織するのかが課題になる。すでに当時アメリカではメルヴィル・デューイ（Melvil Dewey）により図書館学校が1887年に開設され，図書館員の組織的な養成教育が行われていた。乗杉自身，ニューヨーク公共図書館の図書館学校やニューヨーク州立図書館学校などを訪問し示唆を得ていたことがうかがえる[39]。

4.2　図書館の教育的役割

　図書館の教育的役割について乗杉は，例えば，アメリカにおける図書館事情における次の点に注目した。
　「小学校の中尋常小学の一年に図書館科」があり，そこでは「本を読む所の態度方法を教ふる」のであって，「人の積んだ経験，人の知つて居る経験其ものを唯注入するのではない」こと[40]。学校において子どもに図書館の利用方法を学ぶ機会を設け，自ら進んで本を求め読む習慣をつけることである。
　「自分で知識を開発して行く様な傾向態度を有するやうになれば学校のに任務は終つた」とされること。「学校を出た上で愈々本を読む様な習慣と趣味とを養はしむる」こと[41]。学校はただ子どもの知識の量を増やすのではなく，自分で物事に取り組む姿勢を確立させることに重きをおくべきだというものである。
　「教育と云ふものは他人の経験を繰返すのではない」のであって「新しい経験を自分で得るやうに仕向ければ学校教育の任務は終つてゐる」こと。よって日常生活において「盛んに図書館を利用する」こと[42]。自ら主体的に学ぶ教育が重要で，そのためには図書館の役割が大きいというものである。
　その背景にあるものとして乗杉は，図書館学校（図書館員の養成を行う

専門の学科)[43]，図書館の発達（小学校に付設すること）[44]，図書の選択（良い本を読むこと）[45]，学校図書館（適当な図書館や雑誌を用意し，主要な事務には図書館整理術に熟練する教師や館員がその任に当れば，それは総ての学校活動の焦点となること，また将来子どもが公立図書館を利用することにつながること，教師にとっては図書館においてその教職を進歩改良させる手段となり得ること）[46]，公立図書館（「実力ある市民資格」となるため，余暇の上手な利用とし「最善に健全に実利的に教育を継続して行く方法」を有しており，「成人の勉学の泉」であること）[47]，図書館活動（例えばウイスコンシンの州規によれば，ハイスクールは図書館員もしくは教師館員を雇うことを要求していること）[48] などをアメリカの図書館，およびアメリカ国民の意気込みとして注目した。

　一般的に学校卒業後も自らさらに新しい知識を求めようとして研究や読書する者はごく僅かであると乗杉は述べる[49]。何をもって教育を受けたと見なすのか。大体は単に文字を知り，多少の科学的知識を得たという程度に止まるのであって，よって真に十分な教育を受けたということが出来る者は少ない。これが学校教育制度の課題であり，これを補うべく社会教育が存在する。社会教育は外から強いるのではなく，各々自らの要求によって，各人が望むほどに学ぶことが出来る。特に図書館はその傾向が顕著である。図書館の目的は人に読書を勧め，読書心を養成することにある[50]。読書によって人は静慮に導かれ，聖賢に親しみ眠れる魂を呼び覚まし，忘れていた知識を取り戻すことができる。読書は人間の修養向上に対する最もよい機会であり，各個人を文化的に洗練する最もよい機関である[51] と彼は図書館の役割を捉えた。

　以上を乗杉はアメリカにおいて見聞し，この点をアメリカが図書館事業の発達拡張に努める根拠であると述べた。また，第一次大戦中アメリカはフランスの戦場にいた200万のアメリカ兵士に対して「陣中伴侶苦戦の慰安となし，又戦争終了後に於ける将来の指針向上の具」とすべく，400万冊の本を送った。「戦局の最中にあっても尚平和の日の為に着々計画」をしたという。現在の戦いよりも将来の戦いに「勝つ為に読め」と奨励したのである[52]。それは人生の様々な苦闘を乗り越えるために「読

め」ということであり，現在の戦いを通じて鼓吹するためポスターを作成し，図書館事業を宣伝したのである。読書，図書館がいかに生活や文化と結びついているかを物語っている。

アメリカの教育方針は「セルフメードマン」の育成，「独立独歩，自主自制の精神を以て，自ら一人前の人間になる様につとめしめる」ことを主軸とし，「自発，自助，自率」を実践するものである。在学中に将来の自学自習を指導すべく，図書館科が小中高校に設けられ，図書館利用に関する授業がある[53]。このように学校教育の方針が図書館に重なるため，図書館事業の発展は著しい。また図書館員の専門職化には図書館員の養成が学校において行われている点も大きい。つまり図書館員の専門性は社会的に認知されており，よってその需要も多いのである。

5. 図書館員教習所の設立

5.1 図書館員の専門性・職員養成の制度化

欧米諸国から帰国後，文部省図書官兼督学官，通俗教育の主任官を経て，普通学務局第四課の初代課長に就任した乗杉は，臨時教育会議答申の通俗教育に関する施策の普及と奨励に取り組んでいる。図書館に関して彼は，答申六「通俗図書館博物館等の発達を促す」方策を府県立図書館協議会に諮問した。同協議会は，町村図書館の義務設置，図書館職員の体制的整備，職員の待遇改善，府県立図書館の中央図書館化などを要諦とする「図書館に関する規程の改正要点と要領」を答申した。これに基づいて，1921年「公立図書館職員令」が公布された。

アメリカにおいて社会教育，学校教育と図書館との連携を見聞した乗杉は，「図書館従業員の完全なる職業化が此の事業の進展のうえに重大なる関係がある」こと，「中等学校及各専門学校における図書館従業員の養成が広く行われ，初等教育に於いては所謂自治的国民養成の根本義として盛に職業指導の施設と共に，教科中に於いて図書館利用の方法と読書趣味の向上養成に独特の方法を採っていた」ことを指摘した[54]。彼は図書館員の養成の必要を強く認識したのである。

専門職としての図書館員の養成は長きにわたる課題であった。全国図

書館大会や協会総会における決議,1918年全国府県立図書館長会議における図書館員養成機関設置の決議,1919年近畿図書館協議会による図書館員養成機関の設置の建議,次いで同年9月日本図書館協議会評議員会において図書館員養成問題が上程されるなど積み重ねられてきた。

また『図書館雑誌』には欧米の学校における図書館員養成の紹介と養成の必要を主張する論が掲載された。例えば,湯浅吉郎は,従来の図書館員養成が「経験中心の年季奉公的養成法で,経験した館種のみに限定される」ことを問題視し「学理と実験とを以て何れの図書館にも通用することの出来るやうな館員を養成する」ことの必要性を説き,アメリカにおける図書館員養成の図書館学校と大学の図書館学科という養成制度について紹介している[55]。今沢慈海は,日本において「図書館発展の最先の要件なる館員の養成に就きて未だ一般に考慮せられざるは頗る遺憾なり」として,「欧米諸国特に米国図書館界に於いては,夙くより此点に着眼し,之が養成所として多くの図書館学校を設立し,優秀館員の養成に努めつゝあり」と注目している[56]。和田万吉は,図書館の歴史の積み重ねに対して図書館学校の歴史は全く新しいものであると述べ,アメリカ各地の図書館学校を紹介し「我等は一日も早く同士結束して先づ専門の学校を起こすことに努めなければならぬ」と主張した[57]。いずれも図書館員の専門性,職員養成の重要性を打ち出したものである。

しかし図書館員を専門職と捉えて学校において養成する必要は館界の共通認識であったにも関わらず,行政所管である文部省内では賛同を得られなかった[58]。乗杉の手法の強引さも指摘される。また文部省において法科出身者が幅をきかせる中で彼が文科出身であった点,彼が教育の自主性・独立性の確立を求めて行政組織の改善を主張した点,文部省における社会教育の位置づけが確立していなかった点などが関係しているといえる。乗杉の努力によりようやく開設に至るが,その名称は図書館員教習所であり,第四課内の事業として開設されるということになった。彼は継続的に教育を行う学校機関をめざしたが理解を得るのが難しかった。

教習所の場所として乗杉は帝国図書館に提供を求めたが,館長田中稲城は拒んだ。そこには田中側の長年の課題である帝国図書館の増築を文

部省は認めなかったという点が関係しているとされる。遂に1921年帝国図書館長更迭につながり、田中の後任として図書館に関する専門知識や経験のない松本喜一を据えようとする人事に図書館界は反発したが、1923年1月松本は正式に帝国図書館長に任命されたのである。

5.2 図書館員教習所の教育内容・カリキュラム

図書館員教習所は1921年6月1日東京美術学校の施設の一部を借りる形で出発した。乗杉が所長に就任、教習所主任は川本がつとめた[59]。この図書館員教習所の特色として、「日本で最初の試みである」こと、「男女共学としたこと」があげられている。すなわち、図書館の発達は「優良なる館員を要する事極めて大」である点に基づいており、「学校教育に優良なる教員を要する」のと同様に捉えたのである[60]。学校教育のためには教員養成機関が設けられているが、図書館に関することはまだない。こうした点が図書館の発達を遅らすゆえんである。またこれまで図書館員は男性に限られていたが、アメリカでは女性の職員が少なくない点から男女共学を掲げられた。教育内容、カリキュラムは以下の通りである[61]。図書館運営、所蔵資料の整理技術に重きが置かれた。

図書館員教習所授業時間割表

曜日	自八時至九時	自九時至十時	自十時至十一時	自十一時至十二時	自午後一時至二時	自二時至三時
月	英語	分類法	独語	独語	一般教育 倫理	
火	管理法	管理法	和漢書目録法	和漢書目録法		
水	書史学	書史学	自然科学一般	自然科学一般	英語	英語
木	図書館史	洋書目録法	洋書目録法	洋書目録法	分類法	分類法
金	文化科学一般	文化科学一般	和漢書目録法	和漢書目録法	分類法	
土	管理法	管理法	分類法			

講師及担任科目
　内外図書館史　東京帝国大学附属図書館長　文学博士　和田万吉
　洋書目録法及演習　同上
　図書館管理法　東京市立日比谷図書館頭　文学士　今沢慈海
　和漢書目録法及演習　東京商科大学図書館幹事　太田為三郎
　分類法実習及演習　帝国図書館司書官　文学士　村島靖雄
　文学史　文学士　山崎麓
　文化科学一般　文学士　渡辺良法
　社会教育　文部省社会教育課長　文学士　乗杉嘉壽
　絵画史　文学士　丸尾彰三郎
　一般教育　文部省嘱託　川本宇之介
　倫理　帝国図書館長　文学士　松本喜一
　印刷　東京美術学校教授　綾城林蔵
　自然科学一般　三上義夫
　英語　文部省嘱託　ドクトル，オブ，フイロソノキイ　川辺喜三郎
　独逸語　文学士　金山龍重

　次いで図書館員教習所の同窓会組織である芸艸会(1924年)や関西における青年図書館員聯盟(1927年)など結成された。図書館員の自主的研究団体である。徐々に図書館における職員の存在が意識され形に表れていった。

　図書館員教習所は1922年4月1日より帝国図書館の付設となり帝国図書館内に移転し，1925年図書館講習所と改称した。1945年3月大戦末期に閉鎖，1947年5月帝国図書館付属図書館職員養成所として復活し，1949年帝国図書館から離れ，文部省図書館職員養成所となった。図書館員の専門性，職員養成の必要性が認識されていたにも関わらず，現在においても確立されたとは言い難い。

おわりに

　乗杉は，第一次大戦後の社会変動に際し教育の国家的再編性の必要を認識し，「教育改造」を進める過程で教育や学問のあり方を捉え直そうとした。ただ書物に書いてあることを知る，教師のいうことを漏らさず覚えることに止まるという学習であれば，身につけた知識は活きたものにはならない。自主的・主体的に考え行動できる人間の育成は学問する出発点から異なっており，それは特に図書館事業の発達の違いに表れていると乗杉は解したのである。例えばアメリカにおける図書館をめぐる状況として，①学校教育において本を読む態度方法を習得させること，②経験は自分で積むものであり，自分で学び身につけようという姿勢の確立が学校の最大の任務であること，③したがって教育において図書館が不可欠な存在としてその利用が盛んであることを見聞し，こうした点を日本においても学ぶべきだと考えたのである。図書館を「動的な機関」（乗杉），「教育的デモクラシー」を体現する機関（川本）と捉える論が草創期文部省社会教育行政に見られた。図書館認識の深まりともいえる。

　乗杉は「独立独歩，自主自制の精神」をもって，自ら一人前になるように努める人間の育成が教育の最大の目的と捉え，そのためには教育の捉え直しが不可欠であって，獲得した知識の量ではなく自ら進んで学び，物事に取り組もうという姿勢を重視する教育を提唱した。その方法として，図書館を通して自学自習し，読書でもって自己形成することを主張したのである。さらにこうした教育を支えるべく，学校の教科において図書館利用を学び読書力を育成すること，図書館を有効に機能させる図書館員の専門性および職員養成の制度化の必要を論じた。ゆえに彼は相克を乗り越えて図書館員教習所の設置に踏み切ったのである。これにより図書館員養成の道が開かれることになり，図書館運営に関する職員の存在が意識されることにつながった。そこに設置の意義がある。

　自ら進んで課題に取り組み，その過程においてじっくり考えることは現代においてますます重要であると同時に，そうした姿勢の確立は難しい。また図書館員や司書の養成，採用，研修など課題を残しているのが現状である。乗杉の主張は現代においても示唆的であるといえよう。

注

1) 小川利夫「現代社会教育思想の生成」、小川利夫編『現代社会教育の理論』(亜紀書房 1977).小川利夫「原型としての乗杉社会教育行政論」、小川利夫・新海英行編『近代日本社会教育論の探究』(大空社 1992).
2) 「戦間期日本社会教育史の研究―視点と課題―」『名古屋大学教育学部紀要・教育学科』(1992).
3) 松田武雄『近代日本社会教育の成立』(九州大学出版会 2004).
4) 乗杉嘉壽「戦時外遊所感」、乗杉嘉壽『社会教育の研究』(同文館 1923) p.556.
5) 文部省普通学務局『時局に関する教育資料』18 (1918.8) p.143.
6) 乗杉「戦時外遊所感」、(前掲) p.566-567.
7) 乗杉嘉壽「教育改造」、『社会教育の研究』(前掲) p.145.
8) 乗杉嘉壽「社会教育の意義並施設」『帝国教育』461 (1920.12) p.10.
9) 乗杉『社会教育の研究』(前掲) 自序 p.3-4.
10) 乗杉「社会教育の意義並施設」(前掲) p.10.
11) 『社会教育の研究』(前掲) p.3-4.
12) 乗杉嘉壽「社会教育の往時を回想して」『社会教育』第6巻第7号 (1929.7) p.11.
13) 乗杉「社会教育の往時を回想して」(同前) p.11.
14) 乗杉嘉壽「民衆の教化運動」『内外教育評論』第14巻第8号 (1920.8) p.9-10.
15) 乗杉「教育改造の意義と体験」『社会教育の研究』(前掲) p.156-157.
16) 乗杉「学校教育に対する批判としての社会教育」『社会教育の研究』(同前) p.219.
17) 乗杉嘉壽「教育の普及と独立」『教育界』第20巻第3号 (1921.1) p.12.
18) 乗杉嘉壽「法治国から教治国へ―行政組織の徹底的改善を促す―」『社会と教化』第3巻第1号 (1923.1) p.6.
19) 乗杉嘉壽「教育は斯くの如くにして改善されん」『社会と教化』第1巻第2号 (1921.2) p.9.
20) 「教育の社会化、社会の教育化」は当時社会教育の新たな理念として用いられたものである。江幡は、社会教育の意義として 1. 教育内容の社会化、個人や社会の能力を高めること、2. 学校教育の社会化、3. 教育の機会均等、4. 社会全体の教化調整を指摘した。) 江幡亀壽『社会教育の実際的研究』(博進館 1921) p.9-16.) 江幡は、国家を担うべく民衆の社会的能力を高める公民教育という前提であった。この点は川本にも通じるものであったが、加えて「デモクラシーの基本原理」に立ち、「教育上の機会均等」を論じたところが川本の特徴である。第一に所謂特殊児童の差別的教育条件を改めるべく「学校教育の社会政策的施設」化をあげ、第二に社会そのものを教育的に組織構成する必要を指摘した。川本宇之介「教育の社会化と社会の教育化 (其の一)」『社会と教化』第1巻第7号 (1921.7) p.10.「教育の社会化と社会の教育化 (其の二)」『社会と教化』第1巻第8号 (1921.8) p.9-10.
21) 乗杉嘉壽「学校教育と社会教育との関係」『社会と教化』第2巻第1号 (1922.1) p.12.
22) 乗杉「学校教育に対する批判としての社会教育」、『社会教育の研究』(前掲)

23）乗杉「学校教育に対する批判としての社会教育」(同前) p.215-218.
24）乗杉「学校教育の過信を難ず」,『社会教育の研究』(同前) p.208.
25）乗杉嘉壽「教育刷新の第一歩」『内外教育評論』第13巻第2号（1919.2）p.8-9.
26）乗杉嘉壽「教育の実際化に就て」『社会と教化』第3巻第3号（1923.3）、乗杉嘉壽「職業上より観たる教育の実際化」『社会と教化』第3巻第4号（1923.4）などで触れている。
27）乗杉「学習と教育」,『社会教育の研究』(前掲) p.179,180,187.
28）乗杉嘉壽「教育の普及と独立」『教育界』第20巻第3号（1921.1）p.12.
29）乗杉嘉壽「義務教育の延長と社会教育」『社会教育』第1巻第2号（1924.4）p.15-16.
30）乗杉嘉壽「補習教育の振興に就て」『補習教育』35（1926.1）p.13.
31）乗杉嘉壽「英国教育視察談」『教育研究』90（1919.4）p.53.
32）乗杉「社会教育施設」,『社会教育の研究』(前掲) p.46.
33）乗杉「社会教育施設」(同前) p.46-48.
34）乗杉「文化生活と図書館」,『社会教育の研究』(前掲) p.411.
35）乗杉「社会教育施設」(前掲) p.49.
36）乗杉嘉壽「社会改造の機能としての図書館に就て」『図書館雑誌』39（1919.9）p.19.
37）乗杉「社会改造の機能としての図書館に就て」(同前) p.23.
38）乗杉「社会改造の機能としての図書館に就て」(同前) p.23.
39）乗杉「社会改造の機能としての図書館に就て」(同前) p.28. や「社会教育施設」『社会教育の研究』(前掲) p.56. などに示されている。
40）乗杉「社会教育施設」(同前) p.49.
41）乗杉「社会教育施設」(同前) p.49-50.
42）乗杉「社会教育施設」(同前) p.50.
43）乗杉「社会教育施設」(同前) p.50.
44）乗杉「社会教育施設」(同前) p.53.
45）乗杉「社会教育施設」(同前) p.53-54.
46）乗杉「社会教育施設」(同前) p.55-57.
47）乗杉「社会教育施設」(同前) p.57.
48）乗杉「社会教育施設」(同前) p.58.
49）乗杉「学習と教育」,『社会教育の研究』(同前) p.185.
50）乗杉「文化生活と図書館」,『社会教育の研究』(同前) p.411.
51）乗杉「文化生活と図書館」(同前) p.411.
52）乗杉「社会教育施設」(前掲) p.49. 乗杉「文化生活と図書館」(前掲) p.412.
53）乗杉「文化生活と図書館」(同前) p.413-414.
54）乗杉嘉壽「図書館講習所創立当時を偲びて」『図書館雑誌』139（1931.6）p.202.
55）湯浅吉郎「図書館員養成の必要」『図書館雑誌』1（1907-10）p.8.
56）今澤慈海「米国図書館学校一斑」『図書館雑誌』35（1918.6）p.7.

57) 和田萬吉「米国に於ける図書館学校の発達」『図書館雑誌』44（1921.3）p.9.
58) 乗杉「図書館講習所創立当時を偲びて」（前掲）p.202.
59) 川本は，図書館の「老若男女を問はず各人に自由に最も都合のよき時にその欲する図書を供給するが故に，教育的デモクラシー即教育の機会均等の聖心に合致する」点，「社会教育の本質中の本質ともいふべき自由意志による自己教育を最も発揮させる機関である」点から，社会教育の中心機関に図書館を位置づけた。川本宇之介『社会教育の体系と施設経営　経営篇』（最新教育研究会　北文館 1931）p.5. またアメリカの図書館事業から，図書館学校の設置と有能な図書館員の養成の必要を説いた。（同前）p.276-277.
60) 「図書館員教習所の創立」『社会と教化』（1921.5）p.84-85.
61) 「図書館員教習所要項」『図書館雑誌』49（1922.6）p.22-23.

帝国図書館長松本喜一について

MATSUMOTO Kiichi
as the Chief Librarian of the Imperial Library in Japan.

鈴木　宏宗
（国立国会図書館）

松本喜一（まつもと・きいち）
1881年　埼玉県に生まれる
1921年　東京高等師範学校教授，兼帝国図書館司書官，帝国図書館長事務取扱
1923年　帝国図書館長
1928年　日本図書館協会理事長（～1939年，除1930年6月～31年5月）
1945年　死去

はじめに

　松本喜一は第2代帝国図書館長で，その略歴は上記のとおりである[1]。彼は帝国図書館長になるまでは，1906年に東京帝国大学文科大学哲学科卒業後，山口県萩中学校教諭，群馬県師範学校教諭，茨城県女子師範学校長，茨城県師範学校長等を歴任し図書館界とは無関係であったが，帝国図書館長として20年以上在職し，その間に日本図書館協会にも関わって

いる。しかし，図書館史において彼の活動については，筆者がその著述について年代順にまとめたことがあるほか[2]，全般的に記されたものは，彼の部下であった岡田温による追悼[3]や青山大作による回想[4]の類しかない。青山は松本の帝国図書館長就任問題等を述べた後で彼のことを「日本図書館協会の理事長として，その敏腕を振い同協会の機構の改革，わが国図書館界の発展に懸命の努力を致し，相当大きな功績を挙げた。また帝国図書館長としては関東大震災の処理，本館の増築問題も一部果たし，〔中略〕その業績は高く評価すべきである」と回想している[5]。岡田はその追悼文のなかで，松本の印象や活動を記した後「館長としての二十四年の御在任は決して短かいものではなく，年数の上からは方(ママ)に米のスポフォード，パトヌム，英のパニツイにも比す可きである。然しその館界に残された業績に至っては，子弟の情を離れ一図書館史家として公平に見る時，松本先生の夫は残念ながら彼等に比す可きもない。然しこの事実は決して一人の松本先生の責任に帰せらる可き問題ではなく，その責任の大部分は日本政府が負ふ可きである」と評している[6]。

例外的に武居権内が図書館史の上で松本喜一の業績について言及している。武居は，松本が米欧への視察後帝国図書館の経営充実や国内図書館の振興に努力しており「彼の昭和期における功績は，図書館学史上においても極めて大きく評価さるべきである」と述べ，さらに彼が「欧米の図書館概説」を得意とし図書館のレベル向上，図書館講習所の教科充実への努力による図書館学発展の基礎，中央図書館制度の構想と1933年の図書館令改正への努力を指摘している[7]。ただし，その具体的な面にはほとんど言及していない。

より一般的な昭和前期の図書館史の記述では，松本喜一について否定的にふれられているものが多く，例えば，彼の「本領は文部省との関係を強化して，良書普及，中央図書館制度下の上意下達の徹底化，とくに一九三一年に組織された中央図書館長協会（彼の親衛隊と悪口された）の代表・常務理事として，図書館界を全面的に戦時協力体制にむかわせていったことである」[8]と記されている。図書館講習所の歴史において，その講師陣等に尽力したと記しながらも，「戦後松本喜一ほど図書館界で悪

し様に批判されたひとも少ない〔中略〕突出して個人的に当時の国家体制にすり寄ったとなれば，個人的に批判されても仕方のないところがあり，彼にその側面があったことも事実である」として図書館記念日の制定や中央図書館制度を例にあげ，彼のワンマンなパーソナリティがそれに拍車をかけていたと否定的評価を述べながら，その評価を読者にゆだねているものもある[9]。

このように言及される場合には否定的であり，その具体的な活動については分からない人物である。最近は，戦前の図書館関係者についての検証が必要でないかとの指摘も行われており[10]，本稿では，不充分ではあるが，図書館界における松本喜一の軌跡をたどってみたい。1921年の図書館界への登場以降の活動について，帝国図書館長への就任問題，帝国図書館長としての活動，図書館界における活動，その著述について瞥見したい。

1. 帝国図書館長への就任問題—田中稲城の後任をめぐる問題—

松本喜一の図書館界への登場は帝国図書館長としてであった。岩猿敏生は帝国図書館長の田中稲城から松本喜一の交代について，公共図書館史上の転機として1920年代を考察する際に，これが単なる人事上の交代ではなく，図書館員の世代交代を象徴していると指摘している[11]。ここでは，その具体的な様相を記してみたい。

1.1 背景

松本喜一の前任の帝国図書館長は田中稲城であった。田中は1888-90年に図書館研究のため米英に留学し，帰国後は帝国大学文科大学教授に任ぜられ，東京図書館長兼任（1893年に専任）となり1897年の帝国図書館設立に尽力し初代館長に就任した。また，後に日本図書館協会となる日本文庫協会の設立にも関わり初代会長を引きうけている。彼の明治期に図書館活動の業績は大きなものがある[12]。が，その一面で，「館内の管理に齷齪せらるる結果として，どうしても対外の事は疎にならざるを得ぬ。其上当時の文部当局は，前記の如く図書館の事には注意を払って

くれず、〔中略〕次第に文部省あたりに足が遠くなり、終には其他の外界にも顔を出すことが少なくなり、兎角引込み勝ちであつた」[13]という。また、図書館員教習所の設置（1921年6月設置）を推進していた文部省の乗杉嘉寿は、「当時の帝国図書館長田中氏はなるほど斯界の権威でありその壮年期に於ては駿才逸足と言はれた位の人物であったが、晩年やや老衰の傾向であり、如上の余の新施設に対しては何等理解も同情もなかったのである」(ママ)[14]と回想しており、大正期には文部省本省との関係が良くなかったようである。田中は1921年4月1日付で免本官を文部省に提出し、同年11月29日付けで退官の辞令が出ている[15]。

1．2　松本喜一館長内定への反応

　田中帝国図書館長の後継者に松本喜一が内定したことが明らかになると、帝国図書館内、日本図書館協会ともに動揺を生じている。『東京日日新聞』（1921年11月22日）は次のように報じている（ルビを省略して引用）[16]。

　　帝国図書館の全館員三十余名は新館長たるべき松本氏が東大文科を出でて以来全く師範教育にのみ終始し図書館を知らぬ人でその図書館入りは全く畑違ひで不適任である殊に近代の図書館は頗る科学的で無経験の人によく支配される処でないとの理由で絶対反対を表明し結束してその意を全国図書館協会に通じた〔中略〕今村日比谷図(ママ)書館長、和田東大図書館長太田商大図書館幹事の三氏は廿一日文部省に出頭協会として帝国図書館長の人選は我が国図書館事業の為め慎重にされたき旨注意を促したが当局ではまだ人選中であるとの旨を告げたので三氏は其侭引取った

文中の今村は今沢慈海で日本図書館協会の会長であり、和田万吉、太田為三郎はそれぞれ評議員であった。この記事に対応すると考えられる和田万吉から今沢慈海への書簡（1921年11月21日）が残されている[17]。

　　乗杉氏口上ヲ熟味致候ヘバ、帝国図書館長ヲ自家ノ被官同様ニ取扱フ為、今回ノ挙ニ出シ事ト存ジ候。甚我侭至極、同館既ニ然ル上ハ、余館ハ猶更ノ事ニ可有之、斯道ノ為忌々敷大事ト可相成候。予教習

— 50 —

所ニ努力ノ根モ無クナリ候間，辞職ノ決意ヲ固メ，廿三日付ニテ解職願書ヲ普通学務局長宛差出ス事ニ致シ候間，御承知被下度。

乗杉嘉寿と折衝にあたった時の感想が示され，和田は当時担当していた図書館員教習所の講師の辞職も考えている。

この頃の帝国図書館内の動きについて，1920年に同館で雇に採用されていた青山大作は，その立場上伝聞であろうが，帝国図書館内で一同辞表提出かといった議論が起こったこと，乗杉嘉寿がそのような動きに反感を持ったこと，文部省側の説明によりとりあえず図書館内の動きが沈静化したことを回想している[18]。

文部省は予定通りに1921年11月29日，田中の退官と松本の帝国図書館司書官兼任および帝国図書館長事務取扱を命じた。松本へのこのような辞令は帝国図書館長に任用されるには，「帝国図書館長司書官及司書任用ノ件」(明治33年勅令第338号)により，帝国図書館司書官を1年以上経ていなければならないことによる措置であった。

1.3 就任後の周囲の状況

田中稲城は，1921年12月17日の日本図書館協会の総会で，過去の回顧に続けて自身の退官について「図書館界後進の為に進路を開くと云ふ事は第一の希望なりしに，局外より後任者を出したるは頗る意外の事にして斯界の一大恨事と云はざるを得ず」と述べた[19]。

日本図書館協会の側では，このような事態に対し翌1922年1月に文部省に対して意見書案を和田万吉と今沢慈海の間で作成している。それに修正を加えたものが「元帝国図書館長田中稲城君後任問題ニ関スル意見書」(今沢慈海　日本図書館協会会長最終案)である[20]。そこには以下の3項が取上げられて，それぞれに説明が付けられている。「〇今回，文部当局ノ措置ハ，帝国図書館ノ威厳ヲ失墜セシト及ビ，本邦図書館将来ノ発達ニ多大ノ障害タルベキコト。」，「〇文部当局，若シ日本図書館協会ノ権威ヲ認ムルナラバ，カカル重大事件ニ関シ一応ノ交渉アルベキナリ。」，「〇学校長モ図書館長モ共ニ行政官ナリ。故ニ，学校長ガ図書館長ナルモ何等ノ支障ナシ。又図書館長トシテ専門的技能ノ如キ，特ニ之ヲ問フ必

要ナシトスル妄論ヲ闢ク」。ただし、この文書が文部省に提出されたかは不明である。

　以上の経緯から、文部省の乗杉、松本の側と和田、今沢といった従来からの図書館関係者との間で対立が生じていた。帝国図書館長への就任をめぐり松本喜一を取り巻く状況は厳しいものであったといえよう。

2. 帝国図書館長としての松本喜一

　松本喜一は1921年12月1日に初登館した。青山大作の回想によると次の通りである[21]。

> 最初に、司書官および一、二名の職員が挨拶のため館長室に入り、つづいて雇員以上が一人一人所属の司書または書記の紹介によって、それぞれ挨拶した。職員は多人数で新館長も相当疲れたことと思われるが実に温容で、言葉も丁寧に終始微笑を浮べながらの挨拶であった。翌日からは平常通り館務が進められた。

　その後、司書官着任の約1年と1月の経った1923年1月11日に帝国図書館長に就任し、1938年8月17日付けで勅任官待遇、1943年8月4日付けで高等官二等、1945年11月13日に在職のまま没している（叙従三位）[22]。

　松本喜一は、1926年8月28日にアメリカ図書館協会50年記念大会への参加と図書館管理法研究のため米英独に視察を命じられ、9月4日に出発し、10月5日にアメリカ図書館協会の大会で講演を行い[23]、米欧の視察を経て1927年4月13日に帰朝している。この時の報告を日本図書館協会総会（日仏教青年会館にて同年5月6日）でおこなっている[24]。

　松本喜一その人について、青山は、「非常に温厚な人柄のように見受けられ、言葉、態度も丁寧で特に講演が極めて巧みの上、格調の高い文章を書かれ、その上、敏腕家であったようにお見かけした。したがって、じみな図書館に、形式的なことを、かなり取り入れられる傾向がうかがわれた」と回想し[25]、岡田温は、「非常に派手好みであられた。〔中略〕全国の図書館に呼びかけ、働きかけて文化行進の音頭を取られると云ふ方が御気性に合つて居た」と追悼している[26]。そのため後述するように多

数の講演をおこなっている。
　この時期の帝国図書館の活動について，以下に特徴のある事項を挙げてみたい[27]。

2．1　帝国図書館の人事の刷新
　松本喜一の帝国図書館長として事績に人事の刷新がある。1929年には司書の職員数が13人から16人に増加している[28]。青山大作はその状況を次のように回想している[29]。

> 着任早早，職員の構成に手を付けられ，第一に職員の質（学歴を重点）の向上を計られた。当時，図書館職員の学歴は，職員全体についていえば，必ずしも高度とは言えなかったので，この点を考慮され，可及的多く，大学卒業の学歴を有する職員の採用につとめられたらしくて，定員の関係上，取りあえず嘱託員として採用し，欠員の生じた場合や，また増員の場合などを利用して着着これを進められた。

　この例にあたるかどうかその確証はないが，1906年以来勤めていた鹿島則泰は1923年に行政整理により司書を退職して嘱託（〜1938年）になっている[30]。
　1928年に東京帝国大学文学部を卒業し同館の嘱託に採用された岡田温もこの頃のことを次のように回想している[31]。

> 翌四年の春には，先生の大英断を以て職員の年齢がずっと若返った。林繁三氏が新進気鋭の司書官として迎へられたのもこの時であれば，又帝国図書館の生辞引的存在であった二三の長老連の退かれたのも此時であった。それからの帝国図書館は，月に歳に職員に若さと数とを加へてゆき，又一面に於いて優秀なる上級職員は相次いで先生御推輓の下に地方館長へと巣立って行った。富山県立の加藤宗厚氏，名古屋市立公衆の青山大作氏等はその尤もなるもの

　この様な人事によって生じた館内の様子について，明治大学出身である青山は先に引用した回想で次のように続けている[32]。

> 帝国大学系の学歴を有する者を大学マンといい，これらの職員のみで大学会（私学出身者は除外）を作って時時，一日の行楽や，会食

などが催されていたので，一部の職員からは永い間，家族的雰囲気であったのに，党中党を作る感があるとして，好感を持たれない一面もあった

このように，職員の学校歴を高くして人材をあつめたことは，その所属する組織に社会的に重要な意味をもたらすとともに，実際に彼らによって帝国図書館の活動が担われている。なお，松本死去後の帝国図書館長は，文部省社会局長関口泰，同佐藤得二が館長事務取扱となり1946年5月13日に司書官の岡田温がその後継者としてひきついでいる[33]。

2. 2 図書館資料の収集

松本喜一が尽力したことに納本の充実がある。彼は社会教育の講習会において国立図書館と納本制度について述べ，諸外国の例を引いた後で「出版法の中に納本は如何にされるかと云ふことの処分法が規定されて居ない為に，〔中略〕兎角取扱者は好意の寄贈をして居るかの如くに考へる，故に帝国図書館は要求の権利があり，内務省は交付するの義務があるのではない，何となれば法の上に規定がないからと云ふ様なことになるのであらう」[34]と日本における不備を指摘している。結果的には実現していないのであるが，帝国図書館の納本制度が，「どうしても法の上に明かにしなければならぬと云ふ考を以て」1926年の第51帝国議会衆議院で出版物法案が提出された際には，「丁度出版法改正の気運が至りまして前の議会に提案されたので，委員の人々に会うて各国国立図書館の制度を話して，今回の改正を機会に納本に就ての規定を明かにして貰ひ度いと云ふことを求めました」[35]と活動したことを述べている。なお，1934年の第65帝国議会には，出版物納付法案[36]が貴族院に提出されており，その中で「第十一条　出版物ノ発行者ハ其ノ発行後直ニ帝国図書館ニ現品一部ヲ納付スベシ」とある。この法案は審議未了である。ただし，この時に，帝国図書館側がどのように動いたのかは不明である。

他に，1935年以降，文部省から学位論文移管が開始され[37]，1937年以降には，内務省から発禁図書の副本の保管を開始[38]。コレクションとして西村茂樹の稿本類の西村文庫（1936-40年），白井光太郎旧蔵書の白

井文庫（1940-42 年）等を受け入れている。

2．3　帝国図書館の増築と諸活動

　帝国図書館の建物は 1907 年に 1/4 が落成したままであり，つねにその完成を要望していた。1930 年 3 月 15 日に本館の増築が竣工した。また。戸畑市の実業家安川清三郎から寄贈された資金により書庫が 1934 年 6 月 20 日に竣工した[39]。

　館内サービスに関しては，1930 年に特別研究室を設け，1931 年に書名目録の歴史的仮名遣いを表音式仮名遣いへ変更[40]，1932 年に女性利用者向に「婦人の読物」と銘打った案内書の作成[41]，自動複写機の導入[42]，1934 年の相談係の拡充[43]がある。その他に，江戸時代震火災ニ関スル図画記録類展覧会（1923 年 12 月 7-9 日）をはじめ，各種展示会が開催されている[44]。また，カードの印刷もはじめている[45]。

　図書館の刊行物では，『帝国図書館報』の充実がはかられ[46]，特別書の解題や展示会資料の目録掲載など，広報の役割を担う部分もあらわれている。1931 年（第 24 冊第 1 号）からは月刊化（同時に各門中の排列を歴史的仮名遣いから表音式に変更）がはじまった。ただし，戦局の推移にともない，刊行頻度も間があくようになり，第 35 冊第 5・6 号（1932 年 5・6 月）を 1944 年 3 月に刊行して後はつづいていない。この頃に，岡田温は松本館長から「この目録を中止して代わりに科学文献目録の編さんを促進すること命ぜられた」[47]という。この科学関係目録の編纂に着手したことは，『朝日新聞』（1943 年 12 月 18 日）で報じられている[48]。他に所蔵貴重書『銘尽（めいづくし）』の複製頒布（1939 年），『図書館書籍標準目録』1 ～ 3（1941-42 年），『中央図書館執務参考資料』（1943 年）を刊行している。

　その他に 1935 年 7 月には，松本喜一が第二高等学校在学中の恩師である土井晩翠との縁により，小泉八雲碑が帝国図書館の前に建設されている[49]。

　また，松本喜一の日本図書館協会理事長在任とほぼ重なる期間，館内職員により『図書館雑誌』の編集が行われている（1930 年 8 月号から 39

年12月号まで)[50]。

2.4 時局への対応

　太平洋戦争の空襲下の閲覧については、「空襲警報が鳴り出すと、職員は部署を決めて3階の閲覧室から入館者を誘導して地下室に退避させた。イギリスのジェントルマンシップを愛された松本館長が、第一次世界大戦にロンドンがツェッペリン飛行船による空襲に悩まされながらも、図書館はついに1日も休まなかったことを例に、1人でも来館者のある限り閉館は許されなかった」[51]と岡田温は回想している。

　その他に『時局に関する図書目録』1～7（1937-44年）を編輯刊行した。1943年には陸軍から接収図書の整理と保管が依頼されて対応し、さらに戦局が進み空襲があるようになると蔵書中、貴重書の疎開を行い、1944年には伊藤圭介が集め孫の篤太郎が襲蔵した本草学関係書の伊藤文庫の購入など、民間からの貴重書買い上げを行っている[52]。松本館長は1944年以降になると、図書館を休みがちで健康状態が勝れていなかったという[53]。

2.5 図書館教育への関与

　図書館職員の養成機関であった図書館員教習所は1922年に帝国図書館内に引きうけられ[54]、図書館講習所に改称している。松本喜一はその管理者として教科と講師の充実を行い[55]、帝国図書館の職員を講師とすることもあった。図書館講習所は、学校等のように法制上保障されたものではなく、書類の上では毎年度開催される講習であり、それを1945年3月まで繰り返していた。この講習所からは、戦前から戦後まで図書館界で活躍した人材を輩出しており[56]、継続されたことの意義は大きいであろう。その場所は、帝国図書館内をもちい、1927年以降には同館が国際交換用図書収蔵のために同年に新築した建物を転用し、1935年には講習所専用の木造2階の建物が新築された[57]。さらに、学んだ人々の発表の場として、『学友会雑誌』1～10（1931-40年）を刊行している。また、帝国図書館の職員が在職のまま教習所の生徒として派遣されていたこと

もある[58]。

　図書館講習所に関連する出来事に，同所の卒業生が自主的に組織していた芸艸会（うんそうかい）との間に対立があった。この対立の詳細は不明である[59]。その背景には図書館界における松本への反感などがあると考えられる。1924, 25年以降に，芸艸会そのものとは関係がなかったかもしれないが，同会の代表者たちと松本との間で溝ができていたようである[60]。その後にも，日本図書館協会の社団法人化の問題が起きていた（後述）。1931年6月には講習所の10周年を記念して，芸艸会と別に文部省図書館講習所同窓会が組織された。これに対し芸艸会は「文部省図書館講習所同窓会設立に対し，管理者松本喜一氏の反省を求め，会としての態度を明かにす」という声明を9月に発表し，「管理者松本氏の，本会に対する態度は事毎に悪感情を以て望むといふ非紳士的行動である。此由因が那辺にあるやは，吾人甚だ了解に苦しむところであるが，十年前の帝国図書館長後任問題に端を発し，最近数年間我国図書館界の一隅に発生した陰鬱にして不快なる諸事相が，総て此処に因由してゐると云ふ観察は，少しく此の間の事情に通ずるものにとって全然否定し得ない所である」と記している[61]。後年，当時芸艸会の会員であった弥吉光長はこの問題に関して「昭和六年六月に文部省図書館講習所同窓会が成立した。それは突然出現したように見えるが，芸艸会の活動が多少行きすぎた観があつたのも一つの原因であり，松本氏の行動も常道でなかった。そのため数年間は会員は不愉快な思を重ねたようである」と記している[62]。帝国図書館長就任問題はここにも影響をあたえていたといえる。

2.6　特徴

　以上，松本喜一が館長をしていた昭和前期の帝国図書館の主な活動である。同館の人員刷新，建物の増築など，帝国図書館の活動の基盤を整備している。館長就任時の状況を考えれば，よく館務を率いていたといえるだろう。しかし，就任時の図書館関係者との対立に加えて図書館講習所の同窓会である芸艸会との関係が悪化していったことは，余計に図書館界における松本喜一の立場にある影響を与えたと考えられる。

また，彼の館長としての行動を示す次のような例がある。前述の帝国図書館員が『図書館雑誌』の編集員を行っていた頃，その一員であった加藤宗厚が編集員から退かさせられたということがあった。これは同誌の1936年1月号掲載の「北支図書館瞥見記」で日本の帝国図書館が中華民国の国立図書館に劣ること記そうとしたためであるという。ただし，この後も加藤は帝国図書館員のままで，図書館講習所の講師も続けており，富山県立図書館長に就く（1940年）前には，松本帝国図書館長から忠告までもらっている[63]。加藤自身も松本の生前，富山県立館長時代にこのことについて「事志と違ひある方面の逆鱗に触れて編集員を辞する」ことがあったと明かしている[64]。この一件は，帝国図書館長である松本喜一の実務的管理者としての側面を示すものであろう。

3. 図書館界での活動

　松本喜一は帝国図書館長としてかつ，以下にみるように日本図書館協会の理事長として，外部機関へのはたらきかけをおこなっている。なかでも目立つのは，1931年4月2日に「図書館の使命」と題して，「我が国に於ける図書館発達の沿革と現在の情勢，英独米の諸国に於ける斯業の概況，近代図書館の意義と使命ならびに斯業の国際化等について」[65] 昭和天皇にご進講を行ったことである。これに対して，同年の全国図書館大会で東北北海道図書館連盟では，この日を図書館デーとしたことを東北帝国大学司書官の田中敬が報告し[66]，翌年の図書館大会で，田中がこの日を記念して図書館記念日とすることを提案し，同大会で可決している[67]。国家元首である天皇へのご進講が社会的に栄誉なことであり，図書館にとってもプラスであると関係者に認識されていたのであろう。

3.1 日本図書館協会における活動

　松本喜一は1928年5月に日本図書館協会の理事長に就任し，その後，1930年6月から翌31年5月の1年間を除き1939年8月まで勤めている。
　この時期には，帝国大学附属図書館協議会（1924年5月）や青年図書館連盟（1927年11月）等，日本図書館協会以外の図書館関係団体が成立

している。
　この頃の協会については,「家族的雰囲気の中でアカデミズムの良識を堅持しつつ,日本の図書館を育ててきたリーダーたちが,次第に偏向する時代の波に押され,その指導力を失い,役人化した教員や地方の官僚たちにとって代られ,半官半民的な教化団体へと変質していった」と言及されている[68]。以下,日本図書館協会の動きについてすべてをふれることはできないが簡単に当時の状況を瞥見したい[69]。

3. 1. 1　日本図書館協会の社団法人化とその紛糾
　この時期の協会の大きな出来事は社団法人化であった。その手続きの際に混乱を生じている。1929年4月の理事会で協会を社団法人化することが協議され,同年5月の総会にて定款の改正が提案された。しかしこの提案が突然でもあり,総会は紛糾し特別委員付託となった。社団法人化に反対ではなくその手法に問題があるという意見も出され,混乱を引き起こした。同年9月3日の理事会後,竹内善作にこれらの混乱の調停をゆだねた[70]。
　翌年5月の総会に再び社団法人化案が提出されたが,討議でもめ,定款改正委員会にて修正の上で提出することが決定された。6月の理事会で松本が理事長から身を引き,早稲田大学図書館長の林癸未夫が理事長に選出された。11月に文部省から認可されている。

3. 1. 2　社会教育とのかかわり
　日本図書館協会について社会教育の関係をみると,1931年に社会教育協会と良書調査委員会の発足し,『図書館雑誌』8月号から掲載をはじめ,9月号からは「本協会推薦図書」として掲載している。同時に『社会教育』において7月20日号から1934年6月1日号まで掲載している。1932年から1年分をまとめて『良書百選』を第9集（1940年）まで刊行している。彼は,社会教育に関連して成人教育や社会教育機関の連携の重要性を述べており,そのあらわれの一つと言えるだろう。なお,1936年の第30回全国図書館大会では,私立図書館・博物館の地租免除について決議

— 59 —

を行い，日本博物館協会と連名で文部大臣と大蔵大臣に建議を行っている[71]。彼は1938年の同会の全国大会で講演を行っている[72]。

3.1.3 キャンペーン・宣伝の重視

1931年12月には，かつて日本図書館協会がシベリア出兵時にも慰問図書を寄付したように，満州への慰問図書寄付運動を行っている[73]。1933年からは4月2日を図書館記念日として講演会などを開催し『日本図書館協会講演集』1〜7（1934-40年）を刊行している。1933年11月の図書館週間の際に全国書籍商組合連合会，東京出版協会と共催で図書祭を実施している。以後，1938年まで開催されている。

3.1.4 文部省との結びつき

1933年8月に事務局が文部省構内に移転。また，以前から，小学国語読本に図書館の一課を加えるように望んでいたのが[74]，1938年から小学国語読本巻9第17に「図書館」が掲載された[75]。協会は，日本図書館協会編『小学国語読本巻九第十七「図書館」課教授参考書』（日本図書館協会，1938）を，1940年には増訂第2版を刊行している。

文部省との関係強化はその後の協会に引継がれ，1942年には，文部省と協会との合作で『読書会指導要綱』が編刊され，同省の指導の下，新刊図書優先配給事業も行っている[76]。

3.1.5 他の事業

さらに，和漢書目録法規則委員会の調査完了（1932年1月，『図書館雑誌』同年4月号に報告）図書館社会教育調査委員会設置（1934年2月）など各種委員会の活動をあげることができる。1934年以後，公共図書館費国庫補助法制定の請願運動を行っている[77]。

3.1.6 日本図書館協会および松本喜一への評価

当時の評価として，協会の運営については竹林熊彦は，「協会ノ無力ナルハ聡明ト政治力トニ欠クルガ故ナリ。〔中略〕コレハ多年松本喜一氏ト

其一党ガ，協会ヲ我物顔ニ振舞ヒタル結果，蘊醸セラレテ協会ノ性格トナリタルモノナリ」[78)] と述べている。他に樋口龍太郎は松本の任期中の事業を述べつつ「図書館認識，読書運動に力を注いだ」ことと，様々な請願等を行ったが「常に採決に止まり，実施にまでには立至らなかったことは，理事団の能否を問わんより，後援的一致の迫力の存否をも省慮すべきであろう」と記している[79)]。

　昭和前期では日本図書館協会をめぐり，周囲の状況のみならず，その体質も含めて大きな変化の時期にあたっていたといえる。その中で，松本は協会では理事長として，色々な事業を推進し，図書館のPRを行い，館界外への活動が目立つ。が，日本図書館協会は国民精神総動員中央連盟（1937年8月−）にも加盟しておらず，図書館の社会的評価は決して高くは無かったであろう。

3.2　図書館令改正をめぐって

　公共図書館に関連して，松本喜一が活動したものに1933年の図書館令の改正がある[80)]。その特徴の一つである中央図書館の制度に関連して，松本喜一は次のように述べている[81)]。

> 私は我国の図書館が単なる個々の存在であって相互間に何等の連絡統制のないのを遺憾として其の組織化を提唱し来つたのである。而して去る昭和六年十月帝国図書館主催の下に中央図書館たるべき官立道府県立及びこれに準ずべき市立図書館の館長会議を開催し，同時に中央図書館長協会の組織を見るに及んだのであるが，同会議の議決によって道府県内に於ける図書館の統制機関として中央図書館の制度を設けられんことを文部大臣に建議するに至つたのである。

中央図書館長協会を組織することにより，中央図書館制度の受け皿を用意した上で，図書館令の改正をうながしたものといえる。

　この中央図書館として道府県立図書館が中心になる構想は，大正期から存在している[82)]。全国図書館大会への文部省からの諮問も行われている。この改正で中央図書館制が導入されたのは，当時の図書館界による要求の一部であった。ただし，実際には中央図書館制度は，全府県で実

施されてはいない。どの程度おこなわれたかは検討の余地があるだろう。実施された県においてもその地域差が大きいようである[83]。

この図書館令改正には，帝国図書館司書官の林繁三(はやしはんぞう)の活動があったと考えられる。彼は松本館長の外向きの秘書的な役割を受け持っていたようであり[84]，林は「中央図書館長協会沿革略」もまとめており[85]，中央図書館長協会の事務方の担当ではないかと推測される。

3.3 図書館界の中での立場

松本は昭和前期において図書館界で以上のようにある程度の影響力を持ち，活躍していたが，彼への反感も強く存在していたようである。岡田温は帝国図書館就職当時を回想して「田中稲城前館長の亡くなられたあとを継ぐ和田万吉先生を中心とする太田為三郎，市島春城(いちじましゅんじょう)，橘井清五郎(きついせいごろう)，今沢慈海などという諸先生方と図書館講習所の同窓会である芸艸会の会員たちの図書館の伝統派と，新しく帝国図書館の館長になられた松本喜一先生とこれを後から支えている文部省の若い担当官たちによる新派との間の，表には現れないが陰にこもった反目」があったと述べ[86]，叶沢清介も，松本帝国図書館長及びそれにくみする県立図書館長と日比谷図書館を中心とする市立図書館人との対立を回想している[87]。また，1929年には「大図書館長と英語」という題でゴシップが語られている[88]。これらは前記の芸艸会との対立の背景でもあり，また，それによる悪影響もあるだろう。

松本の図書館界での活動は，図書館界内よりも外への活動が多いといえる。社会教育との関係も多い。文部省との関わりが増えており，同省の政策に棹を差したといえるだろう。

4. 松本喜一の著述について

松本喜一は，「非常に外交的な方でして，座談もうまいし，演説もうまい人で，書くことも好きな方」であったと岡田温は回想している[89]。図書館についての講演を文字に起こされたものや執筆したものが残されているが，1冊の本としてまとまった著書は無い[90]。以下，図書館関係の

雑誌に書いたもの，社会教育に関係する雑誌への執筆，より一般的な雑誌の執筆について見てみたい。

4.1 図書館関係

『図書館雑誌』への執筆は，米欧への視察 (1926-27年) 以前には無く，その後も，理事長就任の挨拶の類や，理事長であった時期の近況報告の類である「消息」と「東台より」でほとんど占められている。「消息」(1935年5月 - 36年1月) および「東台より」(1936年2月 - 39年3月) は，同誌に5年間にわたってほぼ毎月掲載されている。

図書館講習所関係の雑誌である『図書館講習所同窓会　会報』，『学友会雑誌』には，毎回巻頭文を寄せている。地方図書館の館報では，執筆したというよりも帝国図書館長や日本図書館協会理事長として講演したものの筆記などが多い。その聴衆には図書館関係者が主であるがそれ以外の聴衆も含まれていたようである。これらでは，欧米の図書館事情の紹介や社会における図書館の役割や意義が述べられていることが多い。米欧への視察が松本の図書館観に大きな影響を与えたとも言われている[91]。

4.2 社会教育関係

社会教育に関連する雑誌での執筆が行われ，多く残されている。松本の著作のなかで図書館全般について記しかつ比較的分量の多い「図書館概説」(小尾範治『社会教育概論』附録　(社会教育講習会講義録1) 義済会　1927) は，社会教育の講義を纏めたものである。「補習学校の問題と図書館」『補習教育』(1923年4月) で，学校教育のみでは不充分であるとして図書館が「社会教育の重要機関であると同時に又実に学校教育の機関である」と記し，「成人教育と図書館」『社会教育』(1925年8月) では，成人教育における図書館の任務として，間接的には成人教育の他の機関と連絡を計りかつその事業を助けること，直接的には読書顧問ないし相談係を置いて読者の指導相談に応じることが主張されている。この後もこのような社会教育への言及，当時の社会における図書館の役割を社会教育の機関として説明していることは，引続き主張されている。も

ちろん,米欧への視察後は,英米やドイツ等海外図書館の図書館事情を紹介することが多くなっている。「図書館事業の統制について」『社会教育』(1929年7月) などで,ドイツに関しては,1929年に良書の出版と普及のためゲーテの忌日である3月21,22日を「書物デー」としたこともたびたび言及している。「図書館事業の再検討」『文部時報』(1937年3月21日) では読書指導の重要性とそれを担う図書館,司書の任務を訴えている。「戦時に於ける国民読書の問題」『文部時報』(1938年7月1日) でも海外の図書館事情に言及しながら国民精神総動員運動にからめて,読書運動や陣中文庫などにおける図書館の重要性を主張している。

4.3 一般へのPR

帝国図書館長就任初期から,一般的な雑誌にも執筆を行っている。「生活の要素としての読書」『青年』(1924年10月) では,アメリカの成人教育の事例を引用しながら図書館の役割の重要性を述べている。支那事変以後に書かれた「日本の図書館」『文藝春秋』(1938年8月) では,欧米や北京の図書館と比べて帝国図書館の貧弱であることや中央図書館のない府県の状況を記し,最後に対支文化工作の強化に関して文化日本の図書館問題は重要と述べている。これは,読書法の名著である田中菊雄『現代読書法』(柁谷書院 1942) に一部が引用されている。「戦時下の図書館を語る」『書窓』(1939年2月) でも,欧米の事例を具体的にアメリカ・イギリス・ドイツや中華民国の図書館活動を紹介し,それと比較して帝国図書館を含めて日本における図書館運動の不充分さを指摘し,事変後の国民精神,読書の重要性とからめてその拡充の必要性を述べたものなどがある。ここでも,彼は図書館の社会教育における重要性を強調している。他に,当時の読書傾向を語ったものに「最近読書界の趨勢」『学鐙』(1936年6月) がある。読書雑誌である『書斎』(1940年4月) で,帝国図書館の館内サービスについて説明している。

4.4 特徴と役割

松本の講演・執筆の中で,その内容について出典を示さなかったため

に,「竹林氏ノ図書館史研究ハ版権ヲ侵害サレテ居ル」として非難されたこともある[92]。彼の講演や著述には,図書の整理や分類といった技術的な面への言及はほとんど無い。海外の例を引きながら社会における図書館の役割ついて説明しているものが多く,当時の状況に沿った発言もおこなっている。支那事変後には事変と絡めて日本の図書館が米英独中などの各国に比べて劣っていることにふれている。内容の面では同じようなことをくりかえしている。彼の著作は研究といえるものではなく,啓蒙的なものである。帝国図書館長や日本図書館協会理事長として講演や執筆することが,社会的に意味をもつのではないかと考えられる。

おわりに

　以上,本稿では帝国図書館長へ就任後の松本喜一の図書館界での活動の概略を記した。

　松本は帝国図書館長として,ただの名目的な役職ではなく,図書館技術については欠けていたが,長期にわたり同館の管理と運営を行った。また,当時の図書館界では,松本に対して図書館界の外から帝国図書館長への就任に対する反感もあり,その後にも彼の手法が軋轢を生じるといった問題はあったが,公共図書館を管轄する文部省と緊密な関係を保ち,図書館令の改正を推進し,日本図書館協会においてもある程度の勢力を有していた。なかでも図書館界の外に向かっての活動,社会の動向にこたえて一般社会へ図書館事業を広めようとした活動は重要である。当時の社会教育との結びつきも彼の特徴であろう。このような活動は日本の図書館史において注目すべきものであるといえる。

　後年,図書館関係者の発言において,松本に関する言及が少なく,あったとしても否定的なのは,戦前一般への否定的な評価と彼の生前への対立や反発が影響を与えたのではないだろうか。また,公共図書館界においては社会教育に対する拒絶反応があり[93],そのためにも言及が避けられたのかもしれない。

　松本喜一の業績を検討するには,中田邦造(なかたくにぞう)や有山崧(ありやまたかし)といった当時の図書館関係者との関わりについてなど,まだまだ考察すべき点が多く残っ

ている。さらに，当時の図書館をめぐる状況について，戦後の価値観とは異なる昭和戦前期の社会との関係，文部省の図書館政策，日本図書館協会の活動などに対する研究が必要となるであろう。

なお，本稿は日本図書館文化史研究会 2006 年度第 1 回研究例会における発表をもとにしたものである。

注

1) 日本図書館協会編『日本図書館協会六十年略譜』日本図書館協会，1951，口絵裏の記述及び，国立国会図書館編『国立国会図書館三十年史』国立国会図書館，1979，p.39.「喜一」の読みは後者に「きいつ」とあるが，ご遺族によると「きいち」とよばれていたそうである。
2) 鈴木宏宗「元帝国図書館長松本喜一著作一覧」『参考書誌研究』No. 54, 2001.3, p.69-78.
3) 岡田温「松本先生を思ふ」『図書館雑誌』Vol.40, No. 2, 1946.7・8, p.29-30.
4) 青山大作『図書館随想』青山イト，1987, 174p.
5) 同前，p.15. なお，同書の p.46-47 にも同内容の記述がある。
6) 前掲，岡田，p.30.
7) 武居権内『日本図書館学史序説』理想社，1960, p.348-349.
8) 日本図書館協会編『近代日本図書館の歩み　本編』日本図書館協会，1993, p.48.
9) 図書館情報大学同窓会橘会八十年記念誌編輯委員会編『図書館情報大学同窓会橘会八十年記念誌』2002, p.19-20.
10) 小川徹，奥泉和久，小黒浩司『公共図書館サービス・運動の歴史 1』日本図書館協会，2006（JLA 図書館実践シリーズ 4），p.231. なお，同書では松本喜一の帝国図書館長としての登場についても記述している。
11) 岩猿敏生「日本近代公共図書館史の転機としての 1920 年代」『文化学年報』No. 54, 2005.3, p.58-60.
12) 田中稲城についてはつぎの文献を参照。有泉貞夫「田中稲城と帝国図書館」『参考書誌研究』No. 1, 1970.11, p.2-18, 西村正守「我が国最初の図書館学者　田中稲城」石井敦編『図書館を育てた人々　日本編 I』日本図書館協会，1983, p.7-14.
13) 太田為三郎「自分の観たる田中先生」『図書館雑誌』Vol.21, No. 2, 1927.2, p.55
14) 乗杉嘉寿「図書館講習所創立当時を偲びて」『図書館雑誌』Vol.25, No. 6, 1931.6, p.202.
15) 「東京高等師範学校教授松本喜一外二名任免ノ件」（国立公文書館所蔵「任免」大正十年十一月四　巻 52　請求記号 2A-19- 任 B1015）．
16) 石井敦監修『新聞集成　図書館 III ―大正・昭和戦前期―』大空社，1992, p.165.
17) 弥吉光長・栗原均編『日本図書館協会百年史・資料　第 1 輯　和田万吉博士の今

沢慈海氏宛書翰集（抄）』日本図書館協会, 1985, p.24.
18) 前掲, 青山, p.12-24.
19) 田中稲城「惜別会謝辞」『図書館雑誌』No. 48, 1922.2, p.28.
20) 弥吉光長・栗原均編, 前掲, p.26-29 に案, 同書 p.29-31 に最終案を収録。
21) 前掲, 青山, p.14.
22) 勅任待遇については『図書館雑誌』Vol.32, No. 9, 1938.9, p.289, 高等官二等および叙位は,『官報』No. 4969, 1943.8.5, p.148, 同 No. 5676, 1945.12.12, p.86 による。
23) Matsumoto, Kiichi, "Libraries and Library work in Japan," *Bulletin of the American Library Association.* Vol.20, No. 10, 1926.10, p.242-244.
24) 松本喜一「松本帝国図書館長の講演」『図書館雑誌』Vol.21, No. 6, 1927.6, p.187-191.
25) 前掲, 青山, p.44.
26) 前掲, 岡田, p.29.
27) 稲村徹元「戦前期における参考事務のあゆみと帝国図書館」『参考書誌研究』No. 3, 1971.9, p.8-9.
28) 改正帝国図書館官制（昭和4年勅令第311号）.
29) 前掲, 青山, p.45.
30) 西村正守「鹿島則泰覚書」『図書館学会年報』Vol.25, No. 1, 1979.3, p.34.
31) 前掲, 岡田, p.29.
32) 前掲, 青山, p.46.
33) 国立国会図書館支部上野図書館『上野図書館八十年略史』国立国会図書館支部上野図書館, 1953, p.135.
34) 松本喜一「図書館概説」小尾範冶『社会教育概論』附録　（社会教育講習会講義録1）義済会, 1927.11, p.322.
35) 同前, p.323。なお, 同議会における出版物法案については内川芳美『マス・メディア法政策史研究』有斐閣, 1989, p.135-147 参照。
36) 前掲, 内川, p.167-192 参照。
37) 外垣豊重「博士論文の収集とその経過について」『国立国会図書館月報』No. 205, 1978.4, p.2-5.
38) 大滝忠則「戦前期出版警察法制下の図書館」『参考書誌研究』No. 2, 1971.1, p.50-51. および, 大滝忠則・土屋恵司「帝国図書館文書にみる戦前期出版警察法制下の一側面」『参考書誌研究』No. 12, 1976.3, p.30-31.
39) 前掲, 国立国会図書館支部上野図書館, p.128-132 に増築, p.136 に安川書庫の記述。
40) 「特別研究室の設置」「本館書名, 件名目録の排列変更」『帝国図書館報』Vol.24, No. 2, 1931.6, p.1-3. および,「帝国図書館の近況」『図書館雑誌』Vol.25, No. 6, 1931.6, p.225.
41) 『中央新聞』1932年10月26日（清水正三編『戦争と図書館』白石書店, 1985, p.145 に収録）。ただし現物は未確認。
42) 『帝国図書館報』Vol.25, No. 1, 1932.5, p.1.

43) 前掲, 稲村, p.7.
44) 稲村徹元「国立国会図書館展示会目録集覧付上野図書館展覧会目録年表（稿）」『参考書誌研究』No. 30, 1985.9, p.31-34.
45) 前掲, 稲村「戦前期における参考事務のあゆみと帝国図書館」p.8.
46) 乙骨達夫「支部上野図書館閲覧目録の変遷及び現状の概要」『図書館研究シリーズ』No. 1, 1960.3, p.96.
47) 岡田温「終戦前後の帝国図書館」『図書館雑誌』Vol.59, No. 8, 1965.8, p.277.
48) 前掲, 石井, p.369.
49) 「小泉八雲先生記念碑成りて」『帝国図書館報』Vol.28, No. 4, 1935.7, p.1-9.
50) 小谷誠一編『『図書館雑誌』沿革概史』『図書館雑誌』Vol.35, No. 12, 1941.12, p.874-876 に帝国図書館時代として掲載されている.
51) 前掲, 岡田「終戦前後の帝国図書館」, p.277.
52) 前掲, 岡田「終戦前後の帝国図書館」, p.277-279. および, 佐野昭「帝国図書館蔵書疎開始末記」『国立国会図書館月報』No. 232, p.16-20. なお, 接収した図書は戦後に返還.
53) 前掲, 岡田「終戦前後の帝国図書館」, p.276.
54) 前掲, 国立国会図書館支部上野図書館, p.126.
55) 岡田温先生喜寿記念会編『岡田先生を囲んで（図書館の歴史と創造1）』岡田温先生喜寿記念会, 1979, p.22, p.128.
56) 前掲, 図書館情報大学同窓会橘会八十年記念誌編輯委員会編, p.22-28.
57) 松本喜一「新校舎成るに際して」『学友会雑誌』No. 6, 1936.3, p.2.
58) 前掲, 岡田温先生喜寿記念会編, p.118, p. 120.
59) 匿名「図書館講習所同窓会素描」『芸艸会会報』No. 16, 1932.6, p.3-9 に, 芸艸会から見たその概略が触れられている.
60) 同前,「図書館講習所同窓会素描」, p. 6-7.
61) 『芸艸会会報』No. 15, 1931.9, p.1-3.
62) 「芸艸会の十年間記録」図書館職員養成所同窓会編『図書館職員養成所同窓会三十年記念誌』1953, p.17.
63) 加藤宗厚『最後の国立図書館長』公論社, 1976, p.109-110.
64) 加藤宗厚「回顧と展望」（図書館雑誌三十五周年記念特輯）『図書館雑誌』Vol.35, No. 10, 1941.10, p.750.
65) 松本喜一「御進講の恩命を拝して」『図書館雑誌』Vol.25, No. 5, 1931.5, p.163-164.
66) 『図書館雑誌』Vol.25, No. 11, 1931.11, p.400.
67) 『図書館雑誌』Vol.26, No. 7, 1932.7, p.176-177.
68) 前掲, 日本図書館協会編『近代日本図書館の歩み 本編』p.47.
69) 以下の記述は, 同前および当時の『図書館雑誌』を参考にしている.
70) 竹内善作「定款問題と自分の立場」『図書館学講座』附録「図書館と我等」〔9〕1929.11〔ページ付けなし〕.

71)『図書館雑誌』Vol.30, No. 8, 1936.8, p.236-237.
72) 松本喜一「博物館と図書館の提携」『博物館研究』Vol.11, No. 12, 1938.12, p.77-78.
73) シベリア出兵から太平洋戦争の時期における日本図書館協会による慰問図書については, 村上美代治「戦時体制を支えた図書館活動」『図書館雑誌』Vol.86, No. 8, 1992.8, p.513-516.
74) 1919年における第14回図書館大会の文部大臣答申で尋常小学第六学年国語読本中に図書館に関する一課を加えるよう要望している。『図書館雑誌』No. 39, 1919.9, p.61.
75) 岡田温「図書館教育の百年」『現代の図書館』Vol.7, No. 1, 1969.3, p.16 に, 松本帝国図書館長の命により岡田温と舟木重彦が作成したとある。
76) 「館界の過去一年を顧みる」『図書館雑誌』Vol.37, No. 1, 1943.1, p.29.
77) 帝国議会における図書館関係の建議・決議等については, 相馬民子「帝国議会衆議院図書館における久保七郎の活動について」『びぶろす』Vol.45, No. 2, 1994.2, p.22-32 を参照。
78) 竹林熊彦「図書館界の浄化作用」『図書館研究』Vol.13, No. 3, 1940.8, p.295.
79)『日本図書館協会百年史・資料　第4輯　樋口龍太郎稿　日本図書館協会五十年史』日本図書館協会, 1989, p.2. なお, 同書は1941-43年に執筆されたもの。
80) 図書館令の改正については, 前掲, 日本図書館協会編『近代日本図書館の歩み　本編』p.237-242.
81) 松本喜一「図書館令の改正」『図書館雑誌』Vol.27, No. 10, 1933.10, p.277. なお, 引用文中の全国道府県立図書館長会議および中央図書館長協会成立については,『図書館雑誌』Vol.25, No. 11, 1931.11, p.419-422 に記載がある。
82) 永末十四雄『日本公共図書館の形成』日本図書館協会, 1984, p.268-279.
83) 前掲, 日本図書館協会編『近代日本図書館の歩み　本編』, 240-241.
84) 前掲, 岡田「松本先生を思ふ」, p.30.
85)『中央図書館長協会誌』No. 2, 1939.9, p.6-19.
86) 岡田温「昭和ひとけた時代の協会の思い出」『図書館雑誌』Vol.86, No. 4, 1992.4, p.213.
87) 叶沢清介『図書館, そして PTA 母親文庫』日本図書館協会, 1990, p.191.
88) 「ライブラリーゴシップ」『図書館学講座』附録「図書館と我等」〔8〕1929.8〔ページ付けなし〕。
89) 前掲, 岡田温先生喜寿記念会編, p.27-28.
90) 前掲, 鈴木, p.69-78.
91) 前掲, 武居, p.348-349.
92) 青館生「『東壁』と『図書館雑誌』」『図書館研究』Vol.8, No. 3, 1935.7, p.388.
93) 小林文人「社会教育法制と図書館」日本図書館協会編『図書館法研究』日本図書館協会, 1980, p.78-81.

森清の生涯と業績

―間宮不二雄との交流を軸として―

MORI Kiyoshi's Life and His Work :
With MAMIYA Fujio's Leadership and Friendship

石山　洋
(いしやま　ひろし)

森　清（もり・きよし）
　1906年　大阪市に生れる
　1922年　間宮商店に勤務（～1930年）
　1929年　NDC刊行
　1947年　帝国図書館（→国立国会図書館）勤務（～1972年）
　1990年　死去

はじめに

　もり・きよし先生の喜寿のお祝いを計画していたときに，先生は大変喜ばれて，喜寿にちなんで77ページの回顧録を，祝って下さった皆さんに配りたいといわれた。執筆されていることは，存じていたが，難航されていて，喜寿には間に合わず，結局其の儘になってしまった。先生が亡くなられて半年後，先生を偲ぶ会を催した際，ご遺族から提供された未刊のご遺稿を印刷し，参会者に配布したのが『司書55年の思い出』（も

り・きよし氏を偲ぶ会　1991.5　61p.）である。自叙伝稿とでも言うべき好資料ながら，事実や他の資料と照合する必要がある。筆者は同書を読み直しながら，関係資料を調べ，森清の生涯と業績を改めてスケッチした。以下，断り無しの「」入り引用は同書からのものである。

1. 図書館員への道；間宮商店時代（1922年12月－1930年12月）

　森清を図書館へ導いた人がいた。間宮不二雄（1890-1970）である[1]。森の就職前に間宮が現れなかったら，恐らく森の人生は全く違う道を歩んだに違いない。森の父は紙細工玩具や間紙（主として帽子箱詰のパッキング）の製造を家内工業でこなしている零細な事業主であった。裕福とはいえない庶民家庭であったが，その長男に生れた清は「ひ弱な子供で，性格は内向性，万事が引込思案，しかも片意地」と自分で書いているから，積極的にではなくとも，消極的には我儘を通していた惣領の甚六的「おひとよし」を自覚していたことを意味し，引込思案は世間知らずのぽんぽんだったのであろう。

　そう言う観点で見ると，間宮のほうが遥かに苦労して育っている。因みに間宮は幕府の御家人（棚倉の代官）の家の五男で，戸籍上の母の57歳のときの子となっているが，実は一番上の姉（女医）の未婚の子であった由で，本郷元町に住み，誠之幼稚園から誠之小学校へ進み，その中途で高師付属小学校へ転校した。ここまではエリート・コースである。しかし中学進学に躓くあたりから家庭事情の変化があって，13歳で丸善書籍部へ丁稚奉公に出される。住込み小僧の世界で鍛えられ18，9歳頃には，間宮は人生計画を立てている。今更大学までの学歴コースへ戻れないと覚悟した彼の目標は，店務に必要と会社が設けた夜学で学んだ英語を活かして，米国視察を25歳までに実現することであった。その中に将来の進歩が開けると期待している。しかし上司数人に希望を述べて認められず，融資さえ断られた。24歳のとき，新設文具部のタイプライターの構造をマスターする意味を込めて，東京府立工芸学校の夜学で時計科と機械製図科を修得，翌年卒業の際は卒業生総代に選ばれた。その上，来賓の黒澤貞次郎黒澤商店社長から賛辞を受け，その夜祝賀会まで催して

激励され，米国遊学の費用を提供すると申し出られた。そこで間宮は丸善を退社，約1年の訪米を実行した。帰国して黒澤商店に5年お礼奉公し，31歳で独立，本邦最初の図書館用品専門店を創業するのである。森が商業学校を卒業した15歳で将来計画を聞かれ「中途半端な生活しかないだろう」と告白した不安定な状態とは段違いで，間宮は森が惹きつけられるに充分な強い人生の師であった。

ただし，二人に共通する嗜好があったことを見逃せない。二人とも学校へ行かない分，読書意欲は旺盛だったようだ。また両者の出会いの場がローマ字会であったように，どちらも日本語ローマ字書き賛成論者であった。同音で同じ（厳密には類似）意味の言葉でさえ，例えばお陰，お蔭，御かげ，とか，情勢と状勢のように複数通りも書き方があり，実用面からみれば，無駄な，或は文字の拘りに彼らは反対だったということになる。

森は高等小学校卒業後，3年制新設実業学校商業科を出て，間宮商店に就職し満8年，1930年妹の死に直面し神経衰弱に陥り，退社し，郷里岡山で休養する。間宮商店勤務の間に，森は一通りの図書館技術を身につけ，全国（朝鮮・満洲・台湾・樺太を含めて）の主要図書館を巡覧しており，1928年間宮が創設した青年図書館員聯盟（LYL）の会計を預ったので，館界事情にも通じていた。しかも，すでに日本十進分類法（NDC）という重要な基準資料の編者になっていたのだから，もはや図書館を離れて生きられる筈はなかった。これらはすべて間宮の采配のお陰であり，やがて図書館界入りに導かれる。

2. 鳥取図書館時代（1931年6月－1934年11月）

1931年6月，県立鳥取図書館河野寛治(こうのかんじ)主席司書と県教委の細川隆社会教育主事とから同県立図書館へ来て貰えないかと打診された。NDCに関する問い合わせが縁であった。NDCは既に青森県立（主席司書：佐藤勝雄），函館市立（館長：岡田健蔵）らで採用されていた。

県立鳥取は府県立級ではNDC採用2番目である。同館は遠藤董(えんどうただす)(1853－1945 教育家）によって1890年久松文庫として創設され，1902年拡充

して私立鳥取文庫，更に私立鳥取図書館と改称，経営も鳥取市教育会の手に移ったが，1918年鳥取市へ寄付され市立館となり，此処まで遠藤が館長を勤めた。1930年新設の県立図書館に2万3千冊蔵書移管，引継がれた。森へ声が掛ったのは，県立として開館の1月前であった。

　上記の申し込みを受け，森は間宮へ報告し，指示を仰いだ。間宮は森に鳥取へ出掛けて，当時図書館主席司書だった河野（寛治）宅に泊めて貰い開館準備を具体的に手伝って居ればよいと指示した。「押掛け女房紛いの押売り小僧」である。森は，間宮に言われた通り河野宅に仮泊する許しを得，毎日出勤し，館員達と一緒に開館準備を手伝った。半月後，間宮が大阪から訪れ，県庁で社会教育課長と面談，森の正式採用を迫った。課長は県内に失業者が多く，県外から司書を招く必要性がない。職員は県内中卒から採用すれば充分である。職員定数の余裕なく，森の経歴相応の待遇で採用出来ない，等々の理由で断ったが，館側が要請し招いたのであり，実際に当人が働いている既成事実が先行し，今更取消す訳に行かず，間宮訪問の翌日（6月22日），森は正式に採用辞令を受け取った。ただし年度内は助手（雇員），次年度4月に定数を是正し，司書に任用の確約を得た。同年度は月給25円，大阪時代の3分の1で，比較的物価安の土地柄（例：下宿代16円）であったが，自活できる額でなく不足額は間宮商店からNDC研究費名目で補給された。なおNDC訂正増補第2版が同年同月10日に出版されていた。

　県立鳥取図書館は，職員が15名と少なく，各自分担業務は決まっていたが，必要に応じ他の業務を手伝い，または代行しなければならなかった。森の場合，担当業務は図書の分類と配架及び蔵書管理であったが，目録作業もやれば，出納台にも立った。その他，『館報』や『年報』の編刊，講演会・講習会・展示会などの行事諸活動も河野主席を補佐し，企画から実施まで何でもやった。いわば「よろずや」で，準備の為徹宵したことも度々だったが，若さもあって苦にはならず，好い体験の思い出でしかない。

　『鳥取新報』主筆から図書館主席司書になった河野寛治は早稲田大学出身の読書家で，事実上の館長（正式の館長は県学務部長）であった。彼は

集書に直接責任を持ち，選書を担当していた。次席司書は中等教員を退職した人で，少し古めかしい。三席目が森で，書誌学の知識は乏しいが，図書の整理に掛けては間宮文庫整理の経験があってNDC編者でもあり，自信を持っていたし，また各地の図書館を見聞し，その情報を持っていて「セミプロ」と自身で意識していた。河野主席は，森の持つさまざまな知識や情報を活用すべく，何かと相談相手にしてくれた。開館当初なので，先ず広報活動に重点を置かれた。当時で言う「付帯事業」である。開館記念日や秋の全国読書週間には，連日にわたり，盛り沢山の行事を実施し，市民に大きな反響を与えた。たとえば，郷土資料展を催す場合，森には展示資料を選定する能力がなく，古文書などは読むことさえ出来ず，解説不能であった。それを，郷土史とその史誌資料に明るい高等女学校のK先生が河野主席の顔で駆けつけてくれ，解説の要旨まで作って指導して貰えた。指南役付の俄か勉強で乗切った。

　河野主席の周りには，こうした彼を取巻く新聞人や土地の有識者などがいて，それぞれに応援してくれて図書館活動を，多彩なものにしていた。

　鳥取読書倶楽部は，いわゆる河野主席取り巻き「名士」のグループの会で，毎月月例会を児童室で夜催した。森はその書記として，事務に携っていた。

　鳥取図書館館友会は，読書倶楽部を「館を利用しないグループの集り」と批判する利用者たちのグループの会で，新聞記者のM，教員のM，それに図書館員のM＝森の3Mが幹事として中心になって運営した。やはり月例会を夜児童室で開いている。館友会は，図書館と共催の形で「夏期女子青年講座」（1934年8月，6日間　受講料：無料）を開催した。受講者は150名を越え，成功したが，予算外の事業で，講師謝礼費がなく，諸先生に無報酬で講義して頂き，その好意に支えられての実現であった。テーマは約10件。講師は地元の教諭，弁護士，医師，新聞記者，技師，等であった。子ども会は鳥取図書館を利用している児童のための会で，森はその幹事役も務めた。

　これら河野主席に連なる人脈のサークル活動を，当時のフランス映画のタイトルをもじり，巴里ならぬ「図書館の屋根の下」と仲間内で呼ん

でいたという。

3. 神戸市立図書館時代（1934年12月－1938年2月）

　このように，森の司書生活第一歩は「愉しく仕事をしていたし，知人も多く何人かの美しい人もいた」望み得る最良の環境であったにも拘らず，僅か3年半後，神戸市立図書館へ転出するのは何故か。一つには父のいる大阪に近くなること，二つにはNDCの育成のために望ましいという両条件を森は挙げている。確かに理屈にはなっているが，それだけではなかった。森自身，鳥取には「何人かの美しい人もいた」と書いている上,「書庫の中で隠れん坊」という地元紙の記事が出たと直接森から聞いたことがあり，森の恋愛事情もあって，新しい土地へ移りたい気分が働いていたようにも思われた。事実，森は神戸へ変わって1年経たない1935年10月，尾崎清子と結婚し，須磨に居を構えた。然し実は間宮のガイドであったらしい。間宮追悼の辞の中で「先生の橋渡しによるものである」と明記されている[2]。

　神戸市立図書館には,同館が1911年3月創立以来勤続の館長伊達友俊，司書神波武夫がおり，神波の計画で，同館新書庫増築完成の機に，分類をNDCに変更するに当り，要員として森の来神を要請して来た。神戸市立は，東京（1908年創立），名古屋（1924年創立）に続く大市立図書館であり，その蔵書への適用はNDC改良の好機に違いなく，森の心が動いたのは頷ける。分類法や件名目録法のヴェテランとして神波を森はLYLを通じて尊敬する友人関係もあり，神戸転出を決心させた。神波は森を招くに当り，館長の了解を取ったというが，それにしては森の待遇は酷く，迎える司書の席がなくて，当座は巡視（雇員，日給1円90銭）で我慢させられた。それでも，森が転任したのは，将来に向って，少なくともプラスであったからであろう。また,鳥取で培った知識でNDC訂正増補第3版を纏め，間宮商店で印刷に廻しており，神戸での活用に期待をしたからであろう（1935年7月刊行）。翌年2月，神戸市立図書館司書（11級俸）に任じられた（鳥取県立でも最終段階は11級俸だった）。それから丸3年旧蔵書の再分類と新受入図書の分類作業を担当，所期の目的（再

分類の完了）を達した。

　海外進出場面へ移るが，森には当初，積極的野心はなかった。ただし誘惑は神戸在勤中，割合早くからあったらしい。満鉄奉天図書館長衛藤利夫から神戸市立図書館長宛に森を割愛して欲しいと依頼してきたのは，まだ再整理が始まって間も無くだったようだ。伊達館長から衛藤の書簡を見せられて，意見を求められ，森は「渡満する勇気もなく，再分類作業も未完成であることで館長から断ってもらった」と書いている。それが，1938年2月になると，一転して神戸市立を辞職し，上海日本近代科学図書館へ赴任する。「時の流れかも知れない」と述べているが，前年夏に勃発した日中戦争に伴う戦時動員体制化に，図書館員の身分で対応しようとしたのか。誘ったのがLYLを通じて尊敬する畏友鈴木賢祐であり，新しい勤め先が外務省所管の国策事業，管理職への招聘だったのも森には魅力的に響いたか。ところが，今回も間宮の助言によること，前記間宮追悼の辞で明らかである[3]。

4. 上海日本近代科学図書館時代（1938年2月－1939年10月）

　上海日本近代科学図書館は，1900年夏の北清事変による賠償金を基金とし，日本が中国への文化事業として1936年10月共同租界四馬路に設立された，邦文図書を中国人の利用に供することを目的とした施設で，日支事変が上海へ飛び火した1937年8月から一時閉鎖し東京へ引揚げ，神田神保町の東亜同文書院内の仮事務所で再開準備中の1938年2月に，転勤したのである。同館の蔵書数は3万冊（殆ど邦文書），分類は勿論NDC，図書記号に著者姓のカナ書き，目録法はALA1908年規則に準拠，街の印刷所と契約し，基本記入の印刷カードを1件ごとにカード20枚，スリップ50枚作っていたが，少量に過ぎて採算合わないためか，後回しにされ，遅れ勝ちで失敗に終わる（因みに，同館の図書館設備等図書館用品はすべて間宮商店製）。同年4月，上海で再開したが，中国人知識層は奥地へ去っておらず，残留する大衆は日本語学習に関心を持っても，図書館の資料を利用しようという中国人は滅多に居らず，図書館の存在意義が疑わしくなり，そのうえ，誘ってくれた鈴木賢祐が館長上崎孝之助

（前東京朝日新聞経済部長）と対立し辞職，帰国して九州帝大図書館へ鞍替えしてしまう。そして，森も翌1939年10月新たな舞台へ去っていく。結局，この間に森のしたことといえば，ルーチンを消化したのは当然であるが，NDC訂正増補第4版を同年1月に出版したことに尽きるだろう[4]。

5. 華中鉄道株式会社図書館時代（1939年11月－1946年3月）

1939年10月のある日，上海日本近代科学図書館執務中の森は，華中鉄道株式会社（以下，華鉄と略称）調査課長井本威夫（いもとたけお）（前同盟通信社部長）による社員2名同伴しての訪問を受け，翌日には午餐に招かれ「華鉄に満鉄図書館のような上海在住日中両国人のための公共図書館を作る計画があり，その準備のため，華鉄に来て欲しい」と要請された。盟友鈴木が去った後，もはや同館に留まる義理がなくなり，新図書館創設への興味が勝って，一時月収は半減するにも拘らず，森は華鉄へ転出する。初めて独自判断による転勤となる。

華鉄へ移った森は，先ず調査資料の収集整理を一手に引き受けて，資料管理の実を挙げ，次に鉄道沿線に勤務する邦人職員のための巡回文庫を朝鮮・満洲の先例に学んで開始，第三に華鉄社内各部署の業務用図書・雑誌の集中管理を断行し，業務合理化を図ったが，現場の要求を調整した訳ではなく，経費節約までは行かなかったようだ。一応図書館の存在価値を示したところで，バラック建て急造施設から煉瓦造りの会館風建物へ移転，専任職員は3名，ほかに臨時兼務者や傭員（日本語の通じる若い中国人）という少人数で守りを固めた。邦文図書は内山書店で殆ど調達できたが，華文図書は商務印書館や中華書房で購入する場合でも前途金を必要とし，出版物の流通が好くないので，調査資料を揃えるには南京，蘇州，杭州などへ調査員同道で出張し，古書店まで廻らなければならなかった。それは，一面悠長なのんびりした仕事でもあった。

その内に，井本課長の提案で，華中七省の方志を収集することとなり，華北交通嘱託の黄子明（おうしめい）（幼時から日本在住で，慶応義塾幼稚舎から大学文学部まで卒業した人）の協力を得て，1940年6月，北京へ井本と森が出張して古書店を廻り，収集した。方志は華中七省だけでも厖大なタイ

トル数に上り、夥しい量になる。登録番号を各冊毎でなく、タイトル毎とし、カードによる目録記入も作成せず、方志専用の帳面を作って、7地方に分けて、受付順に記入する簡略化を行った。ただし著者表示を編纂者1名だけにせず、北京人文科学研究所や東洋文庫の目録に倣い、編纂事業総裁と編纂主任の2名列記とする配慮をした。カード目録を止めた代りに翌年、再び北京へ赴き追加購入した分を合せ、印刷冊子目録『華中鉄道図書館図書目録』第2輯（1941年 111p）を刊行した中で纏めた。方志については、図書の装備面でも、各冊へのラベル貼付も止めた。これらの図書の利用者が、各地域の詳細な歴史地理を調べる特殊な目的を持つ人に限られ、画一的処置（それを実施すれば、相当額の経費が掛かる）を要しないと森には考えられたからである。

その内に、方志の邦訳、出版する計画が井本から出て、手始めに『上海県志』を小竹文夫教授（東亜同文書院）に依頼し翻訳されることになった。

1941年12月8日、ラジオ放送で開戦を知り、戦場を間近に控え中国人に囲まれている中国在留者としては本土に暮らす人には無い不安を覚えた。緒戦段階こそ「轟沈」とか「占領」とか景気の好いニュースばかり流されていたが、1942年6月のミッドウェー海戦以後は「転進」だ「玉砕」だと悲報が多くなる。森は勝戦期を締め括るように、NDC訂正増補第5版を1942年1月に刊行している。1943年からは、上海でも在留邦人による町内会隣保班が結成され、自警団を組織、防空演習をしたり、防空壕まで掘らされたりした。会社の図書館は開店休業に等しく、町内会の世話役を頼まれ、そのほうが忙しくなる。防空演習の先頭に立つやら、町内会班長代行になって、隣保班の奥さん達を集めて上海神社へ戦勝祈願に参ったり、休日には近所の空き地へヒマシ油のヒマ栽培に協力したり、鉄道会社員の一人として馬鹿馬鹿しいと思いながら務めたという。然し言うほど苦にしたかどうか。間宮商店に勤めて以後、仕事と割り切っての人付き合いには、むしろ自信を持っていたように思われる。

1945年に入ると、婦女子の内地（北支・南満を含む）への疎開が始まり、森の妻と子供3人も華鉄第1次引揚列車で出発、大陸周りで6日掛

けて帰国した。その間に天津と釜山で2泊, 後は車中泊の強行軍である。森は東京支社への公務出張を命じて貰い, 添乗して面倒を見ている。どうにか家族を送り届け, その足で出張先の東京へ向かうが, 3月10日大空襲で下町は焼野原,『上海県志』訳稿も焼失, そんな話は東京支社では相手にもされない。翌日, 深川図書館にNDCを通して森の師であり, 禅僧でもある加藤宗厚館長を訪ねている。情報交換かたがた, 処世訓を伺ったのであろう。そうそうに離京し大阪で下車する。此処も3月14日の空襲で焼野原, 御堂筋の間宮商店跡も瓦礫の山, 見覚えのある金庫のみが形を残していた。焼け跡の連絡掲示で, 間宮一家が戸沢信義 (宝塚図書館長) 宅へ避難を知る。「感無量であった」というが, 青春の無残な墓場を見ての悲しみであろう。難波の実家へ廻ると, この一帯は壊滅状態で, 上本町の叔母宅を訪ねて身内の無事を知り, やっと胸をなでおろす。身を寄せていた母親を引取り西下, 西大寺町の伯父宅に預かって貰う。3月末, 戸沢から間宮一家が北海道十勝郡浦幌村へ疎開するので, 宝塚ホテルで送別会開催を連絡して来て岡山から出掛けた。満員列車の乗降口踏台に辛うじて立ち尽くし, 列車が鉄橋を渡るときなど, 怖い思いをした。物資の無いとき故, 侘びしい会食だったが, 往年のLYL闘士達と顔を合わせる貴重な機会となり, お互いに無事を祈って別れた。

　岡山では義父が卒去, 続いて森の長男 (則文, 5歳) が長旅の疲れからか急性脳膜炎を患い加療空しく4月22日死去, 周囲の人の厚意で辛うじて葬儀を済ませた。森の出張期限は過ぎている。逗留を奨める伯父を振切り帰社した (鉄道要員として特別船使用)。

　「当時の鉄道 (省線) は切符の入手が容易でなく, 駅での待ち時間も行列である。私は華鉄社員の公用出張であるから, 華北交通, 満鉄, 鮮鉄及び内地の省線全般に通用するパスを所持していたから自由に旅行出来た。一般人の長蛇の列を見ながら役得を利用している自分に忸怩たるものを感じたが, 個人的には大助かりであった」と書いており, 国策鉄道社員の御利益を, 公的ばかりでなく, 私的にもそれなりに享受している。

　帰社してみると, 会社は4月1日付で中支那交通団に改組され, 邦人は陸軍臨時嘱託とされ, 登7331部隊付を命じられ, 副総裁は長官閣下,

図書館は長官官房所属となる。軍服，軍刀，編上靴が与えられる。軍が接収し華鉄に経営を任され高級幹部の宿舎となった英国人経営豪華ホテル都城飯店に「上司の特別扱いで」一室を貰い，バスで本社へ通勤したが，図書館は開店休業状態，雑事に日を送っていた。家族を預けた岡山が6月空襲を受けたとのニュースに接したが，家族からの消息なく，心配する（家族全員無事で，近郊の光政村に避難と知るのは，戦後の1946年2月になって得た葉書によってであった）。

広島・長崎原爆投下，ソ連参戦，ポツダム宣言日本受諾要求を中国現地の新聞で知った8月9日，上海市民は一斉に日本の擁立する汪兆銘政権の国旗から重慶政府の国旗へ一変させた。15日いわゆる玉音放送を聞いて「ショックではあるが，やれやれという感想が本音である」と述べている。「敵地での敗戦で…強制労働…不安」も「何応欽将軍の温情で引揚船を待つのみで」「ソ連の侵略で悲惨な虐待を受けた東北地区の邦人には申し訳がない」とも記す。

都城飯店に仮寓していた全員は，華鉄が直営していた料亭・長江閣での集団生活に変わった。中国の保甲制度で日僑集中区第1区南31保6甲となり，森は甲長に推されて保甲の帰国処理班長を引き受けている。敗戦で交通団から華鉄に戻って，その会社も中国鉄道部に接収され消滅したが，責任者の会社幹部達は暫時留用と成り，森も図書館の引渡書作成のために留用され，中国側から給料を受けた。中国側の図書館主任は米国で図書館学を修めた専門職女性であった，と特記している。暇があるので，人力車を日本人は使えないが，外出は可能だったから，時折映画を見，食事に散歩した。あとは碁・将棋・麻雀，昼間から酒盛りなどして中国側から忠告を受け風紀委員を置くほどだった。森は下戸でコップ一杯のビールも干せなかったし，碁・将棋もやらなかったが，コーヒーなら1日7杯でも飲みたいし，麻雀は満更でなく，戦後上野図書館時代，若い人達に誘われると，宿直室で夜遅くまで同僚と遊んでいたことがあった。終戦後のこの頃，大分修行したらしい。

1946年2月留用解除と成り，3月出帆第38次引揚船で帰国，4月1日博多に上陸した。

「省みて私の在滬8年，何もすることもなく漠然とシゴトをしていたに過ぎない。しかし召集や徴用も受けず原爆，空襲の体験もせず，いわば自由に日々を送ってきたことは，前線の人はもちろん，銃後の内地で疎開，空襲を受けた人，或は満州の引揚者から見ると幸せの極みであったと思う。」と上海生活を要約している。米井論文[4]では若干ニュアンスの違う評価がされているが，ここでは深入りしない。

6. 国立国会図書館時代（1947年1月－1972年3月）[5]

　岡山に着くと，家族は空襲で焼け出され，近郊の光政村金光教会で辛うじて飢えを凌いでいる有様で，即刻就職して家族の落着ける家を確保しなければならず，各方面に帰国の挨拶と就職依頼をしたところ，JLA衛藤利夫事務局長から都内3館に斡旋したから安心するようにと返事があり，次に8月20日頃，廿日出逸暁千葉県立図書館長から「すぐ来館せよ」と電報が来て，直ちに上京し，翌日訪問した。廿日出館長に連れられて市川市長に面接，即座に市立図書館嘱託に採用され，市立図書館創設事務に当たることになった。館舎は国府台の旧連隊に在る偕行社を充て，付属建物を住宅代用に森に提供するとの申し出に，急ぎ岡山へ戻り，家族を連れて市川へ転住した。ところがGHQの指令で，建物は他目的に転用されることに変更され，頓挫。市では，他に館舎を物色するから待機して欲しいという。結局は給料を受けながらシゴトのない日が続く。配給物資で足らず，食料買出しに追われた。

　年が改まって1947年1月に，森は上野へ出掛け帝国図書館に岡田温館長を訪ねた。近況を述べると，岡田は嘱託で良ければ直ぐにでも採用するとの厚意を示した。上海で戦争中から長らくシゴトをしておらず，一日でも早く実務に携りたい気持ちを吐露して廿日出，衛藤両先輩の了解を得て市川市立を退職，帝国図書館入りをした。尤も住居の当てがなく，当分市川市営第三厚生寮に居住を認めて貰う。ただし「当時は交通事情が悪く，市川国府台から上野まで2時間も掛かり，それも電車の座席の上にも立つ鮨詰。食料不安と悪性インフレの恐怖のなかで生活確保が精一杯，とてもシゴトに没頭できる状況ではなかった。」と書いている。1947

年2月にNDC抄録6版,同9月に7版の形で,宝塚文芸図書館を発行所にして第5版の複製を刊行した。同様に1949年3月にも5版複製8版を刊行した。

年の暮12月,国立図書館と改称,同時に目録部第一係長を命じられた。1949年4月国立図書館官制廃止,立法府に移って,事務官相当の国立国会図書館主事に任命され,支部上野図書館整理課和漢書係長を命じられた。

この間,上司の異動もいろいろあった。岡田館長は1948年5月,新設の国立国会図書館整理局長,更に8月,集書部門を併せた受入整理部長に転じた。後任は文部省社会教育局長が館長代理となったが,同局図書館担当官の加藤宗厚が6月任命され1957年7月まで在任した。整理課長は1949年12月まで笠木二郎(かさぎじろう),以後1956年11月まで弥吉光長(やよしみつなが)であった。

この時期に記録しておかなければならないことに労働組合問題がある。1947年7月,帝国図書館に職員組合が結成され,「組合運動には無知,さほど関心もなかったのに総会に出席…どんな弾みか覚えていないが,投票の結果は私も委員に選出され,しかも,Y(=吉田邦輔(よしだくにすけ))君が委員長に互選され,私も副委員長に指名された。正にハトに豆鉄砲である」と書いている。吉田邦輔と気分的に馬が合う面を持っていたから,引きずられてしまった感がある。「図書館屋の組合ゆえ,どちらかといえば業務上の改善を求める交渉が主であった。管理者の立場を理解しながら敢て迫るというわけ。国会図書館への併合とか,夜間開館実施に伴う条件整備などが主な課題だった」というが,一時は組合活動に多くの時間を費やしたらしい。岡田館長は折角好意的に採用したのにという思いがあったようだ。因みに吉田も岡田と姻戚関係にあり,吉田が以前いた図書館で具合が悪くなり,岡田が引き取ったというのに,組合交渉で岡田を苦しめたので,ともに岡田に忘恩の徒と思われた。岡田が本館へ転じて後,上野の旧部下を次々に引抜いて行くが,森らは呼ばれない。

図書館職組は全文部(文部省全体の組合)支部となり,全官労(官庁全体の組合)傘下に入る。従って全文部中央委員として文相との折衝にも参加し,或は全文部指令で一日ストもした。

図書館人物伝　日本人篇

　吉田は産業別労働組合の原理に則り，図書館員の職組の全国組織作りを提唱し，先ず日比谷図書館と国会図書館との3職組で準備委員会を設けた。1949年3月，国立科学博物館講堂を借りて全日本図書館職員組合（全日図，All Nippon Library Employees Union）が旗揚げした。この結成大会には約200名の参加があり，来賓として産別会議菅議長，共産党中西代議士，自由党広川幹事長らの激励挨拶，中島健蔵，川端康成の祝辞（代読）があった。JLAの衛藤利夫理事長，有山崧事務局長も会場に現れて全日図を励まして歩いた。会議は宣言，綱領，規約を議決し，執行委員長に加藤嘉明（NDL），副委員長大塚鐙（大阪府立図書館），書記長吉田邦輔（当時は文部省所属国立図書館）を選出，執行委員18人の一人に森も組織部長として加えられた。因みに宣言は浜野修（NDL）の推敲による名文，規約案は森が提案。綱領では1）労働条件の改善，社会的地位の向上，2）民主的文化の育成擁護のため図書館の振興，読書の普及，3）職責を果すために必要な知識の向上を期する，の3項を挙げ，「2），3）は図書館員らしい発想で，組合運動から見ると異例の表現といえる。働くものの手で主体的にやろうという気迫と決意が漲っている。」と自己評価する。また大会スローガンには現業員用の被服と労務働加配米の獲得，さらには公共図書館法制定の促進をアピールするなど当時の背景が浮び上っていた[6]。

　次の大阪大会では25府県から集り，組織も9府県支部，組合員941名となった。森は「館界の注目を浴び華々しく発足した全日図であったが，自治労，日教組と組織上の矛盾が解決できないまま大組織に押されて僅か3年で自然解消，いわば砂上の楼閣か戦後の徒花というべきか，私にすれば畑違いのことに足を踏み入れ，是も一つの体験であった」と書いている。

　職場の状況について「館には暖房が無く，木炭もない。大きな鉄の火鉢に木箱を壊した木片や紙箱を燃やして暖をとる有様，勢い皆が火鉢を囲んで駄弁に過ごすときも多かった。室は煤だらけ，それでも職員はみんなサアやろうという意気は旺んであったように思う」とも書いている。筆者は，1952年夏から上野図書館整理課に勤務したが，その冬はいわゆ

る達磨ストーブがあって石炭を焚き，その周りに集って駄弁った記憶がある。1950年国立国会図書館司書（昔流の奏任官）に昇格，課長補佐に昇進していた森は外套を脱がずに執務していた。古野健雄も組合役員をしたことから日比谷図書館に居辛くなり上野図書館へ転じ，閲覧課課長補佐をしていた。吉田邦輔も参考課課長補佐で，ともに同じく外套を着っ放しであったので，それが課長補佐のスタイルといわれていた（管理課課長補佐は別である）。

　国立国会図書館法の成立により，新規受入図書はすべて中央館が受入整理後，支部上野図書館にも送付，上野では配架するだけとなり，上野の整理業務は戦時中に滞貨となった図書の受入整理並びに旧蔵書の再整理に限定された。主務は1940年以降の出版物（旧九百函）再整理である。ところが，上野図書館の戦後の整理方式（目録記入2段式，ヘボン式ローマ字排列）とNDLの方式（記入3段式，訓令式ローマ字排列）が相違し問題にされ，結局NDL方式に統一されることになる。ヘボン式ローマ字論者の森は無念だったろう。1956年9月，上野整理課から森ら4名が受入整理部兼務となり実質赤坂本館へ移動，シゴトは新刊書の事前分類（preliminary classification）分担を命じられた。その頃，和漢洋共用分類表としてブリス体系による案を上司の内諾を得て研究したが，大綱発表にも到らず仕舞いで終る。

　1959年6月，いわゆる春秋会事件による機構改革で，受入整理部は収書部と整理部に分割されて，森は整理部整理第二課課長補佐を命じられたが，担当業務は変わらなかった。それより新館における閲覧目録体系論からNDLの赤坂における辞書体目録批判が高まり，その解体が提案された。賛否両論があり，森は分割賛成派だった。結局，特別委員会に委託され，その決定で分割された。

　次にNDLC分類表の制定がある。米国使節ダウンズの勧告により「和漢書はNDC，洋書はDDCで分類」されてきたが，NDLの目標に適う和漢洋共用分類表の制定が要望された。1962年10月その作成委員会が設置され，森も委員に加えられたが，中核委員は赤坂本館育ちの別人であり，森の活動の場ではなかった。

それより新分類表の特徴に，主題分類区分とは違う資料形式区分を入れ込んでおり，その一部である「Y児童図書・教科書・簡易整理資料」のうち，基準の曖昧な簡易整理資料の選別を行い，またシリーズ物の目録上，叢書・単行本扱いを判別する専任官（selection officer）として担当，一時は収書部にも暫時勤務する。「これは評判がよくなかった」と彼自身が書いている。試行錯誤的意味合いがあり，先頭打者の辛さもあったろう。

この時期の出来事として，「閲覧目録の記入排列を訓令式からヘボン式へ変更すること」がある。鈴木隆夫館長（1961年4月-1965年4月在職）が1962年の欧米視察後，従来の訓令式を改めヘボン式にしてはどうかと提案，館議決定，規程改正，等の手続きも済み，1965年から実施の段階で職員組合が反対し国会の議事運営委員会に駆け込み訴え，遂に処分保留となった事件である。ヘボン式論者でもある森は，組合の闘争姿勢・行動に酷く憤慨した。

河野義克館長時代（1965年4月-1970年5月在職）になって，1966年4月明治百年記念事業が企画され，明治期刊行図書目録8ヵ年計画が立てられた。森を整理部主任司書に抜擢し，この目録編集班の運営を委ねたのは河野館長の決断によるという。それから6年間，森は定年退職する1972年3月末まで「文字どおり作業に没頭できた」と喜んだ。この目録は分類目録であるから，森はその分類体系から構想し，複雑な資料の集積からなる明治期刊行物約12万タイトルを，統一された目録5冊（別に書名索引1冊が付く）に纏め，工夫を凝らせて設計がなされている[7]」。森にとっては国立図書館が働き易くはなかっただろうが，結果としては生涯でもっとも長い25年間勤務したNDLで，最後に悔いの無いシゴトを残すことが出来たといえよう。

7. NDCをめぐって[8]

森清の第一の業績はやはりNDCの考案であろう。出発点は，森自身のわずかな蔵書の分類から始まった。モデルは大阪府立図書館の分類表だったそうである。大阪府立図書館の分類表（1922年）の類別は「0：総

記 1：宗教，哲学，教育 2：文学，語学 3：歴史，伝記，地誌，紀行 4：政治，法律 5：経済，財政，統計，商業，交通，社会，兵事，家政 6：理学，数学，医学 7：工学，工業 8：産業 9：美術，諸芸」である。

　加藤宗厚は『比較分類法概説』の中で，「この分類では山口〔県立図書館〕分類に於て問題となった教育を哲学，宗教に合し，社会科学を二門とし，産業中の商業，交通を取り出して経済に接近せしむる等凡そ十進法に於ける類の配当上の困難な点を略解決したかの感がある」と評しており，森も同様な認識だったのではなかろうか。

　間宮商店に入った森は間宮文庫の整理に当り，DDC12版で分類し，十進法の妙味を学ぶ。間宮が収集した図書は，米英両国の図書館学の本で2000冊以上になった。空襲で全部焼けてしまったことは先に触れた。此処でも間宮の指導が良かった。初めから教えるのでなく，森に自分で英語を読んで分類させ，誤りを正す形で教えた。森は苦しんで勉強し，作業した後で具体的な指示教育を受け，効果的に学び取り，図書分類の知識だけでなく，人間としても長足の進歩を遂げた。人生観が変わり，人間らしくなったと自身で認めている。

　日本で十進分類法採用は京都府立図書館が最初（1898年創立）というが，シカゴ大学図書館学校に学んだ湯浅吉郎が経営したのは1908-1916年である。その十進法といわれる分類体系は似て非なるもので，大枠こそDDCに類似しているが，共通細目や地理区分，言語区分などの工夫は無く，展開性はない。構造上は固定分類表に他ならない。十進法の真髄はNDCで初めて移植されたのである。主類の排列順序については，宗教と哲学をデューイに依らず，カッターに依り「精神の科学」として1類に纏めた。社会科学を3類ひとつにするか，複雑多岐で，量も多いから2類に拡げるか，或は8類の言語は図書の量が少なく，9類の文学と一緒に出来るが，適当か，悩んだという。言語と文学は助記性が重要と認識，別類にし，結果は現行の形になった。一度発表すると，覚悟が決まり，変えない気持ちに落ち着くようだ。もっとも雑誌に書いたとき（1928年）は文学が8類で，9類に語学としていたが，翌年単行本初版で順序を入

れ替えて現行のように直した。間宮商店の東京駐在員時代（1925年2月－1927年2月），満鉄帰りの日本青年館図書室の乙部泉三郎を訪問して，たびたびの討論も有益だったようだ。

　戦前の森の著作のときは，彼の転勤ごとに改訂版を出しており，間宮商店との間に絶妙なタイミングが計られている。戦後はJLAの公器となり，森一人の自由にはならなくなった。この切替り段階には間宮とJLAとの関係に齟齬が生じた時期もあり，間に立って森が悩んだときもあったと聞いているが，JLA理事長となった中村祐吉大阪府立図書館長の尽力で円満に解決を見て幸いであった。その結果，設けられたNDC賞の第1回受賞者が森なのも持って廻った縁というべきか。

　戦後のNDCの歩みを見ておく。第6版は加藤宗厚の働きに負うところが大きい[9]。1948年文部省『学校図書館の手引』に占領軍当局の推すデューイの十進分類法（DDC）でなく，NDCを加藤が推奨して採用され，公共図書館に波及しNDCの標準分類表としての立場を固めた。NDLの和漢書分類にNDCが採用された経緯を加藤は述べた後，森が従来の批判に応えるため3類に商業・交通を含め，6類を農林水産のみとすることなどの改定案を提出し，同提案をめぐって委員会は活発且つ深刻な論議を展開したが，NDCはすでに相当数の図書館が採用しており，『学校図書館の手引』にも百区分を採用されているので，綱の変更は極力避けるべきとの結論に達したと6版の「分類委員会報告」で述べているが，主張した中心人物は加藤委員長であった。ただし，のちに森の提言により，090空欄化，550採鉱冶金を560へ，560海事工学を550へ順序交換，730製版・印刷を版画・篆刻とし，740写真に印刷を加える変更を認めた。時代の大変革期，千区分レベルで400以上の変更を加えた。6版の場合は各方面で一日でも早くと要望されたので，相関索引の準備が整うのを待てず，本文篇の分冊が1950年7月に刊行された。索引篇は同年12月刊（筆者はこの索引編纂で，森の助手を務め，慣れないローマ字排列に苦労した記憶を持つ）。インフレ期で，初刷B5判セット価格480＋400円では後刷が印刷できず，活字縮小A5版1冊本に纏めた6A判（850円）を増刷した。6版と6A版は相違がない筈だが，6版で例示す

れば320.9法令集は「国語記号を用いて細区分する。例えば中国法令集320.922」と注記されている。国語記号なら例示は320.92であるべきである。しかしNDLではタイやインドネシアの法規集邦訳が納本されている。むしろ地理区分のほうが好いということになり「320.91〜.97は地理区分する」と改められ、かえって例示が生きた。また「360社会」は漠然とし過ぎると批判され,「社会学・社会問題」に修正,「775新派・新劇」はより広い「現代劇」に改められた。厳密には異版であり,批判もあったが,実害は無いと踏んで許容することになった。

第7版は10年後の1961年4月刊,6A版と同じ組版だが,521pから734pに増えている。巻末付載の「付表NDC330/350について」は経済と商業,交通,通信の分類上の接近を図る工夫(参考案)ゆえ,そのp729-734を除いて200p以上も増え,詳細さが増した。そのうち相関索引が丁度100p増,従って本文増も100p強となる。「分類委員会報告」によれば,1959年5月の要目表発表段階で空番化したもの約30,分合・異動したもの約30,日進月歩の科学技術だけでなく,「335.9経営管理」の336への格上げ・展開,社会労働・婦人・家庭問題の深化,商業経営関係の現代化などが目立つ[10]。

第8版では,詳しくするだけが能ではないと,1970年NDC簡略版刊行は見送られたが,無用な詳細項目は削除し,簡素化を旨としている。「目」レベルで新設が「007情報科学」「165比較宗教」「519環境・公害」「548情報工学」「558海洋開発技術」等があり,各宗教史及び産業史で「02形式区分」から「目」に改めたものが9箇所あり,細かな区分を廃止,細目を個別番号なしに列挙した「516.25線路付帯施設」などがある。旧来の地理記号順索引も相関索引に吸収した。分類項目名を基本件名表目標(BSH)に調和させるように努め,BSHに倣い索引の排列もABC順から50音順に改めている。なお7版の付表も廃止された。量的に第7版本文383pから第8版335pへ,索引364pから300pへ減っている[11]。

8. 司書養成の時代(1972年4月-1987年5月)

森は若いときから人に教える機会を持ち,体験している。最初はロー

マ字教育であり,商業学校生徒の頃,夏期子供講習会で講話したという。図書館に入ってからは分類法の講義は勿論,図書館実務を講習し,研究会などへ積極的に参加し,議論し,勉強もしている。

　第二次大戦後は,司書資格認定講習から参加,「分類法」は講師を務め,以来,数多くの大学で司書課程や司書講習に出講,NDL勤務時代から講義は何十回と無く体験していた。それにも拘わらず,NDL退職後,森は教員になる気はなく,図書整理受託に専念したいと考えていた,という。ところが,その準備が整う前に,司書課程の先生の口がやってきた。長澤規矩也教授(法政大学)から法政の司書課程に誘われ,NDL退職の年から就職,2年間勤務した。他方,1973年4月から青葉学園短大に新設の司書課程に迎えられ専任教授兼図書館長となり1980年74歳まで勤めた(1987年まで非常勤講師の籍は残す)。この大学への縁は青森県立図書館石塚弥太郎館長の推挙による。青森県立がNDC採用県立第1号であるのも奇縁以上のものだったようである。

　そのほか,非常勤講師は北は北海道学芸大(函館)や北海学園大(札幌)から,東北では奥州大,北陸では富山大,関東では栃木女子短大,茨城女子短大,鶴見女子短大,東京では国学院大,東大,東京学芸大,東洋大,日大,早大,南は九州の別府大まで,多数の大学に出講している。「先生業は不向き」と書いていながら,満更嫌いではなかったと思われる。

9. 戦後の日本図書館協会(JLA)での活動

　森は間宮商店東京駐在員時代,1926年のJLA大会(東京)に出席するため,間宮不二雄の紹介でJLAに入会,正会員になり,1928年京都大会,33年名古屋大会,42年5月創立50周年記念総会に出席,総裁賞を受けた外は『図書館雑誌』の一読者に過ぎなかった。

　戦後は,館界再建をJLAが中心になって進めようという機運が強まっていた。その「核は有山崧」事務局長で,衛藤利夫を理事長に担ぎ,回りには「戦前からJLAと関係が深い鈴木賢祐,武田虎之助,弥吉光長の御三家がいた。鈴木の理,武田の策,そして弥吉の実というトリオ達によって進められたものだと私は考えている」と森は見ていた。彼自身,

「上野図書館に在職していたこと，NDCとの関わりで古野健雄氏と共にJLAのシゴトを手伝ってきた。衛藤・鈴木・武田氏とは戦前から親しくおつきあい頂き，また弥吉氏は直接の上司であった。」と述べていて，上野図書館裏手一棟に間借りするJLAを手伝い易い環境にあり，戦後の変動期，手伝うシゴトは山ほどあって，やり甲斐もあった。

戦後第1期評議員選挙のとき（1948年6月），職場の同僚の集中投票で評議員当選，以後，10期20年連続当選した。『図書館雑誌』の編集を，戦後は弥吉が一人で担当していたが，新設のJLA図書選定事業を主管することになり，有山に頼まれ，森が引継いで42巻4号（1948.1）-44巻1号（1949.1）を担当した（「適任ではないが，好きなことなので引受けた」と書いている）。その際，横組みにすること，月刊を確保，第三種郵便認可を取ること，経費の一部に出版広告を入れること等の了解を得て引受けた（間宮の教えによる）。安価だが仕事の遅い府中刑務所の印刷所へ行き，未着手の原稿を回収し，上海時代の知人に頼んで五反田近傍の小さな印刷所を紹介され，其処へ依頼したが，校正はすべて出張校正，仕上げるのも容易ではない。しかも原稿が集らない。勢いニュース記事を編集者が纏めて載せるニュースレター程度の雑誌になってしまった，と自身で反省も見せる。広告は加藤正明の紹介で理想社佐々木隆彦社長の応援を得，そればかりか，『図書館学実務叢書』の企画まで出来た。雑誌編集を鈴木賢祐に譲った森はJLA定款改正の小委員（有山・鈴木・森）として，文部省の担当係官の指導を受け成文化し1950年京都総会に議決を得た（中井正一理事長時代）。その後も2回（岡部史郎理事長時代，斉藤敏理事長時代）大改定委員会に列したが，総会提出に到らなかった。因みに森は施設会員に個人会員並の権利を認める考えに批判的だった[12]。

JLAの執行部でも手伝った。戦後暫くは理事に理事長指名枠が若干あり評議員を森は兼ねた侭，理事を務めたこともある。総会の司会者は会の成立要件を確認して開会を宣言し，議長選出で前段の任務終了の筈だが，「図書館の自由宣言」を決議した1954年第40回総会では，手続き問題で苦慮した。有山事務局長時代はJLA事務局の一部を受け持っているつもりの役員であったが，その後はなるべく発言しない並び大名常務理

事になったという。

　1951年には『日本図書館協会六十年略譜』を，有山による概説「戦後の六年間」9ページだけを除き，62ページの冊子を二旬足らずに独力で仕上げたエネルギーは尋常ではない。年表主体に歴代役員，会員増加一覧，収支及び財産，定款及び会則，など盛り込んでおり，後の『七十年譜』『80年史年表』の原型となっている[13]。

　JLAの図書選定事業が始まって直ぐの頃，毎週選定委員会の後，選定された図書につき夕刻立寄った森が分類し目録記入を作った（筆者は森の助手を務めた）。翌朝そのカード束が古野健雄に渡り，彼は一晩の内に謄写印刷カードに仕上げ，JLAが希望図書館へ頒布したが，森は古野のエネルギッシュ，かつ丁寧なシゴトに畏敬の念を持ち，常々感心していた。

　森は全国図書館大会に戦後は必ず出席し，1984年第70回大会位までは参加していた。

　森は東京都図書館協会（TLA）についても浅からぬ因縁を持つ。1949年のJLA第35回総会（於大阪）における決議「各都道府県ごとに地域協会を作って地方組織を確立しよう」に基き，東京選出評議員22名が発起人且つ創立委員になって同年7月28日早稲田大学図書館で創立総会を開く。12月役員会の選挙で初代会長に上野図書館加藤宗厚館長を推し，事務局も同館に置いて発足した。然し何をすべきか目的さえ充分討議されずに発足，会員が800人と多い（当時全会員の5分の3）が館種も多様で纏り難く一体的な活動はなかった。尤も図書館法促進大会を開き1950年第1回総会開催，謄写刷『TLAニュース』を創刊した。

　翌51年5月，新宿区内藤町にあった新宿CIE図書館で第2回総会開催，役員改選（任期2年）の年で，都立日比谷図書館土岐善麿館長（同年3月就任）が新会長に選出され，事務局も同館へ移る。然し土岐会長は52年JLA理事長に選出されてTLA会長を辞任した。53年5月総会で，NDL受入整理部岡田温部長が会長に選ばれ，事務局も同部へ移った。同部職員が補佐して，会の基礎作りに尽力した。研究会，講演会，ワークショップなどが催され，全国大会への提案も再三行われた。また夏には

深川図書館屋上を借りて花火鑑賞，都内各館対抗野球試合，時には青梅の観梅など親睦を深めた。特に異館種間の館員同志の交流を重んじたこと，国レベルのイヴェントにTLA会員参加の便宜を図ったことをTLA小史執筆の今まど子が高く評価している。1958年に日比谷の田中彦安館長に会長が戻り，以後，都立館長の交代が頻繁で，1960・61年度は総会さえ行われず，会は休眠状態に陥った。

　1962年春有志が日比谷図書館に集ってTLA存続か解散か討論した。結果は存続に決し，再建準備会が6月開かれ，会長に日本大学図書館長斉藤敏教授を迎え，事務局を明治大学図書館奥村藤嗣司書長が同館山田義人庶務係長と引受け再建された。斉藤館長の会長就任については，同大学図書館の近代化に成功した手腕に森が感服し，無理に要請したもので，その代りに森は『TLAニュース』を『東京都図書館協会報』と改題，季刊刊行を約束した。その印刷費は中林製本社中林三十三社長の匿名寄付申し出を受け，No.28（1962.9）からNo.48（1969.5）まで毎号B5判8pの定期刊行が出来た。森は参与の資格で編集を担当，各図書館へ電話で短い論文執筆を依頼，「それぞれ筆者の個性があって興味深い記録となったと思っている。私には，かって鳥取で発行した『ふぐるま』とともに個人的には愉しい『会報』に愛着をもっている」と懐かしむ。斉藤はTLA会長就任1年で，JLA理事長を第9期から15期まで引受け，1963-76年度務めた。そこで，TLA会長は奥村が継ぎ，事務局は同館黒坂東一郎が受け持った。1970年9月，日比谷図書館長杉捷夫（すぎとしお）(1969年1月就任)がTLA会長に就き，美濃部革新都政の文化政策面の顧問でもあり，都内全域に図書館サービスを浸透させる策を立てるプロジェクトが始動する。報告書『図書館政策の課題と対策：東京都の公共図書館の振興施策』が発表され，東京の図書館サービス強化にエンジンが掛かった。但しTLAの活動は再休眠状態で，1972，74年は会報も出ていない。1974年には，組織改正委員会委員長に森が担ぎ出され，努力したが，結果は思うようにはならなかった[14]。

　このほか，私立短期大学図書館協議会初代会長に推されたこととか，森の事跡に挙げられるべき事項はあるが，スペースの都合もあり，ここで

は省略させて頂く。

結びに代えて：歴史的存在となった「もり・きよし」（森清）について

　2006年には「もり・きよし」生誕100年を記念して図書館文化史研究会のシンポジウムが催され，今年は17回忌に当る。そろそろ歴史的存在として考えてよいのではないか。

　森は標準分類表NDCの編者として，日本図書館史に記憶される人物であろう。その場合，間宮不二雄と加藤宗厚の名前を無視できない。間宮の導きが無かったら，森のNDCは無かっただろうし，加藤の戦後期における活躍が無ければ，NDCの普及は違っていたであろう。

　ただし間宮が図書館について手解きした店員は2桁になるだろうが，森一人が図書館員として大成した。森の資質，努力の結果にほかならず，それを忘れることも許されない。「天の時（とき），地に人」というが，まさに歴史的時間の中の日本の環境で，恵まれたというか，配当された人間関係に教えられ，鍛えられ，支えられ，一つの輝かしい成果を残した森清の生涯があった，といえよう。NDC以外については，『明治期刊行図書目録』は残る業績であろうし，戦後の司書講習や青葉学園初め多くの大学司書課程等で森教授の薫陶を受けた学生（現役館員を含む）に与えた教育功労者であるし，戦前のLYL，戦後はJLAの発展に尽くした功績も数えられよう。しかし森の，他の人にない業績はNDCである。

参照文献

1)　間宮不二雄「自伝」「私の戸籍」同著『図書館とわが生涯・前期』著者蔵版，1969，p.107-173, 216-219.
2)　森清「思い出は感謝のなかで」間宮不二雄『図書館とわが人生・後期』著者蔵版，1971, p.35.
3)　同上
4)　米井勝一郎「華中鉄道図書館―森清の上海時代―」『図書館文化史研究』23, 2006.9, p.87.
5)　国立国会図書館編『国立国会図書館三十年史』1979.3, 528p.（『同　資料編』

1980.3, 661p.)
6) 天野敬太郎著『図書館総覧』(神戸 文教書院, 1951) に宣言など載る
7) 森清「国立国会図書館所蔵明治期刊行図書目録について」『国立国会図書館月報』102, 1969.9, p.2.
8) 森清「NDCと私―NDCの経緯を中心に図書館人として五十年の回想―」『同志社大学図書館学年報』17, 1991.6, p.1-32.
加藤宗厚『比較分類法概説』文部省, 1939.3, 54p.(特に大阪府立の分類表は p.12, 14 参照)
9) 加藤宗厚「学校図書館の手引きとNDC」『図書館雑誌』44(1), 1950, p.4-9.
加藤宗厚「国立国会図書館とNDC」『図書館界』2(2), 1950, p.58-66.
加藤宗厚「昭和23年分類・目録委員会の記録」『図書館学会年報』29(2), 1983, p.79-89;29(3), 1983, p.121-131. (因みに筆記者は芝盛雄・上野図書館員)
10) 森清「NDCの改版と分類の切替えについて」『学校図書館』128, 1961.6, p.268.
11) 森清「NDC新訂8版について―構成と諸問題―」『中部図書館学会誌』19(3), 1978, p.3-37.
12) 森清「JLA定款あれこれ」『図書館雑誌』68(11), 1974.11, p.466-468.
13) JLA六十周年記念出版委員会編『日本図書館協会六十年略譜』1951.10, 62p.
14) 今まど子「TLAの55年―小史」『東京都図書館協会報』85, 2005.6, p.1-5.

府中市立図書館長大西伍一

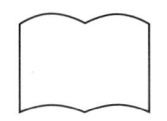

ONISHI Goichi :
the first library director of the Fuchu City Library

小黒　浩司
（作新学院大学）

大西伍一（おおにし・ごいち）
　1898 年　兵庫県に生まれる
　1961 年　府中市立図書館長（～ 1968 年）
　1992 年　死去

はじめに

　前川恒雄の『移動図書館ひまわり号』に次のような一節がある[1]。
　　…特に府中市立図書館はよい意味でのライバルだった。貸出冊数が気になったのではない。本である。府中市立に行くと，まず書棚を見る。…府中に行ってきた職員はしばしば言ったものだ，
　「ちくしょう，またやられた」
　　当時の館長は大西伍一で，物静かで誠実な人だった。まわりには自然に人が集まり，一種のサロンのようなものができて，そこから「図書館友の会」が生れ，さまざまな行事をして発展していった。し

かし、その会が活動すればするほど、役所の一部で領海侵犯だというような非難が強まり、会はとうとうつぶれてしまった。

1965年開館の日野市立図書館が、この国の公共図書館の歴史を変えたことはよく知られている。しかし実際には、それに前後して開館した町田、府中、調布の各館（日野を加えて「多摩の四天王」と称された）が互いに競うようにサービスを拡張し、それが周辺の自治体に波及していったのである。

とりわけ、甲州街道沿いに連なる調布、府中、日野の町々は古くからさまざまな面でそれぞれに意識しあう関係であった。図書館の分野でいえば、例えば調布の、利用者の地域分布状況調査に基づいた図書館設置計画（1968年に第1次）の策定とその影響などは、今後検証の必要があるだろう[2]。

府中市立図書館は調布や日野に先行して、1961年に開館した。その初代館長を務めたのが大西伍一である。本稿は、草創期府中市立図書館の陣頭指揮を執った大西について、彼が生み出した府中市立図書館友の会の活動を中心に紹介する。なお、草創期の同館と大西については、当時の職員である嵩原安一の回想記録がある[3]。

1. 大西の前半生

大西は、1898（明治31）年兵庫県に生まれた[4]。1918年に姫路師範学校（現在の神戸大学発達科学部の前身）を卒業、同校の附属城北小学校に6年間勤務した。1924年に上京し、東京府女子師範学校附属竹早小学校（現在は東京学芸大学附属竹早小学校）に勤務するが1年で転出、次の勤務校東京市立（現在は文京区立）関口台町小学校も1年で退職する。

この間大西は、下中弥三郎が中心となって結成された日本教員組合啓明会に参加する。啓明会は校長公選論など、急進的な教育改革を唱えた日本初の教職員労働組合である。しかし前記のように、彼の教員時代はわずか8年であり、その間に3校を転々としている。大西らの革新的な理念が当時のこの国では受け入れられず、弾圧の対象になったこともあるが、彼の教育実践は中途半端なものであったといえる。

教職を離れた大西は，下中らと農民自治会運動を推進，1928 年には農村教育研究会を組織，機関誌『農村教育研究』の編集・発行に当たり，郷土教育，郷土調査に従事する。大西は 1920 年代後半頃まで無政府主義的な思想傾向を保持しており，その点で彼の学校教育から郷土教育への転進は一種の連続性が認められる。しかし農民自治会運動から離脱し，1933 年大日本連合青年団嘱託に就任した頃には，大西の思想は大きく変容し「その反体制的志向はいちじるしく稀薄になっていた。」[5]
　大日本連合青年団時代の大西は，理事長田沢義鋪(たざわよしはる)の肝いりの事業である郷土資料陳列所の経営に従事した。ところが田沢は 1933 年に理事長を辞し，陳列所も縮小される。陳列所は 1937 年閉鎖され，大西も離職する。結果的に彼の博物館事業への挑戦も，失敗に終わったことになる。
　その後大西は，日本生活協会嘱託などを経て，1941 年府中町（現在は府中市）内の東京高等農林学校（1944 年東京高等農林専門学校に改称）事務兼授業嘱託となる。大西と府中とのかかわりはここに生まれた。同校への就職は，彼とその家族の生活を慮った校長小出満二(こいでみつじ)の取立てによるものと思われる。大西は，小出の秘書的な仕事をしながら大戦末期を過ごす。
　敗戦という事態を大西がどのように受け止めたのかはよくわからないが，敗戦によって大西の身辺に少なからぬ変化が生じた。同校での大西の後見役であった小出は，1945 年 12 月校長を辞し，1946 年 6 月大西は，同校の図書館事務担当となる。彼の学歴や研究歴からすると，教育・研究職で同校にとどまることが難しかったのであろう。大西はこうして戦後になって図書館界に転じることになった。
　1949 年 5 月国立大学設置法が公布され，東京高等農林専門学校と東京繊維専門学校を包括して，東京農工大学（農学部・繊維学部）が設置された。翌 50 年 5 月「附属図書館規程」と「附属図書館商議会規程」が，51 年 7 月に「附属図書館規程細則」などが制定されたが，創設期の東京農工大附属図書館で大西がどのような役割を果たしたかは不明である[6]。

2. 府中市立図書館開館前史

　1954年4月，府中町，多磨村，西府村の1町2村が合併して，府中市が誕生した。合併市制施行に際して策定された『新町村建設計画』では，市役所新庁舎建設後，旧庁舎跡に図書館を設置することが定められていた。1960年1月，新庁舎が開庁，旧庁舎を整備して翌61年4月府中市立図書館（以下府中市立という）が開館した。東京多摩地区の市町村立図書館では，奥多摩，武蔵野，町田に次ぐ4番目の開館であった。木造2階建て401㎡の建物は，当時の多摩地区市町村立図書館としては最大のものであった[7]。

　以下本章では，府中で比較的早い時期に図書館が開設され，その館長に大西が選任された経緯について述べる。

2.1 敗戦後の府中の地域文化活動

　府中は古くから青年団などによる地域文化活動が盛んな地方であった[8]。青年団は第2次世界大戦で大きな打撃を受けたが，敗戦後復興を遂げ，種々の事業・活動を展開した。

　1947年頃，府中市青年団文化部が私設図書館的な活動を開始した。猿渡盛厚（大国魂神社宮司），酒詰明光（妙光院住職）など，のちの府中市立の後援者となる人たちが図書を寄贈している。この文化部の蔵書は1955年5月，府中市教育委員会（以下市教委という）へと引き継がれる。

　敗戦後はまた，青年団とは別の組織によって，様々な文化活動が繰り広げられた。1948年，酒詰らは新仏教研究会を結成，1950年11月には，その参加者によってともしび読書会が発足した。集まった面々は猿渡，酒詰，渡辺紀彦など，やはりのちの府中市立の後援者たちである。この読書会の蔵書は，解散後府中市立に寄贈された。

　1952年，簇生した文化団体を整理する形で府中文化会が発足した（会長は酒詰）。文化会には文化部が設けられ，図書の貸し出しも行なった。文化会はその他様々な事業を行い，「府中文化の担い手」[9]として活動した。

　しかし市制施行の頃から，府中は急速な都市化の波に見舞われること

になる。青年団も活動基盤が弱体化して，1950年代半ばには休眠状態になる。激しく変化する地域社会のなかで，新たな文化活動の拠り所が求められた。

2.2 大賀一郎

前節に記した地域文化活動は，地縁・血縁を基軸として営まれてきた。戦後には，こうした旧来のしがらみに基づかない文化活動も生まれた。新しい形の文化活動の中心的な担い手が植物学者・大賀一郎(おおがいちろう)（1883-1965）であった。また，戦後の地域文化活動の一つの特徴として，小グループが分立していたことがあるが，大賀はこうした多様なグループの連携の中核ともなった。

大賀は，敗戦の年の6月に府中に移り住んだ。空襲により罹災したためである。大賀は1947年5月に聖書研究会を立ち上げる。前節の新仏教研究会はこの聖書研究会の参加者によって作られた。また1953年ころに始まった夏期講座も，それぞれの文化活動に集う人々の連帯を深める目的で，大賀が中心となって行なわれた。同年発足の大賀会は「府中市の文化活動の発展のための地下水脈的な役割を果たした」[10]。

このように，大賀は敗戦後の府中における文化活動に大きな足跡を残した。しかし大西の回想によれば「府中市民の中には，博士に好感を持っていない空気も幾らかあったゆえか，名誉市民の呼声が高かったにもかかわらず，ついに実現しなかった」[11]。敗戦直後の府中はまだ閉鎖的なムラ社会で，「よそ者」である大賀の言動に不快感を持つ人たちが多かったのであろう。のちの大西の図書館経営の行き詰まりも，ここにひとつの原点がある。

大賀はいささか浮世離れした性格の持ち主だったようだ。大西は大賀のことを「大きな坊ちゃん」と評している[12]。定収がなく経済的に不安定な生活を送っていたことも加わって，周囲の人たちから一層警戒されたと思われる。大西によれば，当初は大賀自身が府中市立の館長就任を希望していたようだ。「仕事はしなくても，養ってもらいたい」からだ[13]。

さて，大西と大賀の関係だが，府中に移住した大賀が東京農林専門学校

の講師となったことから生じた。この人事が同校の小出校長の取り計らいであったことも手伝って、二人は公私にわたって深く交友を結ぶ。その模様は『私の聞書き帖』に詳しいが、要するにこの二人はどこか相通じるところがあったのだろう。

2.3 大西の館長選任事情

　大西が府中市立の館長に選任された経緯は、大西自身が述べるところでは、松本三郎の推挙による[14]。松本は、市制施行にあたり東京農工大から府中市に移り、初代の教育長になった人物である。松本も図問研の調査の中で、同様のことを証言している[15]。

　一方渡辺紀彦は、館長の推薦は、大賀が主となり、酒詰、渡辺が当たったとする[16]。渡辺は戦前期府中町青年団の有力活動家で、小林茂一郎らと活動をともにしていた。小林はのち府中町長を経て初代の府中市長になり、1951年から1962年の3期12年在任した。前者が「公式」の選考過程であるとすれば、後者は「非公式」ではあるが、実際はこの3人の合議の結果が大きく影響したとみてよかろう。

　先述のように、当初は大賀自身が、府中市立の館長就任を希望していたようだ。しかしおそらくは年齢の問題と図書館の実務経験がないことなどがあって、実現しなかった。かわりに自身がよく知る大西を推挙したとみられる。1960年10月14日、大賀は大西に府中市立への転職を勧めた。大西はその勧めに「生涯最大抵抗線に体当たりすること」と、館長就任を決断する[17]。

3. 大西と草創期の府中市立図書館

　1961年4月1日、府中市立図書館が開館した。だが市民の関心は薄く、利用者は学生ばかりで、1日30人以下の来館者の日もあったという[18]。木造2階建ての旧町役場を改造した施設、同年末で6,220冊の蔵書[19]、しかも館内閲覧のみ、という環境では当然の利用状況であるともいえる。

　翌1962年1月、館報『図書館だより』が創刊された。創刊号に掲載された「図書館は何をする所か」と題する記事では、図書館の使命につい

て，図書館法第3条1・6・7項を引いて,「最善の努力をしたいものです。」と結んでいる[20]。以下本章では，開館から1967年3月の新館開館に至る，6年間の取組みを紹介する。

3.1 館外貸し出しと夜間開館の実施

『図書館だより』創刊号に，中村フミという女性利用者の「図書館への願い」という文章が掲載されている[21]。中村は図書館の開館を喜ぶが，「当分貸出禁止」に落胆する。夏になってはじめて訪れた図書館の利用者は，「図書館の本を借りて読むものばかりでなく，静かでよいから勉強の場所に」と考える学生が多数を占めていた。中村はこの一文を次のように結んでいる。

> 私たちのこの「府中市立図書館」の書庫ががらあきになるほど本が貸出され，どの本も手ずれでボロボロになるほど読まれたら，そして割烹着姿の婦人達がいつも図書館に見られるようになったら，どんなに嬉しいことでしょう。

こうした中村の声に対して，大西は「中村さんのご意見は多数の方々の代表的ご意見と思います。なるべく早く実現したいと考えています。」とこたえ，館外貸し出しの早期実現を約する[22]。そして事実1962年4月6日の開館記念日より，図書の館外貸出が始まった（小学生に対する貸出は8月から）[23]。

また大西は，「開館以来，私どもが耳にした世論の大きな山が二つあった。それは夜間開館と図書の館外貸出しに対する各層からの熱望である。」と述べる[24]。夜間開館については，同年5月1日から，開館日の午後8時まで（日曜日は5時）の開館時間延長を実施する[25]。

3.2 利用者の声を聞く

前節の館外貸出と夜間開館の実施は，府中市立が，積極的に利用者の声を聞き，その要望に応えたことを示している。

開館から1月ほどたった5月15日，「子供室の施設経営に関する座談会」が開かれた。出席者は，市内公私立学校の図書室主任であった。6月

10日図書館利用者との懇談会が開催された。10月16日アンケート「図書館をよくするために」が中学生以上の来館者を対象に実施された[26]。開館当初から，府中市立ではさまざまな形で利用者の要望をとらえることを試みている。以下にその代表例を挙げる。

1963年1月発行の『図書館だより』第6号には，「市民の声」，「モニターを求む」という記事が掲載されている[27]。後者は，館報『図書館だより』の編集や配布方法などについての意見聴取をめざしたものである。前者は図書館の利用者に手紙を出して，図書館が生活や研究や娯楽に役立っているか，図書館の利用者を増やす方法は何か，感銘した本・人にもすすめたい本は何か，図書館に対する希望は何か，の四つの問題に対して回答を求めたものである。

1964年10月1日から15日まで，「一，図書館を叱る」，「二，図書館をほめる」，「三，図書館にのぞむ」の三つの問題を書いたアンケート用紙を図書館の廊下に吊るし，その回答を「利用者の声を聞く」と題して『図書館だより』第11号に掲載した。

一連の利用者の意見を聞く試みの結果からは，一定・共通の「世論」を読み取ることができる。木造2階建ての旧町役場を改造した図書館の施設・設備に対する不満であり，図書館新築の要求である。とくに1964年の「声」には，新築への「熱意」が足りない市長や市議に対する批判が掲載されている。なかなか進展しない図書館新築を促進するために，大西が市民の声を利用している，あるいは市民を煽っている，そのように受け取る関係者がいた可能性がある。

また，掲載された「声」には，他館の職員数を列記して職員増を提言したり，開架式への変更を求めるなど，図書館の事情にある程度通じた者の回答とみられるものがある。1963年2月24日，市内在住の図書館関係者による懇話会である「府中図書館懇話会」が開かれている[28]。図書館の改革を促すために，アンケートの利用を市内図書館関係者に働きかけたのであろうか。これもまた，大西による「世論操作」とみなすことができるかもしれない。

館外貸出や開館時間の延長は，大西が開館直後から市教委に要望して

いたことであった。だが市教委は上記 2 項目を含む大西の要望をすべて却下していた[29]。大西は市側の「指示」にもかかわらず，「世論」を盾として自らの理想とする図書館づくりに邁進していったのである。大西と市教委との「対立」は，早い時期から始まっていたと推定できる。

この頃市教委も，まだ発展途上期であった。市発足以来，教育委員会事務局は数名の職員が事務も係分掌も兼任でしのいでいた。急激な都市化のあおりで児童生徒数が急増し，学校教育の整備に追われ，社会教育行政の整備は後回しになった。大西の要望は正論ではあるが，非現実的でもあった。市教委にとって，大西は次第に厄介な存在になっていった。

3.3 各種の文化活動

前記のように，『図書館だより』創刊号掲載の「図書館は何をする所か」では，図書館法を引用して図書館の使命を論じているが，同号の「あとがき」で大西は，この記事にかかわって「図書館ではいろいろの文化行事をしてもよいことになっています」と述べている[30]。また，彼は「この一年」という文章のなかで，「戦後の図書館はもっと積極的・動的・綜合的な文化センターとしての活動を，法律でも期待されているのだ。」とも言っている[31]。大西はさらに「世論と奉仕」では次のように述べている[32]。

> 市立図書館は市民共有の文化の広場である。（と私は思っている）だから，できるだけ市民の皆さんの希望にそうて，何事でも実施して行きたい。言いかえれば，予算と手間と建物の許すかぎり，最大の文化的奉仕をしたい。

実際府中市立では，さまざまな行事などが行なわれた。第 1 表は開館から 1 年間の行事等である[33]。こうした文化活動は，第 2 章で取り上げた府中の地域文化活動の歴史を受け継ぐものであるとともに，次章の府中市立図書館友の会の発足へと繋がっていく。

第1表　草創期府中市立図書館の文化活動（1961年度）

実施月日	内　容	備　考
7月23日	ハスの発芽について	講師大賀一郎
8月6日	拓本のとり方について	講師菊池山哉
8月7日	大オニバスの話と葉拓のとり方について	講師大賀一郎
8月27日	夏休みさよなら子供会	市立第一小学校講堂
9月10日	米軍第五空軍図書館見学	市内有志
9月19日~10月2日	関東医療少年院生板画展	
11月8日	座談会「子どもの読書力を伸ばすにはどうすればよいか」	助言者芦谷清（全国SLA）等
11月25日	図書館子供会	
1月11日	海外視察旅行談と映画の会	小林茂一郎（府中市長）

4．大西と図書館友の会の活動

　本章では，「府中市立図書館友の会」（以下友の会という）設立から解散に至る経緯を，大西の「図書館"友の会"の成果」を中心にたどる[34]。

4．1　友の会発足の経緯

　前記のように，1961年の開館当初，府中市立の利用は低迷していた。「どうしたら広く市民全体の図書館とすることができるのか」が，大きな課題であった。市内の有識者とおぼしき誰彼からは「市内唯一の文化センターであるから，多方面の文化活動をしてほしい」，「市には公民館も無いから，建物を効率的に使って，休日や夜間にも講習会や講座を開いてほしい」といった要望が寄せられていた。
　教育委員長の内藤重明は『図書館だより』創刊号に「市の文化センター

として」と題する一文を寄稿している[35]。また，市民からのアンケートにも「図書館を中心に，楽しい話の広場を作って下さい」，「図書館は府中市内でただ一つの文化機関です。ここをもっと活用して，読書会やレコード・コンサートや，文化映画会や，その外いろいろの行事をしていただきたい」などの声があった[36]。

こうした意見や，図書館法第3条の「図書館は，図書館奉仕のため，土地の事情及び一般公衆の希望にそい」，「六　読書会，研究会，鑑賞会，映写会，資料展示会等を主催し，及びその奨励を行うこと」という規定，さらに「学生の勉強場に満足してはいけない。」，「単なる貸本屋に陥ってはいけない。」という，新時代の「館界の定説」に後押しされ，大西は図書館利用学習サークルの結成を思い立った。

大西は，1961年の秋からこのサークルの結成を市内の心当たりの有志に説いた。大賀，酒詰，渡辺などであろう。また一方で，川崎市立高津図書館などに利用者組織の規約などを問い合わせ，翌1962年2月7日から7回にわたり，結成準備会を開く。

この結成準備会の1回として，3月14日に講演とスライドの会が催され，「これからの図書館はどうあるべきか」について，京橋図書館長の清水正三に聞いた。清水は1959年10月，アメリカ図書館調査研究団の一員として渡米，各地の主要な図書館を視察していた[37]。

清水は，アメリカの図書館の特色として，規模が大きいことと，利用が盛んであることを，またその機能としては，貸出と参考業務を，また便利で，役に立ち，サービスが良いの3点を備えていることを挙げている。そして最後に「公共図書館が発展する原動力・因子は，その地域の住民によって支えられていること」としている[38]。

3月28日には，川崎市立高津図書館長の小野善良から「館外利用者の組織と活動について」，高津図書館の実例を聞いた。高津図書館は府中から近いという地理的な条件もあり，府中市立，ならびに友の会との関係が深い。1962年10月7日には，大西が高津図書館友の会創立10周年記念大会・展覧会に招かれている[39]。また，1964年4月5日には，高津図書館友の会会員6名が府中市立を来訪している[40]。

そして後述のように，友の会は部会と称する各種サークルの連合体であり，図書館はその活動の場であった。こうした組織形態と活動内容も高津図書館友の会と類似している[41]。

4.2 友の会の成立

前記のように，1962年2月から友の会は結成準備会を開き，結成に向けての具体的な夏動を開始した。大賀が発起人代表となり，次のような「入会ご案内」が配布された[42]。

　　わが愛する府中市に図書館が誕生したのは一年前。明るい灯が一つともったような気がいたします。その利用者も昨一年間の一日平均が百四十五人と聞き，うれしいことです。

　　しかしその大部分が学生諸君で，大人の利用はほんのわずかであったということです。そこで今年度から市民サービスの徹底を期するために，図書の館外貸出しや，夜間開館に踏み切ったことは，関係者の決意のほども察せられて，大へん結構なことであります。

　　さらに私どもの願うところは，都心から離れた当市の図書館が，単に図書の取扱いだけに終始しないで，広く市民の文化と教養の場として，あらゆる文化活動を巻き起していただきたいということです。

　　こうして名実ともに市民の図書館として，いま一段の飛躍を望むために，私ども有志も手をつないで立ち上り，図書館と一体となっておたがいに協力邁進したいと思います。もちろんおたがいの思想的，政治的立場を超越し，また年齢・性別・学歴・地位・財産・信仰等に囚われることなく，一市民として尊敬し合うことを前提としております。

　　ねがわくば同感同好の皆様の入会を得て，図書館中心の楽しい仲間を作り，府中文化の灯を大きく掲げたいものであります。何をするか

　　一，市立図書館の活動に対して，それぞれの立場で進んで協力をします。

　　一，図書館法の精神に基く各種の文化事業（研究会・座談会・講

習会・鑑賞会・見学会・調査・編集・出版等）を行い，会員相互の向上親睦をはかり，併せて地域文化の発展に寄与することに力めます

　1962年5月23日，発起人20人を得て，友の会の創立総会が図書館で開催された。出席者は約40人。規約草案を審議して，「府中市立図書館友の会規約」（以下「規約」という）を制定[43]，名称を「府中市立図書館友の会」とし，事務所を図書館内に置くこととした。会長に酒詰，名誉会長に大賀が就任した。その時の申合せは，1. 政治的・思想的・宗教的立場に偏せず，2. 地位・肩書等の別なく，市民平等の立場に立ち，3. 営利的にも利用しないであった。

　上記「規約」はその後，1964年5月，65年4月，67年6月に改定される。64年改定は，次節で述べるような部会活動の整備のために，新たに「府中市立図書館「部」規約」が制定されたことにともなうもので，大幅改定となっている。65年改定では部会が2増加している。67年改定では部会が1減じたほか，事務所の位置が図書館から会長宅に変更されたことが注目される。

　会員は，創立総会当日までの申込者が正会員128人，賛助会員5人であった。その後会員数は増加し，解散直前の1968年1月時点で，305名（市内279名・市外26名）になっていた。このうち女性が239名で，40代，50代の女性が多数を占めていた[44]。

4.3　友の会の活動

　1962年5月23日の発会直後から，友の会は様々な活動を開始する。例えば6月7日に短歌会と青年読書会打ち合わせ会，8日に幹事会，15日に会報編集会議，22日に役員会などである[45]。

　友の会の活動の中心は，各部会の活動であった。10月頃には，読書会（古典・現代），短歌の会，作文の会，茶道の会，盆栽の会の各部会が組織され，それぞれ月1〜2回の活動を行なっていた。その後新しい部会が設けられ，また各部会の活動が盛んになったことによるのであろう，前述のように，1965年4月に「規約」が改定され，「府中市立図書館「部」

規約」が制定された[46]。なお，1965年4月の「規約」改定で，ハム（アマチュア無線家のこと）の会，書道の会が加わり，67年6月の「規約」改定で，ハムの会が退会している。

　第2表は，友の会解散直前の，1968年時点での活動内容などであるが[47]，図書館の活動内容に直接関係しないような部会が，設立当初から多かったといえる。「本末転倒」との「疑念」が生まれるのも不思議ではない。また当時の物価水準からみて，決して安くない会費を徴収しており，誰もが部会に気楽に参加できるとはいえないだろう。大西も会員に「時間的にも経済的にも恵まれた人が多い」ことを認めている[48]。こうしたことから，友の会の活動が活発になるとともに，友の会とその活動に対する風当たりも強くなっていったと思われる。

第2表　友の会部会の活動内容等（1968年）

名　称	回　数	会　費	備　考
読書会（古典）	月2回	月100円	テキスト蜻蛉日記
読書会（現代）		講師死亡につき休会中	
読書座談会	月1回	月100円	テキスト般若心教
短歌の会	月1回	月200円	講師は3か月ごとに交代
作文の会	月1回	月200円	
茶道の会	週1回	月700円	
書道の会	月2回	月250円	
盆栽の会	月1回	年300円	
郷土研究会		休会中	
ハムの会	月2回		独立につき1967年退会

4.4　新館の建設と大西の退任

　1964年4月1日，新たな「府中市立図書館条例」が施行された。その第6条には「教育委員会が，社会教育活動を行なう以外は，図書館をその目的以外に使用させることはできない。」と規定され，図書館施設の目

的外使用の禁止が定められた。新しい条例は「その他全般的に，館長に委譲されていた権限が，教育委員会にとりあげられていた。」[49]

それ以前の府中市立は，開館時に制定された「東京都府中市立図書館設置条例」に基づいた「府中市立図書館々則」によって運営されていた。その第2条では，「館は図書館法第3条の規定に基づき，次の事業を行なう。」とし，第5項で「読書会，研究会，講演会，映写会，鑑賞会等の開催及び奨励と社会教育のための諸集会の利用」が盛り込まれていた[50]。

友の会の発足以来，図書館は休館日や夜間の閲覧室，午前中のこども室を会場として提供していた。公民館も無かった当時の府中市では，無料の活動の場があることが，友の会にとっても大きな利点となっていた。ハムの会が友の会の部会となったのも，会場の確保が目的であった[51]。

ところが1966年3月に市民会館が落成し，有料ではあるが文化活動の場が設けられた。10月には市教委の指導のもと府中市文化団体連絡協議会（以下文化連協という）が結成された。文化連協参加の団体と友の会の部会の活動の一部が競合し，友の会の部会が，図書館を無料で使用していることが問題視された[52]。

友の会結成当時，社会教育課から社会教育団体として登録してほしいとの要請があった。しかし友の会側は「自分たちだけの手で，自分たちの思うように運営したい」という考えから，この申し入れを断り，自主的な団体として発足したという経緯があった。市側からすれば，「図書館が勝手に作った団体である」ということになる。大西，友の会側と市教委側とのギクシャクした関係は，友の会設立当初から存在していた。

また大西によれば，友の会発足に当たり「圧力団体にならないことを条件に」市側の認可を得たという。ところが友の会は，1964年ごろ市民会館の建設が決まり，その4～5階を図書館にするという計画が立案されたことを伝え聞いて独立館の要求運動を起こす。自費で他の図書館を見学し，そのレポートを市議に提出し，独立館の必要性を訴えた[53]。友の会は「市のエリート層で構成されてい」た[54]。したがってその運動は，相当の影響力を持っていたと思われる。こうした友の会の運動も，市教委からすると市政への介入と映ったのかもしれない。

1965年,新館を大国魂神社境内に建設することが決定した。同年6月,大西と友の会のよき理解者であり,後見人であった大賀が死去した。市教委は新館建設を期に,図書館の運営体制の刷新と友の会あり方の見直しを図ることを決めたと思われる。
　大西は新館の建設地が決まれば,すぐに設計図を出す心積もりであった。それが「経営者としての義務でもある」と考えていた[55]。しかし市側は,新館の設計に大西を関与させなかった。大西は設計図が一応完成した段階で,会議の席上で初めて設計図を見せられた。
　図書館の実情にうとい市の建設課が作成した設計図には,300席の閲覧室はあるが,会議室はなかった。大西は1階にこども室を設けることなどを要求し,また専門家の意見を聞くことを提案したが,個人の意見は聞かず,日本図書館協会施設委員会の意見だけを聞くということになり,清水正三・菅原峻(すがわらたかし)が出席して,第1次案の見直しが行なわれた。その結果,2階にこども室が設置され,1階に開架書架が設けられるなどの変更がなされたが,会議室は設けられなかった[56]。
　1967年3月2日,新館が落成・開館した。大西の積年の願望が達成されたことになる。しかし程なく大西は退職を勧告される。旧館時代1日平均90冊の館外貸出だったが,開館直後の4月7,654冊,5月10,671冊と利用が急増していた。確かに70歳に近い高齢の大西の陣頭指揮は限界があった。隣町の日野市では,30代の前川恒雄が館長に就任し,移動図書館「ひまわり」号による清新な図書館活動を始めていた。
　一方友の会の一部の会員は,大西の留任運動を起こす。「図書館長としての業績の数々を考え,もう暫く滞(ママ)ってもらいたい。仕事柄,年齢に拘らなくてもよいのでは」との理由による。友の会の会員は,数人ずつに分かれて役所の担当の上司を次々に訪問して回った。しかし結果は「ごまめのはぎしり」に終わり,大西は同年末で退職することになった[57]。

4.5　友の会の解散
　新館の建設はまた,友の会の熱望するところでもあった。しかし新館の開館は,その友の会を窮地に追いやる結果ともなった[58]。

新館開館に際して,友の会は市教委からその事務所を館内に置くことを止めるように要請され,事務所を会長宅に移した[59]。1967年6月に「規約」が改定され,友の会の事務所が図書館から会長宅に変更されたのは,これに伴うものである。
　また新館開館と同時に,友の会の活動に図書館の利用ができなくなった。「市の直接主催する行事以外には貸さない」という市教委の新方針による[60]。前記1964年の新条例によれば当然の措置ともいえるが,無料の活動の場を失った友の会の打撃は大きかった。友の会は市民会館(有料)や銀行の集会室を借りて,部会活動を継続することになった。
　さらに市教委は,文化連協と関係の無いものを友の会として残し,書道など4部会を独立させて文化連協に加盟させるという,友の会改組案を提示した。この市教委方針をめぐって,1967年3月に友の会役員会が開催され,会長は次の四つの対案を出した。
　　①友の会が全体として社会教育団体として登録する。
　　②社会教育委員会とは関係なく,自主的に活動する。
　　③読書会,作文の会を友の会として残し,他のものは独立させ文化
　　　連協へ加盟する。
　　④友の会を解散させる。
　この会長案に対して,4月の役員会は①案を選択した。市側は機会をみて③へ移行することを条件にこれを認め,5月友の会は文化連協に加盟する。こうした一連の流れのなかで,市教委の意向に沿いながら友の会を運営するべきと考える会員と,あくまで友の会の自主的な運営を望む会員との深刻な対立が生じてきた。
　活動の場を失い,改組を迫られ,動揺する友の会に追い討ちをかけたのが,指導者大西の退任である。前記の一部友の会会員による大西の留任運動は,その離任が友の会の存亡に直結する問題であると考えたからこそ起こされたのであろう。そして市側がその要請を拒んだのも,同じような認識を持っていたからであろう。留任運動を葬り大西を更迭した市教委は,友の会に対してさらなる改組を迫った。
　1968年2月20日付で,「府中市立図書館友の会(以下「友の会」とい

う）改組案についての参考意見」が作成された[61]。この文書は，社会教育委員であり，また文化連協理事でもある友の会会長が，市側の意向をふまえてまとめた妥協案と思われる。

　1968年4月7日，友の会は臨時総会を開き，解散を決議した。市教委や，会長の示した「参考意見」を退けたことになる。K・Sは友の会解散に至った理由として，市教委の友の会に対する無理解，統制の強化を外部的な原因として挙げるとともに，内在的な弱点として次の3点を挙げている。

　第1に，300名の友の会会員に，熱心な活動家と一般会員という漠然とした区別ができあがっていたこと。第2に，友の会会長が社会教育委員，文化連協理事を兼ねていたこと。第3に，友の会の活動が次第に「おけいこ」事が中心となり，図書館を軸とした本来の趣旨から離れてきたこと。

　友の会解散を伝えた新聞報道も，内紛が直接の原因としながらも，市教委社会教育課の無理解を指摘し，「自主的な市民文化活動を好まず，役所のヒモ付きにしようとする風潮が増えている。これもその一つだろうか。」とコメントしている[62]。

おわりに

　大西の退任と友の会解散の衝撃は，周辺の自治体にも深く静かに伝わっていった。冒頭に引いた『移動図書館ひまわり号』で前川は，府中を教訓に「何かと用心することになった」といっている。

　大西は，短い周期で考え方を変化させ，職をかえている。いい意味でも悪い意味でも，自由な発想ができる人物であった。後世から見ると，彼の人生はすべてに不完全燃焼に終わったように思われる。府中市立在職の6年間もその一例である。しかし彼にとっては充実した6年間だったのかもしれない。少なくとも彼の実践が，この国の図書館の歴史にとって，以後の発展の導火線の役割を果たしたことは間違いない。

注

1) 前川恒雄『移動図書館ひまわり号』筑摩書房, 1988, p.83.
2) 調布市立図書館25年の歩み編集委員会編『調布市立図書館25年の歩み』調布市立図書館, 1992 などを参照
3) 嵩原安一「府中市立図書館の草創期：大西伍一館長のこと」『いま，市民の図書館は何をすべきか：前川恒雄さんの古稀を祝して』出版ニュース社, 2001, p.64-80.
4) 大西の履歴については，大西伍一著『私の聞き書き帖』慶友社, 1968 巻末の年譜，ならびに同書復刻版（大空社, 1998）の小林千枝子解説，小林千枝子『教育と自治の心性史：農村社会における教育・文化活動』藤原書店, 1997 などを参照。戦前期の大西については，前記小林の『教育と自治の心性史』が詳しい。なお，大西の著作『土の教育』(平凡社, 1926)に, 図書館に論及した部分があるが (p.356-357), 戦前期大西の教育論と図書館との関係については，本稿では扱わない。
5) 宮坂広作『近代日本社会教育史の研究』法政大学出版局 1968, p.494. なお，初出の「戦前社会教育運動の遺産について（4）：自由大学運動」『月刊社会教育』7巻3号, 1963.3, p.58. では，「完全に転向者になりきっていた」としている。
6) 作道好男編『東京農工大学百年史』財界評論新社 1979, 東京農工大学創立記念事業会記念出版専門委員会編『東京農工大学百年の歩み』東京農工大学創立記念事業会 1981 などを参照
7) 『府中市教育史．通史編 下』府中市教育委員会 2002, p.11,97,431-432.
8) 酒詰明光「ある府中市：府中文化の舞台裏」『図書館だより』第32号, 1976.4, p.1-13, 松本三喜夫「府中における図書館活動展開の系譜」『図書館だより』第41号, 1978.6, p.2-7, 府中市教育委員会編『府中青年団のあゆみ』府中市 1993, p.237-238, 松本三喜男著；府中市教育委員会編『府中青年団史』(『府中青年団のあゆみ 別冊』) 府中市 1993, p.97-108. などを参照
9) 松本三喜男著；府中市教育委員会編『府中青年団史』 p.107.
10) 『府中市教育史．通史編 下』p.416.
11) 『私の聞き書き帖』p.182-183.
12) 『私の聞き書き帖』p.183.
13) 『私の聞き書き帖』p.222.
14) 「わが人生そして著書：大西伍一座談」『隣人：草志会年報』第6号 1989.6, p.11.
15) 図書館問題研究会東京支部府中市の図書館調査委員会編『住民のなかの図書館をめざして：府中市とその図書館』図書館問題研究会東京支部 1971, p.54.
16) 「宮本常一先生と府中」『府中史談』第8号 1981.11, p.1.
17) 『私の聞き書き帖』p.230-231.
18) 大西伍一「図書館"友の会"の成果」『教育新時代』第5号, 1968.4, p.17. この文

献のコピーの入手については，玉川大学教育博物館学芸員白柳弘幸氏のご好意を頂戴した。
19) 「お出かけ下さい図書館へ」『図書館だより』第1号，1962.1, p.4.
20) 「図書館は何をする所か」『図書館だより』第1号，p.1. 同ページには，大西の宮沢賢治の「雨ニモマケズ」を真似た「私ノネガイ」が掲載されている。ここには大西の図書館づくりの抱負が語られている。なお『図書館だより』第1号は，府中市教育委員会編『府中市教育史　資料編3』府中市教育委員会，2000, p.472-479. に採録されている。
21) 中村フミ「図書館への願い」『図書館だより』第1号，p.2.
22) 「あとがき」『図書館だより』第1号，p.4.
23) 「図書の館外貸出し」『図書館だより』第2号，1962.3, p.4.
24) 大西「世論と奉仕」『図書館だより』第3号，1962.5, p.3.
25) 「一歩一歩」『図書館だより』第3号，p.2.
26) 「図書館の歩み」『図書館だより』第1号，p.4.
27) 「市民の声」『図書館だより』第6号，1963.1, p.3. なお，同年6月16日に，「利用者並びにモニター座談会」が開催されている（「図書館日誌」『図書館だより』第8号，1963.11, p.4.）。
28) 「図書館日誌」『図書館だより』第7号，1963.5, p.4.
29) 嵩原「府中市立図書館の草創期」p.68-69.
30) 大西「あとがき」『図書館だより』第1号，p.4.
31) 大西「この一年」『図書館だより』第2号，p.1.
32) 大西「世論と奉仕」『図書館だより』第3号，p.3.
33) 「図書館の歩み」『図書館だより』第1号，p.4より作成
34) 大西「図書館"友の会"の成果」『教育新時代』第5号，p.17.
35) 内藤重明「市の文化センターとして」『図書館だより』第1号，p.1.
36) 大西「世論と奉仕」『図書館だより』第3号，p.3.
37) 清水らは米国図書館協会主催の U.S. Field Seminar on Library Reference Services for Japanese Librarians に参加した。詳細は『アメリカの図書館』アメリカ図書館調査団，1960 を参照
38) （筆記・嵩原）「見てきたアメリカの図書館」『図書館だより』第2号，p.3.
39) 「図書館日誌」『図書館だより』第5号，1962.11, p.4.
40) 「図書館日誌」『図書館だより』第10号，1964.5, p.4.
41) 高津図書館友の会については，その会報『たちばな（橘）』などを参照
42) 大西「図書館"友の会"の成果」『教育新時代』第5号，p.17-18. なお，「図書館友の会：入会ご案内」『図書館だより』第3号，p.4. にも，これを略した趣旨が掲載されている。
43) 府中市立中央図書館渡辺文庫　なお，『府中市教育史　資料編2』府中市教育委員会，1999, p.522-524. には，1967年6月21日改定の「規約」が採録されている。
44) 大西「図書館"友の会"の成果」『教育新時代』第5号，p.19.

45) 「図書館日誌」『図書館だより』第4号, 1962.8, p.4.
46) 府中市立中央図書館渡辺文庫(『府中市教育史　資料編2』p.524に採録)
47) 大西「図書館"友の会"の成果」『教育新時代』第5号, p.19.
48) 大西「図書館"友の会"の成果」『教育新時代』第5号, p.21.
49) 『住民のなかの図書館をめざして』p.134.
50) 『住民のなかの図書館をめざして』p.56, 134.
51) 府中市文化団体連絡協議会編集委員会編『府中市文化団体のあゆみ』府中市 1994, p.23, 『住民のなかの図書館をめざして』p.55.
52) K・S「『府中市立図書館友の会』解散」『月刊社会教育』No.127, 1968.6, p.76, 『府中市文化団体のあゆみ』p.231-232.
53) 『住民のなかの図書館をめざして』p.55-56. なお, 大西の文章によれば, 市民会館の3階と4階に図書館を付設しようという意見があり, これに対して友の会が「独立の建物にしてほしい」という陳情書を作り, 理事者や議員や教育委員に働きかけた。(大西「府中市立図書館」『図書館雑誌』Vol.61, No.9, 1967.9, p.34.)
54) 「こんてな」『朝日新聞(東京版)』1968.4.16, p.16.
55) 大西「図書館6つの夢」『図書館雑誌』Vol.59, No.1, 1965.1, p.3.
56) 以上設計の経緯については, 大西「府中市立図書館」『図書館雑誌』Vol.61, No.9, p.34, 『住民のなかの図書館をめざして』p.119, K・S「『府中市立図書館友の会』解散」『月刊社会教育』No.127, 1968.6, p.76. を参照
57) 荒木和子「宮本先生御夫妻と図書館友の会」『府中史談』第8号, 1981.11, p.7.
58) 以下友の会解散の経緯については, 大西伍一「友の会は解散したが」『図書館雑誌』Vol.62, No.9, 1968.9, p.386-387, K・S「『府中市立図書館友の会』解散」『月刊社会教育』No.127, p.75-77. を参照
59) 大西「図書館"友の会"の成果」『教育新時代』第5号, p.22.
60) 『住民のなかの図書館をめざして』p.56.
61) 府中市立中央図書館渡辺文庫(『府中市教育史　資料編2』p.525-526. に採録)
62) 「こんてな」『朝日新聞(東京版)』1968.4.16

情熱の図書館人,村上清造

―薬学図書館の改革から公共図書館運動への軌跡―

Seizoh Murakami, a librarian who is full of passion : The achievement from reformation of pharmaceutical library to public library movement

参納　哲郎
(さんのう　てつろう)
(富山短期大学)

村上清造　(むらかみ・せいぞう)
1901 年　富山県に生まれる
1922 年　沖縄女子師範学校・沖縄県立第一高等女学校勤務 (〜 1927 年)
1927 年　富山薬学専門学校図書課勤務 (〜 1940 年)
1940 年　富山県立図書館勤務 (〜 1944 年)
1944 年　技術院委託科学論文調査会勤務 (〜 1945 年)
1945 年　富山薬学専門学校図書課・富山大学付属図書館薬学部分館勤務
1965 年　富山女子短期大学勤務 (〜 1977 年)
1987 年　死去

1. 図書館界入りと青年図書館員聯盟との出会い

1922 年に富山薬学専門学校 (以下, 富山薬専と略称) を卒業した村上

は1年間の応召ののち，母校の平山校長の勧めに従い沖縄県女子師範学校及び兼務で，沖縄県立高等女学校の教諭心得として赴任し，のちに教諭となった。村上は「化学」を担当し，その教授法としては生徒の実験に力を注ぎ，実生活に関係深い授業を心がけたという。教育界ではアメリカのパーカスト女史（Helen Parkhurst）が創始者といわれるダルトンプランという新教育思潮が成城学園などにとり入れられて高い関心を集めるなど，大正期の教育改革が始まっていた。村上はダルトンプランを採用していた鹿児島女子師範学校を視察した折に，その学校図書館では蔵書のうち相当な点数を複本として10冊単位で所蔵しており，その複本が頻繁に利用されている現場に遭遇し，図書館の機能を強く印象づけられたという。専攻が薬学という自然科学を素地としていた村上の教育観は「生活に科学をとりいれることの大切さ」を柱としており，このことは後年の各種の図書館運動の中でも貫かれていたと思われる。沖縄での教員生活の充実ぶりは晩年に至るまで断続的ながら，当時の教え子との交流が永く続いていたことでも知られている。沖縄で5年間の教員生活を過ごした村上は，薬種商（家庭薬の製造・卸販売業）を営んでいた生家の長男としての自覚に加えて，当時の詰め込み教育の風潮に疑問を持つようになり，郷里で新しい途に進もうと考えるに至った[1]。

　帰郷した村上は母校の富山薬専を訪ねて身の振り方を相談した。ふつうは，母校の助手や講師への道を選ぶのが順当と，本人も予期していたらしいが，高橋校長からは図書室にも優秀な人材を求めていることを聞かされ，大いに共鳴して承諾したという[2]。図書課所属でも専用の研究室を用意してもよいという学校側の配慮を断って，村上は図書室で執務することとした。この人事には図書課長であった黄葉教授の図書館充実への強い思い入れが通じたと伝えられている。黄葉教授は山口県の出身であり，佐野友三郎（1864-1920）を館長とした当時の山口県立図書館が展開していた近代的図書館経営をかなり知っていたといわれる。佐野の実績が間接的ながら村上の図書館入りの一つのきっかけになったのは興味

深い。

　村上清造の図書館界入りは1927年8月で、時に27歳であった。沖縄時代に学校教育に図書館が必要なことの認識はあったものの、図書館運営についての知識のなかった村上は、学校備え付けの『図書館雑誌』や参考書で図書館の世界の知識を得ることになった。そして、手始めの運営改善として翌年の夏休み中に蔵書の分類変更を行っている。ところが、1929年8月に大阪で「図書分類法」の講習会（青年図書館員聯盟主催以下、青図聯と略称）があることを知り、村上は自費参加して『日本十進分類法』の原編者森清（1906-1990）から直々に、この年に発表された同分類法第1版の講習を受けた。この講習を受けたことにより、村上は富山薬専蔵書について再度の分類変更を決意したという。また、翌1930年には加藤宗厚（1895-1950）による「件名目録法講習」も受講しており、村上の図書館運営への熱意が学内でも理解者を増やすことになり、その後の図書室改革に突き進むこととなった。

　初めて公費で出席した1929年11月開催の「全国高等諸学校図書館協議会」における村上の発言内容について後日、鈴木賢祐（1897-1967）は次のような感想を寄稿している。

　　（前文略）ソノ熱ニオイテ、ハタソノ押シニオイテ、適レ闘士タルノ素質ヲ露呈シ、搗テテ立派ナ見識ヲ顕現シタ。フレー、フレー、村上[3]

鈴木もまた青図聯の講師陣の一人であり、この期待を込めた感想はその後、村上の印象を"熱血漢"と呼ぶ人が多くなった始まりと思われる。

　村上の青図聯への加入は同聯盟が「図書館革新」をスローガンに結成された翌年の1928年11月と記録されており、その後の講習会参加、つまり大阪の安堂寺橋通りにあった、いわゆる「間宮塾通い」によって村上は図書館実務に開眼したと述懐している。村上が短期間に図書館実務に習熟し、広い視野に立った図書館運動を展開するようになったのは、もち前の仕事熱心な性格に加えて、間宮不二雄を中心とした青図聯の人脈との交流の影響によるところが多く、村上の図書館界入り後の展望は青図聯への加入によって拓けたといえる。

2. 富山薬専図書室の運営改善

　村上の薬専図書室における工夫と改善内容は，勤め始めて6年目の1933年，青図聯発行の『図書館研究』6巻2号に載った「専門学校図書館ノ素人療法」及び1937年発行の10巻3号の「専門学校図書課ハ如何ニ改革セラルベキカ」と題する2本の論文に詳述されており，特に前者の論文は間宮不二雄に高く評価されたほか，全国の図書館界に「富山薬専に村上あり」という名声を得たもので，例えば武田虎之助（1897-1974）は次のように絶賛した。

　　（前文略）村上氏の発表は，獨創に富む點に於て，すべてが實地経験の成果なる點に於て，なほ全篇を貫く熱意を感じて心讀させられた近来の快文字である（後文略）[4]

　村上の『図書館研究』に載せた文章は，17頁にわたる5年間の実践内容と当時の図書館の慣行に対する意見を激しい口調で綴った図書館界への批判を込めた実践記録でもあった。村上の主な実践内容を列挙すれば次の通りである。

①教授室の蔵書を図書室へ引き揚げて学生中心に運用した
　蔵書約7,000冊のうち，従来は約2,500冊が教授室にあった。
②学生への貸出し手続きを簡素化した
　従来は貸出の都度，教授の認印が必要だった。
③図書分類をNDCへ変更した
　富山薬専図書室の図書分類は，1921年の創立時は「化学・薬品」を先行させる十進法，1924年の変更では「総記」から始まる十進法に変更されていた。これは，当時普及率の高かった「山口図書館分類表」（1909年編）を薬学図書館向きに改変したものと思われる。しかし，村上は勤務二年目の夏に，薬専として三度目の分類変更を行っている。分類体系としては，従前の分類に見られない「歴史・地理」を十門目に入れている。どういう原理に基づいたものかは不明であるが，蔵書数の偏在を考慮した独自の発想によるものでなかろうか。しかし，前述の通り1929年の『日本十進分類法　第1版』の発行による講習会後にNDCによる再度の分類変更を行った。

④事務用カード目録及び図書台帳を作成した
　従来は冊子体印刷目録と閲覧用分類カード目録のみであった。
⑤閲覧用分類目録に国際標準カードを採用した
⑥カード体による件名目録・薬学関係論文索引を作成した
　帝国図書館太田為三郎（1864-1936）による『日本医事雑誌索引』（1895-1921 全21冊）をヒントにしたと思われる。
⑦購入図書の選書主務を従来の教授から図書課へ変更した
　従来は教授のみの選書によっていた。
⑧カード目録法を NCR 草案によった
　書名主記入から著者名主記入へ変更した。
⑨館内図書の配架法を従来の和洋書別配架から和洋書混配に変更した
⑩図書ラベルの汚破損防止にラッカーを塗布した
⑪閉館時刻を午後5時から6時までに延長した
⑫帯出カードを従来の一回毎記入方式から永年使用方式へ変更した
⑬出納台と参考事務机を接近させた
⑭図書室で希望者に参考書の系統的検索指導を開始した
⑮参考質問に対応するため，閲覧室に資料相談机を設置した
⑯既蔵書中で利用の多い図書の複本を増加させた
⑰薬専図書室の一般公開
　富山薬専図書室は1931年4月から市民への一般公開を実施した。この発案者は村上ではなく，当時の高橋校長がヨーロッパ視察後の歓迎会の席で富山薬専の創立の経緯を考えて「地元の売薬業界への恩返しをしたらどうか」という趣旨で村上に一般公開の検討を提案したと伝えられている。これは高橋校長がヨーロッパで何らかのヒントを得たのではなかろうかと思われる。村上は校長の提案に共鳴して，このことを新聞発表したほか，富山市立図書館の館内に「御来館歓迎」と題する詳しい掲示を出すなどして市民の利用を呼びかけた。一般公開は卒業生をはじめ，薬業界関係者が次第に利用するようになり，富山薬専の伝統として根付いた。
⑱学校図書館と公共図書館の連携を志向

地元の学術・産業の進展のために専門学校図書館は一般に公開し，公共図書館を支援すべきとの主張内容。

村上の文章はほかに当時，一般的に立派過ぎる出納台（カウンター）が設置されていたことや，図書館人事の要件，学校予算の配分に至るまで，当時の専門学校図書室の改善すべき点を縦横無尽に歯切れよく指摘している。第二次大戦後に至っても，図書館蔵書の多くが研究室へ長期貸出されている悪弊は多くの大学図書館でも見受けられたが，1930年代に学内関係者を説得して上記のような改革を断行した村上の視点は，図書館は全学生へ公平に公開されるべきとの信念といってよい。つまり，貸出手続き・開架中心主義・カウンターの位置・選書権・複本重視など，殆どの改革が学生の利便を重視した内容なのである。どの項目についても，従来の慣行を変更することには何らかの抵抗があり，どう説得して改革したかについても書いている内容は今もって新鮮に読める点が少なくない。

3. 富山県図書館協会の設立

藩政期の富山藩は加賀藩の支藩としての歴史であり，明治時代の初期も石川県の一部となり，現在の富山県が独立したのは1883年のことである。公立図書館の創設は1902年の下新川郡立など1899年の「図書館令」以後のことである。第一次大戦後の地方改良運動の潮流によって，大正時代は全国的に教育会と青年団による図書館の設置が多く，富山県内でも類型とみられる図書館・文庫として20余の記録があるものの，全国的にみると低調な地方に属する図書館の後進県であった。これは全国的には1916-1921年にかけて公立図書館の補助金規程が公布されているのに，富山県では1927年にようやく「図書館事業奨励規程」が定められたという県の社会教育行政の立ち遅れによるものであった。尤も，この時代の図書館は零細にすぎて，補助金の打ち切りとともに消滅した例が多かったことは全国の傾向と共通している。それでも，1928年6月に県主催による「図書館実務打合会」が開催かれ，図書館奨励金（新設館経費の1/3以内，既設館図書費の1/2以内）の説明等があった。

村上はこの会合を新聞報道で知り，図書館発展のためにはこの種の会

合は恒久的な組織にすべきだと思い立ち，当時の富山市立図書館長辻尚村に働きかけたという。村上が富山薬専へ勤め始めて2年目のことであり，こうした異館種の職員との交流・連携に想いが至ったという感覚と行動力は村上の生涯にわたる図書館運動を象徴していると思われる。辻館長は賛意を示したものの，翌年には退任されたので，次期の館長に改めて市立図書館へ根気よく通って働きかけたものの，取り上げられなかったという。30歳の薬学図書館員が描く構想が容易に受入れられなかったのは意識の違いであったのであろう。しかし，これで怯む村上ではなかった。2年後の1931年3月に至って，村上は個人名の発起による「図書館員研究会」を招集した。この案内状は800字にのぼる村上の心情が綴られている。以下はその一部である。

　（前文略）　県内図書館の中心となるべき県立図書館未だ設立されず，公共及学校図書館又県民より顧られないかの感あるはなんと遺憾なことではないでせうか。勿論それには種々原因はありませう。然しその内最も大なる原因と考えられるものは図書館事務に直接携はる館員の努力と協力の不足ではないでせうか。経費が与えられぬからといへばそれまでです。経費は与えられるものではなく努力によって生まれるものではないでせうか。私達が少ない経費ながらも協力して工夫努力すれば必ずや社会からより多く認めらるる時期が到来するものと信じます。山口県の明木図書館は私達に良き手本を示してゐます。（以下略）[5]

文中にある明木図書館というのは現在の山口県萩市大字明木であり，1920年代当時は人口約2,300人の村であったが，この村では図書館の利用実績が上がるに連れて当時の村費の大半を新刊図書購入費に充てた時期があったという[6]。

富山市立の3名の職員の参加内諾を得てあったとはいうものの，会場は富山薬専ということで，富山市立と県内町立から各3名，富山高校から1名の計8名が参加し，村上は職員が相互研究できる組織結成を呼びかける挨拶をしたという。村上は前年に発刊されたNDCの採用等，図書館実務の向上による図書館後進県からの脱却を構想していたとみられ

る。しかし，当日の結論は次の2点を決議して散会した。
　①県図書館協会の創立を期する。②県立図書館の設立に邁進すること[7]。
　この日の決議が活かされることになったのは，同じ年の1931年10月に金沢で開かれた第25回全国図書館大会であった。富山県内からは15名が参加していたので，これを好機と読んだ村上は別室へ県内からの参加者に集まってもらい，県図書館協会の設立を訴えて賛同を得たという。準備委員として，村上ほか4名を決め，その年の11月29日に富山市立図書館で創立総会を開く運びとなった。初年度は37名の会員にすぎなかったが，富山県の図書館運動にとって画期的な，全国ではおよそ20番目の県規模の富山県図書館協会がようやく陽の目をみたのである。（以下，県協会と略称）初代の県協会長には私立米沢図書館の米沢元健館長を選んだ。米沢は1910年に入善町で銀行業を営むかたわら，私立図書館を創設し，当時の県内で三大規模といわれる図書館を1937年まで経営した文化人であったほか，町議・町長・県議を務めた地方自治の功労者でもあった。以後，10年間，県協会長として活躍し，図書館運動で村上がもっとも敬愛した人物の一人であった。1942年までの県協会の会則では役員として会長1名，幹事，書記各若干名としており，村上は発足当初は書記を，1946－1962年5月までは副会長を務め，以後は顧問ということで形式的には県協会を代表していないが，実質的に県協会を支えてきたことは衆目の一致するところである。村上は先覚を敬愛する念も厚く，明治以来の先覚の足跡を克明に記録しているが，自身は持ち前の正義感と情熱，そして行動力によって県協会のオルガナイザーとしての存在感があったとみられる。そして，1930年代の県内の図書館運動の主導権は県協会にあった例として，県協会の定期総会は県当局から諮問事項が提起され，県協会からの答申を行うことが慣例となっていた。1933年第1回の諮問事項は「図書館の設置を県下全町村に普及せしむる良方策如何」というのがあり，協議の結果として答申内容は次の通りとした[8]。

　　（イ）図書館令ヲ「図書館ヲ義務的ニ各町村ニ設置スル様」改正方取
　　　　計ラハレタキ事。
　　（ロ）県令ヲ以テ必ズ各町村ニ図書館ヲ設置スル事ヲ命ゼラレタキ

事。

　この内容は当時 262 あった県内市町村のすべてに図書館を設置させることを意図するもので，当時の県内では既設館が 34 館に過ぎなかった現実から考えると壮大な全域奉仕網を構想していたことになる。この方針は後々，県協会が市町村毎に 1 館以上の公共図書館を設置するよう呼びかけ続けた，いわゆる「一市町村一図書館運動」を永年にわたって展開する出発点となった。

4. 一市町村一図書館運動の手法

　村上の発議によって 1931 年に発足した県協会の少なくとも 1930 年代の活動は青図聯のスローガンであった"図書館革新"路線を踏まえた図書館運動の事例とみられる。県協会の図書館運動は現状分析をもとに，行政当局へ改善施策を迫ったところに特徴があり，専門家集団としての核心を衝いた内容であった。例えば，1935 年に発表した村上の「県下図書館網私案」は中央図書館（旧富山市立図書館）と専門図書館の資料収集と相互貸借を提案したものであったし，1936 年の第 5 回総会では町村図書館設置に関する委員会を組織し，1940 年には県学務部長通牒として一町村一図書館設置を呼びかけさせている。毎年の県協会総会には県知事の告示（内容は挨拶）があり，また総会の会場は原則として，各市町村の持ち回りで開き，町長などを出席させるのを慣わしとしていた。また，新聞社へは集会の様子を記事として届けており，県協会の活動は常に図書館振興のデモンストレーションでもあった。なお，昭和 10 年代に県協会が会員研修のために招いた県外からの講師陣には森清，間宮不二雄，加藤宗厚，乙部泉三郎，伊藤新一，秋岡梧郎などがあった。

　わが国の軍事費の増大などによるインフレ政策のもとで，全国的には 1935 年をピークとして図書館数の増加は頭打ちになっているが，富山県では零細な規模ながら逆に増え続け，県協会員数も 1940 年には 80 名に達した。村上は町村図書館を訪問して職員と交流を重ね，「相互練磨をとげた」と述懐している[9]。零細図書館への施策，とくに専任職員の増員要求を繰り返した県協会ではあったが，戦時体制下の 1930 年代には実を

結ぶには至らなかった。県協会の運動はもう一つの目標であった県立図書館の設置運動へと強く結束していった。

5. 富山県立図書館の設置運動と首席司書

　富山県立図書館の開館は1940年のことであり，全国の県立図書館の中では37番目の遅さであった。それまで，1900年に富山実業協会が県立図書館の建設を提案しているのを初めとして，同館の設置をめぐっては幾度も動きがあったものの実らなかったのであるが，県協会が結成されてからの設置運動はその母体として，運動の継続性ができ，またその手法は多彩なものとなった。

　1933年に文部省は中央統制の強化を図るため，全国で各県立図書館を中央図書館に指定したが，県立図書館が未設置であった富山県では1909年開館の富山市立図書館を県の中央図書館に指定した。この時期，村上は青図聯に働きかけて，中央図書館としての富山市立図書館の拡充策を練っていた[10]。そして，1935年2月には同聯盟の名義による約5,000字にのぼる「富山市要人ニ呈シタル同地区図書館の振興ニ関スル意見書」[11]を富山市当局へ提出した。この内容は市立図書館への県費助成の増額を主張しつつ，県立図書館の設置の雰囲気を高めようとする意図が読み取れる。また，富山商工会議所は1935年4月と12月の2回にわたって県知事宛に県立図書館設置の建議書を提出している。これは当時，県議会の一部に県立図書館の建設よりも産業振興を優先しようとする動きがあることを察知した村上が，その巻き返し策として富山薬専の先輩にあたる2名の商工会議所議員を説得して，「産業界の振興にこそ図書館が必要」であるという主旨の建議をさせたものである。さらに，村上は1936年に個人名で県議会議員全員に対して，前記の連盟の意見書と図書館の使命について書き下ろした文書を送っている。この文書を見た議員の一人，片口安太郎（のちに町立小杉図書館の創設にも尽した人物）から反応があり，当時の地元有力新聞『富山日報』に「現代図書館の使命」と題する図書館論を7回，約7,000字にわたって連載する機会を与えられた。この連載を通じて村上は図書館の発生から整理事務の標準化に至るまでの図

書館論を展開しているが，むろん県立図書館の必要性も強く主張している[12]。なお，この連載における村上の肩書きは「青年図書館員聯盟宣伝拡張部富山地方委員」となっており，村上が同聯盟を通じて図書館運動の使命感に燃えていた様子が伺える。

わが国の戦時体制が深まる中，富山県立図書館は紀元2600年記念事業としてようやく具体化したものの，当初の構想は再三縮小され，1940年11月の開館時は既設の建物を改装利用するという険しい誕生であった。その中で期待を集めたのは，館長に帝国図書館松本喜一館長の推薦によって，同館司書で，分類法などの研究・指導的地位にあった加藤宗厚（当時45歳）を迎えることができたことである。職員12名の内には富山市立から高峯伝次，井波町立から野村藤作などが招かれた。そして，村上も富山薬専から離れて，以後3年7カ月間，首席司書として県立図書館の創設期を加藤館長等と共に担うこととなった。村上が富山薬専を辞任するに当たっては当初，本人にも逡巡があったし，学校内でも村上あっての薬専図書館と目されるほど村上の存在感があったため，薬専側にも難色を示されたという。これを説得したのは県協会の幹事（のちに，県協会長を16年間務めた）中島正文（1898-1980）といわれる。中島は素封家で特定郵便局長でもあったが，昭和7年に津沢町（現，小矢部市砺中町）で私立図書館を開設し，永く村上と組んで県内の図書館運動に尽力した人物である。

開館に先立って5月に文部省から県の中央図書館に指定換えされた富山県立図書館は，全県的に貸出文庫を普及させ，多い時は190カ所へ送付し，利用者懇談会には加藤館長や村上首席司書が出席した。しかし，貸出文庫すら受け入れられない零細図書館の問題が県協会でも顕在化した。なにしろ，1943年に私立図書館33館を含む県内図書館91館のうち，専任職員を有する館は16館にすぎなかったのである。こういう零細図書館の現状を分析し，とくに人口5,000人以下の町村における図書館の設置は困難であり，一定の規模を設けて県が助成策を講ずる必要があるという研究成果を発表したのも村上などであった。そして，1943年の県協会総会では，急迫した町村財政のもとで予てからの方針であった「一市町

村一図書館」の実現は困難であるとして，苦し紛れとも見られる「各郡市に県立図書館建設」の建議案を採択したものの，実現には至らなかった。隣県の石川県では中田邦造（1897-1956）の指導によって読書会づくりが盛んになっていたが，村上は一貫して図書館の設置運動に重点を置いていた。それは，読書会の指導者を養成することが難しいと考えたことと，町村でも利用に耐えられる図書館をつくることが住民に役立つという図書館観を青年図書館員聯盟及び砺波地方の青年図書館員との交流の中で抱いていたためである。1946年末の調査によると，富山県内の公共図書館数は96館となっており，のちに『富山県中央図書館報』は「昭和14年から20年度における図書館の激増は紀元2600年記念により設立した館が多かったことと，一市町村一図書館運動が効を奏したためであった」と分析している[13]。

1943年4月には国の戦時下の統制措置の方針に従って，富山市立図書館を富山県立図書館へ吸収合併することが急遽決定された。そして，『富山県中央図書館報』にも戦争完遂・国民総動員の方向に呼応した記事が目立つようになってくる。

戦禍に呑まれるようにして，1944年6月に村上は，技術院委託科学論文調査会の任務を受けて，県立図書館を辞任し，家族を残したまま東京へ向かった。この決意をさせたのは帝国図書館司書官林繁三（1896-1948）だったといわれる。即ち，薬専図書館時代に心血を注いだ論文索引編成の技法を生かして，帝国図書館の『最近十箇年間に於ける国内刊行の研究報告類に発表せられた科学技術論文』の索引カードの中から航空関係のものを抽出して件名による排列整理を急ぐ作業であった。村上は1945年2月には独自の件名標目による「航空に関する科学・技術件名目録作成資料」と題する冊子を完成させたものの，戦況は刻々と悪化し，東京は住める状態ではなくなり，村上はカードを抱えて富山へ帰ったという。しかし，5月には召集令状がくるに至り，この仕事は霧散する運命を辿った。

6. 件名索引法と薬学文献学

　1945年11月に召集解除となった村上は富山薬専へ挨拶に行ったところ，横田校長から母校の図書整理を依頼され，図書課事務嘱託として，書庫のみを残して戦災の余燼が未だ消えぬ富山薬専で再び図書館の復興に当たることとなった。翌1946年には図書課長，更に47年には事務官兼教官となり，文献利用法の講義も受持つこととなった。富山薬専は1949年に富山大学薬学部として新発足し，村上は新しい大学の付属図書館長への昇任の内示があったのを断って，従前からの薬学図書館の発展を期するため薬学部分館長に就任することとした。村上の「薬学文献の調べ方」「薬学図書解題」といった講義は他の教科では触れられない内容であり，学生にも好評であったため，1961年からは「薬学文献学」として定着した。テキストとしての『薬学文献学』は1969年までに増補改定しながら4版まで発行した記録がある。なお，村上が教官として講義を受け持つようになったのは，1947年5月以降と思われるが，回想記では1937年を始まりとしている。講義では『日本化学総覧』『バイルシュタイン有機化合物ハンドブック』等5種類の二次資料を薬専の学生に調べさせるために出題をしたという。また，正科としての講義は1940年からとも記している[14]。これは図書館の利用ガイダンスやレファレンスの一部として実施したものを含んでいると思われる。いずれにしろ，製薬企業へ進んだ卒業生からは村上の許へ「二次資料の使い方を身につけていて助かった」という便りがしばしば届き，村上は大いに励まされるという。学生の文献探索については，普通は研究室で教授に教えを乞うものと思われていたのが図書館でも解決されるようになり，また富山薬専の一般公開が前述の通り，1931年4月に始まってからは図書館のレファレンスは特に増えたといわれる。

　他方，村上は1946年12月に日本図書館研究会で「科学文献の索引法」と題する研究発表をしたのをはじめ，1964年までに索引法・文献探索・件名体系表に関する研究発表を各種の学協会で少なくとも10件行っている。村上の件名索引についての深い関心は戦前の薬専勤務時代からのもので，この方面の最初の意見発表は「邦文科学文献索引の欠陥と目録作

製の不備」(『化学工業時報』1939年6月25-28日号) にあると思われる。村上の主張は，従前の学術誌の索引は一般に論文の標題からキーワードを抽出したに過ぎず，同義異語・異名・俗称等が前後の関係なく排列されているために，読者はキーワードの位置づけ・重要度が把握しにくいというところにあったと思われる。永く化学分野の二次資料として重宝された『日本化学総覧』の事物索引においてすら，この点が不親切ではないかという指摘もしている。その改善策として，村上は化学・薬学分野の件名または学術語を上位・下位概念を原理として体系表化し，この中から索引語を選ぶことを主張していると思われる。村上の指摘は機械検索時代でもシソーラスのあり方として，日本科学技術情報センターの1957年発足と『日本化学総覧』の移行による『科学技術文献速報　国内化学編』の編集にも生かされ，以後の化学文献利用に貢献した。村上の主張は正に図書目録法の件名目録・件名標目の原理を専門分野に適用した利用者のための利便を中心とした発想に違いない。村上は1955年の日本薬学図書館協議会の発足にも乞われて参加し，機関誌『薬学図書館』へ文献探索法・レファレンス・分類法等について約30回にわたる寄稿をした。それらの功績によって，日本薬学会教育賞を始め日本図書館協会NDC賞などを受賞しているが，1984年第19回日本科学技術情報センター丹羽賞の受賞については科学技術情報活動分野の総合的な功績を認められたものとして格別な感激を示していたことが思い出される。

7. 戦後の図書館運動

1945年12月に富山薬専へ復帰した村上は，46年7月から県協会の副会長にも迎えられ戦後の県内公共・学校図書館の復興にも手腕を発揮することとなった。県内では県立図書館が空襲で焼失したのを初めとして多難な再出発となった。文部省が1946年に出した「公民館設置運営要綱」によって，全国的には規模の小さな図書館は廃止されるか，公民館図書室に衣替えしていった時期であるが，富山県では村上の県教育委員会への助言によって公共図書館は図書館のまま独立させた例が多かった。そして，県協会の1947年第16回総会では「各郡市に県立図書館分館を設

置する建議」を採択した。これは，前年までの主張であった各郡市に単独の県立図書館を設置する考え方を，より現実的に貸出文庫の中継所機能をもつ県立図書館の分館を設けようとしたのである。この時代の県協会は，図書館界の意見を集約して県の行政施策に反映させることに成功している。県立図書館分館案はその典型的事例といえる。県協会の案を全面的に反映した「富山県立図書館分館規程」は早くも1948年に告示され，戦後の市町村立図書館普及に新しい時代を切り拓いた。分館規程の第2条は指定の条件として次の4項を挙げた。

　①専任の館長，司書及び事務員を置くもの　②独立館舎または相当の施設を有するもの　③蔵書三千冊以上を有するもの　④図書購入費に年額三万円以上を支出するもの

この基準に達した市町村立図書館に対して県は職員を配置しない県立図書館分館の指定を行うとともに，図書費の一部を県が負担するというもので，運営方法においても公民館図書室との違いを明らかにした。この制度は，県外の一部識者から「看板だけの分館に過ぎない」という批判を受けたことがあるものの，結果として全国で唯一，図書館設置率100%の時代を築くことができた富山県独自の施策であった。初年度の分館には11館が指定を受け，県では県立図書館図書費の約1/5に当たる212,000円を分館図書費として計上した。この分館制度による県費助成策が功を奏して，公民館図書室へ衣替えしようとしていた一部の町村の図書館は単独図書館として維持されたほか，新たに一定水準を伴った図書館を設置する町が名乗りを挙げる誘因ともなった。さらに一部の図書館未設置市町村については県協会の役員が当該市町村を訪ねて，図書館設置の要望を繰り返した。1957年度全国図書館大会が富山県で開催された機会に県図書館協会が使ったポスターなどのスローガンには"雨に傘，町に図書館"と謳っており，「一市町村一図書館運動」を継承していた富山県内の図書館関係者の意気込みが感じられる。

　1952年に初めて策定された「富山県総合計画」に図書館計画が取り上げられていないことにいち早く反応した村上は，自ら「富山県図書館総合計画」を執筆し，県協会として県当局へ執拗に働きかけたため，この

頃の村上は県当局の一部から煙たがられる存在であったと伝えられている。その後ようやく「第三次富山県総合計画」(1961年)にその一部を盛り込ませた。その中核的内容は，やはり全市町村への図書館設置においている。村上の執筆による県協会の総合計画は，県立図書館の組織を行政資料部など10部局に編成する等，壮大な内容を含んでおり，とうてい県の計画に入れられなかった。しかし，その後の富山県内図書館の運営目標となって，『富山県郷土資料総合目録』の発行・県立図書館での産業資料室の設置・全市町村における図書館設置・市町村図書館のカード体総合目録の編成等の個別の事業として展開された意義があった[15]。

富山県立図書館の第二次大戦後二度目の新築問題は1961年にすでに浮上したものの，吉田県知事の複合文化会館方式案に対して県協会が将来の発展性に欠けるなどの理由で強く反対した。話し合いは難航の末，ようやく単独館として1969年開館となった現館舎の建設にあたっては，県協会が独自に「建築委員会」を設置して協会顧問の村上が委員長を務めて，総合目録室の設置など数々の要望を出した。また，1970年開館の現富山市立図書館の新築促進は戦後の県協会の悲願でもあった。村上はその中核として活動を続け，建設着手後も当時の富川市長と接触をもって司書館長の配置などについて，市当局の理解に努めて実現させた。村上はまた，その後も同館の「図書館サービス網」に関する委員会の代表も務めて，分館網による全域サービスの路線を敷いた。

時代の要請があったものの，村上の公共図書館思想は奉仕拠点の増設と司書の配置という点で一貫していたといえる。むろん，村上を中心とした図書館運動がすべて成功したわけではなく，創設時の町村図書館の規模が小さすぎた事例では利用が伸びず，その後の発展性に欠けたとか，町村においては司書館長の配置実績が少ないなどの一部の批判は，性急に進めようとした「一市町村一図書館運動」にも遠因がないとはいえない。

8. 図書館学課程の開設と間宮文庫の誘致

1962年に富山大学を定年退官した村上は永年，図書館運動に携わってきた経験として，富山県内における司書養成の必要性を痛感し，当初は

夏季司書講習の開催を構想していた。しかし，文部省委嘱の司書講習は図書館学を開講している大学に限られていることを知り，図書館学開講の場として，富山女子短期大学（2000年，富山短期大学と改称）に白羽の矢を立てて，自らその実現に奔走し，1968年4月からの開講に漕ぎつけた。たまたま，司書資格の最低単位数が15単位から19単位へ増えた年でもあり，地方都市で講師陣を揃えることは容易ではないと予測された。そこで，村上は旧知の北条正韶(ほうじょうまさつぐ)（当時，魚津市立図書館長）など富山県内の現職職員の本人と上司の説得にもあたったほか，自ら専任助教授となり，8教科12単位を担当して後進の養成に情熱を注いだ。村上は学生の教育と共に卒業生の就職にも心を配り，卒業予定学生が居住する市町村長へは地元図書館での採用を勧める手紙を出すとともに，訪問して理解を求めたという。こうした村上の持ち前の情熱と行動力は司書養成についても衰えるところがなく，その成果として公共はもとより企業の資料室で活躍する司書を合わせると開講から10年で約40名に達していた。それでも村上は「図書館に全員司書を入れたいという願いはいつ果たしうるか，図書館の普及と共に長い努力が必要のようだ」と述懐している[16]。

村上の永年にわたる図書館運動を支えた図書館思想は青図聯を結成した間宮不二雄とその人脈との交流によって培われたものと思われる。村上は1970年に間宮不二雄が逝去した折の追悼文で次のように記している[17]。

> 間宮先生と私がいう先生は，学校時代にならった先生と異なる。私が好きになって恋した先生といった方が適当であろう。私がつくった先生といってよかろう。私が選びだした先生といってよかろう。

このように，村上が生涯の師と仰いだ間宮不二雄から，自分の蔵書を一括寄贈したいという相談を受けたのは1969年11月29日，間宮の自宅であったという。間宮の希望としては図書館学に関する文献が手薄とみられる日本海側で受け入れ先を決めてほしいという意向であった。当時，村上は県協会顧問であり，日頃から県立図書館を中心とした県内図書館の振興策を練る立場にあり，間宮の申し出を大いに喜び，富山県内で受入れたい意向を即答した。このことは，翌日には富山県立図書館へ伝え

られ，同館では特設文庫として受入れる方針がすんなりと決まり，この種の事業としては異例の速さで12月23日には824タイトル1,043冊の図書等が到着し，整理のうえ文庫目録が発行された。翌年の5月8日には間宮不二雄夫妻を招いて同館の中2階閲覧室で「間宮文庫開き」を行った。なお，間宮の蔵書は大阪の空襲で一度焼失しており，富山の間宮文庫は戦後に蒐集されたものである。文庫の内容については『間宮文庫目録』（B5判　77頁 富山県立図書館　1970刊）のほか，富山地区参考業務研究会編集による『間宮文庫図書解題』（B5判263頁　県協会　1991刊）が発行されている。

9. 印刷史・薬業史など郷土史研究の成果

　村上の生涯にわたる著作物は単行書・論文等を合わせると約300点余に達しており，その殆どは文献探索・索引研究・レファレンスなど，図書または図書館に関するものであるが，富山売薬など富山県の郷土資料として今も評価の高いものが多い（著作目録として，村上清造先生の古希を祝う会編『村上清造先生業績目録』A5判22頁　1971刊がある）。なかでも，富山市の依頼で執筆，1975年に発行された『富山市薬業史』はA5判300頁にのぼる専門書で，富山売薬の発祥に至る社会情況から説き起こし，加賀藩時代の歴史史料も駆使した力作である。他にも売薬に関する雑誌等に約20件の寄稿をしている。また，1955年頃から印刷・出版史の研究を始めており，その成果としての『越中における印刷・出版の研究』（B5判　39頁 1959　自刊）は，木版時代から明治期の初期活版時代の印刷物に関する基礎資料集である。また，『富山県印刷史』（A5判359P 1981 富山県印刷工業組合刊）の村上の執筆による部分は日本の印刷史を踏まえた富山を中心とした印刷の技法と代表作の通史である。

　直接，図書館に関わる著作としては『富山県図書館運動史と図書館史』（A5判　114頁 1961 県協会刊）は通史と各館史からなり，すべての文献の出典も明示され，索引も完備している名著である。晩年も「自分には読書より索引作業が性に合っている」と自嘲気味に告白されて，県立図書館を作業場として編纂された『富山県中央図書館報総索引』（B5判

27頁 1988）『富山県図書館協会報総索引』（B5判　116頁 1987）を県協会が冊子として発行し，昨今の利用者にも大いに役立っている．

10. むすび

　日本の年号が大正から昭和へと改元された翌1927年，世の中では金融恐慌が始まったといわれ，図書館界では11月に青図聯が"図書館革新"をスローガンに設立宣言を発表する直前の8月，母校の富山薬専図書室へ勤務することとなった村上清造は，後の生涯の大半を薬学図書館運営と並行して図書館運動に挺身することとなった．

　村上は薬学図書館という現実の図書館運営に工夫と改善を重ね，文献探索法の研究を続けながら，公共・学校図書館，そして企業体資料室の普及という幅広い図書館運動に奔走した．その原動力は再三指摘したとおり，間宮不二雄を中心とした青図聯の人脈との深い交流にあることは確かであるが，村上の持って生まれた素質が影響したことも当然であろう．仄聞するところによると，村上は富山薬専を首席で卒業したという．恐らく，村上はどの分野に進んだとしても，持ち前の能力と情熱によってその分野で大成したに違いない．図書館という分野についていえば，その当時の富山県は公共図書館の後進県であり，薬学関連の分野では日本化学会が『日本化学総覧』を，奇しくも村上が富山薬専へ勤務し始めた1927年に創刊したばかりで，試行錯誤の時期であったと思われる．村上は図書館と文献の有用性をいち早く察知したにもかかわらず，こうした周囲の状況，とくに社会における図書館の評価の低さや文献探索技法の未熟さに対して改善への情熱を注ぎ続けざるを得なくなったともいえるのではなかろうか．その意味で，最も利したのは，富山県の図書館界とそのサービスを享受し続けることになった富山県民なのであろう．現今の図書館はまた新たな課題に直面しているが，村上の向上心や情熱に学ぶべきことは不変といえる．

　むろん，図書館運動という一種の社会運動は一人で続けられるわけはなく，村上の場合も県協会と，富山県立図書館の設立，一市町村一図書館運動の何れについても，その運動を共に推進した人物が存在した．例

えば，米沢元健，片口安太郎，北条正韶，中島正文，萩沢稔，木下秀夫などは，時には村上と深刻な議論を戦わせていた席に1960年代以降は筆者もしばしば同席したことがある。当時の印象としては，傑出した指導者のもとには優れた人材が集まるという感が強かった。1957年，当時県協会長の中島正文は村上について会報に一文を寄せている[18]。

> 一本気で，少し短気で，情熱家でしかも旺盛な研究心と堅実な行動力を発揮して県館界はおろか，日本の館界を動かして，其育成を助けてこられたことは内外の大きな驚異であった。（後文略）

また，同じ協会報に当時の日本図書館協会の有山崧事務局長は次のように書いている。

> 清造老の頭は，鉢が開いて巨大である。これは明晰型の頭である。それをカナヅチで叩いて割ってみると，図書館の煙が，スーと立ち昇って，後は何も残らないであろう。それほど彼は図書館一辺倒である。（後文略）[19]

1950年代の村上は日本図書館協会をはじめ，全国組織の役員や講師として東京などへしばしば出張し，富山へ帰ると県立図書館へ立ち寄って土産話として全国状況等を職員に伝えられるのを常としており，その甲高い声による真剣な話し振りを筆者も心待ちに聞かせてもらった。

生涯のほとんどを富山に居住して活動した村上が1930年代の"間宮塾"通いの大阪や，その後も永く学協会へ出席のために東京へ出向く場合は10時間以上も要する夜行列車が普通であり，その時間的・経済的負担は家族の理解なしには続かなかったと思われる。家庭人としての村上の一面が伺える記事として，1957年に村上が富山県文化賞を受賞した折りに，長女和子が県協会からの依頼で寄稿した「父を語る」という文章がある[20]。

> 私が物心ついた時分，朝目が覚めると決まって，父が机に向かって外国書を読む声を聞いた。何を読んでいたかは知らぬが，今やっている図書館の仕事が，その頃からずっと続いているのだから余程の物好きである。戦時中物資の不足から生活も苦しくなった頃，「お父さん　不二越へ行けばいいのに。」と言ったら「皆会社へいってしまっては国が困る。お父さんみたい人もいなけりゃ。」と答えたのを覚え

ている。(中略) 仕事虫だからと言って，過激に走り生活を犠牲にすることもなく，家庭にあっては，良き父であるところを見れば，ねばり強さの裏にどこか，やさしいところがあるのかもしれない。(総曲輪小学校教諭)

　1987年7月25日，筆者も大勢の参列者と共に村上清造とのお別れを惜しんだお通夜の席で，僧侶の法話の一部として語られた次の一節は今も忘れられない。「月参りでお宅へお伺いした折に，先生はいつも図書館学の勉強をされていました」と。
　僧侶の言葉とはいえ，図書館外で「図書館学」という言葉を耳にしたのは後にも先にも初めてであった。村上清造はやはり類稀な図書館学者・教育者で且つ，図書館運動家というにふさわしい"情熱の図書館人"であった。

参考文献

1) 村上清造 『図書館と共に半世紀』 富山県図書館協会, 1981, p.2.
2) 村上清造 『私の薬学図書館』 自刊, 1984, p.2.
3) 鈴木賢祐 「図書館ジェネラリア—東京ミヤゲ—」 『図書館研究』 第2年11号 1929.12, p.92-93.
4) 武田虎之助 「目録法のイロハ3」 『図書館雑誌』 Vol.27, No.8, 1933.8, p.235.
5) 村上清造 『富山県図書館運動史と図書館史』富山県図書館協会, 1961, p.24.
6) 国立教育研究所編刊 『日本近代教育百年史』 第7巻 1974, p.904-912.
7) 前出5) に同じ p.24.
8) 富山県図書館協会編刊 『十年史』 1939, p12.
9) 前出1) に同じ p.26.
10) 村上清造 「強化される本館の陣容」 『富山県中央図書館報』 第81号, 1943, p.1.
11) 青年図書館員聯盟「富山市要人ニ呈シタル同地区図書館ノ提案ニ関する意見書」『図書館研究』第8巻1号 1935, p.121-125.
12) 前出1) に同じ p.20-27.
13) 富山県図書館協会 「県下公共図書館の現況」 『富山県中央図書館報』第83号, 1949.12, p.6.
14) 前出2) に同じ p.14.

15) 前出 5) に同じ　p.36-41.
16) 前出 1) 同じ　p.92.
17) 村上清造　「恩師　間宮先生」『富山県図書館協会報』　第 56 号, 1971.3, p.8.
18) 中島正文「私の指南車」『富山県図書館協会報』　第 10 号, 1957.12, p.4.
19) 有山　崧　「清造老に寄す」『富山県図書館協会報』　第 10 号, 1957.12, p.3.
20) 村上和子　「父を語る」『富山県図書館協会報』　第 10 号, 1957.12, p.6.

付記；本稿の公共図書館関係については，拙著「村上清造の公共図書館運動」（図書館界　Vol.27, No.5, 1976. 2, p.139-147. の一部に加筆したものである。

叶沢清介の図書館づくり

― PTA母親文庫まで ―

Library management of KANOZAWA Seisuke :
Until PTA Hahaoya Bunko movement

石川　敬史
（工学院大学図書館）

叶沢清介（かのうざわ・せいすけ）
1906年　福島県会津若松市に生まれる
1929年　県立長野図書館
1934年　栃木県教育会図書館
1935年　日本赤十字社図書館
1945年　文部省科学教育局科学資料調査課
1949年　県立長野図書館長
1966年　日本図書館協会事務局長（～1978年）
2000年　死去

1. はじめに

　戦後，日本では1950年代から1960年代にかけて農村部を中心に読書普及運動が行なわれた。読書普及運動とは，公共図書館が不読者層へ読書の環境整備や動機づけを目的とした組織的活動である。例えば，長野

県のPTA母親文庫，滋賀県の本を読むお母さん運動，鹿児島県の母と子の20分間読書運動などがあった。このうち，最も代表的な事例がPTA母親文庫であり，農村女性の読書する姿がマスコミなどにより大きく取り上げられた。

　PTA母親文庫は，1950年9月に信州大学教育学部附属長野小学校（以下，信大附属小とする）で開始され，その方法は，PTA会員が4人1組のグループをつくり，その子どもがグループ内の母親に対して配本を行うものであった。長野県のPTA母親文庫の利用者は，1961年に最高9万人に達し，県内各地に読書グループが組織された。このPTA母親文庫を始めたのが，当時，県立長野図書館長の叶沢清介であった。叶沢は，1949年8月31日に県立長野図書館長に就任し，PTA母親文庫をはじめ県立長野図書館の運営を約16年にわたり行なった。

　こうした叶沢のPTA母親文庫への考え方や図書館生活の思い出などは『図書館，そしてPTA母親文庫』(1990)[1]からうかがい知ることができる。また，PTA母親文庫については，山口吉宗[2]や小川剛[3]などをはじめ多くの文献で取り上げられている。しかし，叶沢は戦前に県立長野図書館の開館準備に携わり，その後，栃木県教育会図書館や文部省を歴任するなど，さまざまな仕事に携わっていた。本稿では，戦後，PTA母親文庫の活動で大きく注目された叶沢が，戦前から戦後にかけて，図書館人としてどのように生き抜いたのかを明らかにするとともに，どのような仕事に従事したのかをみていきたい。

2. 図書館開館準備と資料整理の取り組み

2.1 県立長野図書館の開館と乙部泉三郎

　叶沢は，1929年3月31日に文部省図書館講習所（8期生）を卒業し，県立長野図書館に下席司書として任命された。当時の県立長野図書館は，初代館長の田沢次郎，上席司書の乙部泉三郎，書記の塩入重五郎，書記兼司書の小林一重などの職員により組織されていた。このうち，田沢は社会教育の経験を持ち，文部省の推薦により山形県社会課長から赴任したが，1931年6月29日に広島県福山師範学校長へ異動した。乙部は日本青年館

の図書室より赴任し，田沢館長の異動に伴って1932年2月2日以降，約18年間にわたり第2代館長を務めた人物であった。また，塩入は信濃図書館の書記を，小林は信濃教育会の県営図書館設立調査委員をこれまでに務め，両名はともに県立長野図書館の設立を推進した人物であった。

若干23歳で文部省図書館講習所を卒業したばかりの叶沢は，図書館経験豊富な司書や県立長野図書館の設立に関わった人物に囲まれ開館の準備を行うことになった。

　……まさに乙部独壇場であった。カードからカード類，原簿，書架，閲覧机，カウンター，蔵書印……さらに分類簿というルーズリーフ式帳簿の案出など全く一気呵成であった。とくに分類表は，……十進法だったが，乙部式独特の十進分類法を僅か半月程で策定するという凄まじさだった[4]。

叶沢が述べるように，県立長野図書館における乙部の影響力は大きかった。乙部や叶沢らは，1929年9月の開館を目指し，信濃教育会図書館などの寄贈図書約22,000冊や新規購入図書約1万冊をわずか5ヶ月間で整理しなければならず，「図書の整理についてだけでも実に多大の労苦」[5]であった。

1929年9月4日に開館すると，利用者や青年会幹事らとの懇談会や，蔵書目録の刊行，児童読物展覧会などが実施された。叶沢の業務は明確ではないが，乙部らの指導により分類や目録の業務に携わっていたと考えられる。また，叶沢は，1933年3月25-28日に県立長野図書館が実施した図書館講習会において，「図書の館外携出事務」の講義を担当していることから，団体貸出を含めた図書の貸出にも携わっていたことがわかる。

しかし，その後，叶沢は1934年4月1日に栃木県教育会図書館に赴任することになる。この時期は，1933年10月24日に県立長野図書館が中央図書館に指定され，乙部が長野県内の図書館の統制を強めていく時期と重なる。叶沢が栃木県教育会に赴任した理由は不明であるが，叶沢は，乙部による優良図書館の表彰や農村部の青年会図書館の指導などに乙部とともに取り組むことなく，栃木県に赴くことになった[6]。

2.2 栃木県教育会図書館の司書

　1934年4月1日，栃木県教育会はこれまでに設置していた「二宮文庫」を「栃木県教育会図書館」と改称した。二宮文庫とは，栃木県教育会の前身の下野教育会が1910年6月18日に二宮尊徳翁五十年祭の記念事業の一つとして開館したものである。栃木県教育会は，これまでの二宮文庫を「従来の寺子屋的な文庫から科学に立脚した近代的図書館へと名実共に一大改革」[7]を行ない，「斯道に通ぜる主任を置き専ら其任に当らせ」[8]ることとなった。その「主任」が，1934年4月1日に赴任した叶沢であった。

　当時の栃木県教育会の歳出予算をみると，叶沢が赴任する1年前（1933年）の「二宮文庫費」の人件費は「書記一人月俸四十五円」[9]とあるが，叶沢が赴任した1934年の「図書館費」には「司書一人月俸六十円」[10]とある。ここから，叶沢は「司書」という職名で採用され，従来の「書記」と比較し良い待遇であったことがわかる。叶沢以外の図書館職員は，栃木県教育会主事の長沢末次郎（ながさわすえじろう）が館長を兼務する以外に，雇1名，使丁1名であることから，図書館の実務は叶沢が中心になり行なわれたといえる。

　1934年当時の栃木県教育会図書館は，教育会事務局との兼用で，二宮文庫時代から使用した木造2階建ての建物であった。図書館は，2階の男子閲覧室（25坪），1階の婦人閲覧室（15畳），小児閲覧室（12畳），教育会事務局と兼用とみられる事務室（12畳）を使用し，図書の貸出は行なわず[11]，閲覧が中心であった。以前，叶沢が勤めた大講堂，閲覧室，新聞室などを備えた3階建ての県立長野図書館と比較すると小さな図書館であった。

　ところで，叶沢が栃木県教育会に赴任した理由のひとつに，新しい教育会館の建設に伴い，同館内に付設される図書館の開館準備に従事することにあった。この教育会館は，図書館や事務室が狭隘になったため，栃木県教育会の創立50周年記念事業として建設された。すでに，叶沢が着任する半年前の1933年9月13日には教育会館建設委員が31人に委嘱され，着任後の1934年6月8日には教育会館が起工された。こうした中で，1933年度の栃木県教育会の懸賞論文に小野里甫（おのざとはじめ）の「図書館経営について」が選考された。その中で小野里は「此度先輩の努力に依つて，我々が充

実した図書館を持てようという事は，ほんとうに大きな喜びである。私はこの論文も喜びのまゝ書かうと思ふ」[12]と述べ，新しい図書館に大きな期待を寄せた。

教育会館の落成式は1935年5月25日に行なわれ，同年6月1日に新しい図書館が開館した。図書館は，鉄筋コンクリート3階建ての教育会館の1階に位置し，一般閲覧室，児童閲覧室，婦人閲覧室，特別閲覧室，郷土研究室，公開図書室があり，入り口の一番近いところには新聞雑誌閲覧室と図書館事務室があった。

こうした立派な図書館が開館したが，叶沢は教育会館が建設中の1935年2月に日本赤十字社図書館に赴任することになった。異動の理由はここでも不明であるが，叶沢は「近代的図書館」として図書館の設立準備を進めたにもかかわらず，新しい図書館で仕事に就くことはできなかった。

その後，栃木県教育会図書館は，栃木県教育会主事で館長を兼務した上野要(のかなめ)を中心に，図書館週間の行事，図書館や読書に関する作文の募集[13]，館報の発行などの活動を行なった。なお，1935年度の図書館職員は，館長（兼務）1名，書記1名，出納手4名で構成され，「司書」の職名はなくなっていた[14]。

2.3 日本赤十字社図書館における専門資料の整理とテニスの交流

日本赤十字社図書館は，日本赤十字社本社構内（現東京都港区芝）にある赤十字博物館内に併設されていた。この博物館は，日本赤十字社の創立50周年を記念し，「内外赤十字の沿革，歴史に関する文書，物品を保存陳列し，また図書閲覧室をも付設して，これ等を常に公開し公衆の参考に供する」[15]ため1926年12月4日に開館した。開館当初，この博物館は赤十字参考館という名称であったが，1932年10月1日に赤十字博物館と改称された。

図書館は，主に赤十字事業に関する資料を収集し調査研究を目的とした閲覧に供していたが，その後，医療関係の図書を購入し，医学生・薬学生など一般の利用にも供するようになった。叶沢が赴任した1935年度の利用統計と受入冊数は，「閲覧者は男二千五百八十一人，女五百四十五人，

総計三千百二十六人で，この外帯出閲覧のもの二百二十八人であつた。また，本年度新たに購入又は寄贈の図書は‥‥和書二百二十二部五百六十冊，洋書八部九冊及び月刊雑誌約六十種」[16]であった。叶沢によると当時の図書館は，「実質は付近の慈恵医大と共立女子薬専の学生の利用が中心で，二十席程の閲覧室は殆んど，その学生たちの勉強部屋のようなものであった」[17]という。さらに，図書館は「組織の上では傍系の傍系」であり，「赤十字本社の事業とその職員の業務とは全く無縁で‥‥寂寥感の毎日だった」[18]という。しかし，当時，叶沢が図書館勤めの励みになったことが2点あった。

ひとつは，日本赤十字社本社の庶務部に受入される官報，医事公報などの量が多く処理できないため，図書館で受入し運用することになった点である。これらの資料は「一週間に二回，予め作製したブック型のケースに納めて，社長室，四部の各課に回覧させた。これは極めて好評で返却後再度必要資料の貸出しを依頼してくるなど，思いもしない程の各部課との交流連絡が行なわれること」[19]になった。また，1938年12月24日には「図書取扱規程」[20]が制定され，社会事業や医療関係の図書を充実したことにより，閲覧者数は年間4,000～6,000人規模になった[21]。叶沢が着任した後，少しずつ図書館の存在感を社内に示すことができたといえよう。

2つ目が，日本赤十字社本社構内の中庭にあるテニスコートでの交流であった。叶沢は昼休みに日本赤十字社副社長（1940年6月25日より社長）の徳川圀順をはじめ社員らとともにテニスをし，交流を深めていた。とりわけ，叶沢は徳川圀順の前衛を勤め，「私たちの組はほとんど負けを知らないのが常だった」[22]という。

こうした中で徳川を慕い，政財界からテニス愛好家が集うようになった。叶沢らの回想録をみると，その中のメンバーには（括弧内は生前の主要な役職），島津忠承（日本赤十字社社長），足立正（日本商工会議所会頭），松永東（文部大臣），井上知治（国務大臣），川西実三（東京府知事），松村光磨（東京府知事），近藤譲太郎（神奈川県知事）らの名前があげられている[23]。このテニスの会は，1941年10月4日に徳川の命名

で「玖和会」という会に発展し[24]，会長には徳川が，幹事・世話役には叶沢らが就任した。そして，月に1,2回程度「テニスを楽しみ，そのあと夕食を共にして懇親を深め，また世界の情勢や日本の将来についても話し合うという会」[25]に広がった。こうして叶沢は，日本赤十字社図書館に勤務した約7年の間に，多くの財界人や政治家とつながりを作った。

2．4　内閣技術院における資料整理

叶沢は，1942年から1945年8月まで内閣技術院の参技官として科学資料課に在籍した。内閣技術院は，科学技術行政の強化を目的に各官庁の中から科学技術に関する部署が統合され，1942年1月31日に設置された機関であった。叶沢も創設と同時に赴任したと考えられ，ここでも先の日本赤十字社図書館と同じように，各部課が受入れていたパンフレット類などを受入れ，各部課へ回覧し，資料を一括して保存する運用体制をつくった[26]。

終戦を迎え，内閣技術院は解体され叶沢は文部省に勤務することになった。この文部省の時代に叶沢が最も力を入れたのが，全国を対象にした迷信調査の実施であった。

3．文部省の迷信調査

3．1　調査の方法

1946年3月，文部省科学教育局は，「文化日本建設の基礎的條件として国民生活の科学化が，まず取りあげられなければならないこと，しかも日本人は古来伝統を重んずる気風を特色とするとともに，その半面因つて来る迷信の傾向が頗る強く，それが生活の精神的基盤とさえなつて，国民生活の科学化は大きな障壁の前に立つている」[27]ため，全国を対象とした迷信の調査を企画した。その事務は，同局科学資料調査課科学教育調査班で行なうことになり，「事務官叶沢清介が社会に於ける科学教育調査班主任として迷信調査を担当」[28]することになった。

調査方法は各都道府県が都市・農村・漁村（もしくは山村）から代表的な小学校を1校ずつ選択し，各小学校の6年1組の児童が調査票を家

に持ち帰り，親が回答するものであった。調査票は，一部の専門家に依頼して試案が作成され，次のような設問があった。
- 次の行事は新暦によつていますか。旧暦によつていますか。一月後れによつていますか。
　正月　節分　七夕祭　お中元　お盆
- 病気のとき医者にかかつたりして薬をのんだりしないで神様や仏様にお願いしたり，おまじないその他の方法をしますか。
- 縁起とかならわしについて昔からの言い伝えで信じているものを書いて下さい。

こうした設問は，①天文暦，②妖怪，③占い，④医学，⑤農林業に区分されていた。その後，調査結果が専門家とともに検討されることになり，1947年12月24日，文部省に迷信調査協議会（以下，協議会とする）が設置された。委員は13人で，委員長に宇野円空（東京大学名誉教授），幹事には今野円輔（毎日新聞社）と叶沢が選ばれた[29]。

3.2　迷信調査と叶沢の関わり

この迷信調査の結果は1949年9月と1952年1月に刊行された[30]。例えば，農林業に関する分析をみると，程度の差はあるものの農漁業に支障をきたしている迷信が存在していることや嫁と姑，息子と父親の間におこる科学と迷信の衝突，生活慣習と迷信における村の社会構造などが検討されている[31]。

続いて1949年10月には，小学生や中学生を対象に叶沢が編集した『雷になった神主』[32]が刊行された。執筆者は叶沢と協議会のメンバー4人が分担し，同書の中で叶沢は，文部省調査普及局調査課の所属として，「昭和二十一年の調査始めから関係しておられます。お話は先生（叶沢ｰ著者注）が自分のお子さんたちに話すつもりで書かれたということです」[33]と紹介された。同書は18の項目から構成され，このうち叶沢が執筆した項目は，「こっくりさん」「電話のなげき」「当たるもはっけ当たらぬもはっけ」「雷になった神主」「鬼門」の5点であった。

この中で叶沢は，こっくりさんや電話番号の縁起，占い，鬼門などにつ

いて具体的な事例をあげて丁寧に説明したうえで,「私たちは出来るだけ物事を科学的に考え,常識をやしない,偶然に頼ったり,不思議を,ただただ不思議と,びっくりしているようなことは,しないようにしましょうね。」[34]と述べている。しかし,その一方で,「決して何でも迷信迷信とやりこめてしまうことが,決していいことでも正しいことでもありません」[35]とし,「うそをつくと鬼に舌をぬかれる」「はだかでいると,ごろごろさんにおへそをとられる」などの例をあげ,危険なことや誤ったことをしてはならないという昔からの言い伝えが含まれている点や,迷信が成立する背景を考える必要性を指摘している。

その後,1950年に2回目の調査が実施され,1955年12月に調査結果が刊行された[36]。2回目の調査は,性別,地域,年齢,学歴,職業,健康,信仰別に分析が行なわれ,男女別では女子の方が迷信・俗信を支持する態度が強いことや,年齢別では高年齢層の者に支持する態度が強いこと,職業別では農業従事者に支持者が多く,教員,医者,宗教家は否定的な人が多いことが明らかになった。この調査の叶沢の分担は,「全体について「社会教育との関連」の角度から分析」とされ,すでにこの時には,協議会を担当する文部省の事務官ではなく,県立長野図書館長として協議会の委員になっていた。

叶沢が後に県立長野図書館長に就任したのは,『雷になった神主』が刊行された1ヶ月前の1949年8月末であり,2回目の調査準備をしていた時期にあたる。館長に就任した後も,1950年7月30日に図書館法施行記念行事として,叶沢が「迷信の話」と題して県立長野図書館で講演をしていた。協議会（後に迷信調査会）がいつ頃まで活動していたのかは定かではないが,叶沢は館長就任後も継続して迷信調査の分析や考察に関わっていた。

4. 県立長野図書館の運営
4．1 県立長野図書館長への就任

叶沢は,1949年8月に信州大学厚生課長に赴任した。当時,県立長野図書館の館長は乙部泉三郎であったが,戦争末期の1944年頃から,軍需

工場の館内への移転,蔵書の疎開などにより,図書館としての機能を果たせない状況であった。叶沢は当時の乙部について「次第に情熱を失われていったのは無理からぬ話,弁論とか速記術などに自己の精力の吐け口を求められていったようだ」[37)] と評している。

　1949年7月13日,乙部はCIEのジャドソン係官から県立長野図書館の改革について勧告された。その概要は,①図書館協議会の設置,②開架式への移行,③図書館週間の実施,④展示会や音楽会などの実施により図書館に対する県民の興味を喚起する内容であった。翌14日には,当時,長野県教育長の小西謙も同じ内容を指摘され,ジャドソンから「今まで全国の図書館七五を視察したが,そのうち立派な三館中の一つがこの県立図書館である。‥‥但しこれは建物としてだけの評価だ。図書館としての機能内容についてゼロである。」[38)] と酷評されたことが,乙部更迭の直接の契機になったと叶沢は記している [39)]。

　叶沢の回想によると,1949年8月初旬,文部省の「文化課から長野で県立図書館長を求めているが,どうだろうかという話が起こった」[40)] と記されている。その経緯は不明であるが,叶沢は,戦前に県立長野図書館の開館に携わっていたことや,すでに家族が1944年の夏に長野市へ疎開していたことを勘案し,1949年8月31日に県立長野図書館長に就任したといえる。もちろん先のジャドソンからの勧告は叶沢に引き継がれることになった。

4.2　県立長野図書館の運営方針

　叶沢が館長に就任した後,第1回長野県図書館普及運動(1949年11月1-30日),夜間開館の再開(同年11月24日)など,県立長野図書館は精力的に活動を展開した。叶沢は,こうした活動を続ける中から,1952年5月に県立長野図書館の運営方針を発表した [41)]。この方針は,①全県民のための調査館的性格,②県内各種図書館のモデルルーム的性格,③全県に教養,レクリエーション図書提供をはかる中心館的性格の3つの柱から成り立ち,従来の資料整理や館内閲覧を中心とした活動ではなく,図書館を住民の身近なものとするための内容であり,先にCIEの係官が指

摘した内容にも通じていた。

　第1番目の「全県民のための調査館的性格」とは，「県民の日常生活及び文化活動，学術研究等において常に起こる疑問質問について，解決するための各種資料を提供し得る機能を持つこと」[42]である。叶沢は，「こういう質問・疑問に答えてくれるところは一県の中にどこにもな」く，「どうしても図書館がこれに当たらなければならない」[43]と指摘する。具体的には，1951年4月に，これまで受入係と参考係を兼任していた司書を参考係専属とし，同年8月には，参考係の1名増員と成人室に「相談」のサインのあるデスクの設置，1957年には，司書1名を配置した特許公報室が置かれ，3名の司書が参考調査を担当するようになった。このように，「調査館的性格」の環境がしだいに整備され，参考係の司書によりレファレンスの事例の分析や県内図書館間の連携について研究された[44]。

　第2の「県内各種図書館のモデルルーム的性格」とは，県内の図書館が改築・充実を図る際に「その運営の基本等を，県立図書館を訪ねることによって，概略を知り得るようにしておく」[45]ことである。これに関する最も大きな施策は，1951年8月21日の奉仕部門の部門化制であった。とりわけ館内奉仕部門には，参考係，成人室係，郷土室係，社会科室係，児童室係を設置し，各部門に専任の司書を配置した。このうち，社会科室は，主に中学生を対象に，新教育により誕生した社会科学習を自主的に行なう場として，「町村図書館の為のモデルルームの意味を含め‥‥学校図書館に対してのサンプル的な意義も考慮されて作られた」[46]ものであった。また，県内に図書館が設立される場合には助言や司書の派遣も行なっていた。上伊那郡小野村立図書館設立の際には叶沢の意見によりバタフライ型建築が採用され[47]，長野刑務所図書館（1951年）や，長野郵政研修所図書館（1952年）の開館準備に際して県立長野図書館の司書を派遣し，整理法や貸出方法などを指導した。

　第3の「全県に教養，レクリエーション図書提供をはかる中心館的性格」とは，「全県民にサービスするという考え方から出発し」，「県下の各方面に貸出をする」[48]ということである。県立長野図書館は，1951年から1961年までに各郡に配本所を設置し，「郡の中心館である市町村立図書

館へ定期的継続的, 積極的に教養, リクリエーション向きの図書を配本」[49]していた。すなわち, この第3の性格として実施されたものがPTA母親文庫であり, 県内各郡に設置された配本所であった。

4.3 PTA母親文庫
4.3.1 PTA母親文庫の開始

PTA母親文庫は, 信大附属小のPTA会員らが, 学校図書館に子どもたちの図書以外にも母親が読む図書を揃えてほしいと要望したことに始まった。同校の1949年度のPTA事業は「児童図書室の充実十一万, 工作室の動力化八万, 給食施設五万, 児童遊園五万」[50]であり, すでにPTAが学校図書館の充実に力を入れていたことがわかる。その後, 1950年6月2日にPTA教養部総会が開かれ,「母親もこの大転換期にぼんやりしていられない, 母親の読む本も図書室にそなえて行きたい」[51]という要望があがったため, 教養部の母親らが約30万円を集め信大附属小校長へ要望したが, 児童図書の購入でも不十分な額であったため十分な回答を得られなかった。

当時, 信大附属小のPTA教養部長は叶沢であったため, 母親らは県立長野図書館の図書の貸出を希望したが, 叶沢は全県民を念頭に県立図書館のサービスを考えていたため, 難色を示していた。しかし, 母親らの熱意に押され, 叶沢は「私も前々からそれと同じようなことを考えていた。ただ図書館としては初めての試みなので, その実施方法等について研究し, できるだけお母さま方のご要望に添うように努力いたしましょう」[52]と応えたという。

4.3.2 母親文庫の方法

1950年7月20日に信大附属小PTA教養部会が実施方法について検討し, 学級単位のPTA会員が5人1組（後に4人1組に変更）のグループをつくり, その子どもがグループ内の母親へ配本することや1回目の貸出日などがまとめられた。この方法には, 次のような点が考慮されたという。

第1に，教員の負担にならないことである。叶沢の妻の範子は，信大附属小の「先生にお願いしましたら，‥‥そんなことお手伝いするひまなんてありませんとおっしゃるのです。教育学部の附属でございますので，非常に研究事業や発表やら多くて，普通の学校の先生がたよりもとてもお忙しいんでございますね」[53]と報告している。そのため，配本には教員が直接関わることなく，PTAの母親らによる方法が検討された。
　第2に，叶沢が中学時代に友人と行なった回覧雑誌の経験を取り入れたことである。中学3年のころ，「仲のいい友達三人と語らって，月々一人五十銭ずつ出し合って，毎月中公と文芸をとり，一人が一週間で回し読みをし，‥‥回覧雑誌をやって，人生を大変豊かにした経験を思い出したのです。」「一週間でこの雑誌が他へ廻ってしまうと思えば，読み残しは前の晩に夢中になって読む，それが誰にも共通した心理だと思い当ったわけです。」[54]と述べている。
　第3に，配本が永続的に行なわれる点である。叶沢は「図書館人の経験と小学校の子どもを持つ母親の心理を私の家庭生活の経験から考え合わせ」[55]「母親の心理，置かれている状況や環境を調察しながら進めていき，永続的に行なわれることが第一の願いということで，無理をしないこと，習慣的に行なうこと，子どもとの愛情のつながりを考えながら行なうことなどを基本」[56]としたことを述べている。
　信大附属小で始まったPTA母親文庫について叶沢は「テスト・ケースとして始めたもので，忙しい母親が果たしてうまくゆくかどうか疑問だったが，予期に反して大成功を収めたのはこうした組織が功を奏したものと思う」[57]と述べ，他校でも要望が出てきた。そのため，1951年12月から1952年2月にかけて，更級郡，上伊那郡，南佐久郡に実験配本所が設置され，配本が行われることになった。こうして1952年後半から1961年まで県内各郡に配本所が設置され，その利用者数も1961年に最高9万人に達するようになり，PTA母親文庫はマスコミなどにより大きく取り上げられるようになった。
　特に，1959年9月20-21日の「本を読む母親の全国大会」は，多くのマスコミにより取り上げられた。叶沢は「私たちはあわてたり，戸惑った

りしました。週刊誌ばかりではなく‥‥新聞やラジオさてはテレビまで，なぜこんなに採りあげるのだろうか」[58)]と感じていた。すなわち，PTA母親文庫を報じるマスコミは，その評価や広がりに大きな影響を与えたといえる。

4.3.3　叶沢のPTA母親文庫論

　PTA母親文庫の目的や対象について叶沢は，「過去と現状の中から，知り得た婦人の読書に対する最も根本的なものは，婦人をして，読書し易くせしめる環境をつくることが第一」[59)]と述べ，読書の「ピラミッドの底辺」である農村女性の読書環境の整備を目的にあげていた。そして，学級の行事には母親らが前向きに参加するという叶沢の経験から，「PTAによって行なえば，読めない人が数多く救われるのではないか」[60)]と考えていた。このため，叶沢は読書会について消極的な立場であった。叶沢は，「もともと読書会は，初期時代はともかくとして，次第に伸展を示すほどに，同志的垂直活動に進まざるを得ない本質を持っている」[61)]とし，「読書会以前に，すでにPTA母親文庫という読書の機会を安直に提供する組織ができ，部落内の読書環境が整備されていたことが読書会の発生をうながす」[62)]と考えていた。

　こうした読書環境の整備という考えは，次のような配本図書についての指摘からもうかがえる。

- あえて母親たちが読書をしているという言い方をしないのは，厳密な意味で，みんなが読んでいると言えない。せいぜい標題をみるくらいの人が，相当いる。ただ一度は本を自分の手に載せることだけはたしかだというそんな意識があるからである。(1956年)[63)]
- PTA母親文庫というものを心がけたねらいと熱意は，‥‥読書の領域における底辺層対策であり「何を読むか」ということよりもまず，本を手に取る対策であり，手段であり，活動である。‥‥母親のために，いろりばたや，寝る前の一時そのまくらもとへ本を届ける一つの手段として取りあげたものといっていい。(1957年)[64)]
- 私はそのころ(1950年代－著者注)からずっと母親が本を読むこ

とはなかったとは言わなかった。常に母親が毎月一冊の本を手に
とっているという言葉をつかった。(1986 年) [65]

　すなわち，叶沢は，母親へ読書を推進していたのではなく，まず図書
を手に取ることをめざしていた。配本図書の内容についても，「平易なも
の，読書指導論者から見れば，なんだこんなものをかと思わせる本も」[66]
回覧されていた。

　さらに，PTA 母親文庫は母親らの読書環境の整備によって，子どもの
教育環境の整備につながることも意図されていた。

- 母親が‥‥小説の一ページを拾い読みしていようとその僅かな環
境整備にさえ農村の子どもは敏感に勉強の張合いを見出すのであ
る。(1955 年) [67]
- 母親の教養の向上なくしては児童生徒子弟の教育，ひいては文化
の向上は望めない。従って母親を不読者層に放置しておくべきで
はない。(1958 年) [68]
- すべてのお母さん方に PTA 母親文庫によって子どもの勉強の環境
だけはつくりあげてください。これが基本だったわけです。(1982
年) [69]

　PTA 母親文庫は，他の市町村立小学校と比較して，教員や母親による
教育の意識が高くその環境が整っている信大附属小から始まったことか
ら，こうした叶沢の考え方は PTA 母親文庫の実践を積み重ねながら少し
ずつ理論化されたと考えることができる。このことは，叶沢が 1954 年 7
月に文部省の助成金により農山村の不読者層について調査[70]を始めたこ
とにもあわられている。

　他方で，1950 年代の後半以降，各郡に設置された配本所を中心に，PTA
母親文庫の利用者が執筆した文集がしだいに刊行され始めた。しかし，叶
沢は，PTA 母親文庫の本来の目的を見失わず，文集への執筆が負担にな
らないように，「感銘を受けた部分なり，その一節なりを傍線で引くよう
な気持ちで書き抜いて感想文にかえる」[71]書き抜き運動を提唱した。し
だいにこの運動は，文集への執筆以外に，信越放送のラジオ番組で週 1 回
5 分間（後に 30 分間）放送されることになった。

叶沢はPTA母親文庫について,「この運動の基本的な考え方や実践方法には変わりがなかった」[72]と述べているように,県立長野図書館長を退任した後も概ね一貫した考え方を持っていた。

4.3.4 迷信調査とPTA母親文庫

かつて,叶沢は,文部省の迷信調査に携わっていた際にまとめた『雷になった神主』において,次のように述べていた[73]。

> 今の知識や常識から言えば全く,こじつけだとも言はれるようなもので,矛盾だらけのことが多いのです。そのこじつけや矛盾に気がつかないで,昔から言われて来たからといって,それをただ,鵜呑みにしてしまったのでは,皆さんたちの考え方は,正しいとはいえないと思います。(1949年)

迷信調査では,科学的に物事を考えることを広く浸透させ,日常生活における誤った迷信を克服することを目的としていた。他方,叶沢は読書の今日的な問題として次のようなことを指摘している[74]。

> 読書は本質的にはあくまで個性的で個人的な営みであるのであろう。しかし現代社会では個性的な営みである個人の読書が,すべてその個人の家庭や,社会の人々に与えられて始めて成り立つものであることを私たちは心から認識しなければならない。(1959年)

続けて叶沢はひとつの事例をあげ,農山村では嫁が姑との関係により読書を気兼ねする環境を指摘したうえで,子どもの勉強は母親の読書姿勢に支えられ,母親の読書の姿勢は姑の姿勢に支えられているように,「個々の読書は,その家庭全体その地域の読書姿勢に支えられている」と指摘している。

PTA母親文庫は,県立図書館が「定期的,習慣的に本を届ける」[75]ことにより,農山村における姑との関係や気がねなど,昔からの女性の読書を阻害していた社会的環境の排除に結びついていた[76]。それだけではなく,女性が図書を手に取ることにより,生活上の疑問や矛盾など物事を科学的に考える道筋をつくることにもつながっていたといえよう。先に叶沢が経験した迷信調査の目的は,こうした点において重ね合わせる

ことができるのではないだろうか。PTA母親文庫は，PTAなどの地域集団に支えられながらも，農山村における女性を取り巻く封建的な読書の慣習を克服し，日常生活に図書が浸透されることを目指していた。

5. おわりに

叶沢は県立長野図書館長在任中の1961年に日本図書館協会の理事に選出され，1963年5月に郷土の資料委員会の初代委員長を務めた。そして，県立長野図書館長の退職後，1966年4月1日に日本図書館協会の事務局長に就任した。

これまでに叶沢が勤めた図書館をみると，印象深いのは叶沢が図書館を異動する時期であった。叶沢が県立長野図書館から栃木県教育会図書館に異動した時期は中央図書館への指定や乙部が県内の図書館統制を強めた時期と重なっていた。また，叶沢は栃木県教育会館に付設される「近代的図書館」の開館準備をしたが，建物の建設中に日本赤十字社の図書館に異動してしまった。異動先の日本赤十字社図書館は，「組織の上では傍系の傍系」であり，栃木県教育会における「司書」としての期待とは異なっていた。

このようにみると，叶沢が図書館人として最も活躍したのは，県立長野図書館長の時代であったことがわかる。すなわち，叶沢は県立長野図書館の運営方針を明確に示し，その方針に沿って図書館を運営した。さらに，PTA母親文庫は図書館界以外にマスコミなどにも注目された。しかし，叶沢には，このような図書館の内外で注目された仕事だけではなく，図書の分類や目録，医学や科学技術に関する専門資料の整理や運用などの仕事も地道にこなし続けていた時代もあった。叶沢は，勤務する図書館が変わっても，その図書館においてやるべきことを的確に把握し，図書館の仕事を確実にこなしていたことがうかがえる。

注

1) 叶沢清介『図書館,そしてPTA母親文庫』日本図書館協会,1990.11, 304p. 以下『母親文庫』とする。
2) 山口吉宗「長野県におけるPTA母親文庫：最近の事情とその考察」『図書館界』Vol.14, No.6, 1963.4, p.196-206.
3) 小川剛「5.3.5 読書運動の展開：不読者層の開拓」国立教育研究所編『日本近代教育百年史』第八巻,国立教育研究所,1974.3, p.957-965.
4) 叶沢清介「乙部泉三郎：長野の図書館の歴史を切り拓いた人」『図書館雑誌』Vol.77, No.7, 1983.7, p.427-428.（『母親文庫』に収録）
5) 県立長野図書館編『県立長野図書館十年史』1939, 92p. 引用はp.16.
6) 1920年5月10-12日に開催された第28回全国図書館大会で,乙部は「長野県の図書館に就いて」と題して青年会図書館への指導を中心とする内容の報告をしている。（『図書館雑誌』Vol.28, No.8, 1920.8, p.342-346.）。叶沢がこの大会に栃木県教育会図書館長らと参加していたことは興味深い。（栃木県教育史編纂委員会『栃木県教育史』栃木県連合教育会,1959.7, 1188p. 参照はp.123.）
7) 栃木県連合教育会編『教育会の今昔』栃木県連合教育会,1954.12, 168p. 引用はp10.
8) 田代善吉『栃木県史』第6巻教育編,下野史談会,1935.12, 620p. 引用はp.167.
9) 「昭和八年度栃木県教育会歳入歳出予算」『下野教育』No.398, 1933.5, p.84.
10) 「昭和九年度栃木県教育会歳入歳出予算」『下野教育』No.412, 1934.4, p.77.
11) 栃木県教育会図書館規則（1934年4月1日施行）には「本館ハ当分ノ内図書ノ帯出ヲ行ハス」とある。
12) 小野里甫「図書館経営について」『下野教育』No.412, 1934.4, p.52-63.
13) 栃木県教育会図書館『図書館週間記念作文集』栃木県教育会図書館,1936.11, 32p.
14) 栃木県教育会編『栃木県学事関係職員録：昭和十年度』栃木県教育会,1935.7, 219p.
15) 日本赤十字社編『日本赤十字社史稿』第4巻,日本赤十字社,1957.11, 599p. 引用はp.391.
16) 「昭和十年度本館の事業」『赤十字博物館報』No.15, 1936.1, p.1-2.
17) 叶沢清介「図書館生活の思い出」『母親文庫』p.186-193. 引用はp.189.
18) 同上．引用はp.189.
19) 同上．引用はp.190.
20) 「図書取扱規程：本達乙第四号」1938年12月24日．日本赤十字社編『日本赤十字社史稿：第5巻』日本赤十字社,1969.4, p.301-302 所収.
21) ①「昭和十三年度本館の業績」『赤十字博物館報』No.21, 1939.4, p.1-3. ②「昭和

十四年度本館の業績」『赤十字博物館報』No.23, 1940.4, p.1-3. ③「昭和十五年度本館の業績」『赤十字博物館報』No.25, 1941.10, p.1-4. ④「昭和十六年度本館の業績」『赤十字博物館報』No.26, 1942.9, p.1-3. ⑤「昭和十八年度本館の業績」『赤十字博物館報』No.28, 1944.10, p.1-3. を参照。

22) 叶沢清介「追憶」『徳川圀順を偲ぶ』徳川圀斉, 1971.9, p.36-38. 引用はp.37.（『母親文庫』に収録）

23) ①叶沢清介「テニスの思い出」近藤譲太郎追想集編集委員会編『追想近藤譲太郎』近藤譲太郎追想集編集委員会, 1980.1, p.141-143. ②荒長雄「玖和会の思い出」前掲『徳川圀順を偲ぶ』p.5-8.

24) 川西実三「お懐かしい想い出」前掲『徳川圀順を偲ぶ』p.42-44.

25) 前掲22）

26) 前掲17），参照はp.190.

27) 文部省迷信調査協議会編『迷信の実態：日本の俗信1』技報堂, 1950, 360p. 引用はp.2.

28) 同上.

29) その他の委員は次の通りである。古畑正秋（東京大学理学部），赤松金芳（日本児童学会），千家尊宣（出雲大社教東京総監），菅円吉（立教大学文学部），日野壽一（東京大学医学部），笠松章（東京大学医学部），森秀男（農林省開拓研究所），大場千秋（水戸高校教授），朝比奈貞一（東京科学博物館），沖野岩三郎（作家）．

30) ①前掲27），②迷信調査協議会編『俗信と迷信：日本の俗信2』技報堂, 1952.1, 372p.

31) ①森秀男「6 農漁業と迷信」前掲27），p.123-139. ②森秀男「4 迷信を支えるもの：農村を中心として」前掲30）②，p.45-91.

32) 叶沢清介編『雷になった神主』出水書園, 1949.10, 202p.

33) 同上．引用はp.4.

34) 同上．引用はp.147.

35) 同上．引用はp.184.

36) 迷信調査協議会編『生活慣習と迷信：日本の俗信3』技報堂, 1955.12, 350p.

37) 前掲4），引用はp.428.

38) 県立長野図書館編『県立長野図書館三十年史』1959.11, 592p. 引用はp.275.

39) 叶沢清介「小西先生と私」『信濃教育』No.211, 1987.10, p.58-62. （『母親文庫』に収録）

40) 同上．引用はp.58.

41) 叶沢清介「本県図書館体系の確立と県立図書館の性格」『長野県図書館協会会報』No.3, 1952.5, p.2-3. （『母親文庫』に収録）なお，長野県でこの運営方針を示すことができた背景に，1950年12月9日に長野県図書館協会が結成されたことがあった。

42) 同上．引用はp.3.

43) 叶沢清介「県立図書館の性格について」『図書館雑誌』Vol.46, No,8, 1952.8, p.13.

44) 穂苅吉宗「県立長野図書館のレファレンス・サーヴィスについて：成人室の係と

しての体験から公共図書館における参考事務についての一考察」『長野県図書館協会報』No.7, 1953.2, p.15-24.
45) 前掲41). 引用は p.3.
46) 畦上知男「公共図書館における社会科室」『学校図書館』No.18, 1952.4, p.38-41.
47) 「小野村立図書館着工」『長野県図書館協会報』No.2, 1952.2, p.35.
48) 前掲43)
49) 前掲41). 引用は p.3.
50) 信州大学教育学部附属長野小学校百年史編集委員会編『信州大学教育学部附属長野小学校百年史』信州大学教育学部附属長野小学校百周年記念事業実行委員会, 1986.12, 1052p. 引用は p.674 の「昭和二十四年度職員会誌」の引用箇所.
51) 小林八千代「母親文庫の思い出」前掲38), p.397-400. 引用は p.398.
52) 同上.
53) 叶沢範子「母親文庫の生い立ち」『新刊ニュース』No.8, 1960.8, p.10-12. 引用は p.11.
54) 叶沢清介「長野市 PTA 母親文庫の思い出」『波紋』No.20, 1983.2, p.51-54. 引用は p.52.
55) 叶沢清介「PTA 母親文庫の生い立ちと歴史:上伊那との関連で」『石楠花』No.25, 1982.2, p.66-76. 引用は p.69.（『母親文庫』に収録）
56) 叶沢清介「本を読むお母さん」新信濃風土記編集委員会編『信濃:長野県の歴史と風土』ジャパンアート社, 1972.2, p.472-474.（新信濃風土記, 3）引用は p.473.（『母親文庫』に収録）
57) 「お母さんもひと勉強:長野附属小 PTA 教養の向上にグループ作り」『信濃毎日新聞』夕刊. 1951.9.22.
58) 叶沢清介「大会ノート」長野県図書館協会編『本を読むお母さん:本を読む母親の全国大会記録』[長野県図書館協会], 1961.6, p291-324. 引用は p.291.
59) 叶沢清介「婦人と読書」日本図書館協会編『読書指導の実態シリーズ(そのⅠ)』日本図書館協会, 1958.3.（『母親文庫』に収録）引用は p.43.
60) 「第5回長野県図書館大会 PTA 母親文庫部会報告」『長野県図書館協会報』No.25/26, 1956.6, p.3-35. 引用は p.7 の叶沢の発言部分.
61) 叶沢清介「図書館における母親の読書指導」『文部時報』No.953, 1957.1, p.75-79. 引用は p.77.（『母親文庫』に収録）
62) 前掲59), 引用は p.44.
63) 叶沢清介「母親の読書七十二万冊」『Books』No.75, 1956.7, p.2-8. 引用は p.3.
64) 前掲61), 引用は p.77-78.
65) 叶沢清介「私の経験した不読書層開拓運動」『出版研究』No.17, 1986, p.79-90. 引用は p.82.（『母親文庫』に収録）
66) 前掲55), 引用は p.74.
67) 叶沢清介「地域社会の文化的環境と読書指導」『初等教育資料』No.66, 1955.11, p.22-23,30. 引用は p.23.
68) 前掲59), 引用は p.46.

69) 前掲 55），引用は p.74.
70) 叶沢は「性別年齢別職業別学歴別地域別等により見たる不読者層の研究並びに不読者層を読者層に転換せしむる施策に関する研究」というテーマで文部省の科学研究助成金を得た。その詳細は不明である。
71) 叶沢清介「お祝いかたがた御提案」『PTA 母親文庫文集』No.1, 1958.2, p.3.
72) 叶沢清介「はしがき」『母親文庫』p.3-4. 引用は p.3.
73) 前掲 32），引用は p.201.
74) 叶沢清介「不読者層対策と図書選定事業」『図書館雑誌』Vol.53, No.1, 1959.1, p.4-5. 引用は p.4.
75) 前掲 61），引用は p.78.
76) 石川敬史「1950 〜 1960 年代における長野県 PTA 母親文庫の利用状況の分析」『第 50 回日本図書館情報学会研究大会発表要綱』2002.11, p.11-14.

半月湯浅吉郎, 図書館を追われる

Yuasa Hangetsu,
Resigned as Librarian.

高梨　章
(たかなし　あきら)
(関東学院大学図書館)

湯浅吉郎（ゆあさ・きちろう）
1858年　群馬県安中町に生まれる
1901年　京都帝国大学法科大学講師, 附属図書館に勤務
この頃から, 雅号「半月」を用いる
1904年　府立京都図書館長（〜1916年）
1916年　早稲田大学図書館顧問（〜1919年）
1943年　死去

其才の多面多角なる往く所として可ならざるはなし。其風貌の朴茂なるは一見木訥の儒生の如くして, しかも口を開けば機智百出滑稽頤を解き, 且往々機鋒頴脱当るべからざるものあり。一身にして牧師と司書と歌人と楽匠と画家とを兼ね, 博覧にして才弁, 好学にして機智に富み, 学者の如く通人の如く策士の如く禅坊主の如し。(内田魯庵) [1]

1. はじめに

　湯浅は，1877（明治10）年京都同志社に入り，1885（明治18）年同社卒業後，米国イリノイ州「北西大学」に入学。翌年オベリン大学に移り，英文学・ギリシャ語・ヘブライ語・ドイツ語を学ぶ。神学士の称号を得て，更にエール大学に入り，哲学博士の学位を受領。エール大学では，東洋古代語学を専攻したが，シェークスピアの劇詩も研究，博士学位論文はヘブライ文学についての論文で英文215頁のものであった。1891（明治24）年帰朝，同志社女子専門学校教授となった。

　同志社で教授したのは，英文学，ヘブライ文学だけではない，国文学も担当。同志社から京都帝国大学に移るまでの間には，およそ2年間平安教会の牧師（第5代）も勤めた。

　1902（明治35）年8月，「京都帝国大学及京都市ヨリ海外滞在中図書館ニ関スル事項ノ研究ヲ嘱托セラレ再ヒ米国ニ渡航」。「シカゴ大学ノ図書館員養成学校ニ入学シ六ヶ月ニシテ其全科ヲ脩メ終ニ日本図書館史トイフ英文ノ論文ヲ提出シテ卒業セリ其外欧米美術史并ニ仏語ヲ」学んで，1903年8月帰国[2]。

　おもしろいのは，提出先が京都府であるからであろう。米国東部諸州の公共図書館や美術博物館を視察したこと，英国博物館の図書部の図書館事業を研究したこと，フランスでは国民図書館，ルーブル美術館を視察したこと，ドイツではベルリン王国図書館視察と出版工業の中心地ライプチッヒの商品陳列場図書部の研究をしたことを，わざわざ履歴書に彼が記していることである。

　彼の関心は多岐にわたる。しかもそれは新聞が伝えたように，「人の多くやらぬことを専攻する風」[3]があったわけだが，1904（明治37）年4月京都図書館長就任時の履歴書に，図書館だけではなく，美術館や商品陳列場のことまで記していることは注目しておいてよい。彼は単なる図書館の枠内に納まりきれる人物ではなかった。

　ともあれ，京都図書館長時代の湯浅は，その多彩，多才により，にぎやかなこと限りなかった。「京都は美術」をスタンスとした彼の活動には，確かに目を見張るものがある。だが，現在での彼の評価はさほどではな

い。しかしながら,「娯楽」,「慰安」,「趣味」といった要素を低く見てきた従来の図書館観がくつがえされたとき,湯浅はよみがえり,見直されることだけは付言しておこう。

本稿では頁数の都合もあり,湯浅の一番の輝きの部分については述べることをしない。ここでは,湯浅とはどのような人物であったか,及び,湯浅にとっては最もシビアな面,京都図書館長辞職のいきさつを時代背景とともに取り上げ,見てゆくこととする。

2. 道化

半月湯浅吉郎はサービス精神いっぱいの男である。笑いを取るためなら,おのれさえコケにしてみせる。1909(明治42)年酉年,おのれの見た初夢を次のように彼は語った。

「多年希望の或る椅子を漸やく占領して喜悦満面」としていると,その椅子に「何かコツコツ当るものがある」。不思議に思いながら下を見ると,「美しい顔をして居る牝鶏が出て来て椅子の脚を嚙んで居る」。これはたまらぬ。折角,「占領した椅子を牝鶏の為めに転覆されては今日までの苦心も水の泡とヤキモキしたが見れば見る程其の牝鶏が美しいので呆然見惚れて居る」うちに,牝鶏は椅子の片脚を咬ぎ切って,「椅子は中心を失ひ傾く拍子に半月先生は図転倒と投げ出された」[4]。

「或る椅子」とは何か。「牝鶏」とは誰か。それはさておくとして,まさに半月の運命は,この夢の通りとなった。この時,彼は冗談という形で,まさにおのれの未来を予言し中させていたのである。

半月は冗談,駄洒落,お喋り,まさに口舌の徒,度を越す男であった。彼のたえざる冗談は彼を道化と思わせた。

> 朝に同志社のチヤーチに跪いて「天に坐します神様」なんどと殊勝気に祈祷を捧げて居たかと思ふと夕には弦歌狭斜の巷に流れ込んで場合によつてはステテコ踊りをも辞せぬ,其所此所の学校で怪し気な発音で君の所謂セキスピールや例のヒーヤコムコムで学生を煙に巻いて居るかと思ふと一方あちらの学校に飛び出しては竹取物語を講じ「よばふ」の意味を説くに途方もなき横道に反れ盛におのろけ

談をなさる，基督教徒かと思つて居ると羽織には仏教徒をシンボライズした万字巴の紋所をつけて居る，一体賢か愚か測り知るべからざる君の如きは稀であらう，併し嘗ては詩人半月の名を以て文人の間に知られ新体詩界の先輩として青年の尊敬を受けたものだ。府立図書館長である[5]。

高橋康也はその著『道化の文学』[6]冒頭に，道化にとって欠かせぬ条件の一つは「正常な市民の基準に照らして異形の風采」と記し，次いで，矛盾対立した要素を同時にはらんでいることとする。

「短矮の躯」にみごとな髭。万字巴の羽織を着たキリスト教徒。あしたに祈りをささげ，夕べにステテコ踊り。「アレでも米国に留学したかと思はれる程，昨今では蛮カラを通りぬけて肱にシキシの当つた洋服をつけ，インバネスの襟を立てゝ東奔西走する」男[7]。

1909年暮れ，「劇談会」機関雑誌『演芸文庫』発刊披露の宴席のことである。このとき，幹事から「当夜出席者の容貌風采が忠臣蔵の人物中誰れに似て居るか投票して下さい」との命がくだされた。その結果やいかにと見れば，「由良之助の最高点者が上田敏君で伴内が湯浅半月君，高師直が鹿子木孟郎君で，判官が島華水君，それから勘平は誰ぞと見てあれば薄田の泣菫君と云ふ如才のない見立」と出た[8]。

敵役にも数々あれど，実悪（敵役のなかでも最高のもの）となれば高師直，半道敵（滑稽味のある悪人）と言えば，鷺坂伴内。

三段目に登場する伴内は「おかしみの道化」，「顔も白一色に塗ってサーカスのピエロのよう」[9]と記される。また，「落人」の場での伴内は，おかるに横恋慕，「殿中の刃傷の模様を鳥づくしのせりふで，糸に乗って滑稽に語り」[10]，勘平に打ってかかるが，逆にやっつけられる。だが，昔から伴内ファンというへそ曲がりも少なくないという男でもある[11]。

半月また滑稽に語るを得意とし，言葉遊び，駄洒落また得意とした。例えば，文人・画人の集まりである「二十日会」歳晩会において，「さア今度は大晦日といふ題で合作だ」と号令を発し，「首まではまさか取るまい大晦日」，「首くゝる縄切れもなし大晦日」，アハヽ，アハヽ，などとしきりに笑い囃し立てたと報ぜられている（京都日出新聞 1908.12.23）。「どう

しても半月は人気男だ」(京都日出 1911.9.22)。

　しかし,「頭も低く人と争はず」[12] と記される一方, 彼は「罵倒」という遊戯をも愛する。これもまた二十日会。名古屋共進会の美術の話に及んだ時, 半月は,「全体に出品の画は紙屑同様」と罵倒。同席の強面の洋画家鹿子木孟郎が, 自分の日本画は売れたよと鼻うごめかすと,「ソコが名古屋式で皆目画など分らんのだ」とまたまた罵倒。「かうなると何だかどれもこれも口角泡を飛ばす物騒な男かと思はれるが」[13], 半月, 愛嬌男ゆえに罵詈雑言も許された。

　「賢」なのか「愚」なのか,「狂気」なのか「正気」なのか, 悪徳なのか美徳なのか, 天使なのか悪魔なのか。おそらくそのような二者択一的設問の根拠となる枠組みをとっぱらうことこそ道化の任務, と高橋は言うが,「一体賢か愚か」と京阪万朝社記者は評し, 魯庵また,「真物乎将た贋物乎」[14] と嘆じた。

　『十二の石塚』で文学史に名を残す半月は, 1919 (大正 8) 年,『書画贋物語(しょがにせものがたり)』(二松堂書店) を刊行した。ここで彼は, おおいに「贋物」の効用を説いた。彼の茶目っ気と口舌の巧みは, 1928 (昭和 3) 年の『書画贋物物語』[15] という実にじつに面白い講演集でも窺えるし, さかのぼって, 薄田泣菫が記した半月の講演傍聴記にもうかがうことができる[16]。

　雅号「半月」の由来を言えば,「半月」とは, そも,「琵琶」の異称である。湯浅半月は平家琵琶を波多野流最後の検校, 藤村性禅に学んだ。「君に取つては琵琶の前には何も眼中にない」。「朝むつくり起きて用の別にない時は, 祈祷もせずに直ぐ琵琶を弾出す, すると基督教の信仰厚き細君は, それでは主イエスに済みますまいと聖書を押付ける, 此処に小葛藤が起る所から, 君は遂に争ひの種になる聖書を何処かへ隠し, 琵琶を持つて窃に駈出し, 細君の眼を竊んで築山の陰で弾く」[17]。

　揶揄されながらも半月は琵琶にのめり込む。何にせよ, のめり込むのが半月のならい。しかしながら, この波多野流は 1911 (明治 44) 年, 性禅の没によって完全に途絶える。もはや, 現在, この語りを聞くことはできない。

　しかし, ここに奇跡が起きた。現在でもCD等で半月の声を聞くこと

ができるのである[18]。湯浅半月「弓流し」。それは「弓流し」の中のわずかの一節に過ぎない。解説には「波多野流の，おそらく唯一の録音。平家詞曲の素朴さと，はっきりした発音が味わえる」と記されている。されど，解説は続く。「しかし，相伝者ではないことと，琵琶の第三弦の調弦ができていないのが残念」と。

真物・オリジナルが失われてしまえば，現存する贋物・コピーにしかその消息を尋ねることはできない。贋物の価値はここにも存する。贋物を讃した半月，自身が燦然と贋物として輝いてしまうのである。

道化とは，「機知と悪態と笑いによって『賢』と『愚』の価値基準をくつがえし，共同体の慣習と秩序を撹乱し活性化したあげくに，やがて『法』によって追放される」とは高橋の弁。まさに半月，道化の資格十分たる人物であった。

3. 湯浅，図書館を語る

湯浅は西欧知識を身につけて帰朝した人物であり，また，普段においても洋装で通した。やがて彼はあちこちにそのイメージとの落差を露呈しつつも，西欧の図書館を紹介するという伝道師的役割を果たしていく。

その一つとして，例えば，大阪朝日新聞附録「近世的図書館の特徴」（1912.7.28）があげられよう。彼は記す。

図書館にも「古代的」と「近世的」の2種がある。「古代的図書館」とは，旧来の書籍を死蔵するだけ，ぼんやりと老朽閑散の人に保管させてわずかに少数の人の閲覧を許すのみ，さほど社会の益をなすものではない。一方，「近世的図書館」は広く有用の図書を蒐集し，分類法によって秩序的に陳列，目録も編纂して読者と書籍とを結合する。「近世的」はたいがい公立で，図書は無料で公衆に提供される。

「我が邦に於ては多数の図書館が未だ閲覧料を取つて居るが将来必ず無料にて閲覧を許す自由図書館とならねばならぬ」。

「書庫の開放」もまた，近世的図書館の特徴である。これまで，書籍の紛失，盗難の恐れあるとして実行が危ぶまれていたが，その失うところはその得るところよりおおいに少ないとして，いまやアメリカでは大図

書館以外は書架を開放している。また，その大図書館でも数千冊の書庫を選び陳列して，自由閲覧を許している。

閲覧証がなければ統計がとれず，お役所に報告することができないと言うが，閲覧室は統計報告を作るために開いているのではない。また，目録を見て図書を知るというスタイルは，洋食を食わないで，献立表ばかりを見ているようなものだ。読書趣味を養うには，書庫を開放するに限ると湯浅は断じた。

続いて彼は，「児童閲覧室」について述べた後，次のように記す。

わが国の小学生徒で上級学校に進まぬ者は9割に及び，その数毎年百万を越える。これを救うに補充学校や講習会等が設けられているが，数に限りあり，その効力はとうてい図書館に及ばない。小学校に多くの金を費やし，その継続教育にあたる図書館設備に金を惜しむのは，百円で出来上がる物品に3円を惜しんでパーにしてしまうようなものだ。また，学校卒業後に読むべき書籍を与えないのは，ナイフとフォークの使い方を教えて，食物を食わせないのと同じだ。わが国では学校はいたるところにあるが，図書館ははなはだ少ない。まさにこの例にあたるのであると湯浅は結んだ。

湯浅の記述は，講演と同じく，比喩が巧みで，笑いとともに読者を巻き込む。半月はやはり語りの人物，近代図書館の伝道師としても一流であった。

だが，湯浅の評価となると，これまでの図書館界においてはさほど高いとは言えないであろう。地元紙でさえ退職後は，半月創始の「児童図書館」を「在職中に於ける唯一の効績」（京都日出1916.9.8）とあげているのみ。確かに，彼は地に足のついた市民運動的人物ではなかったし，行政手腕のある人物でもなかった。だが，そうした視点だけで図書館は成立するものではない。彼の「よさ」はどこに一番発揮されたか？　それは文人的・趣味的ネットワークを介した図書館活動だと言ってよい。彼は，京都は美術，と宣した。図書館のスタンスを美術・歴史・工芸に，彼は置いたのである。

1909（明治42年）に新設された図書館3階の二つの陳列室は，そうし

た場所として湯浅の格好の舞台となった。中でも，美術展覧会の開催は，この図書館出色のものである。

　湯浅は，浅井忠が中心となった洋画家「二十日会」の主要メンバーであった。彼は京都では劣勢の洋画家を支援，京都図書館を舞台に，彼らの展覧，即売会まで開催してやっている。また，十日間にわたる日本画の速成画講習会も開催したりした。そうした中から，白樺社の美術展覧会が生まれ，竹久夢二の第1回作品展覧会もまた開催され，若手の日本画家，洋画家，素人画家たちの会場の場ともなった。それらは単なる場所貸しというだけではなく，湯浅や，図書館側から種々の手が差し伸べられた会だった。

　こうした活動の詳細については，筆者は別誌に連載中であり，量も膨大となることからここでは差し控えたい[19]。湯浅の一番の輝きをここで述べられないのは残念であるが，本稿では，湯浅にとって最もシビアな面を取り上げ，見てゆくこととする。

4. 濫費さる〻事あり

　京都図書館の「図書購入は今日迄全く館長の専断によりて之を行ひ来りしかば此間に種々の弊害蟠り時には図書館としては余り必要ならざる高価の書籍を購入する為めに濫費さる〻事あり殊に湯浅館長は其御用達たる寺町山田書籍店其他一二の書籍店と結托して此間随分如何はしき行為あるやに噂されつゝある」（京都日出 1909.11.28）。

　記事中の「山田書籍店」とは，山田聖華房のこと。京都寺町の古書肆・聖華房主人山田茂助は，唐本および法帖のことに最も精通し，写本，古記録類および古写経等にも相当の自信を有した。また，古版木を蒐集して，それを摺り出し刊行もした[20]。

　この聖華房に 1900（明治 33）年に小僧として入店，1911 年まで奉公した井上和雄は，1908 年の秋，徳川時代の書肆についての編纂を発起。これが後に『慶長以来書賈集覧』に実を結ぶのだが，聖華房退職後，大阪は宮武外骨の雅俗文庫を経て，1913（大正 2）年 4 月，京都府立京都図書館職員となった。だが，その京都図書館も 1 年で退職。『慶長以来書賈集

覧』の仕上げにかかり，ついに 1916 年 9 月，その書は彙文堂（京都）から刊行された。

　この後，彼は東京に出て，外骨の世話により酒井好古堂の雑誌『浮世絵』の編集に参加。以後，浮世絵中心の研究を続ける。震災後には，吉野作造，外骨らと明治文化研究会を起こし，その機関雑誌『新旧時代』の編輯も担当した。

　彼の著書『書物三見』は増補されて 1978（昭和 53）年，『日本書誌学大系』（青裳堂書店）第 4 巻として復刻された。くしくも，この『日本書誌学大系』第 9 巻として刊行されたのが，森潤三郎『考證学論攷』（1979）である。

　潤三郎はご存じの通り，鴎外の末弟であり，1909 年暮れ，上田敏，湯浅のルートで京都図書館職員となり，1917 年，風俗壊乱書籍刊行の罪で離れるまでここに勤務した。つまり，井上と森とは，湯浅が館長時代の京都図書館で席を同じうした仲なのである。

　1915（大正 4）年，京都の古書肆細川開益堂は小冊子を創刊するにあたり，京都図書館長の湯浅に相談。館員森潤三郎がこの任に当たることとなり，発刊されたのが『ほんや』である。井上は京都図書館を離れた後も東京に出るまでの間，潤三郎の協力者としてここによく寄稿した。この『ほんや』について，反町茂雄は，「内容も体裁も大正初年としては日本一立派なもの，イヤ，今日に至るまでも業界には比類の多からぬものです。今でもこれだけの体裁のものを続けて出すことは容易でない」と，その質の高さを絶賛している[21]。

　潤三郎はこの図書館勤務時代に江戸時代蔵書家を主とした考証を開始する。これは後に大著『紅葉山文庫と書物奉行』（昭和書房 1933）に結実した。おそらく，井上の江戸の書肆研究が彼を刺激したに相違ない。こうした雰囲気こそが，湯浅が館長であった京都図書館のものであった。

　京都府立図書館は現在，ＷＥＢ上に貴重書データベースと銘打って画像を公開している。この中に『平家物語』が 6 点登録されていて，すべて湯浅が館長時代の購入である[22]。集められたものはいずれも語り本系。これは湯浅が平家琵琶の会，平語会のメンバーであり，彼自身が平家琵

琶最後の伝承者でもあったという因縁による。
　また，森が扱ったものとしては[23]，『伊勢物語闕疑抄』が貴重書データベースに，『古今集序註』は『京都府立図書館善本目録』に録されている。こうした京都図書館の古書肆も含めた古書，古典籍のネットワークの大きな成果が，1914（大正3）年から1917年にかけて刊行された『京都叢書』（主として江戸期の京都の地誌・案内記等を集めたもの）であった。
　岡野他家夫は記す。「足立栗園の『江戸叢書』全十二巻と湯浅吉郎編の『京都叢書』全十六巻とは類書中の白眉と言えよう」[24]。
　しかしながら湯浅は，京都府会から古書，高尚な本など図書館には要らない，と絶えざる糾弾を受ける。現在では京都図書館の貴重書として珍重される平家物語本など，この時真っ先に矢面に立つはずのものであった。
　1909年の府会をまず見ておこう[25]。新設されて建物は立派になったが，この図書館には書籍がないと議会は指摘，次年度図書予算を4,000円から5,000円にアップすることを要求した。にもかかわらず，当局からは4,000円に差し戻された。事はここから発した。
　が，蔵書数が少ないという問題は，選書方法の問題へと論点はずれてゆき，アップを要求した議員たちにも，今の購入方法のままなら（館長を取り締まらなければ），アップの必要なしが大勢を占めてしまうことになる。
　京都図書館はどのような図書館であるべきか，その像がまったく共有されない中で，ある議員は，高等学校生用の図書がない，専門の図書がないという学校生徒の言を前面に立てて攻め，ある議員は，いや，それらはそれぞれの学校図書館にまかせて，工業，文学を買え，専門書より一般の本だと述べ立てた。
　ところが，湯浅への悪口はいずれも一致した。いわく，(1) 館長にはその買い入れ方法に，世間聞くに堪えざる事がある。(2) 館長は原書や文学方面のみに重きを置いて，法律書や経済書は分からぬからと時代遅れのものばかり購入している。(3) 古いものばかりでなく，新しいものを入れよ。図書館を古本屋・骨董店にしてはならぬ。
　唯一，京都史蹟に詳しい碓井小三郎議員が，資料には京都の図書館と

して備えなくてはならぬというものがある。例えば古記録類，こうした古著本は他の図書館ではありえない。また，京都の地域に発掘物が出た場合，それを調べるものが必要である。さらに，本には，今でしか買えないというものがある。4,000円ではまことに少ないと声を励ましたが，多勢に無勢，あえなく終わった。

この時節，日本の古書業界は「顕著な成長」[26]期を迎えていた。善本と普通本との区別がはっきりとし，稀覯善本の値が急激に騰貴した初めての季節であった。古書の翻刻もまた盛んに行われた。好古趣味の人，文芸愛好者の数がふえ，古典籍収集家もまた急増した。

先の『京都叢書』について言えば，例えば『京童（きょうわらべ）』は京都府立図書館所蔵の版を取り，不明の箇所は京大附属図書館のもので校訂を加えた。『跡追（あとおい）』は京大のもの，しかしこれは落丁その他あって，帝国図書館に照会して，対校。『菟芸泥赴（つぎねふ）』は京大のを底本とし，碓井小三郎その他個人所蔵のもの，京都府立図書館寄託本をもって校訂。『出来斎京土産（できさいきょうみやげ）』は山本臨乗氏所蔵本。『都花月名所（みやこかげつめいしょ）』は京都図書館と碓井氏所蔵本を対校して，というように手間ひまのかかった刊行であった[27]。また，個人所蔵のものは日頃，湯浅あるいは図書館とのネットワークができていなければ，所在もつかめず，借用もできなかったであろう。

だが，大学図書館ならいざ知らず，このとき公共図書館界では別の動きが顕著となっていた。庶民文化の向上，通俗教育の担い手としての図書館を，という叫びが大きくなった時節だったのである。新しい本を買え，はこれを背景としている。

こうした新しい動きと，あわせて京都という地域の歴史性，郷土性を考慮した予算を組む，それには増額するしかない。まっとうに考えればそうなるわけだが，それを阻んだのが，その場に不在の湯浅図書館長であった。

5. 露骨にいへば

1915（大正4）年，その年も押しつまった日の京都日出新聞を，湯浅半月はどんな気持で眺めたことだろう。そこには，「教育上の三問題　湯浅

図書館長の不信認」という見出しのもとに，こう記されていた。
　「露骨にいへば現在館長湯浅半月氏を逐出さんとするに在り」。「其理由とする処は多多あるべきも其主たるものを数ふれば同氏の人格を疑ふこと又同氏は他に内職ありて充分に館長の職務を執り得ざること等にして」「先づ同氏不信認の意味にて同氏の年俸八百円より百円乃至三百円を減ぜん」というもので，近い将来「諭旨免職の処置を執る」と約束するのであれば，削減せずともよいという内容の府会報告記事であった[28]。
　「同氏の人格を疑ふこと」とは，由々しき表現だが，事の発端はまたまた図書館費，次年度の予算問題であった。まずは12月15日の府会[29]。理事官説明のあと，新人議員鈴木吉之助立ち上がり，「現在ノ館長デアルト我々ハ増額ヲシタイト云フヤウナ動議モ実ハ出シ兼ル」と従来の争点を蒸し返した。だが，今回はそれだけでは終わらなかった。
　これまた新人の橋井孝三郎議員が，強烈なパンチを放ったのである。ここの図書館は，本を積んで読みに来るのを唯待っているだけ，本の整理だけを本務と考えているとしか思えない。図書館というものは「成ル可ク安価ニ成ル可ク便利ニ」新しい本を供給することによって読書力を増進せしむることが最急務なはずである。しかし，そんな試みは全くなされていない。「岡山県，神戸市〔中略〕大阪ハ申スニ及バズ其他経費ト比較シテ閲覧者ノ数ノ少イコトハ甚ダ本府ガ劣ツテ居ル」と，1913（大正2）年のデータをもとに指摘し，「此図書館ニ何等施設ナシ」と彼は断じた。
　次に，問題点として橋井議員は館外貸出を取り上げた。本府では公共団体，学校等にのみ貸出を行っているようだが，本来ならばそれは一般府民を対象とすべきではないのか。「近世ノ図書館ハ何処デモヤツテ居ルコト」なのに，「此図書館ハ面倒ダカラト云フ意味デヤツテ居リマセヌカ，又之ヲヤラレル考ハ無イノデアリマスカ」と詰め寄った。
　皮肉にも，これらの橋井発言は，湯浅の「近世的図書館」論そのものである。おのれの言説がおのれを追いやる因となる。これまさに道化の運命（さだめ）。
　これに対し，理事官は，自分は奈良県にいたので知っているのだが，京都は閲覧料を取っているが，奈良では閲覧料を取っていない。勝手次第

に入ることが出来るのだから，閲覧人員は多数になるはずだ，条件の違うところを知って批評願いたい。とは言え，「何ンニシテモ図書館ノ今日ノ現状デハ到底イカヌト信シマス」と答弁した。

これを引き取り，橋井議員は再質問。奈良は閲覧料がないから閲覧者が多い。それはもっともな意見だ。それなら京都もそうすればよい。そうする考えはないのか？　と。

これに対し，理事官は「今ノ処ハサウ考ヘテ居リマセヌ」と答弁，この日は終わった。

橋井議員は，1913年の統計数字を前面に出して，京都図書館の費用対効果の低いことを証明して見せたが，実は実際の数字とは違っていた。『日本帝国文部省第四十一年報』[30]の数値によって，「閲覧人員÷経費」を算出してみると，橋井議員が選択した図書館の1円当りの閲覧人員は，以下の通りの順となる。

　①山口 14.62人 ②岡山 11.14人 ③神戸 8.98人 ④大阪 7.57人 ⑤奈良 7.51人 ⑥京都 5.63人

但し，このうち，閲覧料収入が上がっているところが3ケ所ある。大阪，神戸，京都である。経費からそれぞれ閲覧収入を差し引いて，もう一度計算すると，以下の通りとなる。

　①山口 14.62人 ②岡山 11.14 ③神戸 10.79 ④大阪 8.96 ⑤奈良 7.51
　⑥京都　6.16

いずれにしてもこの中では，経費1円当りの閲覧人員は京都が最下位である。

橋井議員は，他図書館の数値を誇大にして責め立てたことは事実であるが，京都図書館が数値的に見劣りしていることは確かであった。

その大きな原因の一つに，京都図書館の立地条件ということもあるが，ここではその論の展開は控えておこう。また，閲覧料なし，閲覧料半減等の問題，館外貸出問題については湯浅の勝手にできる問題ではなかった。が，湯浅たちがただ手をこまねいていただけなのかと言えば，そんなことはなかったし，年来，各図書館に調査に行きもし，創立記念日付近には無料閲覧の試行もしている。大阪朝日新聞京都附録は記す（1915.12.23）。

大阪府立図書館等に実行して何等弊害を認めぬ図書帯出特許規程の如き既に本年八月以前に府当局者に向つて館員から草案を提出したるにも拘らず今尚何等の決定を見ない。

閲覧料金を無料にすることを早々に否定するのも理事官。さらに言えば，選書についても大正4年度からはガラス張りに改められている。それでも，湯浅はターゲットとなった。

12月27日，もはや，理事者には任せておけぬと調査委員会委員長鈴木吉之助は宣し，「先ヅ館長給ヲ百円削減スルガ適当ナル改革方法デアルト云フコトヲバ皆意見ガ一致」したと報告[31]。採決は委員会修正案通り，賛成者多数起立となり，湯浅の減俸は可決された。

以上の推移において，湯浅に意見は一度も聴取されていない。が，ここに大阪朝日新聞京都附録記事「京都の図書館」(1916.2.24)がある。この記事は半月からの取材と断じてよいだろう。

まず記事は，「京都の特色は美術」だとし，「美術に関する蔵書は京大の図書館よりも多く」，文科大学の学生も多数閲覧に来ると誇り，書籍購入費4000円については，「一見莫大の様に見えるが」，年間の新聞雑誌購入費は優に500円を超え，予約の書物もまた年々300〜400円を要するから，実際に使えるのは3000円だ。これでは買えるのは，1000冊から2000冊に過ぎないと訴えた。

また，近隣の図書館との比較について言えば，大阪府立図書館の閲覧者数は一日平均350人内外。京都は200人以上。「大阪は京都に比して人口は二倍以上にも達して居る」のだから，「大阪に比較して京都は読書力が大なりといふても差支がない」。京都図書館も1909年の新築以前は一日80人くらいだったのだ。と，湯浅は別の評価軸を提出した。

確かに，利用者という視点からの図書館評価ともなれば，現在でもそれはかなり難しい。手っ取り早く，閲覧・貸出冊数，入館者数という見やすいデータが取られる。その一方で，行政側からすると，それはお金に見合った施設か，となる。費用対効果という視点がこの期に出現したのだ。経常費1円に対して閲覧者数何人という数字は出せる。が，それがよい数字なのかどうかを判定する基準はない。となればどうしても他

館との比較に頼るしかない。あそこに比べて悪い数値じゃないか，順位づけである。これは明快だ。しかし，それは他館との比較，という競争の中での数値である。ここには歯止めがない。相対地獄。文化を測ることはむずかしい。

橋井が対象とした各府県（市）のうち，1915（大正 4）年の統計書で取れるものを拾ってみよう（表 1）[32]。

表 1　大正 4 年度　　　　　　　　　　　　　単位は（円）

大正4年	学校長園長館長俸給	教諭助教諭調導俸給	書記俸給	雑給	旅費	図書器械標本費	器具費	消耗品費	修繕費	其他ノ諸費	計
京都府	800	-	1,008	2,399	68	4,000	482	1,500	300	2,650	13,207
	6.06%		*7.63%*	*18.16%*	*0.05%*	*30.29%*		*11.36%*	*2.27%*	*20.07%*	
				31.85%							
大阪府	1,400	-	4,295	3,234	249	7,483	711	1,971	310	3,541	23,194
	6.04%		*18.51%*	*13.94%*	*1.07%*	*32.26%*		*8.50%*	*1.34%*	*15.27%*	
				38.50%							
山口県	1,300	-	840	1,443	387	3,762	296	406	192	1,226	9,852
	13.20%		*8.53%*	*14.65%*	*3.93%*	*38.19%*		*4.12%*	*1.95%*	*12.44%*	
				36.37%							
神戸市	-	1,077	1,216	789	59	2,999	462	243	86	1,420	8,351
		12.90%	*14.56%*	*9.45%*	*0.71%*	*35.91%*		*2.91%*	*1.03%*	*17.00%*	
				36.91%							

　イタリックは（それぞれの費目の比率）
　ゴシックは（経常費全体に対する館長俸給等・書記俸給・雑給合計額の比率）

館長俸給は京都が 800 円，大阪が 1400 円，山口が 1300 円。圧倒的に京都が低い。経常費における人件費の割合も京都が一番低い。だが，このうち，「雑給」だけを見ればこの比率は京都が一番高い。つまり，京都は安給料の働き手（下足番その他）の数が多いことを意味している。『図書館雑誌』にも，「京都図書館の分丈けは，調査粗漏の為，或は事実と多少相違する点があるかも知れない。併し兎も角も，安値に人を使用せらるゝこと，恐らく此館に及ぶものはない」[33]と記されている。

また，経常費における図書費の比率も京都が一番低い。では，京都の比率が高いものは何か。消耗品費，修繕費，その他の諸費である。建物が凝っていて，各所に人を張りつける必要になっていることも考えられ

ようし，修繕費も1915年は少ないほうだ。1912年には新営費もかなりの額だ。いつも建物に手を入れていたのだろうか。

ともあれ，人件費や図書費にお金は注ぎ込まれず，経常予算費と閲覧人員だけで計算されてもそれは何の数字か，統計の魔術に過ぎないとも言えよう。

6. 人格を疑ふこと

「私義病気ニ付辞職致度其旨御許可相成度別紙診断書ヲ添ヘ此段御願候也」という「辞職願」[34]が，1916（大正5）年5月3日，湯浅から文部大臣高田早苗宛に提出された。

「診断 神経衰弱症」。湯浅に「神経衰弱症」は似合わないが，これもこの時節の知識人の病いであったから，それを借りたまでのことかも知れない。届けは5月に出されたが，事実上は3月末日をもって終わっている。京都日出新聞は伝える。

昨冬の京都府通常府会において府立図書館長の年俸が，800円から700円へと減俸の決議がなされた。これを甚だ不快として湯浅館長は内々に東京方面に向け転職運動を展開，ようやく新しい就職口が決まったようだ。それは「矢張り現在の職務と相似たるものゝ如く年俸も千円位なり」。となれば現在よりは高給，まずは「栄転」と見てさしつかえなかろうと（1916.3.31／3.30夕）。

日出新聞は5月の段階ではもう湯浅のことは報じなかったが，地元紙ではない大阪毎日新聞はあけすけに報じてみせた。まず，湯浅館長は大森前知事の庇護によって今日まで辛うじて現職にあったのだとパンチを浴びせ，図書館関係者の弁を次のように記す。

「湯浅氏は元来基督信者であつて此方面に相当の信用を博してゐるが実は祇園や先斗町などの粋な方面に発展してゐるので余ほどお手元が苦しくなつたか不渡手形などを発行して不祥を招いたのは甚だ遺憾な次第である，ソレらの事から自然噂もよくなかつたので」府会は館長の年俸を減じたが，当人は「ドウセ年俸のみで生活してゐるのではないから辞職はしないと云つて居すわつて」いた。しかるに，彼が辞表を提出した

のは知事が辞職したからである。今度市島謙吉氏が早稲田の図書館長を辞するのでその後釜に据るのだと言っているそうだが,「ソレとてドコまで信用すればよいか分らぬ」とまったくにべもない報道であった[35)]。

一方,地元紙のひとつ,大阪朝日新聞京都附録は愛すべき湯浅の像を描出した後,わずかな年俸でありながら,「府会では可愛想に非難攻撃の矢表にあつて」,居たたまれず,ついに京都におさらば,「早稲田大学図書館長に就任することになつた」(筆者注:実は館長ではなく顧問である)。「半月君は京都の名物男であつたが惜しい事をした,泣くものは祇園あたりにもあるやなしや」[36)]と報じた。

先に,湯浅の業績として陳列室の開放,種々の催し物の開催を述べたが,1915(大正4)年は「尾形光琳二百年記念展覧会」「歴代宸翰展覧会」など大きなイベントはあったが,回数的にはそれまでに比し,減じている。代りに湯浅は百貨店大丸の催事「遊女風俗展覧会」「団扇画展覧会」「かゞみ展覧会」の発起人となっている。憶測すれば,これも「お手元が苦しく」という事情によるのかも知れない。

糾弾は府会だけではない。1915年4月開催の「古代武器及び図書展覧会」に関し,警察に以下の投書があった。

…岡崎府立図書館ニ催開スル古道具屋然タル雑多ナル武器陳列ハ観覧料拾銭トシテ某書林主人ノ催主ナリ是一個人ノ営利的興行ニ均シキコト府立図書館ヲ利用スルハ何ソヤ間々湯浅ナルモノ報酬トシテ或書冊ヲ貰ヒ受ケタリ図書館借入無料ト云如此ハ府トシテ黙止スルカ人形屋モ呉服屋モ無料ニシテ許スヤ府トシテ悪習慣ヲ残スナリ[37)]。

だが,この展覧会に限らない。京都図書館はハナから陳列室を無料で貸し出していた。入場の有料・無料は催主次第で,白樺主催の美術展や夢二の作品展のようにお金をとった催主もあった。おおらかと言えば,おおらか。これによって図書館でも種々の楽しいイベント開催が可能となったのだが,投書はそのおおらかさが通用しない時代にさしかかって来たことを示唆した。

投書に見える「某書林主人」とは,春和堂主人若林政吉である。美術古書を中心に珍書を扱った。半月の活動は,ある種の色眼鏡で見ると一

貫してそう見えてしまうというところにスケープゴート的素質が十分にあったと言えよう。

名コラムニスト泣菫もまた、半月氏の「例の女買ひ」について記した後、さらに「湯浅夫人は神戸の女学院にゐた頃、書庫の図書を一冊も残らず読み尽したといふ程の読書人で、図書館長としては半月氏よりも、ずつと適任者」とからかつてみせた[38]。

だが、後年になつて、泣菫は、「明治の詩史を編むものは、同志社出身のふるいヘブライ学者であるY氏の、この方面における先駆者としての功績を忘れるわけにはゆくまい」と述べて、彼の詩の特色を次のように抉り出している[39]。

Y氏の詩の特色として際立つてゐたものは、キリスト教の伝説と信仰とに根をおいた思想と、諷刺滑稽の才分とであつた。その詩のなかには、どうかすると厳格な宗教思想と滑稽諧謔の才とが、互に脚をのばして馬のやうに蹴合つてゐるところもあつた。その教養と性格とが一つのものに纏らないで、互にいがみ合つてゐたのは隠すことの出来ない事実だつた。長い間の厳格な教養も、信仰も、作者が持つて生れた滑稽諧謔の性格と才分とをどうすることも出来なかつたのだ。

続いて泣菫は、半月との東京での再会についてふれて述べる。「いつだつたか、築地のある劇場でひよつくりと顔を合せた時は、古風な頭巾と十徳とを着て、俳句の宗匠ででもあるやうに侘しくとりすましてゐた。私を見ると、むかしのやうに馴れ馴れしさうに肩を叩いて、『私もたうとう京都の家を潰してしまひましたよ。亡くなつた父は傑物で、金儲も蕩楽も人並はづれて好きでしたが、私の兄は金儲で、私はまた蕩楽の方で、やつと父の跡目をつぐことが出来るやうな始末で。』といつて、いつものやうに笑つてゐたが、私はどうしても笑へなかつた。そして『血の復讐だ。ここにも教養と性格のいがみ合がある。』と、心のなかでさう思はずにはゐられなかつた」。

言い直せば、「道化」の精神が、半月のなべてのものを食い破つてしまつたということになるだろう。府会の図書館攻撃は口実であり、内実

は「同氏の人格を疑ふこと」こそが「不信認」の真相であった。

明治期後半,文芸界においては「文芸と人生」問題が浮上,さかんに論議されだしている。この論議には,あきらかに世代差が見られた。青年たちは「文芸」と「実行」の一致を熱く叫んだ。「自我」「自己」という言葉が青年たちの間を飛び交った。いかに生きるか。「自己実現」が彼らの課題となった[40]。作家が雅号を棄てたのもこの時節のことである。

合理性を建前とせねばならぬ前期資本主義社会においては,思想・芸術の表現形式においても,「生真面目さ」と「一貫性」と「内容」の三つが,緊密に結びつくのだという山口昌男の指摘と,これは対応する[41]。

コックスは,「生真面目な世界」は,「審問的な宗教」,「全体的国家」のほかに,「なめらかで効果的な技術支配(テクノクラシー)」によって創造されると述べ,中でも,「テクノクラシー」を最も徹底したものとして恐怖した[42]。「技術支配」とはマニュアル化のことであろう。マニュアル化とは,大衆化のことでもある。

> 十八世紀以後,近代科学及び啓蒙思想が人間性の将来に対して限りない楽天的な見透しを持ったのに対して,道化は人間の未来をバラ色に描くという趣味を毛頭持ち合わせなかった。〔中略〕道化の,人間は愚かな者,利口ぶれば利口ぶる程愚かさをさらけ出さざるを得ない存在という省察は相容れなかった[43]。

道化は,合理的識別の努力を嘲笑する。だから,道化を前にすると,どうしても笑いを欠いた近代的合理精神はいらだつことになる。

生活と書くものとの一致。理想とされたのは,「生真面目さ」と「一貫性」と「内容」の緊密化であった。それが明治後期の青年たちの人生問題であった。1915年の府会において湯浅を追及,追放へとおいやるのは,まさにこの新しい世代,当選したばかりの青年新人議員たちであった。

7. 図書館を遠く離れて

図書館を離れて後,湯浅が図書館について記したものが二つある。いずれも昭和に入ってからのものだ。①「現代的図書館思想」[44] ②「図書館随筆」[45]。そこでの湯浅の主張は次の言説に尽きる。

「図書の在る所へ人を集める時代は既に去つて、人の住む所へ図書を配達して読書せしむる時代が来て居るのではないか」(①)。

市民は電話で借書を請求、図書館は自動車で配達する。利用者は家に居ながらにしてサービスを享受することができる。それが彼の理想だった。

また、図書館は「娯楽機関」だと彼は言う。「単に小説の普及所であると」非難されても怖れることはない。図書館はただ、「一切の不審な制限束縛」を取り去って、後は一切前面には出ず、書物と利用者とが互いに親しく交際を結ぶに任せればよいとしている (①)。

①と②とでは、一つだけ相違点がある。それはそうした「館外貸出事業」の求める先を、②は図書館ではなく、「百貨店」の任務としたことである。

図書館にはお役人がからむ。管理がうるさい。日本では館外貸出はあっても、「保証人だの、保証金だの、優待券だのと云つて、人間に良心の存在することを否定した貸出法」(①) で、その規則と言ったら「米国の監獄図書館のそれよりも厳しく、官僚的に拘束を主とした煩瑣極まるもの」(②) と彼は憤る。

図書館は蔵書家（マニア）のためにあるのではない、読書家のためにあるのだ。その区別もつかぬ「官僚」にまかせておいたら、図書館は機能しなくなる。ましてや、「其処が学務課の役人のウバステ山では」なおさらである (②)。

湯浅の生家は商人だった。商人は「決して終日店頭に座して顧客を待つの愚を為さない」。彼らは全社会を相手とし、「各人の趣味に合し、且更に自ら進んで益々新しい要求を作らんとして力めて居る」(①)。こうした商人を理想とせねばならぬ。

湯浅の頭にあるのは、会員制の図書館だった。「会員組織の事業は会員が少なければ成立せぬ、されど会員が多ければ成功する。新刊物の貸本業は健全なる営利事業である。そしてこれを実行し得るものは百貨店である」(②)。

湯浅の昭和の発言には、図書館と官僚に対する絶望がある。だが、それだけではない。「会員組織の事業は会員が少なければ成立せぬ」に注目

しよう。なぜならば湯浅自身，その会員制図書館を試みようとしたことがあったからである。

　大阪朝日新聞京都附録は伝える（1910.7.11）。京都図書館は，読書家で信用のある一団を組織した会員に対し，全員に書籍目録1冊ずつを配布，各自要望の書籍については，3日ないし5日おきくらいに配達夫をして送らせる。会費は月30銭くらい。これは配達賃，及び新書購入費にあてる。来る9月より実施するはずと。

　こうしたドン・キホーテ性が湯浅の湯浅たる点である。彼はその前年にも以下のごとき希望をなしている。

　　京都は四時観光外人の絶ゆる時なく，渠等（かれら）の読書癖ある，好んで図書館を訪ふものあるを以て，湯浅館長は今回此等外人に対し，図書を貸与へ，別に閲覧室を設けて便宜を与ふるは勿論，館外貸与をも許し，投宿ホテルを以て責任者と定め，新着英，独，露，仏等の外国図書目録をホテル食堂内に掲げて，読書家を益せんとし，猶進んで信用のある者に向つては館外貸与の便を得せしむべしと（大阪朝日・京都附録　1909.4.5）。

　まさに湯浅の面目躍如というところ。実際にホテルとどこまで進展したのかは知られないが，図書管理にうるさいお役人が許すわけもないだろう。半月の弁は，思いつきであった可能性は大きい。だが，半月はアメリカの美術館が種々の機関に画を貸し出していることを実際に見聞し，図書館がそれを見習うべきことをあちこちで説いた人物でもあった。

　さらに，「日本人の読書法」[46]という軽いエッセイでは，日本人の気ままな読書スタイルとして，「随読」（行き当たりバッタリに開いて読む），「臥読」（寝転んで読む），「歩読」，「車読」，「夜読」をあげる。しかし，これらはみんな図書館では禁止されているのだから，読書家は図書館に近づかぬ。そこで湯浅は，「オイ丸善君」と，「読書館」の設立を呼びかける。「何処か交通の便利な所に庭園の広い邸宅の空家があつたら買つてくれたまへ」。

　そしてそこには辞書類だけを置いておく。「読む図書は入館者が銘々持参するか，君の店で買ふから，書庫も目録も要らない。机と寝台と食堂

と自動車とがあればよいのだ」と。

くつろいで読める場所。それはまさにブック・カフェ的発想である。湯浅の視点は完全に利用者の視点だ。図書館から遠く離れて，昭和の御世に湯浅が夢を託した先は，図書館ではなかった。

京都図書館長時代にも，こうしたらどうかな，こうなったらいいな，思いついては，ちょっとやってみていたのである。が，うまくいかない。続かない。それは泡のごとき所行であった。彼は夢見る乙女ならぬ，夢見る道化師でもあった。

注

1) 魯庵生「序文」『書画贋物語』湯浅半月著，二松堂書店，1919.
2) 湯浅吉郎「履歴書」／京都府庁文書，1904.3.
 湯浅は1904年4月に京都図書館長に就任するが，その前年10月に京都高等工芸学校の講師に任ぜられている。また，J.R.モリタ「湯浅吉郎研究覚え書き」（『図書館界』Vol.18, No. 3,1966.10, p.70-73）によれば，シカゴ大学での図書館教育は大変小規模なもので，「其全科ヲ脩メ」という表現はオーバーと言わざるを得ない。その売り込み的表現はほほ笑ましいとも言えるが。
3) 「京名物（二十四）湯浅図書館長」『京都日出新聞』 1910.4.8.
4) 「文芸家の初夢 湯浅半月君」『京都日出新聞』 1909.1.18.
5) 京阪万朝社編輯部『京都新人物百短評』京阪万朝社，1912, p.97-98.
6) 高橋康也『道化の文学』中央公論社，1977, p.4-15.（中公新書458）
7) 「湯浅館長の辞職」『大阪朝日新聞京都附録』 1916.5.4.
8) 「文士連の忠臣蔵見立」『京都日出新聞』 1909.12.25.
 島華水とは島文次郎（1871-1945）のこと。京都帝国大学附属図書館初代館長。
9) 「三大名作コーナー『仮名手本忠臣蔵』その1」[オンライン][引用 2006-7-23] <URL:http://www.eg-gm.jp/eg/e_contents/e_hitokuti/sandai/tyusingura/tyusingura.html>
10) 水落潔「忠臣蔵の舞台」『演劇界』Vol.57, No. 2, 1999.1, p.22.
11) 上村以和於「忠臣蔵人物誌」『演劇界』Vol.57, No. 2, 1999.1, p.65-66.
12) 「京名物（二十四）湯浅図書館長」，前掲．
13) 「二十日会」『京都日出新聞』 1910.6.22.
14) 魯庵生，前掲．
15) 湯浅吉郎『書画贋物語』東京講演同好会，1928, 64p.（講演集 No. 147／東京講

演同好会々報）

16) 薄田泣菫「十徳姿の人」『猫の微笑』創元社 , 1927, p.222-230.
17) 「紳士のたのしみ（十三）」『京都日出新聞』 1904.1.29.
18) 永田錦心ほか『琵琶（邦楽全曲集 7）』Japan：Columbia：p1995（Compact disc, Columbia:COCF-12617)
19) 高梨章「湯浅半月ときらめく星座」『塔の沢倶楽部』 No. 2-5 , 2002-05，未完．
20) 井上和雄「聖華房主人と其の周囲（上）」『古本屋』No. 2, 1927.7, p.18-21. ／『増補 書物三見』（青裳堂書店 , 1978, p.22-26) 所収．
21) 反町茂雄『反町茂雄文集 下 古書業界を語る』文車の会 , 1993, p.107-108.
22) 「平家物語 12 巻（目録番号：499）」ほか『京都府立総合資料館所蔵貴重書データベース』[オンライン] [引用 2006-8-9] ＜URL:http://www3.library.pref.kyoto.jp/infolib/meta_ex/RBDBSearch.cgi＞
23) 森潤三郎『考證学論攷』青裳堂書店 , 1979, p.118,122.
『京都府立図書館善本目録』京都府立図書館 , 1954, p.7.
京都にゆかりの深い「有職故実」分野では貴重書データベースに 5 点登録されているが、いずれも湯浅時代の購入である。
24) 岡野他家夫『日本出版文化史』原書房 , 1981, p.296.
25) 『京都府通常府会会議録第十四号』（明治 42 年） 1909.12.11, p.5-8.
26) 反町茂雄『紙魚の昔がたり 明治大正篇』八木書店 , 1990, p.37.
27) 湯浅吉郎編纂『京都叢書』京都叢書刊行会， 第 1 巻（1914.11）及び第 2 巻（1914.12）
28) 『京都日出新聞』 1915.12.26/12.25 夕．
29) 『京都府通常府会議事速記録第八号』（大正 4 年），1915.12.15, p.13-18,26.
30) 「第 114 表 公私立図書館別一覧」『日本帝国文部省第四十一年報 下巻』（復刻）宣文堂 ,1970, p.628-671.
31) 『京都府通常府会議事速記録第十号』（大正 4 年）， p.18,20,35-36.
32) 京都府編『京都府統計書 大正 4 年度 第 2 編』京都府 , 1917. ／大阪府編『大阪府統計書 大正 4 年』 大阪府 , 1917. ／山口県編『山口県統計書 大正 4 年 第 2 編』山口県 , 1917. ／神戸市編『神戸市統計書 大正 4 年』神戸市 , 1917.
33) も，つ，生「京都大阪神戸及日比谷図書館」『図書館雑誌』No. 18, 1913.9, p.24-30.
34) 湯浅吉郎『辞職願』／京都府庁文書．
35) 「問題の京都図書館長 湯浅氏辞表提出」『大阪毎日新聞』 1916.5.3.
36) 「湯浅館長の辞職」、前掲．
37) 「投書写」／京都府庁文書．
38) 薄田泣菫「父と子」『大阪毎日新聞』1916.5.7 夕刊 ／『完本 茶話 上』（冨山房 , 1983, p.32) 所収．
39) 薄田泣菫「十徳姿の人」、前掲．
40) 日比嘉高『〈自己表象〉の文学史』翰林書房 , 2002, p.107-145.
41) 山口昌男『知の祝祭』青土社 , 1979, p.134.

42) 山口昌男『道化的世界』筑摩書房, 1975, p.273.
43) 同上, p.274.
    湯浅また述す。「日の下には絶対的に新しい事とては無く皆旧い事の繰返しである。〔中略〕されば世界には進歩もなければ目的もないのだ。人と獣と何んの異なる所はなく皆土より出で、復土に帰るのだ」(湯浅吉郎「自序」『コーヘレスの言』警醒社, 1928, p.1-28)。
44) 湯浅吉郎「現代的図書館思想」『同志社文学』No. 5, 1929.7, p.18-29.
45) 湯浅半月「図書館随筆」『中央公論』Vol.52, No. 8, 1937.8, p.225-235.
46) 湯浅半月「日本人の読書法」『学鐙』Vol.43.No. 4, 1939.4, p.8-10.

追 記

本稿提出後, 西村隆「公家の蔵書印を有する図書—広橋・柳原・日野等—」(『京都府立総合資料館紀要』第35号, 2007.3, p.51-150.) の出現を見た。京都図書館の蔵書形成史としても甚だ興味深いものがある。西村氏によれば、同図書館発行の冊子体目録においては、湯浅以後、旧分類927（史料及古文書）が消えたこと、及び明治42, 43年度にかなりの特別書（現在の貴重書を含む）が古書肆から購入されたことが判明する。

志智嘉九郎の業績について

―レファレンス・サービスを中心に―

On the achievements of Kakuro Shichi,
focusing on his idea of reference services

伊藤　昭治
(いとう　しょうじ)

志智嘉九郎（しち・かくろう）
　1909年　兵庫県に生まれる
　1948年　神戸市立図書館長（～1964年）
　1995年　死去

はじめに

　皆さんは志智嘉九郎について，どの程度ご存じでしょうか。戦後レファレンスを引っ張った人というくらいは知っているでしょうが，今，「貸出よりレファレンス」と，レファレンスを勧めようとしている人たちの言動をみると，ほとんどがその業績を知らないのではないかと思います。そして自分こそが，その道の最先端をいっているかのような錯覚におちているようです。先人の業績を知り，その成果を学ぶという姿勢が今こそ必要ではないかと思います。志智の身近で働いた者として，皆さんにぜひ知っていてほしい，その先駆的な業績を話したいと思います。特に今

回は志智がレファレンスを始める契機，レファレンスの対象に考えた層，当時の図書館界の言動，公共図書館の公共性からくるサービスの限界，提供資料の信憑性の問題，参考事務規定の作成，志智の手がけた先駆的な活動，図書館職員の育成，レファレンス衰退の原因をどう考えるかなどを話し最近の図書館界の動向を考える材料にしたいと思う。

1. 著　作

　志智の著作は非常に多い，内容は深いが学術書とせず誰にも分かる随筆風の筆致で書いていた。

　興亜院華北連絡部・北京日本大使館の頃の業績は詳しくは分からないが，『中国の性格』，『華北に於ける文教の現状』，『北方民族と漢民族の接触に於ける諸様相』等の著作がありいずれも興亜院から1940年に刊行されたということである。

　随筆集では，『三叉路の赤いポスト』や，『空論集』，『桂林のそうらん節』，『弐人の漢奸』，『さつさ・さすけ』，『知事の難題』，『中国旅遊記』，『淡路の苗字』などがあり，その中には北京時代の日常生活を彷彿とさせるもの，中国各地の紀行文，図書館界の動向，それに神戸市立図書館での悩みごとなど多彩である。

　囲碁関係では『風雪の記録』，『橋本宇太郎全集』，『現代囲碁体系』第6・7巻，『橋本宇太郎の世界』などがある。

　図書館関係の単行本では，1954年に財団法人日本母性文化協会から出した『レファレンス：公共図書館に於ける実際』。これは文部省から依頼された報告書が基になっているものである。それに1962年赤石出版からだした『レファレンス・ワーク』がよく知られている。『りべる：黎明期の参考事務』も志智嘉九郎編著である。『りべる』は公共図書館参考事務分科会の機関誌で18号まで発行した。

　図書館関係の雑誌論文で主なものには『図書館雑誌』に「神戸市立図書館の公開書架設置」（43巻10号　1949.10），「中国固有名詞の中国現代音よみについて」（43巻11号　1949.11），「みなそれぞれの立場あり―図書館法改正について―」（47巻5号　1953.5），「国会図書館は誰がために

在る」(48巻8号　1954.8),「図書館法改正は他人事ではない」(54巻1号　1960.1)等を。『図書館界』に「消え去った虹」(11巻2号　1959.8),「ふたたび虹を―館界回想―」(16巻5号　1965.3)を書いている。このほか是非読んでほしいものに「『物知り係』という仕事―神戸市立図書館のレファレンス・サービス―」,日本社会教育学会編『日本の読書運動』(1962)がある。そこには何故レファレンスをはじめたか志智の心境が簡明に書かれている。

　新聞や,神戸の雑誌『季刊半どん』などに書くことも多く,それらをすべてここに載せることは到底出来ないが,そうしたものの中にレファレンス・サービスに関する話も多い。志智の文章が新聞などに出た後は,図書館にレファレンスの電話が鳴り響いたものである。ラジオにもよく出られた。テレビがあまり普及していなかった時代の話である。「古今東西・森羅万象なんでも分からないことは図書館に聞いてください」と宣伝していたし,言い過ぎと言われると「PRなくして存在なし」ともいって動じなかった。

　志智は就任して半年後に神戸市立図書館報『書燈（しょとう）』を創刊している。これは利用者を対象にしたものでなく,図書館界を対象にした業界誌であった。この『書燈』の巻頭言は館長の執筆であった。当時起こった図書館界のいろいろな事件に対しての志智の見解はこの巻頭言に書かれている。南論造が『書燈』の魅力は「なんといっても志智の巻頭言で,そこには図書館をとりまく諸問題を次から次へ取り上げ,独自の論法で述べている。しかもその底にはレジスタンスの感覚がみなぎっており,私たちを引き付ける」[1]と書き,高く評価している。反応の少ない図書館界にあって一人相撲を取っているようなところもあるが,館界に活を入れたり清新な気風を吹き込んでいたのは確かである。

2. 神戸市立図書館勤務

　志智が神戸市立図書館に勤めるようになった動機は知らないが,小寺（こでら）謙吉（けんきち）神戸市長から声がかかったようである。

　志智が相当の期待を持って館長に迎えられたことは,当時の,小寺市長

の図書館への関与からもうかがい知ることができる。例えば読書週間中に開かれた図書館討論会に自ら出席し,「図書館の施設とその利用度はその土地の文化的レベルを示すものであって,日本においても,公共図書館は市民の大学として充実し利用させるべきである」[2]と力説している。

就任当時の神戸市立図書館の様子を志智は次のように書いている。「神戸市立図書館は,市立ではあるが,それでも府県立なみの大図書館であると聞かされていた。館内に入ると全体が煤けて,白い壁が,ところによっては灰色になり,ところによってはどす黒くなっていた。燃料に困って,生木を燃やしたらしい。庭に出てみると裸になった藤が地べたをはっていた。藤棚はとっくに燃料にされたのである。その藤も手足をもぎとられていた。その手足も火鉢の中の灰になったらしい。これも無理がないのであろう。天井の高いガランとした建物のなかを,冷たい風が吹きまくっていた。窓のガラスは方々こわれていた。修繕する経費もなく,金があってもガラスは容易に手に入らないのである。」[3]

1948年頃といえば,一般市民は図書館で本を読んだり,借りたり,それどころではなかった。何よりも食べることが第一の時代であった。

3. 当時の館界の動向

当時図書館界には現実超越派とでも言った人たちが多くいた。おもに国立国会図書館の若い館員達であった。そのためか,館界(特に関東地区)には,現実を超越し理論のための理論とでもいったものが横行していた。政党の政策や思想からの影響である。勿論関西にもその傾向が無くはなかったが,どちらかと言えば関東ほど激しくはなかった。

当時の『図書館雑誌』に近畿地区の図書館の研究集会を評して「あまりに理論を軽視している」[4]という言葉が載ったこともあった。言葉の遊びでは関西の論旨を牛耳ることのできない苛立ちからであろう。

志智は理論を軽視していた訳ではないが,徒に理論のための理論に陥らないようにといったおもいが強かった。だから研究集会においても,現実をはなれた政策論争・理論闘争といったものにはあまり興味を示さなかった。[5]

志智は机上の空論を嫌っていたことは確かである。神戸の職員の中に，志智を「空論家」と言った者もいた。志智も自虐的に自分の随筆集を『空論集』と名付け「私もそれをいさぎよく認めるが，わが国の図書館人には，私などとうてい足許にもおよばないような偉大な空論家が済々として存在するのである」と言って苦笑していた。

　それに志智が特に嫌っていたのは，百科事典を積んで椅子代わりにし，それに座って時世を論ずる「進歩派」の職員によくある姿勢であった。労働組合の幹部に多かったが，本に対するこの行為には耐えられなかったようである。組合幹部が時流に乗って威張っていた時代である。

　当時図書館界にも組合活動が生まれかけていた。1949年3月，全日本図書館員組合が結成され前途洋々に見えたが，1年経つかたたないうちにだんだんと影がうすくなって，丸2年を迎えないうちにほとんど影をひそめてしまった。そのあたりの事情を志智は「消え去った虹」[6]に書いている。「高かったうたごえ」，「野山にかかる虹」そして「掴んだ実態」，「遠い道」とその経過を書いているが，それを見ると志智にはこの衰退は予測できていたようである。

4. 保守的に見える発言

　志智には実務なしには理論はありえないという信念があり，レファレンスも多くの図書館で実施され，その経験を基にして多くの人に研究されてこそ，理論にしても実際にしても前進すると考えていた。そのため図書館界を足場にして理論や政策をもてあそぶ人の言質には黙っておれなかった。

　志智の一見保守的と見える発言は，こうした現実超越派の人たちに半畳をいれる姿勢からである。例えば「図書館の中立論」についても，志智はこれを図書館の役割として当然のことと理解しているが，ただどこの国でも認められているものでないことも知っていた。そのため彼らの信奉する中国の図書館ではどう考えているかを当時刊行された中国の図書分類法の序文から引用し，問題点を指摘したりしている[7]。当時はまだ「図書館の中立とは人権尊重のためにたたかうことである。図書館の立場

は社会主義の立場であって，資本主義の立場ではない。図書館が戦争をたたえる図書も，反対する図書も買って読者に判断させるのは商業主義的出版屋精神である」という考え方が進歩的と称する図書館人の中に横行していた。これなど軍国主義を社会主義にかえただけの主張で，立場が変わっても戦前と同じように図書館人が利用者に良書を選んで与え国民を教育するという発想であった。

5. 神戸市立図書館における実務改善

図書館の活性化と利用増は図書館員の熱意があって生まれるものである。それを指導する館長の力量・意欲・図書館観によって違うことをもっと知ってほしいと思う。そこで，館長就任当初に，志智が取り上げた改革の動きを少し見ていきたい。

1948年6月，図書館報『書燈』第1号を発行している。これは利用者向けの広報誌ではなく，図書館の主張・情報・業務の向上を目指した業界誌であった。

同年度には図書費として，100万円を超える予算を計上して積極的な奉仕活動を行った。前年度は30万円であった。

同年には児童巡回文庫を各学校に，また一般への貸出文庫も行っている。

同年5月には館内に学生文庫をもうけた。そこには約2000冊を開架した。これは公開接架式閲覧として全国の先駆となったものである。

同年7月には，読書相談部を設けテレフォンサービス・読書相談をおこなった。戦時中に係としては中止の状態となっていた参考事務を全国に先駆けて行った。

同年11月神戸市立図書館処務規程，1949年2月神戸市立図書館館則を全面改正。

同年8月には大閲覧室に約3700冊，後に6000冊の図書を備えた公開図書室を設けた。全国で最初の大規模な試みであった。その利用状況は大阪放送局から全国放送された。

1948年7月に，神戸市長名で米国の300団体に図書の寄贈依頼を発送

している。

　就任1年で、これだけの活動をした館長があったであろうか。それに単なる思いつきの発想ではない。理論的な裏付けあっての対応であった。

　学生文庫にしても、「現在の公共図書館に対する社会の要望に応える応急的な対策であって、公共図書館本来の目的からいって果たして正しいあり方であるかどうかは疑問である。これはあくまでも現社会の不備に原因する所の一時的な措置であり図書館側の莫大な犠牲における救済的施設であると思う」[8]と、公共図書館の役割がわかった上での対応であった。

　そればかりではない。1948年の読書週間の図書館討議会は、これからの図書館の有り様を討議させている。そこには神戸市の市長、教育長、大阪中央放送局長、著名な作家、出版関係者を出席させ、それぞれの立場から図書館についての所感をのべさせ、参会者と討議させている。何よりの収穫は市民の声が、直接市の最高責任者や文化方面の重要な職にある人々に通じたことである。こうした企画は実力ある館長でなければ出来ない行動である。志智はこうしたことをつうじて図書館を宣伝し、改善していった。市域の拡大に対応して1948年度から自動車文庫の予算要求を続けている。

　また1949年2月には日曜休館を月曜日にした。志智が館長になって最初の1年間にやった仕事を挙げてもその意欲を窺うことができる。

6. レファレンスを始める契機

　それは1949年の頃である。神戸に限った事ではないが、図書館の利用者は大部分が学生であった。大人はなぜ図書館を利用しないのか。大人は図書館を利用する必要がないのか。利用したくても、利用することができないのか。とすれば、その原因は何であろうか。図書館というのは学生の勉強場だと思いこんでいるようであるが、そういう意識は何に由来するのか。大人を対象に貸出文庫をやっていたが、これも、活発な要求があるわけでもない。社会教育機関であるといわれながら、成人教育には大きな働きをしていないのではないか。神戸も市域は広い。片道3,

40分，遠いところだと1時間もかかる。それに相応する交通費を使って図書館にまでこなければならぬ。必要をもった人がどの程度あるか。サービス・エリアを広げることの大切なことは分かるが分館やブック・モビルを実現することは，当時の財政状態では無理であった。

　そんな思考が堂々巡りしていた頃，あるアメリカ人の講演を聞いた。その人は図書館人ではなかったが，話のなかで図書館のテレホンサービスという言葉を使った。通訳も何のことかよくわからなかったらしいが，志智にはこれは耳よりの言葉だとひらめいたようだ。そして図書館学に関する戦前の本，図書館雑誌などを調べて，戦前の日本にも参考事務なる概念が存在し，東京市立日比谷図書館が関東大震災後，活発に行っていたこと。神戸でも行っていたことを知ったようである。しかし，いずれも大正末期から昭和の初めまでで，いつの間にか消滅していた。どうして中絶したままにほってあるのか。これをやろうと，ろくに準備もしないでやりはじめた。しかしこの着想が見当はずれでなかったことは，図書館法の構想が論議され始めると共に分かってきた。

　それともう一つは，1951年，慶応大学で行われた図書館指導者講習会において，レファレンス・ワークが強調されるに及んで，本格的に取り組む気になったということである。1953年になって，日本図書館協会公共図書館部会が研究集会のテーマとして参考事務を取り上げ，その集会を神戸市立図書館で行った。

7. レファレンスの対象

　図書館が本当に発展して行くためには，なんとしても，住民が図書館を必要とするようにならなければならない。そして必要度が高くなればなるほど，自治体の首脳が如何に図書館嫌いでも，これに力を入れざるをえないであろうと考えた。だからレファレンスの対象に考えたのは，図書館の利用習慣のない人たちであり，大学生や研究者を対象にした専門的なレファレンスではなかった。そして一般にクイック・レファレンスと呼ばれている簡易な質問や市民の日常生活における疑問に答えることに力を注いだのである。志智はよく「食卓に広辞苑，書斎に世界大百科」

と言っていたが、これは分からん事があればそのままにせずまず辞書をひけということで、それを図書館でお手伝いしようというのである。

　大学図書館では専門的なレファレンスに応じていたと思われるかもしれないが、南諭造によれば「当時の大学図書館のレファレンスは観念的に理解する程度であって、まだ実践の段階には到達していなかった」。[9]

　志智は専門的なレファレンスに答えないと言っているのではない。図書館で分からないことは専門機関を紹介していた。それに専門的な質問は誰にでも答えられるというものではない。志智は、それを分かった上で「古今東西　森羅万象」何でも聞いてくるようにと呼びかけたのである。とはいっても当時図書館はまだ庶民の物ではなかった。そのためか、狙いと違って実際来る質問にはむずかしいものも多かった。新聞社は顧客であり、随分利用されたものである。

　志智はレファレンス・ライブラリアンが3人いれば、1人は理系の人を入れたいと言っていた。図書館員ならば誰でもレファレンスが担当できるといった考えではなかった。それに担当であっても「1人だけで回答するな」、「分っていても他の職員に内容を話せ」と注意していた。これは回答事務の基本的なことである。特に書名の読みには気遣ったものだ。「かつてレファレンスの担当でない職員が質問を受け、久保田万太郎の『市井人』をシイジンと読んで電話回答をし、後日にその質問者から「君のところにはえらい職員がおるね」と笑われ、冷汗三斗の思いをしたことがあった」と『りべる』に書いているが、担当者とてもやりかねない事柄だけに注意したものである。最近の図書館員の養成課程では書誌学的見識が軽く見られがちだが、当時はまだ図書に対する見識が図書館員に期待されていた時代であった。書名の読みなど古典ではいつも『国書総目録』などを見て、読み方を確かめ回答したものである。

　レファレンスには専門知識があれば、簡単に答えられるものもあり、また資料は有るが資料の信憑性の問題もあり、それだけで答えては危険な質問もある。

　当時、神戸の図書館では志智を頼ってくる著名な人達がいた。小説家も政治家もいた。中には志智もてこずる研究者もいた。私が採用された

時,「今度あなたの助手になりそうな奴をとったから」と電話し,それ以降その人の専任になった。この研究者に依頼された調査は,随分難しいものであった。図書館の資料を探すだけでは不十分で大学の教員をしている知人に問い合わせたりしたものである[10]。図書館界には「資料の記述の信憑性は図書館員の責任でない」と言った意見があったが,専門家のレファレンスにはそれは通じないことであった。

8. ビジネス・ライブラリーへの先駆的な活動

　志智が特にレファレンスで対象として考えたのが,資料室を持たない企業へのサービスであった。有力な銀行や会社には調査室や資料室があるが,一般の中小企業や神戸に多い貿易商などには調査室や資料室がない。公共図書館に求められるのは,こうした企業の資料室的な役割であった。当時あったレファレンスの事例からの発想である。志智の頭にアメリカのビジネス・ライブラリーの考えがあったかどうかは分からないが,その活動事態はまさにビジネス・ライブラリーのそれであった。その頃の大図書館は特許・実用新案などの公報類を所蔵していた。しかしこれはビジネス・ライブラリーとは違う。例えば愛知県立愛知図書館など産業資料室が設置されているが,所蔵資料は,特許資料と一般資料に分けられており,その内訳をみると,特許資料が全体の86％と多く,図書・雑誌の一般資料は14％にすぎないのである。こう見てくると,愛知図書館産業資料室はビジネス・ライブラリーと言うよりも,むしろパテントルームと考えたほうがよい。

　神戸市立図書館も,当時特許公報類を所蔵しており,戦後すぐの1947年には特許相談部が週2回開設され,弁理士会のメンバー数人が交代で回答にあたっていたが,これは数年で消滅している。志智のそれは,こうしたパテントルームからの発想ではなかった。

　今では主要な図書館ならば,どこにでも置いてある全国の電話帳を置いたのも,神戸市立図書館が最初であった。当時の神戸の電話帳には「全国の電話番号をご覧になりたい方は神戸市立図書館へ」と書かれていた。志智がこれを置くようになった動機もレファレンスの質問からであっ

た。電話帳だけではない，全国の県や市勢要覧・商工名鑑類・商工会議所刊行物・官報・県市の公報・主な官庁の刊行物・全国主要都市の市街地図・会社カタログ・営業案内・業界紙・専門誌・専門機関名簿・観光案内・各種の名簿などである。まだ刊行される資料の少ない時代である。志智は職員に対しても「レファレンス・ライブラリアンは知識のモク拾いである。何でもいいからあつめよ」とハッパをかけていた。自館作成のツールにも「中小企業案内索引」,「職業案内索引」,「戦後国内重要ニュース索引」,「社史目録」,「国内研究機関案内記事索引」などや，質問によっては他の適切な専門機関を紹介する為「県下文化団体名簿」,「県下類縁機関名簿」,「各種相談所名簿」,などをカードで作り活用していた。これらを「補助ツール」と呼んでいたが，新聞や雑誌記事から拾い集めるのは大変な仕事であった。

それに志智のレファレンスは自館だけで解決を目指すのではなく類縁機関への紹介を重視していた。そこには利用者にとってどちらがいいのかといった広い視点からの判断があった。

9. 公共性からくるサービスの制約

志智は公共図書館の公共性から来るサービスの制約（禁止事項と制限事項・除外事項）についても見識をもっていた。禁止事項と制限事項は主として図書館の公共性から来る制約であって，その程度の強・弱を示したものである。例えば医療または投薬の相談に対しては，図書館員に相談に応ずる能力がないという問題は別としても，この質問に対しては資料提供もしないことを原則とした。利用者が自分でカードを検索し医学書を要求する場合はこれを拒否することもできないし，拒否すべきでもないが，質問に対して，これをご覧なさいと図書館員の判断によって資料を提供することは差し控えるべきであるという考え方である。一見矛盾するが，一般的に言って，医学書を自ら求める程の利用者と，ただ流行性肝炎の食事療法は如何と聞いて来る程度の利用者とでは病気および治療に関する理解度もかなりの差異があろうから，一見矛盾に聞こえるほど，実際上は大きい矛盾でもないのである。こうした考えから志智

は医療相談をレファレンスの禁止事項にした。最近「ビジネス支援」に続いて「医療支援」もやろうなどと言う図書館も出てきているが，医療の専門家が居なくてこんなことが出来ると思っているのであろうか。志智は公共図書館の公共性から来る制約と，司書の基本的な役割と責任をきちっと考える人であった。

「良書推薦」についても，「良書の推薦はその著者や発行者に利益を与えるが，良書の推薦ということは，同時に非良書の不推薦ということを前提としているのであって，推薦されざる非良書の著者および発行者には不利益を与えることになり，図書館の公共性から言って問題があると同時に，良書であるかそうでないかを，個々の図書館職員が判定するのが適当かどうかにも問題がある」と言っている。当時の図書館の役割には良書推薦があり，志智の考えには強い反対があった。図書館は図書館員の読ませたい本を提供するところという考えがあったからである。

特に児童担当にはその傾向が強かった。図書館員の好き嫌いを，利用者にも強いていた時代である。志智が児童奉仕についてあまり積極的でなかったのは，こうした児童担当の図書館員の姿勢からではなかったかと思う。

除外事項についてはこれをレファレンスから除外した理由はそれぞれ異なっている。職務から逸脱する恐れがあるから，深く立ち入ることは教育の妨げになるから，それほど余裕ある職員をもっていない，などなどからである。志智は公共図書館の性格とその中で行うレファレンスの範囲を当時から正確におさえていた。またこの頃は読書普及運動や読書会が盛んな時代であった。志智はこれに対しても積極的支持者でなかったのも，図書館の役割を正確に理解していたからだと思う。

10. 参考事務規程の作成過程

1953年に行われた近畿地区のレファレンスについての研究集会の報告に次のようなことが記載されている。「アメリカのボルチモアーの参考事務規程のごときものが，わが国においても必要である。それは日本の現状に照らし合わせ，実務の経験に立った，徒に理想に走らぬ事務規程で

なければならない。今後こうした研究集会が持たれ，また個人の研究にとって徐々に具体的基準となって現れてくるであろうが，その意味からも積極的に参考事務規程作成の委員会の如きものが作られることが望ましい。」

こういう期待があったにもかかわらず，その後の数年間，自分の館に適用すべき事務規程を作った館もなく，各館に共通するような規程を作るための委員会も結成されなかった。

神戸では相談係の職員が，日々仕事をしていく上から事務規程作成の必要を痛感し，1958年暮れから作成に着手していた。鈴木正次(すずきまさじ)が原案を作成し，それを基にして志智と相談係職員全員が討議した。私にとってこの『相談事務規程』の作成は斬新な図書館学の勉強の場であった。

この規程は当時神戸市立図書館で行っていたことを，成文化したものであるが，20回にもわたる検討会の過程において予想しなかった収穫もあった。いわゆる自館のスタッフ・マニュアルが自然にできていったことであり，それに各職員の意見が集約されていったことである。外国の文献を翻訳しただけのような机上論ではなかった。当時から図書館学には横書き（英文）を縦書き（邦文）にしただけのものが横行していた。それにはしたくないという気持ちが志智には強くあった。

丁度その頃，志智は公共図書館参考事務分科会の会長に推され，神戸に事務局を置くことになった。ただこの分科会は組織の加盟ではなくレファレンスの研究者・グループの加盟であった。全国79館234名が当初の人数，それがだんだん増えて310名になり，100以上の館から参加があった。そして機関誌をだすことになった。それが『りべる』である。会員から会費兼誌代として1部20円拠出ということになった。錚々たる人が会員になっている。鈴木賢祐・木寺清一・武田虎之助・弥吉光長・叶沢清介・岩猿敏生・服部金太郎・小倉親雄・藤川正信・石井敦・村上清造・長沢雅男・栗原均・埜上衛さんたちが『りべる』の巻頭言やエッセイを投稿している。私もここで多くの図書館人と知り合いになったが，まさに学会であり，専門職集団であった。

この参考事務分科会において，標準的な「参考事務規程」の作成が決

定された。そして現在作成中の『神戸市立図書館相談事務規程』が出来たとき，それを素材として標準的なものを作ろうという方針が決まった。神戸ではそのために規程作成の作業に拍車をかけ，1959年9月に一応の完成をみた。そして館界からの意見を求めるために『図書館雑誌』同年12月号にこれを発表した。

　この『神戸市立図書館相談事務規程』を基にして参考事務分科会では，各館に適応するような標準的事務規程の作成に着手した。分科会事務局（神戸）で草案を作成し，これについて分科会各委員の意見を徴し，さらに1960年10月国立国会図書館で持たれた関東地区研究集会において検討を加え，それをまた委員会の会議にかけて出来たものが「参考事務規程」である。

　この規程作成を事務局で担当したのは伊藤昭治であつた。草案を持つて主要な委員を回り意見を徴した。特に京都府立図書館の埜上衛さんにはいろいろ教わった記憶がある。1961年3月志智が最終案を提示し，これをもって決定版とすることについて各委員の了承を得た。

　ただこの規程は準則で，この規程をそのまま各館の規程にすることを期待しているものではない。ある館にとっては大まかすぎ，またある館にとっては細かく決めすぎということもあろう。そこでそれぞれの館がその館の参考事務規程を作ろうとするとき，これを骨子にすればよい，あるいはこれを考え方の材料にすればよいといったものである。そのため作成にあたっては，なるべく簡略に，しかし要点は逃さないようにと心がけた。

　だが一読しただけでは分かりにくいところもある。同じ条文でも読む人によって解釈がちがってくるかもしれぬ。そこで志智は『参考事務規程解説』を刊行することにした。1962年6月である。『解説』は主として伊藤昭治が起草を担当した。志智がそれに注文をつけたり手を入れたりした。草案ができると，分科会の委員に送って意見を聞き，また研究集会に持ち出して検討した。名古屋市で開催した研究集会では，この解説版の検討だけを正味一日半かけてやった記憶がある。

　1953年の全国研究集会で事務規程の作成が提起されてから足かけ10

年になる。

　志智が常に言っていたことであるが，「レファレンスというものは，実際にこれを行ない，経験をかさねていって，その理論も形成されるものである。理論がまずあって，実際がこれに従属するというようなものではない。したがってこの規程にしても，またそれについての解釈にしても，今後手を加えられるべきものであることは言うまでも無い」[11]といったものである。

　その後，スタッフ・マニュアルを加えてほしいといった意見がでたが，これは別に各館が考えるべきものであるというのが分科会の考え方であった。

　東京都内の公共図書館で，参考事務担当者の集まりである「参考事務連絡会」では「規程」よりさきに，係員のための「実務案内」のようなものが必要だという意見になり，『イノック・プラット図書館一般参考部スタッフ・マニュアル』の翻訳がなされ，東京都立日比谷図書館・館報『ひびや』別冊として刊行された。これはアメリカの実情だが，そこに流れている公共図書館の理念や，仕事内容，そこに働く職員の基本的姿勢は神戸のそれと変わらないことが分かり神戸での仕事に自信を持った記憶がある。

11.『レファレンス・ワーク』刊行の意義

　志智は1961年『レファレンス・ワーク』を赤石出版から刊行している。総論でレファレンスの歴史と定義を，各論で実務の全分野を分担して解説したものである。執筆者は志智，伊藤昭治，井上淑子，遠矢公郎であった。先の『神戸市立図書館相談事務規程』のときの討議内容をもとに書いたので，志智以外は勤務経験が3年余と短かったが，書く事柄についてはそんなに苦労はしなかった。ただ文章自体書きなれていないため，達意の文章にするのに志智の手を随分煩わせた。

　日本には体験から書かれたレファレンスのスタッフ・マニュアルが無かった。それだけにこの『レファレンス・ワーク』はレファレンスの実務者にとって役立ったと思う。

この本については，薬袋秀樹（みないひでき）が「志智嘉九郎『レファレンス・ワーク』の意義」[12]という論文を書き，彼なりの著作の意義を詳細に解説している。また北原圀彦は昭和30年代のわが国における，もっとも優れたレファレンス・ワークの教科書と評価し[13]，石塚栄二は利用者の情報要求を受け止め，これを如何に処理するかという分野において，いまだに本書を越える労作は生まれていないと述べている[14]。伊藤松彦は実地的見地と開発された手法には，あらためて触発されるものが多い。むしろこれから役立つ本であると評価している[15]。日本図書館研究会では，1984年に覆刻した。

12. レファレンス以外の改革

志智が図書館サービスで改革しようとしたのはレファレンスだけではない。

(1) 開架書架の設置も，志智にとって最初の大きな仕事であった。1949年に開設した公開図書室は，全国で最初の大規模な試みであった。もっとも神戸市立図書館では，創立当初から細々と試みられたり，廃止されたりしてきた。志智によって初めて定着したといえよう。

(2) 1958年に開設した神戸市立長田分館は書庫の無い全面開架の図書館であり，施設の面で注目を集めた。菅原峻の「公共図書館の建築 1953-1978」[16]によれば，書庫の開放は一部にあったが，書庫の無い図書館は長田分館が始めてであるということである。これも志智の意向であった。

(3) 保存図書館の提言も，これまでのような保存が図書館の役割だからという主張からではなく，存在価値をうしなった本を抱え込み，蔵書が何万冊，何十万冊ということだけを誇りにしていることを憂いての発言であった。使われなくなった図書は保存図書館に移し，生きた書架をつくろうというのである。国立図書館は東京に1館あればよいというのはおかしい，日本を7つのブロックにわけ，各ブロックに1館ずつ保存図書館を作れと提案している[17]。

(4) 『全国公共図書館逐次刊行物総合目録』の作成の提案も志智である。

国立国会図書館の『雑誌記事索引』で分かっても，論文掲載誌の所蔵館の探索が困難なこと，せめて近隣の図書館での所蔵の有無が分からないかということからでている。これも近畿編が最初に刊行されたのは志智の努力からである。この仕事については，蒲池公共図書館部会長を動かして国会図書館と掛け合い，出版に要する経費を同館に受けもってもらう折衝をしたり，編集方針について山下栄・木寺清一を軸に会員の中から委員を委嘱したり大変であった[18]。

(5) 他館に先駆け，類縁機関や相談所名簿などを作り相手側の了解をとり，自館で処理できなかった質問を照会したり，利用者に紹介したりした。まさに相互協力のはしりであった。

(6) 1960年12月，神戸市の中心地，三宮駅前の新聞会館内に三宮分館を建設した。現在でこそ利用者の動線を考えて駅前に建てるのが増えてきているが，この当時にはどこにも無い発想であった。そしてサラリーマン相手の貸出し中心の運営をおこなった。こうした活動は図書館を市民の物にしようとした志智の前向きの姿勢の表れであった。

(7) 館内のことでも，神戸では国立国会図書館の印刷カードを購入していたが，閲覧カードとして使うのではなく，基本記入の標目で編成し，事務用として活用した。カード形式による網羅性の高い全国書誌としての利用である。これも書誌的な質問のうち比較的新しい文献に関するツールとして使ったのであり，著者名の分かっている場合の調査，著者名の読み，書名の読みなどを確かめるには有効であった。これもレファレンスの実務から出たもので，印刷カードの目的外の使用ともいえる使い方であった。

(8) 当時は，「日外アソシエーツ」のような書誌・索引を作る出版社はすくなかった。そのため図書館が必要とする書誌・索引類は図書館で作らねばならなかった。志智は1960年5月，現在の各館作成の参考事務ツールスを調査した。この調査を基にその後の増減を調査して，『各館作成参考事務ツールス表』を参考事務分科会調査として発表した。神戸で作成していた索引類は20種をこえていた。「文学関係叢書全集作品名索引」，「週刊誌トップ記事一覧」，「歌曲題名索引」，「時事語索引」等々である。

現在では市販されているものもあるが、当時は毎日の新聞や雑誌などからメモしたのである。『戦後国内重要ニュース索引』などは、その後3回にわたって刊行され自館作成のツールを越えて活用された。この作業をしたのは鈴木正次であるが、その仕事を評価し広く館界に必要性を説いたのは志智であった。

また志智は何事も、率直にいうひとであった。疑問におもうことは黙っていなかった。図書館法に対しての期待と挫折、入館料徴収の問題、図書館の中立性、図書館の自由宣言、ナショナルプラン、などで一見保守的と思われる発言があるが、これもよく読むと場当たり的な、おかしな発言にたいして率直に問いただしたいという気持ちからであり、付和雷同でなく自分の発言には責任をもって質せと戒める発言のように思う。

13. 図書館員教育

職員の育成も志智の重要な課題であった。神戸には著名な人が居た。件名目録の山下栄、レファレンスの鈴木正次、川柳に詳しい石川捨治郎（すてじろう）等である。一般職員にも有能な人はいたが、中には自己中心的でサービス精神など持ち合わせない人もいた。志智は「私の選んだ職員ならこの半分でやる」といっていたが、当時の職員は役人であり、サービス精神などといったものはあまり話題にはならなかった。「奉仕」という言葉自体も昭和24年以前では図書館界の中では出てこなかった。そんな時代である。

図書館員としての知識・使命感を志智からどのように育てられたか、私の体験から紹介したい。経常の仕事は前任者からの引継ぎで事足りるが、志智には世間で評価される図書館員として育てようといった意志があった。まずは文章の書き方であった。「上手な文章は期待しないが、まず達意の文章にせよ。主語と述語を正確に捉え、文章を短くし、接続詞でつなげば大体のことは伝わる。」と言った具合である。文書によるレファレンスの回答文などよく訂正されたものである。ただ志智の言い方は「お前の言いたいことはこういうことだろう」と、筆者の意向を尊重して文章を直してくれるのですべて納得できた。内容については文章ほど注意されなかった。また毎月雑誌に書評を書く仕事をさせてもらった。稿料

もうれしかったが，これも図書館員として良い勉強になった。書評する本を選ぶのに新刊書を多く読まなければならないからだ。志智はそれを一行おきに書いて来いと言い，行間に訂正文を書いてくれた。こんなことをしてくれる上司は今いるだろうか。

　図書館は読書施設であり，図書館員にとって本は商品である，とすれば図書館員に対して要求される第一の要件は本に対する知識である。志智は若い職員には読書を勧め，時間外に読書会を持ったこともあった。

　図書館職員養成所をでた図書館学の専門家は勉強家が多かったが，図書館関係の本ばかりを読んでいるように思われていた。志智は彼らを評価しながらも「正月くらい週刊誌を読めよ」とひやかしていた。誰とでも話せる幅広い知識を，館員に求めていたきらいがある。司書講習などには若い職員を順番につれていき，自分の講義をきかせた。また研究集会などよく連れて行かれた。志智の隣に座らされ，発言させられた。参加者の関心と能力がわかるとそれなりに自信がついたものである。こうした雰囲気があったためだろうか館内にも新人を励ます雰囲気が生まれていた。

　志智は資料検索に「定石」と言う言葉をよく使った。これを調べるにはこれを見なければいけないと言った基本的な資料に対する知識である。ただこれは大学での，専攻によって差がでた。この資料は信頼のおける史料なのか，物語なのかの判断である。次に「イレギュラー」を頭にいれよといった。予期せぬところから見つかった回答事例である。そうした事例は「記録票」に書いて職員に周知させた。

　最近の図書館では，こうした上司による研修とか指導とかいったものが無くなっているように思う。経験豊富な専門職の館長の存在が図書館の信頼を左右するように思う。私の体験であるが館長の熱意が職員の意識を変えるし，また図書館の活性化に繋がるものである。志智が退職後であるが，私も志智の勤めた園田学園女子大学に非常勤講師として休日に出講するようになった。当時は昨今のように職員の出講を嫌う風潮はなく，出講した方が本人の勉強になり図書館の為にもなるといった考えが強かった。勿論　教育長の許可をとってであるが，職員の成長を期待しての配慮であった。

14. レファレンス批判について

　志智のおこなったレファレンスに対しての批判もある。「貧弱な図書館予算のなかで，レファレンスを重視したことは，大図書館はともかく，中小図書館にあっては，逆に住民から遊離する結果となったといえるだろう。図書館サービスの基本は，何よりも先ず豊富な資料の提供（貸出し）であり，このサービスを基礎にして，レファレンスが有効に展開されるのである。この当時は，この一番大切な基礎が出来て居なかった。従って多くの図書館がこのサービスに取り組んでみたものの努力のわりには市民の生活に浸透しなかった」[19]といった批判である。

　志智もこの批判を気にして『りべる』に反論を載せている。第1は貸出しが基礎となってレファレンスが有効に展開するという因果関係についてである。第2は貸出しが十分とは何をさして十分と言うのか，それは何時になったら出来るのであろうか，それまで待てと言うのか，ということである。第3はレファレンスを重視したため図書館が住民から遊離した，と言う主張は納得出来ないというのである[20]。

　志智はレファレンスを重視するあまり，他のサービスを軽視したわけではない。『公立図書館の任務と目標』第15条の図書館サービスのところに「図書館サービスの基本は，資料提供である。そして資料提供は貸出しとレファレンス・サービスによって成り立つ。貸出しとレファレンス・サービスは不可分のものであり，レファレンス・サービスに力を入れるあまり，貸出しを軽視してはならない」という文章がある。これは最近の図書館界の動向として「貸出しだけでは虚しい」といった貸出し軽視の意見を危惧しての文言であるが，志智は，「そうあらねばならん」とこの『任務と目標』の意見に賛成している。だから「貸出しよりもレファレンス」と言っているのではない。志智のレファレンス指向の本音は，図書費の少ない今，比較的経費を要せず，図書館人の努力によってある程度成功を収める可能性がある。しかも図書館と住民のむすびつき，図書館を住民の生活に食い入らせる有力な手段となりうる。と考えたからである。

　参考事務分科会は志智が退職してから間もなく消滅してしまった。こ

のことは『図書館文化史研究』[21]に書いたのでここでは省略する。

15. 志智嘉九郎の人柄

　館界には志智嘉九郎名言集があった。「古今東西　森羅万象　なんでもわからないことは図書館へ」,「ダイヤルの中の図書館」,「会して議し,議して決し,決してこれを行わず」などである。この「会して議し」は志智が北京大使館に勤務していた頃,当地でよく使われた言葉に「会而不議,議而不決,決而不行」があった。会を開いても自分の発言に責任を取らねばならぬ場合にはうっかり発言もできない。参加者がそういう態度を執ると,「会シテ議セズ」である。討議しても,なかなか決らぬ。「議シテ決セズ」である。そして決議されたことが実行されない。「決シテ行ワズ」ということになる。中国人が日本人のやり方をひやかしたものか,中国人が自らをあざけったものか明らかでないが,ここからとった言葉である。

　ところが日本の図書館人の会合を見ると,これより大分進化していると志智は皮肉る。会して議せずということはなく,会すれば必ず議論が活発に行われ,議すれば必ずといっていいほど決する。しかし決したことが必ずしも行われていない。図書館の会議には無責任な発言が多く,その発言を慎重審議しないで,無責任に決議する。「どうせ,俺がやるのじゃないから」と言った体質からである。志智は「会して議し,議して決し,決してこれを行わず」といっていた。こうした事例は「図書館の歌」の募集をはじめ「ナショナル・プラン」の作成など,挙げだしたらきりが無いほどある。大会には毎回「……に対する反対決議文」を提案・採択していた会があったが,ほとんどが図書館の発展に直接関連のない運動であった。

　志智の名前と学歴から漢学者タイプの人を想像する人もいたようだが,長身で蝶ネクタイの似合うスマートな人で,毎日,休憩の時にはコーヒーを飲むというタイプの人だった。

　晩年,目が不自由になり本が読めなくなった。そこで神戸灘生活協同組合の朗読ボランティアにお願いして本を読んでもらっていたが,記憶

力は旺盛で漢詩や和歌・俳句など諳んじている人だけに読むほうも大変だったことだろうと思う。志智の前では最後まで私は「館長さん」と呼んだ。神戸の大地震で最初に引越した所が京都の山崎だった。転居の手紙も「筍のおいしいところだ、一緒に食べに行こう」といったもので他人を気使う人であった。志智の姉のご主人が、文化勲章の陶芸家の楠部弥弌氏であった。そんな関係からであろう、最期は京都、平安神宮前の楠部の家の隣のマンションで亡くなった。亡くなられたのは、1995年4月28日である。前日まで元気であった。葬式は楠部のそれを真似て妙心寺の塔頭で行われた。生前からの意志で大学病院に献体された。

16. 最近のレファレンスの動向を見て

「貸出しよりレファレンス」などという言い方はこれまでも貸出しの少ない県立図書館が言っていた言葉である。レファレンスの処理件数の多さを自慢にして貸出しからレファレンスに利用者の要求も変わってきたと主張する人もいるが、件数など取り方一つで増加も減少もするものだ。神戸市では昭和30年後半から軽易な質問・相談は統計上から除外している[22)]。レファレンスのカウンターの仕事が多くなれば処理件数は限定される、そんなものである。それに最近はレファレンスの検索方法も情報学的な検索重視に向かっているようである、だがそこから出た資料の信憑性には自信が持てているのであろうか。レファレンスの講義にも提供資料の信憑性や書誌学的な知識が軽視されているように思う。素人は誤魔化せても専門家には通じない話である。それともう一つ心配なのは教科書に参考事務規程やスタッフ・マニュアル的なものの記述が無くなっていることである。公共性から来る制約もどうなっているのだろうか。これも教科書の執筆者に実務経験が無いからであろう。利用者との接触と個々の質問の蓄積がレファレンスを深化させるのだということを忘れているようである。

　かつてアメリカ大都市の公共図書館を森耕一先生と回ったことがある。ワシントンDC中央図書館で見た電話によるレファレンスでは、丸い回転式の書架が中心にあり、その周りに数人の司書が座って次々にか

かってくる電話に応答している。「コカコーラのカロリーは」、「コロンビア特別区の人口は」など，まさに神戸でやっていたそれである。もちろんそこで解決できないものは各主題室に回していたが，これも同様で，専門的な質問は時間をかけて探したものである。

レファレンス衰退の原因を参考図書の所蔵が不十分だったからと言う人もいるが，志智は館の規模の大小にかかわらずレファレンスを大々的に展開すべきと言っているのではない。小図書館では小図書館なりに持てる資料で出来る範囲のことをすべきといっているのである。

最近になって声高に言われているビジネス支援・医療支援の事例などの中には気恥ずかしく思うものも多い，こうした現象を志智が見たらどういったであろうか。

レファレンスは戦後の図書館サービスの深化を模索していた時代の活動の一つであったが，「貸出」がまだ館界で話題になる10年以上も前の事例であり，それだけに「貸出」と同列に考えるものではない。図書館費が極端に少なく，増加の見込みの無い時代での模索であった。最近の図書館界には過去の業績を評価せず，無視する傾向がある。少しは過去を学んで発言してほしいものである。志智の『書燈』の「巻頭言」など今でも再読してほしい。神戸にはレファレンスのメッカと言って多くの図書館人が訪れたものである。こんな時代のあったことも知ってほしいのである。志智の言質について皆さんに伝えたいことは多いが制限枚数もあるのでこれで終わる。

注

1) 南諭造「書燈の魅力」『書燈』50号　1956.9
2) 志智嘉九郎「図書館討論会について」『書燈』4号　1948.12
3) 志智嘉九郎「消え去った虹」『図書館界』11巻2号　1959.8
4) 『図書館雑誌』47巻5号　1953.5
5) 志智嘉九郎「現実超越派」『書燈』31巻 1953.7
6) 志智嘉九郎　前掲注3) に同じ
7) 志智嘉九郎「図書館に中立はない―中国図書館人の考え方―」『書燈』48号　1956.5
8) 志智嘉九郎「学校へ希望する」『書燈』7号　1949.5　「当館学生文庫に関して」『書

燈』2 号　1948.8
9) 南諭造「学術専門図書館におけるレファレンス・サービスの発展」『同志社大学図書館学会紀要』1 輯　1957
10) 志智嘉九郎「二人の先輩」『季刊半ドン』77 巻 1969.4 香西精先生の追悼文で図書館に依頼された調査内容を紹介している。
11) 神戸市立図書館『参考事務規程　解説』1962.6
12) 薬袋秀樹「志智嘉九郎『レファレンス・ワーク』の意義」『現代レファレンス・サービスの諸相』日外アソシエーツ　1993
13) 北原圀彦「明治大正期におけるレファレンスの発展」『Library and Information Science』8 号　1970.9
14) 石塚栄二「覆刻にあたって」志智嘉九郎著『レファレンス・ワーク』日本図書館研究会　1984
15) 伊藤松彦「生気あふれる名著むしろこれから役立つ―志智嘉九郎著『レファレンス・ワーク』の覆刻によせて―」『図書館雑誌』79 巻 12 号　1985.12
16) 菅原峻「公共図書館の建築 1953-1978」『現代の図書館』16 巻 4 号　1978.12
17) 志智嘉九郎「保存図書館Ⅰ・Ⅱ・Ⅲ」『書燈』67・68・69 号　1959.7・9・11
18) 「公共図書館逐次刊行物総合目録編成の問題点」『書燈』71 号　1960.3
19) 『図書館法 30 年記念　戦後公共図書館の歩み　図書館白書 1980』日本図書館協会　1980
20) 志智嘉九郎『りべる―黎明期の参考事務―』1986
21) 伊藤昭治「レファレンス・サービスの模索と実践」『図書館文化史研究』22 号　2005.9
22) 神戸市立図書館『神戸市立図書館 60 年史』1971

主要参考文献

志智嘉九郎『レファレンス―公共図書館における実際―』日本母性文化協会　1954
志智嘉九郎『レファレンス・ワーク』赤石出版　1961
志智嘉九郎『空論集』私家版　1969
志智嘉九郎『りべる―黎明期の参考事務―』1986
神戸市立図書館『書燈』神戸市立図書館報
神戸市立図書館『神戸市立図書館 60 年史』1971
神戸市立図書館『参考事務規程解説』1962
伊藤昭治「公立図書館を市民のものにするもう一つの試み―志智嘉九郎のめざしたレファレンス―」前川恒雄先生古希記念論文集刊行会『いま，市民の図書館は何をすべきか』出版ニュース社　2001

「道の島」に本を担いで

―奄美の図書館長・島尾敏雄―

Carrying books on the Chain Islands. Toshio Shimao …… Director of the library in Amami

井谷　泰彦
（明治大学大学院政治経済学研究科）

島尾敏雄（しまお・としお）
1917 年　横浜市に生まれる
1957 年　奄美日米文化会館館長（～ 1958 年）
1958 年　鹿児島県立図書館奄美分館長（～ 1975 年）
1975 年　鹿児島純心女子短期大学教授・図書館長
1986 年　死去

1. はじめに

　わが国の図書館には,「文人図書館長」と呼び得る,図書館業務に関わった文化人達の系譜が存在する。その中には，名誉職として館長職に就いたものの，図書館業務の世界には殆ど貢献し得なかった人も多いようだ。地域や大学・学校の頭脳にも譬えられる図書館を裏方として支えているのは，基本的には無名の市民である図書館員であり，図書館文化史上の評伝の被伝者には，本来的にはそのような図書館員こそがふさわしいと

筆者は考える。それにも関わらず，私がここであえて島尾敏雄という高名な作家を図書館人のひとりとして取り上げる理由は，島尾の図書館長として為した功績の大きさや，その図書館が島尾の「南島文学」「南島思想」を胚胎した場所であったという作家研究的な興味からだけではない。島尾が築いた郷土資料センターである鹿児島県立図書館奄美分館（以下「奄美分館」と略す。）での図書館活動が「奄美文化」を掘り起こした史実と，その住民への影響に大きな意義を見出すからに他ならない。

島尾が初代の館長を勤めた奄美分館は，北は喜界島から南は与論島に至る奄美群島の，当初は唯一の公共図書館であった。「道の島」とも呼ばれる，全長250キロにも及ぶ奉仕区域を島尾は本を担ぐようにして巡回した。そして，島尾による精力的な郷土資料の蒐集や『奄美史料』の刊行事業，図書館業務の一環であった奄美郷土研究会（以下「郷土研究会」と略す。）の活動は，奄美研究の拠点としての奄美分館を作り上げて行った。その分館長としての島尾の業務への献身ぶりが，作家の余技とは対極にある本格的なものであったことは，作家研究の上でも明らかにされている[1]。いや，そもそも奄美群島の本土復帰後，半ば死に体と化しつつあった奄美日米文化会館を，本格的な図書館として改組するよう県に働きかけて奄美分館を立ち上げた張本人が島尾なのである。

図書館業務の一環である郷土資料蒐集と整理，及び後に南日本新聞から表彰されることになる郷土研究会の活動は，中央志向の強かった当時の奄美の人々に，故郷奄美の魅力と歴史への再考を促す機能を果たした。そして，奄美分館主宰の「読書会」活動などと共に，奄美の人々を力づけた。地域に深く根を張った図書館活動であったと言える。

島尾たちの努力は実を結び，1974年には名瀬市で＜奄美学＞のシンポジウムを開くまでに至った。拙稿では島尾の業績を俎上に載せると共に，奄美分館が奄美研究の拠点たりえた背景と理由とを文化史の上から明らかにしたい。

2. 分館長就任まで

ここで，島尾の分館長としての業績と当時の図書館の様子に立ち入る

前に，文学者・島尾敏雄の人と思想をごく簡単に紹介しておきたい。長崎高商を経て九州帝国大学文科東洋史専攻へ入学した島尾は，1944（昭和19）年27歳で魚雷艇学生となり，横須賀の海軍水雷学校・川棚臨時魚雷艇訓練所で訓練を受けた。同年10月，第十八震洋隊の指揮官となり，翌月奄美諸島加計呂麻島の基地に駐屯して出撃を待ったが，出撃の前に敗戦を迎えた。1946（昭和21）年特攻隊員として赴いた加計呂麻島の女教師大平ミホ（奄美の大和村出身）と結婚。ミホはノロの家系の出自であった。戦後になって，島尾は文学者としての頭角を現し始める。自らの戦争体験を素材にした「出孤島記」（初出：『文芸』1949年11月号）で文芸賞を受賞したことを皮切りに，神戸市立外語大の教官を勤めながら，「夢の中での日常」（初出：『綜合文化』1948年5月号）等の秀作を発表して行く。1952（昭和26）年3月，大学を辞職して上京。定時制高校非常勤講師を勤めながらプロの作家としての道を歩んだが，島尾の浮気をきっかけにして妻ミホが精神病に陥ってしまう。奄美で執筆された島尾の代表作「死の棘」は，そのときの体験をもとにしたものである。島尾は高校を退職して妻の病院に付き添い看護にあたる。病院を転々としたが，1955（昭和30）年10月，妻の故郷であり，二人の運命の出会いの場所でもあった奄美の地へと移住する。当初，大島実業高校の非常勤講師をして糊口をしのいだが，1957年に鹿児島県職員として，県立図書館奄美分館の前身である「奄美日米文化会館」に館長として就任した。

　島尾の経歴を振り返ってみて，この論考との関連で着目しておいた方が良いと思われるのは，島尾の歴史学研究者としての顔である。余りにあっさりと教授（世界歴史担当）の職を投げ出した為，私たちは島尾を文学者としてのみ捉えがちであるが，島尾の歴史家としての造詣の深さは，分館長島尾の郷土研究や郷土資料蒐集にも影響を与えたはずだ。

　分館長になったときの感想として，島尾は次のように語っている。「そういう仕事に無知な私のやれることはひとつだけだと思っていました。つまり文化会館のなかに史談会をしっかり根付かせ，もっぱら資料の収集に努めることです」[2]。

　確かに島尾は実務経験のある司書出身の図書館長ではない。だが，就

任4ヶ月後の1958（昭和33）年8月，熊本商科大学の図書館司書講習で遅ればせながら，司書資格を取得している。そして，現在奄美分館に遺された大量の島尾館長直筆の館史資料や統計資料は，島尾の几帳面で丁寧な仕事ぶりを示しており，司書としても一流の資質を窺わせている。

また，島尾は「南島文学」の代表者であると共に，「ヤポネシア」という概念の発案者としても知られている。その概念は，島尾によって創出され，先ず岡本恵徳や川満信一などの沖縄の文学者によって支持され受け入れられたあと，民俗学の谷川健一など多くの分野の人々によって深化されてきた。ミクロネシアやメラネシア，インドネシアなどと同列にヤポネシア・リュウキュウネシアという形で私たちの弧状列島を捉え返そうとするこの試みは，これまで中国・朝鮮といった大陸との関係のなかでのみ把握されてきた「日本」文化を，太平洋島嶼の側から捉え返すことによって，「畿内中心史観」の相対化を図る試みであった。筆者は，その概念は島尾の奄美での図書館長としての体験抜きには生まれてこなかったと考えている。島尾が関わった奄美分館は，北は喜界島から南は与論島に至る，全長250キロにも及ぶ奄美諸島1市13町村の図書館活動の拠点であり，活動エリアの広さにおいても比類のない例外的な存在であった。その「道の島」のあちこちを，分館長島尾は就任当初から積極的に回って啓蒙活動に努めた。その経験と，奄美分館長としての郷土資料の発掘・蒐集・復刻といった作業が，「ヤポネシア」概念の創出という思想的営為にも深く関わっていたことは言うまでもない。

3. 奄美分館前史

だが，島尾が分館長を勤めた奄美分館の際立った独自性は，その奉仕対象区域の広大さに留まらない。その歴史性やサービスの質や館としての性格においても，全国の公共図書館の中に似た類型を探すのが難しい，独自の特徴を有していた。奄美分館ができた1958年前後は，日本の公共図書館史の上では停滞期と位置づけられている[3]。島尾は図書館にとって厳しい過渡期に分館長になったと言える。

しかも，島尾が県の職員となった1957年末には，分館は未だ前身の奄

美日米文化会館であった。公共図書館の前身が日米文化会館であるという史実も珍しいが，奄美分館を語る際には，その前史と文化会館の複雑な性格が，後々に至るまで深い影響を与え続けていたことを忘れる訳には行かない。戦前の奄美諸島に図書館が生まれることはなかった。本土への復帰を果たした奄美諸島に，本土同様の一般的な公共図書館が生まれるのは，分館開館の1958（昭和33）年のことである。だが，それまで図書館の「と」の字も無かった奄美諸島に，米軍占領支配の下でまがりなりにも図書館と呼びうる施設を作り，書籍や視聴覚資料を収集して利用者を増やそうと努力してきた人々が存在した。少し横道にそれるが，ここで奄美の図書館事情への理解の為に分館前史を素描して置きたい。

　復帰前の奄美の図書館には，系譜を異にする図書館が2種類存在した。特に1951年から1953年に至る3年弱の期間には，極めて規模の小さな二つの図書館が並立していた。奄美博物館図書室を起源とする奄美図書館と，米軍政府の命令で設けられたInformation Centerである琉米文化会館図書室のことである。1948（昭和23）年，「臨時北部南西諸島政庁」構内のコンセット（かまぼこ型兵舎）1棟に博物館が設置され，その半分に図書室が割り当てられた。蔵書は神戸奄美会から寄贈された図書・雑誌など360冊であった。職員4名，内図書室担当は奥山正良。これが奄美にはじめてできた公共図書館の姿であった。この図書室は，1952（昭和27）年に奄美群島政府が解消して琉球政府が樹立したことを契機に，博物館から分化して「奄美図書館」として独立する。職員は3名となり，館長には郷土史家で奄美民謡を蒐集・集大成した文英吉が任命された[4]。奄美日米文化会館に吸収されるまで6年間存続し，吸収時には2664冊の蔵書があった。

　一方，それに対して奄美琉米文化会館図書室（以下「琉米文化会館」と略す。）は，沖縄のC I and E Section（民間情報教育部）の所管の下にInformation Centerとしてその歴史を開始する。1950年に米軍政府によって設置命令が出され，「大島文化情報会館」という名の下で実際に開館するのは翌1951年のことである。（1952年に奄美琉米文化会館（図書室）と改称）。島尾は，「奄美図書館史」をこの琉米文化会館の誕生から書き

始めている[5]。初代館長として，レイ・O・バーネットが就任。他に奄美出身の職員6名で運営した。中原四が，Administrative officer（情報教育官）として琉米文化会館の施設の基礎固めをした。中原は「情報会館構想」（1951年7月）のなかで，この会館を「公立図書館」として明確に位置付けている。島尾は「奄美図書館史」のなかで，その性格を次のように述べている。「ここで言う公立図書館とは，現在一般に使用されている公共図書館のことで，昭和25年本土において成立した「図書館法」の公立図書館と同じ構想と見てもさしつかえない。すなわち，アメリカの図書館運営方法が基準として取り入れられ，図書や記録資料のほか視聴覚教育資料も合わせて活用する地域住民への奉仕に重点を置いた運営がなされた」[6]。

この沖縄・奄美に置かれた琉米文化会館図書室の歴史的意義に関しては，研究者の間でも評価の分れるところである。その蔵書からは，当然占領政策に都合の悪い図書は除かれ，英語雑誌の偏重など資料面での問題が大きく「市民の図書館」とは見做せないという批判がある。米国占領軍による琉米文化会館偏重政策が沖縄の公共図書館の発達を遅らせたという見解である。例えば伊藤松彦は，「（会館の活動自体が）文化と呼ばれる領域と関わっていたとしても，生活のくさぐさの問題，集落の自治の問題，戦争や基地問題とまともに向き合えない構えでは，住民の生活とこころに深く密着し，溶け込めないのはわかりやすい道理である」（（）内筆者）と批判し，「沖縄では公共図書館の設置が本土に比べてひどく立ち遅れていたのはなぜか。それは，権力が琉米文化会館だけに力を入れ，競合する施設の公共図書館を顧みなかったからである」と述べている[7]。

一方で，文化会館図書室の展開した多角的資料の収集や，移動図書館などのサービスの展開には，同時期の日本本土の図書館行政よりも遥かに先駆的なものが多いことに積極的評価を下す論者も多い[8]。「（琉米）文化会館が祖国復帰までの公共図書館界をリードしてきた」とも言われている[9]（（）内筆者）。筆者は，その資料センターとしての問題点も，サービスの先駆性も共に否定することができないと考えるが，奄美分館の源流とも言える琉米文化会館とはそもそもどのような施設であったのか，瞥

見しておきたい。

　「琉米文化会館の目的は，アメリカ合衆国に関する資料を提供するだけでなく，アメリカに対する友好的態度を確立することと琉球の経済復興を援助することである（米国民政府年次報告1952）となっていた」[10]。文化会館の職員は図書館担当者と行事担当者に大別され，その他にタイピスト・通訳・会計などがいた（前掲書参照）が，図書館の執務資料には更に次のような業務の具体的目標が掲げられた[11]。

　①米国に関する情報センター
　②米国の政策・方針の住民への広報
　③USCAR（US Civil Administration of the Ryukyu Islands）資料の効果的普及
　④米国の相互理解政策の支持者の獲得

　明確な政治路線の下に，図書館活動も展開された訳だが，そのことの特殊性は主に「資料収集」の局面で現れた。奄美を含む全琉米文化会館（奄美で開館した1952年当時，石川・八重山など全6館）の資料は，那覇琉米文化会館でまとめて購入された。那覇の会館には，そのための配本所と視聴覚センターが設けられ，すべての図書館資料の発注・受入・目録カードの作成を那覇の会館で行っていた。かなり中央集権的な管理体制であると言える[12]。特筆すべきは，この時期としては極めて先駆的ともいえる多様な資料の提供と，きめ細やかなサービスの展開である。「従来の図書館と違い視聴覚資料（マイクロフィルム，幻灯画，映画，紙芝居，レコード）を完備していた。また，特筆すべきは，当初から全琉球諸島で巡回文庫を実施しており，多くのサービスステーションが設けられていたことである。奄美の琉米文化会館も例外ではなかった。蔵書の半分が英文という特殊な蔵書構成のせいもあり[13]，映写会の開催等を含む視聴覚資料の利用に力点がおかれた。そして，資料の館外貸出は名瀬市内の住民のみが対象であったが，各地の公民館・婦人会・学校に長期貸出を行った他，夏期休暇の間，先述した「奄美図書館」及び「カトリック図書館」との協同で，奄美小学校・塩浜海岸に移動図書館を設置して出張貸出奉仕を行った[14]。図書館本館の建物以上に立派な別棟の講堂を備

えていたり，多様な多角的資料をもとに映写会やレコード鑑賞会を開き得た島尾館長時代の奄美分館の特性はこの時期の琉米文化会館のあり方に由来する。

　1953年12月，奄美群島が日本本土へ行政復帰したことを契機に，奄美の琉米文化会館の施設と備品の一切は日本政府に引き継がれ，職員は鹿児島県職員となった。同時に奄美初の図書館であった奄美図書館と奄美博物館は解消となり，資料は半年後に文化会館に運び込まれた。ミニサイズの二つの図書館が並立した，ユニークな奄美図書館史の第1ページはこうして幕を閉じた。翌1954年5月，鹿児島県知事と福岡アメリカ領事館文化交換課長の間に「奄美日米文化センターに関する協定」が結ばれ，琉米文化会館に代わって奄美日米文化会館（以下「日米文化会館」と略す。）が発足することになった。鹿児島県の大島支庁総務課の管轄となり，旧奄美琉米文化会館と旧奄美図書館の資料が全てそこに集められた。それが，1958年に設立される県立図書館奄美分館の直接の母体であった。だが，前述の協定に基づき，図書館開館後も日米文化会館が図書館の一部として存続したという史実は覚えておいていい。何故なら，そのことが奄美分館開館以降，米国領事の度々の来館や，図書館が米国留学生募集の窓口になるという密接な日米関係の基盤となったからである。図書館職員が日米文化会館の職員を兼ねるという在り方は，当然図書館の性格にも影響を与えない訳には行かなかった。

　1957（昭和32）年，島尾は鹿児島県職員として日米文化会館館長に就任する。だが，復帰直後のこの時期（1954年の所轄移管・改称から58年の図書館への改組まで），奄美日米文化会館は特異な片翼飛行を余儀なくされていた。即ちその4年間，図書購入費がゼロという，資料センターとしてはちょっと考え難い異常事態が続いたのである。特例として4年間の間に県費で購入した図書は21冊にすぎなかった。図書館活動の展開が米国の国家戦略でもあった占領期（即ち琉米文化会館の時代）が終わると同時に，財政的基盤を喪失した情報センターは半ば死に体になっていた。だがその一方で，USIS（米国大使館文化交換局）からの図書貸与補給が開始された。貸与とは名目であり，実質的には廃棄まで任せられ

ており寄贈に近かった。蔵書数は 1955 年現在数で 5898 冊。図書の貸出は継続されたが，USIS 図書の一番の問題点は，いわゆるアメリカ市民生活全般に関する翻訳書が大多数を占め，奄美住民の利用に適さないことであった。何とも中途半端な図書館（または図書館の残骸）の存在がそこにはあった。この奇妙な過渡期を，日米文化会館は映写会やダンス等の催し物で乗り切ることになるが，この会館の図書館としての発展を模索する島尾は，県の意向を調査する為に鹿児島県庁へ赴いた。図書館への改組という願いが叶い，1958 年 4 月 1 日，島尾を初代館長とする「鹿児島県立図書館奄美分館」が教育委員会の管轄下に発足した。島尾が 40 歳の春の出来事であった。

4.「奄美学」の拠点と日常の図書館活動

　奄美分館設置直後の 1958 年 7 月，島尾は県立図書館報である『南の窓』12 号に，「奄美分館が設置されて」という小文を載せている。

　　もしわれわれの日本のなかに，この南の島々が（もちろんそのなかには沖縄も含まれたものとして見たいのですが）なかったとしたら，われわれ日本人の生活と文化は，ひどくひからびた画一の淀みのなかにつきおとされてしまうことでしょう（中略）では，鹿児島県はこれら南の島々をすっかり消化しつくしたと言えるでしょうか。残念ながらわれわれはこの島々についてほとんど何も知ってはいないと言ってよい程なのです。島々の見かけの貧しさに眼を奪われてしまって，その底のところのエネルギーを理解できないでいるのです。（中略）どうしても，あらわに見えないやり方ではありますが，こころや頭を耕して行く方法を用いなければならないでしょう。図書館は少なくともその困難な仕事の一部を担うのにふさわしい施設の一つであり，鹿児島県は既に長い歴史と貴重な経験のある県立図書館を持っているのです。そして幸運なことに，その分館が島々の中心地の名瀬市に愈愈設けられたのです（中略）このまま埋まらせてしまいたくない南の島々に文化耕作の鋤入れのできる仕組みが先ず出来上って，希望とよろこびにふくれている島に住む私たちを想像し

ていただけますでしょうか[15]。

　些か長い引用になったが,「文化耕作」を前にした島尾の意気込みが十分伝わってくる一文である。その姿勢は,教育色の強い啓蒙的な図書館作りとも,60年代以降の「市民の図書館」作りとも異なった,いわば「土着型参考図書館」を目指したものと言っていい。

　また,吉本隆明との対談のなかで,資料への思い入れについて,島尾は次のように語っている[16]。

　　吉本　ということは,図書館というのは,全集みたいなものはほんとうはあまりいらないので,あることについてならば,そこにとことんまで資料の本があるという方が望ましいわけですね。

　　島尾　極端にいえばそうです。そういう図書館が望ましい気がしますね。一般的にはそうじゃなくて,そこに行けば,浅いけれども一通りなんでも用を足すことができるというふうな蔵書構成が好ましいと思われていますけれどね。まあ予算がないということもあるんでしょうが。図書館もいろいろあって,ぼくのところのような図書館は奉仕区域が非常に複雑で広いんですよ。喜界島だとか,徳之島,永良部,与論といったいろいろな島に箱をかついで行くわけです。なんと言いますか,かつぎ屋みたいな性格があるので,ほかの図書館とちょっとまた違います。

　「あることについてならば,そこにとことんまで資料の本がある」というときの「あること」とは,島尾の場合は間違いなく奄美郷土資料のことを指している。地域文化や諸活動の原拠としての郷土資料の充実は,分館発足時からの方針であった。そして,島尾敏雄が分館長として為した仕事の内の最大の功績もそこにあった。島尾は,自らの分掌事務のなかに,「分館運営の統括・図書の選択分類」と並んで「郷土資料の蒐集・整理」という一項目を明確に掲げて,情熱をそこに注いだ。その成果の一端を挙げると,手に入れることが極めて困難だった薩摩藩士・名越左源太時敏が著した『南島雑話』[17]を苦労の末に神田古本屋街で発掘したことや,全国でも奄美分館にしか無い貴重資料である「南島興産請求訴訟」資料(南島興産商社　1889-92)などの資料収集が挙げられる。職を辞す

1975（昭和40）年までに，1210冊の貴重な郷土資料を収集した。また，収書活動の集大成として「郷土資料目録」の刊行（1969）があった。そして，島尾は近世地方文書の写しの収集という奄美で誰も手をつけることのなかった仕事に着手する。その成果として，『奄美史料』の第一集「大島要文集」から第五集の「九郎談」までの刊行に成功することになる[18]。この資料が，南島研究者の基礎資料として如何に貴重なものであるかは論ずるまでもない。

また，分館長島尾の業績のひとつとして，図書館に事務局を置き，図書館員が自らの職務として事務を担った郷土研究会の活動等を挙げておく必要がある。それは1951年文英哲らによって作られた奄美史談会を1958年の分館開館と同時に再発足させたものであり，月に一度郷土研究（歴史・民俗学）の研究会を開いて研究発表・討議を行った他，会報の発行を重ねていった。発足2年目の1959年の会員数は42名で，会員は東京や宮崎などの県外にも及んだ。第1回会合は田畑英勝「いのしし狩りの方言」，大山麟太郎「近代日本史における奄美の地位」であり，その後は隔月に開催されることになる。島内のまばらな研究家たちの孤絶したばらばらの研究を，総体相関のなかで相補いつつ，研究をすすめる場が設けられた[19]。南島の一角として，独特の歴史性・地域性を有する奄美列島には，地域に根を張った研究者たちがいた。復帰前，彼らは奄美日米文化会館の館長であった文英吉をまとめ役として郷土研究を開始していた。そして文の死後，一歩間違えば拡散しかねない復帰後の郷土研究を，島尾敏雄分館長はよく繋ぎとめ得た。その郷土研究会の活動に対し，1967年には「南日本文化賞」が与えられた。1970年に来訪した外間守善の強い勧めで会報をまとめ，『奄美の文化』（法政大学出版局　1976）として出版にこぎつけている。また，島尾敏雄が分館長を辞職する直前の1974年には，琉球大学と共催の史学会を奄美で開いている。生半可な啓蒙活動などではない，郷土研究の拠点としての図書館の姿がそこにはある。そして筆者が強調しておきたいことは，その郷土研究が図書館の日常的な奉仕業務と深く関わりながら進められたことである。奄美分館に寄せられた参考業務（レファレンス）の質問事項の例を挙げてみよう。開館間

もない1959年9月の事例である。「奄美の盆行事について」「大島の豊年踊りについて…そういうものがあるのか，あればその状況」「奄美群島政府時代の人口統計」「大島における平家伝説」（『鹿児島県立図書館奄美分館案内』1959年版による。）これらの質問に対する回答の事例までは分からないが，郷土研究会と図書館の密接な関係は十分に想定できる。公共図書館が有していた「郷土研究機関」としての要素と日常的参考業務の関わりを考える上で興味深い事例である。

また島尾は，図書館長としての昼の顔と作家としての夜の顔を峻別して混同することを強く自戒していた。だが，各地での読書グループの組織化（1961年）や分館での読書会の発足（1967年），文芸講演会（奥野健男 1968年，三枝和子 1974年など）の開催などは，やはり作家としての顔を最大限に活かした図書館長の業務であり，決して無関係でありえた訳ではない。

勿論分館長島尾の業績は，郷土資料関係や文芸活動と絡んだ広報活動ばかりではない。他の日常業務においても手抜かりのない堅実な館長業務を担っており，諸活動もあくまで地道な図書館業務を基盤にしてのものであった。開館の為には，かなりのエネルギーを必要としたようだ。開館当初，島尾は図書館業務に不慣れなため，鹿児島市にある本館と連絡を密にして，すべて本館のやり方を参考にして業務を行った。開館の為に本を買い揃える業務も本館が行って，分館開館準備業務に専念した。「職員の中には，司書補2名が含まれていたが，図書館法と県条例に基づく司書業務には未経験であったので，職員の研修が早急に要求され，毎年の司書講習受講が考慮され，昭和33年には先ず分館長が司書の資格を得た」[20]。島尾は，多くの農民や漁民に足を運んで欲しかったようだが，残念ながらそれは実現していない。1963年度の奄美分館発行の統計では，全3244人の館外貸出者のうち2115名が，17553人の入館者のうち12034人までが学生・生徒・児童である。ちなみに主に主婦と思われる「無業者」の貸出者数は532人，農民漁民は僅か26人にすぎない。

分館ができるつい数年前まで，奄美の子どもたちは次のような状態に置かれていた。「私にとって内地の生徒をうらやましく思うことがありま

す。校舎と設備です。あの窓ガラスのある学校で勉強し，本のぎっしりつまっている図書館で本を読んでいる内地の友達の姿（中3）」「当時船が時折入港すると本屋に馳せつけ参考図書の購入に長い列をつくり，学校図書館に新書が入ったと聞くと競って借りた記憶が多い」[21]。子どもたちが利用者の主体であったこと自体は，時代背景や地域の状況を考えればやむを得ないと言えよう。

　国民の「知る権利」を保障する機関として図書館を位置付けた1963年の「中小レポート」（『中小都市における公共図書館の運営』）の発表は，従来の県立図書館が市町村立図書館を指導するという考えに代わって，住民サービスを直接行う中小図書館（市町村立図書館）と，その活動を背後で支える県立図書館という新たなパラダイムを創出した。しかし，奄美分館のような県立図書館分館という存在には，「市町村立図書館」対「県立図書館」という構図の中からはみ出してしまう要素があった。奄美分館の場合，県立図書館でありながら，奉仕をサポートする市町村立図書館など域内には存在しなかった。新館が完成した1964年の蔵書数10591冊という数字ひとつとってみても，同時期の全国の市立図書館平均（22090冊）よりも遥かに小規模なものである[22]。しかもその蔵書の半数が貸出文庫と称する各島や離村のサービスセンターへ回される図書であった。（その方式については後述。）県立図書館とはいえ小図書館であり，直接住民サービスを行う地域唯一の図書館であった。そういった現象自体は，市町村立図書館が希薄な地域の府県立図書館でも在り得た。しかし奄美分館の場合は，その地理的・歴史的特殊性が，図書館サービスの方法や「参考図書館」（当時の県立図書館での呼称。後述）の活動にまで影響して，分館の性格に際立った独自性を与えていた。

　島尾がサービス活動をおろそかにしていた訳では決してない。教育委員会貸出文庫や公民館貸出文庫はもとより，船の中や港待合室への文庫の設置を行った。1961（昭和36）年からは群島全6ヶ所で「母と子の20分間読書運動」を開始し，14の読書グループを組織した。両方とも，戦後鹿児島県立図書館で長らく図書館長の職にあった久保田彦穂（筆名・

椋鳩十）の発案になるものである。島尾は次のように述べている。「昭和33年に発足した奄美分館は，地域住民の文化的環境の後進性を少しでもなくするため，分館自体の内容充実を図るとともに，地方に対する奉仕活動の浸透のため，各市町村に貸出文庫運営のサービスセンターを設けてもらい，定期的に配本を行い，各市町村ではそのサービスセンターを中心とした図書館奉仕が行われてきた」[23]。

　これは，いわゆる「鹿児島方式」と呼ばれる公共図書館の運営方法であり，これも久保田の発案である。その鹿児島方式の存在こそが，島尾の郷土史家としてのあり方や，郷土資料の拠点としての奄美分館のあり方を背後から支えたものである。鹿児島方式とは，次の4点の大きな特色を持っている[24]。

　　①県と市町村による図書館活動の共同運営
　　②サービス・センターとして市町村立図書館や公民館・教育委員会図書室を位置づける
　　③直接サービスと間接サービス
　　④第一線図書館と第二線図書館

　①は，貧乏県故の苦肉の策として生み出した県と市町村の図書館共同経営である。この中に公民館図書室なども抱合される。②から④をかいつまんで説明すると，鹿児島方式では，県立図書館がまとまって本を購入し整理したあと，主として「貸出文庫」という形でまとまって本を「サービス・センター」に貸し付ける。地方にいる住民たちは，身近な「第一線図書館」であるサービス・センターで本を借りることになる。本の購入から整理・貸出・回収を行う間接サービスの担い手が，第二線の県立図書館となる。即ち第一線のサービスを裏で支える県立図書館には，最前線の図書館には無い保存図書館，調査研究のための図書館という性格が付与されて行く。多量の本を送り込むとともに，知識人や文学者に協力を求めて読書実験所のような性格をも持たせて行く[25]。奄美でも，全市町村に貸出文庫出張所が町村役場に設置され，その地方「貸出文庫」の整理・配本・回収業務を徳桂という司書が担っていた[26]。そして，奄美分館には参考図書館としての役割が求められた。

県立図書館長である久保田は，奄美分館に次のような性格を要請している。「今後分館は，①地方文化保存のための保存図書館　②調査研究のための参考図書館　③量・質共に備えた貸出図書館　の三つの要素を備えた図書館として運営されることを望み，作家であり郷土研究家である島尾敏雄分館長に期待する」（県立図書館新装落成式でのスピーチ）[27]。

　これは，郷土思想家島尾と，郷土研究の拠点である奄美分館を支える図書館理念であったということができる。島尾同様，作家・鳩椋十という文学者の顔を併せ持つ久保田が，日常業務上の指導者・先導役として理念的にも大きな影響力を持っていたことが分かる。

5. 奄美分館の様相

　それでは，島尾が分館長を勤めた「鹿児島県立図書館奄美分館」とはどのような図書館であったのだろうか。その創立時に遡って見ていきたい。実は，このユニークな図書館の姿と性格は，既述した前史に大きく既定されている。先ず，分館として開館した1958年当時の図書館の様子を，図書館の3要素である施設・資料・人に分けて取り上げて見たい。

　施設は鹿児島県名瀬市井根町八班にあり，ガリオア資金によって琉米文化会館の前身である大島文化情報会館の建物として1951年に建設された木造2階建瓦葺85坪の本館と，1953年に琉米文化会館の講堂として建設された鉄筋コンクリート72坪のホールから成っていた。閲覧室は本館2階に設けられ，一般図書室84席と児童図書室24席から成っていた。1階には書庫や司書室などの他に，前述した日米文化会館の部屋も併設されていた。座席数から言えば，今の学校図書館並みの小さな図書館であるが[28]，特徴的なのは講堂の存在である。閲覧室が極めて小ぶりであるのに対し，米国文化政策の落とし土産ともいうべき「講堂」は，300人以上の収容能力を持ち，常時各種会合（音楽会・レコードコンサート・映写会），研究会，展示会に用いられていた。これは，奄美分館ならではの大きな特色であると言える。旧奄美博物館の資料や日米文化会館の映像資料を抱え込んでいたこともあり，当初から多角的メディアを備えた図書館として出発した。奄美分館は，そもそもその土地・建物の在り方から

して占領期を引きずっていた。その土地・建物は本土復帰後、全て日本政府に引き継がれたため、所有者はあくまで大蔵省であった。県が大蔵省から1964年8月という期限付きで図書館の土地・建物を貸与されるという、公共施設として些か変則的な所有形態であった。そのため、1964年10月には、名瀬市小俣町20-1の地に666平米の新館が落成して移転することになる。現在でも使用されている新図書館は、鉄筋コンクリート2階建で図書5万冊の収容能力を持ち（閉架式）、映写室・会議室・郷土資料室などを併設していたが、それも拠点図書館の規模としては決して大きいものではなかった。財政的基盤の脆弱さ故であろう。だが新図書館が完成してから、島尾はその敷地内の宿舎に住居を変えることになり、利用者とのコミュニケーションが増したようだ。

　図書館の開館時間は、閲覧室が午前9時から午後9時まで（日曜は5時まで）、児童室は5時までであり、これは当時としては例外的な長時間の開館であった。また、水曜日から日曜日までが開館日であり、日曜開館も当時としては先駆的であった。（火曜日は館内整理日だった。）その先駆的な図書館のあり方、少しでも民衆の前に図書館を開いて行こうという姿勢が島尾館長の意思によるものなのか、行政や県教委の意向であったのかまでは分からないが、島尾の賛同が無ければ始まらなかったことだけは確かである。

　奄美分館は、資料面においても著しい特色があった。開館時の図書資料は5980冊（内児童書が410冊、貸出文庫が720冊）であり、その内訳は、奄美日米文化会館から受け継いだ5013冊と、図書館開館のため新たに買い求めた967冊であった。奄美日米文化会館蔵書を更に前史に遡って財源別に見ると、奄美図書館からの1445冊と、奄美琉米文化会館図書室からの残りに分かれる。分類（日本十進分類法）に見ると、各市町村へ行く貸出文庫の殆どは9類（文学）の本で占められるが、本館の図書は文学の他、2類（歴史・地理）に千冊、3類（社会科学）に1400冊もの図書があることが目立っている。（『奄美分館案内』昭和34年版）分館では、閉架式のシステムを採用していたが、館外貸出ができるのは名瀬市内在住者に限られていた。館外貸出のためには、米穀通帳など身分が

確認できるものを持参して,「閲覧者登録原簿」に予め登録しておく必要があった。逐次刊行物は,朝日・南海日日新聞などの7種類の新聞,婦人公論・文藝春秋など12タイトルの雑誌の他,USIS提供の洋雑誌が41誌もあった。同時代同規模の他公共図書館と比較して,先駆的ともいえたのが視聴覚資料の充実である。映写機3台,レコード・プレーヤー2台,映画フィルム130本,レコード630枚,オルガンなどを有していたが,興味深いのは県費のものがひとつもないことだ。映写機と映像フィルムは米国大使館から配布されたものであり,レコード・プレーヤーやオルガンは国有だった。レコードは,国有のものと米国大使館のものが半分ずつ。そして映像フィルムは,各市町村の教育委員会や学校を対象に団体貸出を行っていた。

　奄美博物館から受け継いだ博物資料の存在も,この時期の奄美分館をユニークなものにしていた。奄美出土の土器・石器,貝類,ハブ・アマミノクロウサギの剥製,陶器,地方玩具(野外弁当箱・綾手毬・ゴーリャ・ナリヒェン),西郷隆盛・重野安繹使用用度品(文箱・徳利・鉄瓶など),重野安繹書簡,白糖製糖工場に使われた赤レンガ,旧藩時代の習字手本などが図書館で保存され,陳列された[29]。島尾は早くから博物資料の重要性を指摘して,博物館新設運動を展開してきたが,それが実現するのは70年代に入ってからである。

　前述したように,分館は6千冊弱の蔵書からスタートした。そして図書購入冊数は,1959年度が892冊,60年度が820冊といったペースであり,新館が開館する1964年時点で児童室・貸出文庫・郷土資料等を合わせた総計ですら10591冊にしかなっていない。1963年に「中小レポート」が指標として掲げた,奉仕対象人口の半分の蔵書冊数という目標値には到底及ばない。それに対して,職員の数は開館時から7人いる。広いサービスエリアや抱え込んだ奄美日米文化会館の業務や郷土研究会の活動を考慮しても,奄美分館の職員数は相対的には恵まれていたと言える。ちなみに,戦前「沖縄学の拠点」と呼ばれた沖縄県立図書館では,文化人図書館長(伊波普猷・真境名安興・島袋全発)の下には,司書1名と事務員1人がいただけである。いや,島尾が分館長を勤めていた時期の他の

どの公共図書館を調べても，蔵書数や規模に比してこれだけの職員を抱えた図書館は少ない。その職員数の多さは，奄美分館の複雑な前史に由来している。小規模な二つの図書館が在り，その一方の奄美琉米文化会館が米国の文化戦略の拠点でもあった複雑な前史のことである。7人どころか，復帰前の奄美琉米文化会館には最大時14人もの職員がいた。その内の通訳やタイピストや秘書などは，復帰と同時にお払い箱になったとも考えられる。しかし，県立である復帰後の奄美日米文化会館が，そう簡単に職員を辞職に追い込むようなことはできなかったはずであり，事実7人は皆「日米文化会館」末期の職員であった。島尾は，彼らを図書館員として残すように県に陳情している[30]。だが職員数の多さについて逆に言えば，郷土資料の充実化に貢献し，密度が極めて高い参考図書館であるためには，それだけ多くの労働力を必要としたという評価もできる。偶然が重なってできた恵まれた研究体制が，島尾の郷土に根ざした分館長業務を可能にしたと言ってもいい。

　当時の分館の図書館員の全氏名と分掌事務が記載された一覧表を見ると[31]，島尾分館長の下に，分館長補佐が置かれており，その人物が業務計画を立案し，人事関係の仕事を請け負っていた。分館長補佐の下は，総務係と司書係に分かれるが，前者は会計処理や物品検収，請求書作成や視聴覚器材の受け入れのために1名が置かれているだけで，あとの4人は司書係であった。貸出文庫担当者が日米文化センターの仕事をも担っていた。児童室にも専門の司書がいた。総務係・司書係の5人はいずれも身分は「主事補」であった。（注　司書係が必ずしも有資格者ではない。）

　開館1ヶ月後の，1958年5月末に島尾が作成した「県立図書館奄美分館要覧」を見ると，当初島尾は分館の体制を，庶務・会計係，企画係，視聴覚資料係，日米文化センター係，整理係，奉仕係という形で組織することを構想したようだ。しかし，現実の仕事の分量の差異を考慮に入れるとその構想は些か現実性が乏しかったようである。1年後の要覧を見ると，上記したように，分館長・分館長補佐・総務係1名・司書係4名という体制に変わっている。1人の司書が多くの業務を分担しないとやっていけない現実があったはずだ。

このように，図書館の三要素である「施設・資料・人」のいずれを取っても県立図書館奄美分館は，米軍占領期という前史に色濃く彩られていたことが分かる。また，本土復帰を果たして県立図書館になった後も，日米文化会館が併設され，領事が来館したり，県立図書館が米国への留学の窓口になったりという本土の図書館では考えにくいような米国との深い関係が維持されて行った。だがそういった特殊な諸条件を基盤としながら築かれた郷土資料の宝庫を，「沖縄学の拠点」と呼ばれた戦前の沖縄県立図書館に擬して「奄美学の拠点」と呼んでも，あながち的外れではないはずである。言い方を変えれば，本来「米国の文化戦略」の拠点として築かれた琉米文化会館（復帰後は日米文化会館）の施設やシステムを活かしながら，奄美文化の拠点として再構築していったのが，島尾分館長であったと言えるはずだ。
　しかし，自らが分館長を勤める奄美分館が，そのように米国との深い関係を維持して行ったことに対し，島尾の心中は如何なるものだったのだろうか。何と言っても元特攻隊長である。だが，島尾はそういった政治色の強い発言をすることは殆ど無かった。

6. まとめ

　「純文学の極北」と呼ばれる島尾の小説は，決して読みやすいものでもなければ，大衆性があるわけでもない。正直に言って，当時の奄美の民衆が島尾の小説を手にして，流行作家のように読んでいたとは到底思えない。全国的に見ても熱狂的な少数の読者を持つ，どちらかと言えば玄人好み，通好みの作家であった。
　だがその一方で，奄美現地を訪問すると，島尾の存在が奄美の人々によって如何に大きなものであったか驚かされる。特攻隊長として死を覚悟していた加計呂間島には，島尾の碑と共に，島尾が指揮した震洋艇が静かで美しい湾内にひっそりと再現されている。瀬戸内町立図書館の前には大きな文学碑が設置されており，その瀬戸内町立図書館には，「島尾敏雄コーナー」が大々的に設けられていた。当然のことながら，県立図書館奄美分館でも同様である。その二つの図書館では，様々な出版物の他

に，島尾分館長時代のガリ刷りの館報『島の根』や郷土研究会会報，読書会報『島にて』はもとより，関係者による夥しい寄せ書きや思い出話が残されていた。沖縄を含む南島全体に島尾ファンが多いことは有名であるが，如何に彼が地元民衆によって愛され慕われていたかということがひしひしと感じられる[32]。

　孤高の感さえ受ける純文学作家と，奄美での熱烈な島尾熱。筆者には，なかなかこの二つの事実の落差が掴めないでいた。だが，島尾の南島での足跡を辿るにつれ，「作家」という枠に，奄美に住みついた島尾を当て嵌めることの不当性に気付いた。『名瀬だより』[33]によると，自宅や図書館に古文書や骨董品が持ちこまれて解釈を求められるような場面も多かったようだ。分館長の参考業務と歴史・民俗学研究者の学術調査が混然となった感があるが，細い全身で魅力のある南島文化を深く掘り起こそうとする歴史家として，またその研究拠点の長として奄美の民衆に愛されたと言えるはずである。

　鹿児島純心女子短大の教員小川学夫(おがわひさお)は，島尾の『名瀬だより』を授業のテキストに使いながら，学生たちに次のように語りかけるという。「今は元ちとせみたいなスターが出て，特に若い人は奄美出身であることを堂々と誇りを持って言えるようになった。けれど，ちょっと前まで，この鹿児島でも奄美から来たことを恥ずかしいと思う人が少なくなかったんだ」「郷土に対する誇りを持つには，先ず郷土そのものを知ることだと君たちに教えてくれた人は，これまでいただろうか」[34]。その言葉が示す場所が，島尾と南島との紐帯であった。

　20年間に渡った奄美での生活は，島尾夫妻にとって一番幸福な時間であったようだ。「これまでの人生で一番幸福に満ちた日々だった」と振り返り，「職員たちも家族のようだった。おやつを持って私もよく図書館に顔を出した」と妻ミホは述懐している[35]。出勤する島尾は毎朝ビニール袋を下げて，図書館の玄関までの間に散っているゴミを十能で挟み，袋に入れながらの出勤姿だったという[36]。飾らない人柄だった。毎朝，女子職員らが館内を清掃する間，島尾は庭掃除を受け持っていた。そんな島尾の館長室には，悪戯盛りの小学生から県外のマスコミや村の名士ま

で，様々な人々がひっきりなしに出入りしていたという。

注

1) 例えば，『新潮日本文学アルバム 70』新潮社，1995
2) 島尾敏雄「奄美の文化 跋」『奄美の文化 総合的研究』法政大学出版会，1976，p.552
3) 石塚正成『図書館通論』明治書院，1966
4) 1966年に，『奄美民謡大観』カザリノリオ（出版）として集大成された。
5) 島尾敏雄「図書館のあゆみ」『戦後奄美教育誌』名瀬市教育委員会，1993
6) 島尾敏雄「図書館のあゆみ」『戦後奄美教育誌』名瀬市教育委員会，1993，p.237-238
7) 伊藤松彦「琉米文化会館の影と光」『沖縄の図書館 戦後55年の軌跡』教育史料出版会，2000，p.45
8) 小林文人・小林平造「琉米文化会館の展開過程」『民衆と社会教育』エイデル研究所，1988
9) 山田勉「衣食の飢えと心の飢えと」『沖縄の図書館 戦後55年の軌跡』教育史料出版会，2000，p.38
10) 西日本図書館学会編『九州図書館史』教育史料出版会，2000，p.44
11) 那覇・石川・名護・八重山・宮古・奄美の全6館。
12) 西日本図書館学会編『九州図書館史』県史篇沖縄県の項による。
13) 1953年現在で4520冊中2403冊
14) 島尾敏雄「図書館のあゆみ」『戦後奄美教育誌』名瀬市教育委員会，1993
15) 『島尾敏雄非小説集 第1巻』p.206-208
16) 吉本隆明・島尾敏雄対談「傍系について」『吉本隆明全著作集 第9巻』勁草書房，1975，p.273-274
17) 『南島雑話』には，普及版の東洋文庫版を別として，①鹿児島県立図書館本 ②永井昌文保管本（永井竜一編）③鹿児島大学農学部所蔵本（鹿大農学部本）④島津家御手許本〈東大史料編纂所蔵〉など8種類の写本がある（『南島雑話 1』平凡社，1984 東洋文庫431 による）。このうち奄美分館では，①及び③の複製と②の謄写版（1933年）を所蔵している。島尾が探しあてたものがどれか，分館でも判別できないようだが，①のうち，奄美分館から県立図書館に複製を寄贈した「雑記下書」の部分及び②ではないかと筆者（井谷）は推察している。
18) 『奄美史料』鹿児島県立図書館奄美分館，1971- 毎年1巻が発行され，2006年には第36巻が発行されている。島尾の関わったのは第1巻，1971年発行から第5巻，1975年発行まで。
19) 『奄美の文化』法政大学出版局，1976

20) 『戦後の奄美教育誌』名瀬市教育委員会，1993, p.242
21) 『戦後の奄美教育誌』名瀬市教育委員会，1993, p.105
22) 『現代の公共図書館・半世紀の歩み』日本図書館協会，1995
23) 「一年のあゆみ」鹿児島県立図書館奄美分館　1963, p.8（島尾の文）
24) 大瀬忠治「鹿児島県の図書館活動」館報『島にて』11号，1973
25) 椋鳩十『村々に読書の灯を』理論社，1997
26) 島尾敏雄「鹿児島県立図書館奄美分館史稿」1964年3月　島尾直筆資料
27) 『南海日日新聞』1964（昭和39）年10月16日号
28) 1964年に新築された新館でも，一般閲覧室72席，児童室42席と決して多くない。
29) 『鹿児島県立図書館奄美分館案内』1959年版
30) 『戦後の奄美教育誌』名瀬市教育委員会, 1993, p.242
31) 『奄美分館要覧』1959年版
32) 例えば地元出版社「南方新社」から2005年に出版された，『追想　島尾敏雄』には，かつての図書館職員をも含む多くの人々の思い出話が収録されている。
33) 島尾敏雄『名瀬だより』
34) 小川学夫「学生と南島論を読む」『追想島尾敏雄』南方新社，2005, p.37
35) 神谷裕司『奄美，もっと知りたい』南方新社，1997, p.136
36) 求哲次「奄美分館長の仕事」『追想島尾敏雄』南方新社，2005, p.172-173

ヴァルター・ホーフマンとドイツの公共図書館

Walter Hofmann
und öffentliches Bibliothekswesen in Deutschland

河井　弘志

ヴァルター・ホーフマン（Walter Hofmann）
1879年　ドレスデンに生まれる
1906年　製粉業者の委嘱でドレスデンに無料公共図書館設立
1912年　ラーデヴィッヒの『図書館政策』を批判して，路線論争発生
1913年　ライプツィッヒ市立図書館長就任
1914年　ライプツィッヒにドイツ民衆図書館学校を設立
1937年　ナチス独裁下に失職
1952年　ライプツィッヒで死去

1. はじめに

　1925年に衛藤利夫は『満洲日日新聞』に「図書館夜話」という連載論文を掲載し，それを敷衍した「成人教育の苦悶」が1927年に『図書館雑誌』に掲載された。このなかで彼はドイツの「ライプチヒの市立図書館

長ワルテル，ホフマンの所謂アルバイツ，ゲマインシャフト」構想を紹介している[1]。

19世紀末からヴァイマール共和国時代にいたる時代，ドイツも日本も富国強兵，殖産興業で外面的な文明が著しく発展し，複製文化が大量に生産され，民衆に既成の教養知識を平易に解説する社会教育が普及し，公共図書館は「読者の要求のままに，如何はしい小説類から科学百般の本に至るまで，殆ど見界ひもなくこれを提供する，そして彼等は要求された本の量によって，その成績を定むるの標準とする」を原則とした。この現状を嘆いてホーフマンは「協同研究団」によって，教師と民衆が対等の関係でともに真実を求める社会教育を実践したというのである[2]。

1890年代以後の普及型の民衆教育が全国的に展開されるなかで，アメリカの公共図書館から学ぶところのあったネレンベルク（Constantin Nörrenberg, 1862-1937）が英米型の公共図書館運動を展開し，その思想に同意する公共図書館員グループも，図書館の利用，つまり貸出数が増加することを公共図書館発展を示すインデックスと考えたが，ホーフマンは通俗書の利用にながれる貸出主義の図書館サービスの問題性を警告し，重要なことは貸出冊数を増加することではなく，内容のある読書を進めることであるとして，ライプツィッヒ派の新路線運動を展開した。この両思想の対立は，ドイツでは「路線論争」と呼ばれている。

新旧路線の間の論争の評価については，後年研究も行われたが，論争が展開されていたその当時に，日本の公共図書館員が新路線に注目して紹介したというのは，日本とドイツの公共図書館思想の歴史を見るうえで注目される。

いったいホーフマンはどういう図書館員であり，彼の公共図書館思想はどのような特色をもっていたのか。彼はドイツの公共図書館員のなかでももっとも多くの著作を発表した人であり，すべての著作に表れた思想の全貌を考察する余裕はないので，本稿では彼の生涯の全体像を記述することにしたい。

2. 資料と先行研究

　ヴァルター・ホーフマン（Walter Hofmann）の伝記資料は少なくない。
　長男ハンス（Hans E. Hofmann）による伝記は，ホーフマンの個人書誌に冠せられたごく簡潔な伝記で，図書館関係の記述は多くない[3]。自伝である『仕事への意志』（*Der Wille zum Werk*）は，初期の図書館勤務の関係の記述がきわめて詳細で，信頼に値する。ヴァイマール共和国までの記述が詳しく，思索の内容もうかがえる貴重な資料である[4]。巻末に自編の年代順排列の著作目録が添付されているが，前掲の書誌には及ばない。
　マルヴィンスキー（Felicitas Marwinski）は，ドレスデン時代のホーフマンの思想と行動を通して公共図書館史を考察している。ドレスデン時代がホーフマンの最も活動的な時期であったことからして，貴重な研究文献である[5]。いっぽうマンシャッツ（Hans-Christian Mannschatz）はライプツィッヒ時代を集中的に研究し，その当時のホーフマンを知る重要な文献であり，マルヴィンスキーとあわせると，ホーフマンの図書館人生の全体像が見えてくる[6]。
　2006年京都大学の *Lifelong education and libraries* 誌に寄稿された伝記は，ヴォドセク（Peter Vodosek）教授による精密かつ彫りの深い論述であり，ホーフマンの全体像を忠実に提示する基本文献である。伝記文献としてはやや具体性に欠けるところもあるが，彼の公共図書館思想を知るには最高の文献である[7]。特に，ニーチェ，ショーペンハウアーなどの反合理主義的な人生哲学と文明批判の影響を強く受けたという指摘は示唆的である。
　ホーフマンとエルトベルクの関係を知るための基礎資料としては，ザイター（Wolfgang Seitter）編による伝記，自伝，交換書簡がある。これは新路線の指導者であった二人の，社会教育活動面を知る基本資料である[8]。
　ホーフマンの蔵書はシュトゥットガルトのメディア専門大学（Hochschule für Medien. 旧図書館情報専門大学＝Hochschule für Bibliotheks- und Informationswesen）の図書館が所蔵しており，目録も完備している。

3. 生い立ち

ホーフマンは1879年3月24日、ドレスデンに生まれた。高等小学校卒業後、彫刻師であった父エミール（Emil Hofmann）の家業を継ぐために工芸学校に通い、1897年から2年間、ベルリン、フランクフルト・マイン、ライプツィッヒ、ドレスデンで彫刻師になる修行を積んだ。しかしこの仕事に満足できず、芸術評論家となる道に方向転換した。この時期、ドレスデン工科大学の聴講生にもなり、文筆の修行を積んだ。1902年に最終的に彫刻業を断念、雑誌や新聞に芸術評論を執筆する仕事に専念することになった[9]。

4. イダ・ビーネルトと公共図書館

1903年、ホーフマンはドレスデン南西郊外のプラウエンの製粉業者ビーネルト（Erwin Bienert）の妻イダ（Ida Bienert）と面識を得た。イダは資産家出身であったが、休むことを知らない活動家で、社会改革への傾向をもつ革新的な女性であり、芸術保護にも力を入れ、その中で美術評論家としてのホーフマンに注目したのである[10]。

彼女は社会政策的な観点から公共図書館運動の意義に着眼し、夫の資金提供を得て、その工場に勤務する労働者や職員や、ドレスデン・プラウエンの住民のために、近代的な民衆図書館を設立することを考え、1904年に図書館の経営をホーフマンにゆだねた。4時間勤務してあとは自由に執筆活動をしてよい、との条件つきだった。ホーフマン25歳の時のことである（Wille, 1-2）。

ネレンベルクは、公共図書館のリーダーは学者でなければならないと考え、学問なしでも図書館経営にたずさわれるが、経験なしでも体系的に図書館経営を学べる、そしてどちらかというと後者の方が望ましいと言った。大学で学んだことのないホーフマンにとって、この条件は大きな負担となった。ここにすでにネレンベルク・グループとホーフマンの間に、越えがたい一線ができていたようである（Wille, 3-4）。

ホーフマンの心境を察したイダは、これから図書館のことを一緒に学んでいこうと言い、彼らはシュルツェ（Ernst Schultze, 1874-1843）の

『無料公共図書館論』(1900) を教科書にして勉強をはじめた[11]。しかしシュルツェの利益主義的な教養自由主義に共感がもてず，結局本を閉じてしまった (Wille, 5-6)。

5. イエナ公共読書館

当時，ドイツ公共図書館のモデルとみなされていたのは，光学工業のカール・ツァイス財団 (Carl-Zeiß Stiftung) が設立したイエナの公共読書館 (Öffentliche Lesehalle) であった。財団はその経営をハイデンハイン (Arthur Heidenhain, 1862-1941) に委ねていた。イダとホーフマンは1904年11月にイエナの図書館を見学した。経営責任者はペトレンツ (Fr. Dr.Helene Petrenz) であった。イダがドレスデンに帰ったあとも，ホーフマンひとり残って見学をつづけ，ドレスデンに戻るとすべてイエナ方式で図書館を経営しようと考えた (Wille, 6-9; Marwinski, 13)。

当時イエナではリバープールの貸出方式を採用しており，シュルツェもそれを賞賛していた。これは閉架出納式で，制限貸出 (gebundene Ausleihe) ともいわれていた。ところがこれを実行しようとすると疑問が生じたので，1905年11月再びイエナを訪れ，みずから貸出業務に従事して，体験的に学んだ (Wille, S.63)。そこで彼は，司書は書庫とカウンターの間を往復するのに忙しくて，最も重要な利用者への応対の時間がまったくない，という現実を見た。多忙な司書は4時間でダウンする。利用者は限られた時間に集中的に利用し，司書は急いで貸出業務を処理しなければならない。利用者はカウンターで長時間待たされ，利用は減少していく。この現実に接して，ホーフマンはイエナにもシュルツェにも信頼を失ってしまい (Wille, 10-16, Marvinski, 13)，イエナ・リバープール方式とは違った貸出方式を探すことにした (Wille, 18)。

当時アメリカには開架方式是非論があった。開架制では利用者は独力で読むべき図書を選び出すことができる。司書の存在は不要でも邪魔でもある。しかしホーフマンは，利用者の多くは自分で図書を選ぶ力がないから，開架方式は駄目だ，10冊借り出しても，役に立つのは2冊だけということも少なくないという (Wille, 18-19)。

彼は，リバープール・イエナ方式とも開架方式ともちがう制限開架方式（eingeschränkter open access）を考えた。利用者は自由に書庫に入ることが許されるが，司書も書庫内にはいって，読者と対話しながら，彼と一緒に読む図書を探すという方式である（Wille, 20-21）。具体的な前例はあげていないので，これはホーフマン独自のアイデアであろうと思われる。

ペトレンツ館長は，利用者の同意なしに司書が助言するのはよくないと，ホーフマンの提案に同意しなかった。彼女は，読者は司書の後見に不信感をもつものだという（Wille, 22）。しかし司書が読者にアドバイスすることに全面的に反対であったわけではなかったようで，司書がアドバイスを行う時間を確保するために，機械的業務は補助職員にやらせるべきだとして，司書と技術職員を分業させるというホーフマン説に賛同したともいう（Wille, 25-27）。

6. ドレスデン・プラウエン無料公共図書館

当時ドレスデンには，工芸学校図書館，4つの読書館（Lesehalle），12の民衆図書館（Volksbibliothek）があった。民衆図書館は合計42,000冊の蔵書を持ち，年間貸出17万冊であった。プラウエンにも市役所内にドレスデン・プラウエン公益協会の図書館があり，年間1,200マルクの補助金をドレスデン市から受けていた。ホーフマンはこれらの図書館のことはほとんど考慮にいれることなく，独自の構想にしたがって図書館建設の準備ををすすめた（Marwinski, 18）。

1906年2月19日，ドレスデン・プラウエン無料公共図書館（Freie Öffentliche Bibliothek Dresden-Plauen）が，蔵書5,500冊（うち文学書2,300冊）で開館され，利用者が殺到した（Marwinski, 20, 105）[12]。職員はわきめもふらず働き，初日の貸し出しは600冊であった。夕方6時にイダが様子を見にきたが，人の群れにさえぎられてカウンターまで来られなかったほどである。図書館へは市会議員，教師，社会事業家，教養団体関係者もやってきた（Wille, 38-39）。

蔵書目録が印刷され，購入することもできた。文学，児童文学，総合

（雑誌，参考図書，伝記など），啓蒙書（歴史，地理ほか），に分類され，各分類のなかは著者名のアルファベット順に排列されていた。年間利用者は 5,162 人，うち児童は 2,007 人，労働者が 876 人であった(Marvinski, 23, 30-31)。

マルヴィンスキーによると，この図書館の名称の"Freie"は独立，利用無料，"öffentlich"は「あらゆる階級・階層の読者に利用できる」を意味するという (Marwinski, 20)。つまり無料公開図書館であり，もちろん公立ではない。

イダもホーフマンも，はじめはカウンターへ立つ必要を認めていなかったが，次第に自分がカウンターへ出なければならないことがわかってきた。彼は貸出業務に専念し，その他の仕事に手を出す余裕はまったくなかった (Wille, 41)。

1906 年夏，エリーゼ・ボッセ（Elise Bosse, 1880-1954）が実習生としてきた。彼女の父フリードリッヒ・ボッセ（Friedrich Bosse）は，アウグスト・ベーベル（August Bebel）とヴィルヘルム・リープクネヒト（Wilhelm Liebknecht）が結成したライプツィッヒ労働者教育協会（Leipziger Arbeiterbildungsverein）の会長を長年つとめた人である。エリーゼはまもなくホーフマンのよき協力者となり，のちに彼と結婚した (Wille, 43-44) [13]。

図書館長はホーフマンであったが，図書館の実際の指導者は副館長のエリーゼであり，ホーフマンにとってなくてならない助力者，教師であり，彼は貸出方式について，常にエリーゼの意見を求めた (Wille, 46-48)。

ドレスデン・プラウエンの図書館は始めから貸出館（Ausleihbibliothek）であり，閲覧室はなかった (Wille, 63)。ホーフマンの信条は図書館を人間的な出合いの場（Stätte der menschlichen Begegnung）とすることにあったので，19 世紀の民衆図書館のような，図書館をただ図書を借りるために通りぬける空間（Durchgangsraum）から，司書とゆっくりお話しのできる滞在空間（Aufenthaltsraum）に変えなければならなかった。図書館員は利用者に声をかけ，時間の許すかぎり図書館に滞在しなさい，とよびかけなければならない。図書館には，人をひきつけ，利用者が人と

の出合いを求める雰囲気が必要なのである（Wille, 63-64）。

　ネレンベルクのいう Bücherhalle は閲覧室を持って，長時間閲覧できる場でなければならなかったが，ホーフマンの図書館には閲覧室がない。利用者の滞在は，机について図書を閲覧する滞在ではなく，司書と向かい合ってお話しする滞在なのである。

　そのうち，当初は奉仕対象とみなさなかった地区の住民や，ドレスデンの東部郊外の人たちが図書館を利用しはじめた。1908 年には市の中心部に市立公共図書館（städtische öffentliche Bibliothek）が新しく設立された。ところがそれを利用しないでプラウエンに来る利用者が多いので，なぜ市立公共図書館を利用しないのかと聞くと，かれらは笑って首をすくめるだけだった。プラウエンの図書館のほうが魅力があり，設備面ではずっとすぐれている市立図書館よりも利用しやすかったのである（Wille, 81）。

　図書館を魅力的にした最大の理由は，図書館を「出会い（Begegnung）の場」としようとするホーフマンの理念である。職員は読者との「出会い」の時間を作るために，貸出にかんする技術的な業務は最小限度にとどめ，これによって，当初予定していなかった読者へのサービスも実行されることになった（Wille, 82）。

　ところがホーフマンが作成した利用規定（Leseordnung）はビーネルトやボッセの厳しい批判をうけた。利用規定は，彼が「出会いの場」として論じたような，非官僚的な開かれた図書館を，利用者にわかりやすく示すものでなければならないことを彼らが指摘したのである（Wille, 98-100）。「出合いの場」理論はまだ文書化できるほど具体的な構想になってはいなかったのであろう。

　1908 年，ドレスデン市は市内に散在する民間の民衆図書館を市が集中管理する案を起こした。ホーフマンはこれは読者にとってよくない結果をもたらすと批判した。結局彼の意見は認められず，1910 年に民衆図書館は統合され，督学官リヨン（Otto Lyon）が図書館長に任命された（Hofmann & Erdberg, 12）。

　ホーフマンは，ドイツではある時期から労働者と市民の間の亀裂が拡

大したという。図書館は公共機関であるから中立性が求められるが、彼の図書館は資本家の家族によって設立維持されており、利用者の半分は労働者、という問題をはらんでいる。一般の民衆図書館は労働者や女性の利用が多く、また扇情的な本や人気小説などが多い。一方彼の図書館では文学書の選択基準（Auswahlgrundsätze）がきびしく、そのため他の図書館からは、あれは労働者を図書館から追い出すようなやりかただと批判されたほどである。

　この頃、アメリカの開架制度（Freihandbibliothek）の理念が、ドイツの公共図書館界を動揺させていた。ホーフマンは理論を論じるだけでは不十分と考えて、ハンブルク公共図書館の開架制度の実情を見た。そこで見たものは彼には納得できないものであった。彼は読者委員会で「開架か制限貸出か」というテーマで討論した。彼自身は司書の媒介なしに利用者が蔵書に接することができるなどの、開架制の長所も認めたが、目録で検索するほうが的確にさがせる、利用者が自分で図書を選択するには時間がかかる、開架方式ではプラウエンの読者委員会のようなすぐれた制度は出てこない、などの意見が相次いだ（Wille, 149-151）。

7. 読者委員会

　1909年11月、ホーフマンは読書に熱心な労働者を集めて読者委員会（Leserbeirat）を組織し[14]、月例会で民衆図書館の諸問題を話し合った（Hofmann & Erdberg, 11）。これは選ばれた読者のグループ（Leserkreis als eine Auswahl aus der Leserschaft）で、読者と司書が一緒になって図書館の諸問題を解決しようとする組織であった。日本の図書館協議会は学校教育、社会教育の指導者や学識経験者など、図書館を〈利用させる〉側の人たちによって構成されるが、ドレスデンの読者委員会は〈利用する〉人たちの代表によって構成されたのである。読者委員会は全利用者の代表者として図書館長と緊密な協力関係を保ったが、決定権はもたなかった。議長にはゴルダマー（Albert Goldammer）が選出された（Wille, S.140-1）。

　会議のなかでゴルダマーは、利用者のために図書館で読書の夕べを開

催したいと提案した。これは読者と図書館を結びつけるための行事である。ホーフマンはこの種の会合は空回りになることが多いので，あまり気乗りがしなかったが，クリスマスと新年の間，復活祭，夏至のころに朗読会（Vorleseabende）が開催され，同時に講義も行われた。1912年には講義自体がお祭の中心になった（Wille, 157-158）。この読者委員会の活動は，ホーフマンがドレスデンを去るまで続けられた。読者委員会のメンバーの多くは労働者であったことから，これを労働者委員会（Arbeiterbeirat）とも呼んでいる（Wille, S.140-141）。

8. ライプツィッヒ市立図書館

　どういう動機によるものか明らかでないが，1912年1月，ホーフマンはライプツィッヒ市参事会に，民衆図書館改革の構想を送った。市は，蔵書1館6,000冊，図書費と設備費25,000マルク，年間運営費12,000マルクという市立公共図書館システムを予定しており，彼に4つの民衆図書館を設立するために必要な経費について助言を求めた。この要請にこたえてホーフマンは「ライプツィッヒ市の民衆図書館設立に関する助言」を送った。市には中央図書館を設立する予定はなかったが，ホーフマンは将来の中央館のために仮館舎をつくる必要があると書いた。さらに，司書は利用者の指導者（Führer）にならねばならない，思慮のない多読から利用者を守らねばならない，などの持論を展開した。市は彼の提言を承認し，新しい民衆図書館は民間団体ではなく市が設立運営しなければならないと判断し，1914年から予算に「図書館」の科目をたて，市立図書館（Stadtbibliothek），民衆図書館（Volksbibliotheken），公共図書館（Bücherhallen）の予算230,000マルクが計上された（Mannschatz, 17）。
　1913年1月，彼はライプツィッヒ市立公共図書館（Städtische Bücherhallen）の館長に応募，採用されて同館に転勤した。5月にははやくも，グレンツ通り3のもと貯蓄銀行の建物に第1市立公共図書館（1. Städtische Bücherhalle）を設立する仕事に着手し，翌年4月1日に開館した。1915年11月にはブルジョア地区に第2市立公共図書館（2. Städtische Bücherhalle）を開いた。これは音楽地区にあったので，音楽部門を設置

した。1918年には，両公共図書館の蔵書が合計12,187冊に達し，当初予定の6,000冊をはるかに上まわった（Mannschatz, 46）。

路線論争でネレンベルク・グループと論争したホーフマンが，彼らの案出したBücherhalleという名称の図書館を設立したというのは奇妙にみえるが，この名称は彼の赴任の前に市参事会が決定していたものと思われる。それほどネレンベルクのBücherhalleの概念は広範囲に普及していたのである[15]。

1914年，ホーフマンは民間事業として民衆図書館センター（Zentralstelle für volkstümliches Büchereiwesen）を設立，図書館用品の販売を開始し，同年さらに，ドイツ図書館技術・管理学校（Fachschule für Bibliothektechnik und -verwaltung, 1921年にドイツ民衆図書館学校=Deutsche Volksbüchereischuleと改称）を設立した（Mannschatz, 46）。校長は妻エリーゼが担当した。1920年には郊外のロイチュに民衆図書館センターが直接管理する図書館を設立した。

当時ライプツィッヒの民衆図書館は貧弱で，社会民主党が指導する労働者図書館（Arbieterbibliothek）にはるかに劣っていたので，市参事会はホーフマンが来る前から民衆図書館整備計画を進めていた。1925年には北部の民衆図書館センター，ドイツ民衆図書館学校と同じ建物のなかに，第3市立公共図書館（3. Städtische Bücherhalle）を設立し，この建物のなかにホーフマン一家も居住した（Mannschatz, 47）。

第1市立公共図書館は利用が多く，職員があまりに多忙なため，ホーフマンの個人を重視する貸出サービスの構想を実行することはできなかった。貸出窓口の前は「肉屋の店頭」のように混雑するといわれた。複本はしばしば20冊におよんだが，それでも利用者の求めに応じ切れなかった。1929年12月，貸出室，閲覧室，児童室，講堂をそなえた第4市立公共図書館（4. Städtische Bücherhalle）が開館された（Mannschatz, 48）。これで市の北南東西に各1館設立するという1913年の計画が実現されたのであるが，彼はいずれ市周辺部にいくつかの外郭図書館（Aussenbibliotheken）を設立せざるをえないと考えた。

1912年に参事会が民衆図書館再編を計画したとき，中央図書館の設立

は未定であり，古い歴史をもつ学術的な市立図書館を中央図書館にする構想はなかった。ホーフマンも中央館をつくるよりも，小規模図書館を周辺に配置することを優先して考えていた。1925年には，ライプツィッヒ市の図書館システムを組織化するために，市立図書館と市立公共図書館の館長が協議することを提案したが，実現しなかった。

ライプツィッヒ市立図書館は250年前の1677年から存在する伝統ある学術図書館である。館長ヨハネス・ホーフマン（Johannes Hofmann, 1887-1954）は1927年に刊行された市立図書館250年記念誌に，市立図書館はアメリカのパブリック・ライブラリーの若々しい活動から多くを学んで，活動を活発化しなければならないと書いた（Mannschatz, 50）。さらに彼は，市立図書館は学術図書館であると同時に教養図書館（Bildungsbibliothek）でもあると書いたが，これにたいしてW. ホーフマンは，市立公共図書館はいずれ市民の学術ニーズにもこたえられる図書館になる，むしろ市立図書館には教養図書館としての機能をはたすための知識，職員，管理体制，蔵書がないことが問題だ，と異論を唱えた。そこでJ. ホーフマンは市参事会に，W. ホーフマンは市立公共図書館を統一図書館（Einheitsbibliothek），あるいは市民の中央教養機関にしようと考えているが，ライプツィッヒにはドイッチェ・ビューヘライ，大学図書館，市立図書館があるので，それは余計なことだと進言した。彼はベルリン市立図書館長フリッツ（Gottlieb Fritz）にも，市立図書館システムを統率するのは市立図書館であり，民衆図書館，つまりW. ホーフマンの管理する市立公共図書館は，予算的にも市立図書館に従属する立場にある，と語ったという（Mannschatz, 51）。

その後，ふたりのホーフマン館長は，「市立図書館と市立公共図書館の間の申し合わせ」を策定した。1冊50マルク以上の著作は1館だけが購入する，1835年以来市立図書館の収集領域とされてきた著作は市立図書館が購入する，その他は両館が協議して購入館をきめる，市立公共図書館は学術書以外の職業教育，現代史，政治，教養，精神生活関係の図書を担当する，市立図書館は高価な古い図書，学術書，実用書，文学書を担当するなど，8項目にわたる協定文書であり，これによってようやく二つ

の図書館の間につながりが形成されたのである。公共図書館が実践した初期の分担収集システムである。しかしナチス独裁体制のもとでは，両館の予算は大幅に削減され，1943年12月には爆撃で両館とも炎上して，すべてが消滅してしまった（Mannschatz, 54-55）。

　ナチス時代もホーフマンは図書館活動を続けることができたが，当然ナチスの「国民革命」を支持するという犠牲を払わねばならなかった。1937年にホーフマンを守ってくれたゲルデラー市長（Carl Goerdeler）が失脚すると，ホーフマンも職場を追われ，年金生活に入った（Hofmann & Erdberg,14）。

　外国では，インドのランガナータン，シカゴのウェイプルズ，オスロのアルネセンなどの図書館学者が論文のなかでホーフマンに言及し，イギリスの世界成人教育協会（World Association for Adult Education）はホーフマンを国際図書館委員会（Internationales Komittee für Büchereiwesen）の委員長に招いた。1938年には，フランスの民衆図書館員集会に参加することが許され，読者学（Leserkunde）と民衆図書館司書の養成教育について講演した。

　彼は1914年に民衆図書館学校を設立し，1917年のザクセン州民衆図書館司書試験規定の施行によって，認可された。その後司書の必要はますます高まったきたので，1928年にケルン市に姉妹校「西ドイツ民衆図書館学校」を設立，校長にはマリア・シュタインホフ（Dr. Maria Steinhoff）が就任した。

9. 戦　後

　戦争がおわると，1946年にはやくもライプツィッヒ大学から読者学ゼミナールを開講することを求められ，同時に妻エリーゼはライプツィッヒ図書館学校の校長に再任された。1949年にドイツ民衆図書館員協会（Verein Deutscher Volksbibliothekare）が結成されると，ホーフマン夫妻はアッカークネヒト（Erwin Ackerknecht, 1880-1960），アンガーマン（Rudolf Angermann, 1880-1954），ハリアー（Christian Hallier, 1901-1978），ズルツ（Eugen Sulz,1884-1965）とともに名誉会員に選ばれ

た。

　1952年4月24日，ホーフマンはライプツィッヒで死去した。享年73歳であった。1954年には妻エリーゼもそのあとを追った。

10. ホーフマンの公共図書館思想

　ホーフマンの公共図書館思想は，路線論争のなかに集約的にあらわれているが，その根源は社会教育論に根ざしている。ここで忘れてならないのは，エルトベルクとの関係である。エルトベルク（Robert Adalbert Wilhelm von Erdberg-Krczenciewski, 1866-1929）はラトヴィアのリガに生まれ，ライプツィッヒ大学で美術史を学び，1896年に国民経済学で学位を取得，同年に労働者福祉センターの民衆教育係に任用された。

　彼は1905年に，民衆図書館の読者個人を重視する教育活動について論文を書いた。この論文に述べられた，個人を重視する貸出，図書館員による助言，読者グループ形成という3原則（Ideen）は，のちにドレスデン・プラウエンでホーフマンが実践するところとなった（Hofmann & Erdberg, 19）。

　1906年の労働者福祉センター再編で，エルトベルクは人格形成中心の成人教育活動（persönlichkeitszentrierte Bildungsarbeit）に着手し，人間の内面に眠っている力をめざめさせるには，「人格と人格の交流にもとづく，個人を重視する教育活動（individualisierende Bildugsarbeit）が必要である」と主張した（Hofmann & Erdberg, 14-17）。1909年には雑誌 *Volksbildungsarchiv* を発刊し，民衆教育理論の普及につとめた。ドイツ革命後，プロイセン学術・芸術・民衆教育省のレフェレントとなり，民衆大学（Volkshochschule）の設立とそのための教員育成を進め，Arbeitsgemeinschaft による個人重視の教育の推進につとめた。衛藤利夫がホーフマンの教育論として紹介した「アルバイツ・ゲマインシャフト」は，この民衆大学の教育方法である。

　ラーデヴィッヒ・グループの貸出中心の公共図書館サービス論を批判して，利用者に個人的に図書選択のアドバイスをすべきだとするホーフマンのサービス論は，エルトベルクとの協力による社会教育論の延長線

上に形成されたのである。彼らをドイツの公共図書館論の社会教育派と呼ぶこともできよう（Vodosek-三浦，142-143）。

プラウエン当時，ホーフマンは「民衆図書館の目的とするものは，図書ではなく人間である。図書管理ではなく人間の育成がこの図書館の課題である」という指針を掲げていた[16]。彼にとっては，「公共図書館」は読者と司書の対等の協力関係を支える「出会いの場」と同義語であった。

ホーフマンは戦後に刊行した自伝『仕事への意志』のなかで，図書館を，図書の提供機関であるにとどまらず，読者と図書館員の「出合いの場」であると定義し，たんなる機能的な装置以上の，道徳的理念（sittliche Idee）を実践するもの，人間共生の場，奉仕するヒューマニティ（dienende Humanität）の場でなければならないと述べた（Wille, 158）。アメリカ公共図書館のスローガン「適書を，適時に，適者へ」が，開架システムによって読者が独力で適書を探しあてるという意味であれば，出会いの場で司書が援助して適書を探すプロセスの重要性は無視される，とも述べた（Wille, 161）。

11. 路線論争

1912年，ラーデヴィッヒ（Paul Ladewig, 1858-1940）の『図書館政策』が刊行されると，ホーフマンはこれを手厳しく批判した[17]。まずラーデヴィッヒの労作を全体として歓迎しながら，「19 図書館予算」の章の「図書館の支出」の節を中心に書評する。ラーデヴィッヒは貸出1冊の経費を基準として議論するが，ホーフマンは1読者に使われる経費を基準に計算する。ラーデヴィッヒは人口100,000人の市で登録率4-6%，蔵書8,000冊で年間貸出70,000冊というデータを基本とし，貸出1冊の経費は40プフェニッヒとみなして，年間の貸出経費28,000マルクが必要というが，このデータによって利用者1人の必要経費を計算すると14マルクとなり，ドイツの平均的経費の3倍以上というとんでもない数値になるというのである（Besprechung. 128）。

彼は，貸出された図書がすべて読まれるとは限らないとして，利用（Benutzung）と貸出（Entleihung）を区別し，司書が援助して適切な貸

出をしたら,「読者の本当のニーズ（Bedürfnisse）」に適合する図書を提供し，無駄な貸出を省くことができるという。利用者1人あたりの貸出冊数をくらべると，ドレスデン 13.90 冊，その他の図書館は 20-35 冊だから，ドレスデンでは無駄な利用が少ない，これは読者個人に丁寧にサービスして，真のニーズを見極めながら貸出する，個人重視の貸出サービス（Individualisierung）を行っているためだ，と評価するのである。個人重視の図書館（individualisierende Bibliothek）では，特定個人に寸法を合わせた貸出（auf ein bestimmtes Individuum zugeschnitter Leihfall）が行われ，1人の読者に3倍の時間が充当される，1人の読者に十分に時間をかけるサービスこそ質の高い仕事（Qualitätsarbeit）である，ともいう（Besprechung, 163-166）。

　この書評はラーデヴィッヒとその仲間たちの反発を買った。これより前，ハイデンハインなどの尽力によって，1913年の学術図書館大会と同じ日に民衆福祉センターの大会を開いて，デューラー同盟，社会福祉センター，コメニウス協会などの連合による「ドイツ公共図書館協会」を結成する案が用意されていたが，ホーフマンの書評によって，ラーデヴィッヒ，フリッツ（Gottlieb Fritz, 1873-1934），アッカークネヒトらが大会参加を拒否し，計画はお流れになった[18]。この軋轢が路線論争（Richtungsstreit）に発展するのである。

　1913年，ラーデヴィッヒ派の公共図書館員16名が連名で，ホーフマンにあてて公開書状（offener Brief）を発表した。公開書状によると，ホーフマンは，これまでの民衆図書館は貸出数の増加だけを追い求めた，民衆図書館の正しい目標を示し，図書選択や貸出サービスを正しく位置づけたのはホーフマンである，と主張しているが，彼が普及しようとする社会事業的教育の原理（sozialpädagogische Prinzipien）は，すでにネレンベルク以後の公共図書館運動がおこなってきたことで，ホーフマン理論は従来の主流路線とあまり違わない，彼は統計データから大胆な結論を引き出したが，このようなデータに図書館事業の精神を読み取ることはできない，というのである[19]。

　これにたいしてホーフマンは，項目をあげて反論した。

1. ホーフマンは特定個人を批判したのではなく, Bücherhalle（パブリック・ライブラリー）派の公共図書館運動全体について述べたものだ。
2. 新しい路線（neue Richtung）は大きな進歩であり, これを批判する Bücherhalle 派は進歩の流れに逆行している。
3. ホーフマンの数字の扱いが大胆すぎるというが, Bücherhalle 派こそ貸出数の増加を過大評価して, 質の高い貸出業務（Qualitätsarbeit）を駄目にしてしまっている。
4. Bücherhalle 派は良書収集を重視することによって, 民衆に通俗書を読ませた従来の民衆図書館からすれば大きな進歩をとげたが, 理論的に良書を基本としながら, 現実には大幅に譲歩している。それは彼らの基本方針が, ラーデヴィッヒのいう「民衆図書館はひとりの読者も見捨ててはならない」論に基づいているからである。彼らの理論と実践の間には矛盾がある。
5. ホーフマンのいう個人を重視する読者サービスは, 彼らの Bücherhalle では実行されなかった。大量貸出サービスのなかで密度の高い読者サービスができるというのは間違いだ。
6. 密度の高いサービスのためには十分な時間が必要である。「ひとりの読者も見捨てない」のではなく, 読者を選択する方針（Leserauswahlpolitik）で司書の時間的余裕を作らねばならない[20]。

この応酬をみて, エッセン市立図書館のズルツは1913年に「新路線」（die neue Richtung）という論文を発表して, 旧路線（alte Richtung）と新路線を対比しつつ, ホーフマン路線を批判した[21]。ズルツによると, ホーフマンが「新路線」の蔵書方針よりも寛大な図書選択を行う人はすべて, だらしない自由放任主義者だとみなし,「彼らの実践は, 民衆の文学的・美的教育を近代公共図書館（Bücherhalle）の基本目的とみなす〈新路線〉に対抗する,〈憂うべき, 発展を妨げる〉ものだ」と非難するのは間違いである。ザールマン（Sahlmann）の「蔵書構成に際しては, まず第一に, 館長や委員会の個人的な願望ではなく, 利用者の事実上のニーズ（tatsächliche Bedürfnisse）が決定することを要求する」という議論が雑

誌に掲載されたのをみて，ホーフマンは動揺したのだろう（Sulz, 175）。
　ズルツはホーフマン説の柱は，公共図書館は知識教育のほかに，民衆の文学的，美的教育を目的とし，良書，価値ある図書だけ収集する，図書館はこのレベルに届かない読者層を無視していい，図書館員は，適切に選択した図書を，しかるべき手段をもちいて利用させ，読者を文化的に高めていくことを任務とする，などにあるとみなし，次のようなアンチテーゼを立てた。

1　民衆図書館は人間社会の精神的文化ニーズに負うところが大きく，文化ニーズ（Kulturbedürfnis）を充足すれば，図書館の目的は達成される。価値の尺度もこういう目的設定によって決まってくる。

2　常に向上しようとする文化ニーズを認識し，これを充足することが図書館員の仕事である。貸出業務の密度を高めれば，眠っているニーズを目覚めさせることができるかどうかは疑わしい（Sulz, 176）。

　第1命題においては，ホーフマンは図書の価値から提供の方法を導くのにたいして，ズルツは読者のニーズから目的や価値の基準を導こうとする。第2命題では，ホーフマンが図書館員の教育的働きについて強い自信を持つのにたいして，ズルツは懐疑的であり，教育でなく文化ニーズの充足が図書館の任務であると考えた。ズルツのこの文化ニーズ論は単純な要求論ではなく，すでに「ニーズ論」に進んでいるようである。
　最初に「路線」という概念を使用したのは，ホーフマン自身であった。彼は公開書状への反論のなかで「いつもそうなのですが，今日みなさんが大きな進歩だと認めるべき新しい路線（neue Richtung）は，これまでのドイツの公共図書館専門家によって，不信，敵意，焦燥感をもって受け止められ，あなたがたの大部分は進歩に逆行したのです」と書いた[22]。自分の主張に「新路線」という名称を与え[23]，これに対立する意見は進歩に逆行するものとみなしたのである。*Zentralblatt* 掲載の反論でも，主導的な路線（vorherschende Richtung）などの用語を用いている[24]。この「新路線」という概念をズルツは括弧つきで使用し，「旧路線」と対立

する関係において，図書館界の専門用語にしたのである[25]。

「路線論争」は，ラーデヴィッヒからズルツに推移すると，要求の概念が微妙に変化し，アッカークネヒトが前面に出るといよいよ複雑になったが，理論が十分熟することなく，国家社会主義体制に突入し，答えの出ないままに終りをつげた。

12. 図書選択論

ホーフマンは，図書選択論を中心とする理論において注目すべき提言を数多くおこない，そこには今日もなお傾聴に値するものがある。彼の選択論は良書中心の価値論であり，選択理論は世界観的基準（Weltanschauungsgrundlage），出来ばえ価値（業績価値）（Leistungswertung），機能価値（Funktionswert, funktionelle Würdigung）という3つの価値基準のうえに組み立てられた。世界観的価値基準とは，正しい理想や生き方を示しているかどうかを判断する基準であるが，宗教，思想などの世界観が異なれば価値基準も異なるから，各世界観のもつ価値観によって図書を評価しなければならないという。本来は多様な世界観が乱立したヴァイマール共和国の時代を象徴する価値理論であるが，1936年の図書選択方針では「今日では純粋，偉大，かつ拘束力のある批評はまったく不可能になった」と書いているので，彼がめざした世界観的評価は，ナチス支配下ではすでに不可能になっていたのである[26]。

出来ばえ価値とは，文学や芸術の作品がみずから設定する目標にどこまで到達したか，要するにどこまでよく出来ているかによってきまる価値である。機能価値は，図書が読者にどういう働きかけをするかによってきまる価値である。後者は読者との関係によってきまる価値であるが，前者では読者との関係は問われない。これはアメリカの書評理論に似た評価理論である。

この次の年に，図書の文献的価値と相対的価値をとらえた，シカゴ大学のウェラード（James Howard Wellard）の図書選択論が登場する。ホーフマンとシカゴ大学図書館学研究科とは，ウエイプルズ（Douglas Waples）を介して緊密な関係ができていたが，ホーフマンの価値理論と

ウェラードの価値理論の間に何らかの関連が存在したかどうかは明らかでない[27]。

ホーフマンの使った要求概念は興味（Interesse）であり，この点にもシカゴ学派とのつながりを見ることができそうであるが[28]，彼は興味調査のうえに組み立てられたシカゴ学派の興味理論に向かわず，むしろ読者との直接対話を通じて把握される読書要求，あるいは読書ニーズを基本とみなした。要求論がニーズ論に発展することを可能にしたものは，利用者との「出会い」であった。

イギリスの要求理論家マッコルヴィン（Lionel Roy McColvin）が，シカゴ学派の調査主義を批判して，カウンターでの利用者との接触をもっとも重要だとしたことが想起される。マッコルヴィンのいう unexpressed demand も，ニーズ論に向かう可能性を含んでいた。読者の請求する図書を受動的に提供するだけの，開架方式，あるいはラーデヴィッヒ方式では，ニーズ論にまで進む可能性は存在しなかった。してみると，個人を重視する貸出方式，一人ひとりの読者との「出会い」において，図書選択の手がかりを見出そうとしたのは，最も深いレベルでの図書選択論につながる貸出方式であったといえるかもしれない。

読書学，あるいは読者学にかんしては，1910年に最初の論文 "Zur Psychologie des Proletariats" を発表，1925年にエルトベルクと協力して読者学・図書学研究所を設置した。1931年には *Die Lektüre der Frau* をライプツィッヒ大学文学部から刊行し，文学博士の学位が授与された。

13. あとがき

この略伝では，ホーフマンが設立したドイツ民衆図書館センター，民衆図書館学校，読者学・図書学研究所などについては，ほとんど言及することができなかったが，ヴォドセク論文（三浦訳）にかなりくわしく説明されているので，参照されたい。

ホーフマンの公共図書館論には，興味深いものが少なくなく，特に「出会いの場」論や図書選択論，読者論などは，現代なお忘れてならないものを持っていて，いつかは光をあてなければならない。幸い今回，人物

ヴァルター・ホーフマンとドイツの公共図書館

略伝を記述する場が得られたので，次の機会には数多くの難解な論文に挑戦して，ホーフマンの公共図書館論の全体像と，歴史的意義を考えてみたい。

註

1) 図書館夜話：独逸に於ける成人教育運動の一転機 / 汀隈生．-（満洲日日新聞．- 1925-7-12.）汀隈は衛藤利夫の筆名。成人教育の苦悶 / 衛藤利夫．-（図書館雑誌．- 第21年第1-2号（1927.1-2）．- p.14-19, 67-72）。衛藤利夫 / 丸山泰通，田中隆子編（東京：日本図書館協会, 1980. - p.113-140）に収録。なお，衛藤論文の関係文献はすべて小黒浩司氏からの紹介による。

2) 協同研究団（Arbeitsgemeinschaft）これは民衆大学（Volkshochschule）で行われた教育方法のひとつで，教員の指導のもとに，生徒が意見交換するゼミナール形式の学習方法である。生徒は他の生徒の意見に即して自分の理解を形成する。講義に対立するものではない。教師は講演者のように優越した人ではなく，学生と対等の立場で共同で問題について研究する人。(Freies Volksbidlungswesen / von Paul Naumann. - Halberstadt : Meyer, 1929. - S.6)

3) Walter Hofmann 1879-1952 / zusammengestellt von Hans E. Hofmann. - Berlin : Deutscher Bibliotheksverband, Arbeitsstelle für das Bibliothekswesen, 1976. - S.9-12. -（Biobibliographien ; 2）. - "Biographische Notizen"

4) Der Wille zum Werk : Erinnerungen eines Volksbibliothekars / Walter Hofmann ; herausgegeben von Hans E. Hofmann. - Villingen : Neckar-Verlag, [1967]（Vorwort）. - VII, 370S.

5) Die freie öffentliche Bibliothek Dresden-Plauen und Walter Hofmann : ein Beitrag zur Geschichte des Volksbüchereiwesens zu Beginn des 20. Jahrhunderts / Felicitas Marwinski. - Leipzig : VEB Bibliographisches Institut, 1983. - 134S. 以下, Marvinskiを引用するときは，本文中に著者名とページ数を（Marvinski, 13）と表示する。

6) Stadt und Bibliothek : Topographie einer Bibliothekslandschaft im Kaiserreich und in der Weimarer Republik : das Beispiel Leipzig / Hans-Christian Mannschatz. -（Stadt und Bibliothek : Literaturversorgung als kommunale Aufgabe im Kaiserreich und in der Weimarer Republik / herausgegeben von Jörg-Fligge und Alois Klotzbücher. - Wiesbaden : Harrassowitz, 1997. - S.31-60）。以下，同書を引用するときは，本文中に著者名とページ数を（Mannschatz, 31-60）と表示する。

7) Innovation und Ideologie : Walter Hofmann und sein Büchereiwerk in Dresden-

Plauen und Leipzig / Peter Vodosek. - （Lifelong education and libraries. - No.6
（2006）. - S.9-29） 改革と理念：ドレスデン・プラウエンおよびライプツィヒに
おけるヴァルター・ホフマンの図書館業績：ヴァルター・ホフマン小伝 / ペーター・
ヴォドセク著；三浦太郎訳．- （京都大学生涯教育学・図書館情報学研究．- 第5号
（2006.3）. - p.139-154）。以下，この文献を引用するときは，原則として本文中
に著者名とページ数を（Vodosek-三浦, 139-154）という形で表示する。

8) Walter Hofmann und Robert von Erdberg : die neue Richtung im Spiegel autobiographischer Zeugnisse ihrer beiden Hauptrepräsentanten / herausgegeben von Wolfgang Seitter. - Bad Heilbrunn : Julius Klinkhardt, 1996。以下，同書を引用するときは，本文中にタイトルとページ数を（Hofmann & Erdberg, 12）と表示する。
9) Walter Hofmann 1879-1952. - S. 9-12 ; Walter Hofmann und Robert von Erdberg - S.11；改革と理念．- p.139
10) Der Wille zum Werk. - S.1。以下,同書を引用するときは,本文中にタイトルとページ数を（Wille, 1）と表示する。
11) Freie öffentliche Bibliotheken : Volksbibliotheken und Lesehallen / Ernst Schultze. - Stettin: Dannernberg, 1900
12) Wille, S.31-32 に「2月6日」となっているのは誤り。
13) Walter Hofmann 1879-1952. - S.9
14) 三浦太郎は「労働者・利用者諮問委員会」と訳し，それで正しいが，本稿では簡単な訳語を使った。
15) Bücherhalle という概念は，英米のパブリック・ライブラリーに相当する近代公共図書館をあらわすために，ネレンベルクが草案したドイツ語である。それまで公共図書館は民衆図書館（Volksbücherei, Volksbibliothek）といわれ，下層階級の民衆に読書資料を提供する慈善的な施設と考えられていたが，英米のパブリック・ライブラリーは中間層以上の市民をも対象とする教養図書館であり，その水準までレベルアップすることを目指したのである。民衆図書館は原則として館外貸出図書館であったが，Bücherhalle は閲覧室を持つ図書館であり，その点に前者と区別する大きな特色があった。筆者はこれまで，この概念を「図書室」,「図書会館」などと訳して，一般の公共図書館と区別してきたが，三浦太郎は「公共図書館」と訳しており，多くの場合，この訳語で支障はないので，本稿ではとくにネレンベルク派のいう Bücherhalle を表す必要がある場合に Bücherhalle と表記し，それ以外は「公共図書館」という訳語を用いることにする。Vgl. ネレンベルクとドイツのパブリック・ライブラリー思想 / 河井弘志 [著]．- （日本図書館情報学会誌．- 45（3）（1999）. - p.1-20）．ドイツの図書室運動の思想 / 河井弘志．- （図書館学会年報．- 35（2）（1987）. - p.87-92） ドイツの公共図書館運動 / タウアー＆フォドゼク著；河井弘志訳．- 東京：日本図書館協会, 1992
16) Volksbüchereiarbeit in Dresden : Rückblick und Ausblick / von Rudolf Böhme. -

(Festschrift anläßlich des 50 jährigen Bestehens der Freien Öffentlichen Bibliothek Dresden-Plauen 1906-1956. - S.33)
17) Politik der Bücherei / von Walter Hofmann. - (Zentralblatt für Volksbildungswesen. - 12. Jg.,Nr. 9（1912）. - S.121-135; 12. Jg,Nr.11/12 （1912）. - S.161-171）以下，同書評を引用するときは，本文中に（Besprechug, 161-171）と表示する。
18) Anfänge des Richtungsstreites : Arthur Heidenhain als Vermittler in den Auseinandersetzungen der Jahre 1909 bis 1914 / Hans Joachim Kuhlmann. - Reutlingen : Bücherei und Bildung, 1961. - S.69-83
19) Offener Brief an Herrn Walter Hofmann. - （Volksbildungsarchiv. 3（1913）. - S.649-652）
20) Erwiderung auf den an ihn gerichteten offenen Brief von Walter Hofmann. - （Volksbildungsarchiv. - 3（1913）. - S.653-661）; Antwort des Herrn Walter Hofmann auf vorstehenden offenen Brief. - （Zentralblatt für Volksbildungswesen. - Jg. 13（1913）. - S.134-145）; Berichtigung / Walter Hofmann. - （Zentralblatt für Volksbildungswesen. - 13. Jg., Nr. 10（1913）. - S.166-167）
21) Die neue Richtung : eine prinzipielle Auseinandersetzung / Eugen Sulz. - （Zentralblatt für Volksbildungswesen. - Jg. 13（1913）. - S.175-189）以下，同論文を引用するときは，本文中に著者名とページ数を（Sulz, 175-189）と表示する。
22) Erwiderung aud den an ihn gerichteten offenen Brief von Walter Hofmann. - （Volksbildungsarchiv. - 3（1913）. - S. 654）
23) Antwort des Herrn Walter Hofmann auf vorstehenden offenen Brief. - （Zentralblatt für Volksbildungswesen. - Jg. 13（1913）. - S.135）でも同趣旨のことを述べている。
24) Ibid. - S.138
25) Vgl. Anfänge des Richtungsstreites : Arthur Heidenhain als Vermittler in der Auseinandersetzung der Jahre 1909 bis 1914 / Hans Joachim Kuhlmann. - 1961; Bücherei und Ideologie : politische Aspekte in "Richtungsstreit" deutscher Volksbibliothekare 1910-1930 / Tibor Süle. - Köln : Greven, 1972
26) Zur volksbkibliothekarischen Buchwürdigung / Walter Hofmann. - Leipzig: Institut für Leser- und Schrifttumskunde Leipzig, 1936. - （Leipziger Bausteine und Studien ; Heft 2）. - S.5-9
27) Cf. アメリカにおける図書選択論の学説史的研究 / 河井弘志著. - 東京： 日本図書館協会, 1987. - p. 305-307
28) Die Lektüre der Frau / Walter Hofmann. - Leipzig : Quelle & Meyer, 1931. - （Leipziger Beiträge zur Grundlegung der praktischen Literaturpflege ; Heft 1）

児童図書館員リリアン H. スミス小伝

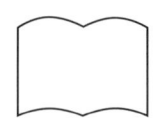

Lillian H. Smith, Children's librarian :
A biographical sketch

深井　耀子
（椙山女学園大学）

リリアン H. スミス（Lillian H. Smith）
1887 年　カナダ・オンタリオ州ロンドン市に生まれる
1912 年　トロント市立図書館児童部（のちに少年少女部に改称）に着任
1922 年　少年少女の家開館
1952 年　同図書館を退職
1983 年　死去

はじめに

　リリアン H. スミス（以下リリアン）は，40 年間もの長きにわたりトロント市立図書館（以下，TPL）の少年少女部部長の要職にあった[1]。それだけでも重責な仕事であるのに，この期間を通じて州教育局や大学などで講師をつとめて児童図書館員の養成に力をつくした。その過程で研究をつみかさね，現在なお古典として評価される名著『児童文学論』[2]を

あらわして児童文学研究者としての地位をも確立した。

TPLは「リリアン H. スミス分館」を創設するというかたちで彼女を顕彰している。1990年代半ばにTPLが再編されたときに，少年少女の家の伝統を引き継いだ児童室のある分館にその名前をつけたものである。95以上もある分館の一つであるが，そこは「オズボーン・コレクション」（後述）など貴重書を閲覧できるので世界中から訪問者がたえないトロント名所になっている[3]。

リリアン H. スミス分館の入口とグリフォンの彫像。
撮影はリリーフェルト・まり子（国際交流基金トロント日本文化センター図書館）による。2006年10月。

「伝説的」とまでいわれる彼女の華やかな業績を，どの角度からみるのかによってさまざまなリリアン像がうきぼりになるであろう。中核と思われる児童文学者としての面についてはその分野の専門家にまかせるほかない。児童文学に素養のない筆者には全くといってよいほど手の届かない世界であるのは非常に残念であるが。

文学者としての面をふくめたリリアンの伝記といえばマーガレット・ジョンストン[4]によるものが彼女ならではの立場から書かれているのですばらしい。児童部の後継者の1人として長いあいだ公私ともに交流のあった女性の手になる作品であるだけに貴重であり，翻訳されているのはありがたい[5]。

本稿はTPLでの記録の面からリリアンの横顔を素描したものである。名館長として令名の高いジョージ・ロック館長に部長として招請され着任した[6]リリアンは管理職の職責として多様な記録を書いたはずであるが，代表的な文書は理事会年次報告（以下年報）[7]である。基本的な史料としてその理事会議長報告や館長報告など年報の全般と，児童部報告を用いている。とりわけリリアンが40年にわたり署名した部分を重視した。リリアンが実践したことや考えていたことが率直に表現されているのは貴重であると判断したからである。

本稿ではTPLの最盛期のひとつとされる少年少女の家開設後の時期に

— 258 —

重点をおいた。リリアンにとっても30才台後半という働き盛りの時期であり，そこに焦点をあてることで精彩のある人物伝としての特色をだすように試みた。いずれにしても片鱗をかいまみるにすぎないのではあるが…。

1. TPLから「友の会」ネットワークまで[8]

1.1 ニューヨークからトロントへ

オンタリオ州ロンドン市において牧師の家にうまれ，幼少時から読書が好きな少女として成長する。1910年にはトロント大学（ヴィクトリアカレッジ）を卒業したあと，アメリカのピッツバーグでカーネギー図書館にある児童図書館員養成所に入学。1911年秋からニューヨーク市図書館で仕事をはじめる。そこで著名な児童図書館員のパイオニアである，アン・キャロル・ムーア（1871-1961）のもとで薫陶を受けたことは，生涯の骨格を形作ることに大きな影響を与えたと思われる。彼女は「児童文学と児童サービスの制度化という両方のディスコース」[9]において図書館史に名前を残す人物であり，リリアンもまたその二つの分野を，カナダの地において開拓したからである。アメリカでは19世紀末には児童サービスがすすめられつつあったが，ニューヨークではそのパラダイム，すなわち，貸出を中心にお話の時間，学校訪問，推薦図書リスト作成，クリスマス・ギフトのための図書展示などを確立しつつあった。ムーアはお話の時間を大切にした。彼女はすでに1896年頃にはそれを学んだとされるが，ニューヨークで有名な語り手であるマリー・シェドロックの実演をきいて，畏敬の念にうたれたのをきっかけとして，児童サービスの方法に応用したといわれる。高揚の機運みなぎるニューヨークにおいて働き盛りの魅力的なリーダーのもとで実務についたことは，まさにリリアンの原点となりキャリアの出発点となる。一方，TPLにおいても児童サービスが開始された。2代目館長（1908-1937在任）として就任したジョージ・ロックはマギル大学の教育学の教授から華麗に転進した人物であるため，当初より教育的な見地から児童サービスに注目していた。ムーアとも文通があり，お話の時間のアイディアを早速とりいれて，その普及

に取り組んだ。新中央館を開館するにあたり、児童サービスを重点事業とする方針のもと、その統括をするため児童部をたちあげ主任としてB・ステイトンを任命した。1911年の年報には、彼女がはじめて「児童部報告」を書いている。館長は児童部の部長を採用するにあたり専門教育を受けていることと「カナダ生まれ」の人であることを条件に人選をした結果、リリアンがトロントに着任するにいたる。

1.2 第1次大戦から少年少女の家開館まで

1912年9月に着任した彼女は、トロントでお話の時間が、ニューヨークの模倣でなくカナダの開拓史を話すなど、独自な味付けのもとですでに普及していることに驚いた。就職した当初はそれまでの古い蔵書を整理する仕事にかかり、次に、図書館を普及するために学校訪問を開始した。教室に入れてもらい、朗読したり、本を紹介したりするのであり、図書館では土曜日にお話の時間があることなどを、広報してまわった。図書選択のめやすのためにと作成した図書リストが評価されて専門誌 *Ontario Library Review*[10] に掲載されたのは、若干30歳のときである。定評のある図書だけでなく、立派な読書への「足がかり」となる手軽な図書をも含めたためか使いやすいと各地で評判になり、のちに改訂をかさねて単行本として発行される（1927年）のはリリアンの大きな業績の一つとなる。

英国の参戦に伴ってやむをえずまきこまれた第一次大戦の時代には、図書館も戦時体制に協力する活動に参加した。その他に生き延びる術はない時代である。スタッフはお話の時間のテーマとしてカナダ開拓の英雄ジャック・カルティエ伝や歴史を語り、国民意識高揚につとめたので、市民は図書館の存在を実感した[11]。その活躍が市当局から高く評価されて戦後復興計画の一環として「少年少女の家」（以下「家」）建設構想が実現のはこびとなる。1922年9月に「大英帝国内で最初の独立した家屋としての児童サービス拠点」が発足したのはリリアンのキャリアにとっても華やかな門出である。引き続く10年は、施設と職員採用に恵まれた条件のもとにリリアンの能力が開花する特別の時期なので第2章に詳述する。

1.3 1930年代から退職まで

　1930年代は世界的な不況から戦争にいたる過程であり，分館建設や退職者補充などが凍結され，状況は一変する。資料費は大幅に減額されるなかで，手間のかかる演劇活動などに力をいれたり，子どもたちの様子をこれまでになかったほど詳しく観察して記録するという活動から学ぶことが多かった様子である。1939年9月の第二次大戦参戦までの年月にはTPL全館をあげて「リーチング・アウト」(reaching out 1932年年報，館長報告に初出) [12] に活路をみいだした。すなわち新刊書をたくさん購入できないので，これまでの蔵書をひっぱりだして，工場や婦人団体事務所などに宅配する活動である。入院中の子どもや養護施設にも配達するなど，要するに「手を伸ばして」図書を届ける活動によって不況のもとでも貸出を増やすように努力したのである。

　この時期にはカナダ児童図書館員協会をたちあげるために尽力する。オンタリオ州とケベック州の仲間がモントリオールで会合をひらき，ついに全国組織 [13] を1939年に発足させたのは，快挙である。長年にわたる職員研修やトロント大学などでの講師活動による教え子の人脈が功を奏したものであろう。

　1940年代前半は戦時サービスの時代となり，図書館にも子どもを守る役割が求められた。すなわち「アブノーマル」な状態，たとえば父は海外の戦場に，母は街中で後方活動などに，兄弟は放課後の勤労奉仕に狩り出されたあと，子どもはどこにいればよいのか？という問題に直面する。図書館では開館時間を延長して，お話や人形芝居を提供するという試みを実施した。いつもの家族とすごすような安らぎの場，つまり停泊所のような居場所を提供しつつ子どもへの貸出を伸ばしている（表1）。政府の疎開政策によって英国の子どもが輸送されてきたので，トロント市当局の要請に応えて図書館で一時待機を受け入れたことも記録される。

表1　少年少女部における年度別貸出冊数と成人貸出冊数における割合

1911（8）	85,709 冊	18.07%	1931（16）	884,897 冊	24.98%
1919（14）	363,716	30.59	1933（16）	808,000	18.22
1923（15）	548,221	31.83	1934（16）	838,596	19.36
1925（15）	653,673	31.99	1939（16）	951,672	35.80
1929（15）	673,493	28.18	1941（16）	970,431	40.29

＊（　）は中央館と分館数。年報の統計では初等学校やセツルメント分室などの冊数は別扱いである。戦時中は分館での成人利用者が減少するが基地や軍隊病院への配本が多いため数値が増えた。全蔵書冊数における児童書蔵書冊数の割合は平均して約24％である。

　58歳のとき終戦をむかえ，新たな気持ちで仕事にむかうリリアンである。ヨーロッパから復員した父親が子どもをつれて図書館にやってくる。ある父親は，「長い長い留守のあいだ子どもが読書三昧したので，すっかり立派に成長した」と感謝の気持ちを表明したとリリアンは記録している。その頃，英国の司書，E・オズボーン氏から，夫妻が長年にわたり収集した，英国の初期児童書蔵書を寄贈するという提案があった。英国でも国宝級といわれる蔵書を「雪と氷に閉ざされた未開の植民地」に寄贈することに反対があるのに，あえて英断したのは，ひとえに彼がリリアンに傾倒したからである。1934年に「家」を訪問した彼による「外部評価」の結果である。一見すると予算不足のために停滞したように見える時期に訪問して，リーチング・アウトなど，外部からは見えにくい微妙な場面で努力している様子をつぶさに感じ取った結果であると推測される。寄贈を受けて，TPLでは早速「オズボーン・コレクション」の目録作成などに着手する。

1.4　『児童文学論』の発行とその後

　1952年に65歳でTPLを退職する。後任の部長に就任したジーン・トムソンは「国の内外で有名なミス・スミス部長から長いこと薫陶をうけ

たことはなんと名誉なことだろう」と感慨をのべた。リリアンによる最後の年報は淡々とした通常の記述のなかにさりげなく郷愁や回顧の気持ちがもりこまれている。たとえば前年には「家」の改装があり，30年間活躍した部屋がとりこわされた時，ある利用者が「私が子どもだったとき，いつもすわりこんでいたあの隅っこはもうないの？ いったいどこにいってしまったの？」と悲しそうにつぶやいた声を年報に記録した。さすがのリリアンも感傷的になったのであろう。

　退職を記念して，カナダ児童図書館員協会からそこでの活動を評価して記念誌「リリアンに捧ぐ」[14]が発行された。同協会では，自国の児童文学者を育てようと奨励賞を設定しているがそうした活動は，リリアンがカナダ人としての誇りを示したいという思いを示すものであろう。記念誌にはケベック州の状況についてのフランス語の報告もあり，カナダらしさを感じさせる。

　1953年にはライフワークである『児童文学論』が上梓される。生涯の研究を集大成した著作を発行したことは彼女にとっても読者にとっても幸運なことである。

　退職のあともたくさんの行事があり，英米をはじめ日本などから児童図書館界の「セレブ」が彼女を訪問する。そして家や別荘に滞在して，たのしくも華やかなひとときを分かち合う時間がたっぷりとあった。特筆すべきは英国の著名詩人の寄付講座によってTPLで「お話の大会」が開催された時のことである。英国のアイリーン・コルウエルなどの著名人が1961年10月にトロントに集結したおりの様子が，石井桃子によってくわしく記録されている[15]のは興味深い。

　リリアンが75歳のとき，TPLは顕彰のため新規に彼女の名前を冠した蔵書を発足させる。それは1911年以降の英語児童書の蔵書であり，オズボーン蔵書に継続する内容であるため両者をつなげて，名称も「オズボーン・リリアンH.スミス・コレクション」として新規に出発することにした。お披露目の展示行事もはなやかに開催される。4年後には同蔵書を維持したり，広報することを目的に友の会[16]が発足する。英国王室ファミリーのアレクサンドラ王女などが後援者に名前をつらねたことはトロン

ト人をおどろかせた。友の会によって世界中にリリアン・フアンのネットワークができあがったことになる。

1.5 現在も生きる遺産

1983年1月に亡くなる。友の会を通じて世界に広がる多くの仲間が哀悼するなか、トロントではリリアン回顧が引き続く。TPLでは「不屈なる魂の伝統」[17]と名づけた展示会が開催される。1987年秋に3ヶ月もの長期にわたり、リリアンが構築した蔵書が展示され、人気をよんだ。英米などからの厳選された児童書を一堂にみることができるのは、TPLならではの快挙である。長年リリアンが努力を傾けたカナダの児童書収集も「カナディアーナ蔵書」(1978年に発足)として同時展示されたのはリリアンへの良き供養となったことであろう。

今もなお生きる遺産の一つは児童文学と図書館を愛する人々のネットワーク、友の会である。

会員である私にとどく最近の会報、*THE GRYPHON*[18]によれば、2007年に発足40周年を祝うとのことである。「赤毛のアン」出版100周年記念行事計画やオンライン目録がついに完成したこと、例年世界中から寄贈される貴重児童図書の受け入れなど、もりだくさんの情報が満載である。事務局の担い手の情熱に頼る情況であろうが、40年目の節目をむかえて友の会のつながりは今もって世界中に健在である。

2. 働き盛りの日々：少年少女の家開館からの10年

2.1 TPLの状況

大戦後のカナダには小国ながらの経済発展があり、悲願であった外交権を獲得(1926年)したことで植民地(自治領)から脱却しつつあるという高揚した気分の時代である。英国の模倣でないカナダらしい文化を創造したいという流れのなかに図書館も活気づいていた。19世紀末からの30年間に国の人口も2倍になり1千万人を超える。英国系やドイツ系が中心である東部カナダもヨーロッパの戦乱などから逃れてきた東欧移民が大量に流入して一気に多民族化した。大戦中に移民は中断するが、戦

後ふたたび移民ブームがまきおこりトロントの人口は約50万人になる。同市は20世紀初頭から伝統的に移民の門口であり，読書好きといわれるユダヤ人[19]が多く，住みつくとすぐに図書館に登録する人が目立ち，図書館は活気を呈した。

　TPLの歴史からみてもピークの時期にあたる。国や自治体から潤沢な戦後復興予算をうけたことは基本的な経済事情であるが，その担い手としてロック館長とリリアンの管理職としての存在は大きい。最大の功績は多くのサービス・ポイントを開設したこと，それに伴い職員を大量に採用した点である。1909年に館長として着任したとき，施設（主にカーネギー基金による）は6館で職員はわずか26人にすぎなかったが，1930年までに分館は16となり，それ以外に初等学校内，病院，セツルメントなどにも分室をもうけた。そのため200人をこえる所帯に急成長したのである。

　とりわけこの時期の分館は瀟洒な雰囲気をもち，独立した入り口のある児童室が設置されたことが特徴的である。お話のための空間には暖炉が正面に設置されて凝った内装であり，「家」はこうした流れのなかの頂点といえよう。

2.2　少年・少女部報告とは

　年報の構成は，理事会議長と館長報告が中心であり，そのあとに貸出，レファレンス，カタログ，受け入れ，など各部の報告があり，次に少年少女部が続く。リリアンは，他の管理職の書き方や筆致とは違い，形式ばらない書き方をしておりマニュアルとおりに収まらない個性が感じられる。字数も年度によってまちまちであり，2頁のみでそっけない時もあれば，情熱的に8頁にもおよび書きこむ場合もあり一定でない。ムラのある書き方をしているが，その気ままなうちにも現場というか分室などの先端場面で活躍する若い担当者のレポートにあらわれるみずみずしい観察をみのがさないで，引用することも多い。名前をつけて引用するので担当者には励みになることであるし，リリアンの部長としての指導法もうかがわれる。基本となる項目は，貸出，レファレンス，受け入れな

どの統計数値を分析することを筆頭に，お話／学校訪問／展示などの年中行事／当該年度に開始した新分館や新規事業に関する評価／子どもや親，教師などの利用者のうごき／訪問者／児童図書館員の採用や退職などの人事事項，などである。以下，2字下げの文章は年報でリリアンが執筆した部分からの要約である。

2.3 「家」の開館

1922年9月11日，ついに「家」が開館する。中央図書館に隣接する土地に立つヴィクトリア朝風の民家を改造した小さいながら，目立つ建物である。はなやかな開館式が挙行され，それに続く2日間というものは600人もの市内外の要人が招待されて，お話の魅力や本の展示に魅了された。内部には3つの役割がある。第1は子どものための聖域で，暖炉つきのお話などのためのスペースと，貸出やレファレンスのためのカウンター，さらに，妖精の国の図や絵画などのある「妖精の間」といった場所などである。第2は成人が児童書について学ぶ特別室，第3は職員のための事務室と研修室である。事務室内にも選書や書評のための蔵書がそなえてある。もっとも重要なことは長年の夢である児童サービス担当者のために専用事務室を確保したことである。児童部が発足してから10年目の1921年に少年少女部と看板をあげての出発にあたり，新しく広々とした事務室をも確保できたのは幸いといえよう。

　「家」が開館したことは我々の歴史にとって決定的に大きな事柄である。（成人の特別室をも開設したので），市の内外から，たくさんの関係者，つまり教師を筆頭に両親，作家，絵描き，ソシアル・ワーカーなどあらゆる仕事の人が児童書について研究をするのは驚くべきことである。数百人をこえる人々が見学に殺到してすばらしいと感嘆する。そして一様に，このような教育の仕事が将来の良きカナダ人をつくるであろうと感謝の意を表明する。（1922年）

　「家」のみならず，各分館においても教師の利用が目立つようになった。家を訪問して図書館をはじめて理解したという人も多い。教室にはりだす図書リストや授業中に朗読するための図書などのアド

バイスをもとめている。障害のある生徒を担当している教師は落ち込みがちな気持ちを図書館員からの一言をうけて励まされるとのことである。(1922年)

2. 4 利用統計について

各部の報告では冒頭に受け入れや貸出冊数や利用者数など数値に基づく自己評価をしめすのが常である。リリアンの報告にも利用統計は欠かせない。(表1)

1923年度はこれまでの歴史にないほど多くの利用者が図書館にやってきて貸出冊数も大幅に増えたのでこれまでの努力の集大成のような一年間である。秋の児童図書週間もすばらしく成功した。例年のクリスマス・ギフト用図書展示の参加数も多い。さらに「家」と同時に各分館でも色々な展示を実施したので入場者と貸出冊数の数といえば,児童部発足以来はじめてといってよいほどである。(1923年)

我々のだれもが願うのは最もふさわしい図書をそれにふさわしい子どもに,適切な時期に手渡すことである。この努力の結果,基本図書のリストにある図書が多く利用され,流行ものは減ってきた。現在,貸出が多いのは不思議の国のアリス(50冊複本)を筆頭に,ハイジ(40冊),水の子(35冊)などが続き,シェイクスピア物語,宝島,ガリバー旅行記などである。児童に本物の文学を読む喜びをつたえている。複本が多いほど貸出回数がふえるのは当然であろう。(1924年)

ダンフォース分館が開館した。ここは図書館がなかったので,子ども達はセンセーショナルなシリーズものしか知らなかったが,図書館にやってきた子はアーサー王伝説などにとびついたあと,次々と手をのばしてゆく。(1929年)

2. 5 ブックトーク,お話の時間,クリスマス展示など

お話の時間が戦時中の図書館活動として定着したのであるが,1920年

代にはブックトークが人気をあつめた。ブックトークとは，図書館にまだなじんでいない子ども，とりわけ英語になれていない新移民を主な対象に，司書が図書を見せながら紹介することで，貸出のきっかけを作ることであると当時考えられていた[20]。授業の一環として図書館に引率してくる時には，教師が指定するテーマについて，あらかじめ多様な図書を人数分そろえておくことが肝心とされる。紹介するだけでなく誰でも1冊は借りて帰る事ができるように工夫することが求められる。

　お話の時間。各分館ごとにテーマを設定して実施してみた。中世のロマンスと英雄物語，古代の語り部やミンストレル吟遊詩人についての物語，バラードについて，ニューベルンゲンの指輪物語など。さらにホーマー伝説，ロビン・フッド，アーサー王の話などなど…。お話が読書興味をひきおこして貸出を増やしていく。この効果ははかりしれない。(1926年)

　全ての分館でブックトークが求められるようになった。教師が依頼するテーマは，英国の歴史，カナダ史，ディッケンズなどで，授業の一環として全員を引率してやってくる。(1927年)

　ついに「家」にお話専用の空間が設置されたのは私達の長いあいだの夢が実現したことなのでありがたい。入り口からすぐに緑色の扉があり中央には暖炉，つきあたりには小さなステージまである。それを見るだけで出演者がフットライトをあびて立っている場面が彷彿とするような…そんな興奮をよびおこす。(1928年)

　お話の価値は読書へのきっかけとなることだ。これは自明としてもさらにたくさんの効用がある。年長組（10歳以上）にはラムのシェイクスピア物語，ペルシャの叙事詩，あらゆる時代の冒険と探検物語などの効果はすばらしい。「家」にはとりわけお話について訓練をうけたよりぬきの児童図書館員を配置した。そのことから，お話が児童図書館員の特別な領域だということを，社会が承認しつつある。(1928年)

　図書の展示は「家」のほか分館においても年中行事として定着している。11月からの「クリスマス・ギフトのための図書展示」はと

いえば，大人気のためたくさんの人々が押し寄せるので，今や「トロント名物」とまで評価される（1928年）

　小さなステージを活用しての活動は「家」のみならず，分館でも人気がある。子どもは扮装に本能的な喜びをあらわして，リア王やピーターパンの名場面を再現している。（1929年）

2．6　「外国人居留地」の子どもたちに出会って

　大戦直後の時期からユダヤ系を筆頭にロシア，ウクライナ，ルーマニアなどからの「異質」な移民がふえて英語力不足の利用者への対応に悩む図書館の状況をよそに，新規登録者が殺到した。リリアンも「新規登録者をたくさん迎えて我々は何をなすべきか？ この子たちが大人になったとき知性を備えた国民（intelligent citizenship）になれるようにカナダの歴史話をしたり，読書指導がいっそう重要であろう」（1920年）とのべている。トロントの南にあるクイーンズ通りの界隈には新移民が集住したので，「外国人居留地」（foreign district）とよばれる一角があり，そこにセツルメントが活動していた[21]。リリアンはさっそくセツルメントの片隅に配本することから，そこでのサービスに着手した。当初は廃棄本などをおくだけであるが，様子をみて分室を設置（1926年）したのは英断であった。昔からの住民からは蔑みの目でみられていた「ガラの悪い」一帯なので，おそらくTPL内でも反対意見もあったと推測されるが，分室開設にふみきった。住宅地や文教地区でない新規の土地柄に開設するためにリリアンは，担当者に詳しい観察報告を提出してもらい，館長をはじめ館内の支持をとりつけたと思われる。当時のカナダは「英国臣民」の時代（1947年にカナダ市民権法）であり，英国系以外の移民は「外国人」とみなされ，軽蔑されていたので，図書館理事会への説得も必要であったろう。「外国人居留地」の子どもが強い読書要求をもっていることを生き生きと伝える担当者，ルース・サオードの報告にリリアンは，いたく感銘を受けた様子で，3頁をこえる全文を彼女の署名入りで報告に引用している。以下はその1部分の要約である。

　　この分館に赴任するまでは，「外国人居留地」の薄汚れた子ども達

などを相手にするのは嫌々だった。しかし赴任してすぐわかったのは，ここの子どもたちは，他のどの地区の子どもよりも読書意欲が高いということだ。ここでは英国系の子どもなどゼロで，なんと25もの国からきた子達が登録した。ウクライナやロシアからきた子どもはなんとなく初めは故郷の香りを身につけているので区別できるようになった。たとえばウクライナからきたソフィの場合，ぽってりした靴をはいて分厚いコートの下には見事な民族刺繍が施されているブラウスを着ていたりするのだから。しかし，すぐあとには刺繍や靴を投げ捨てて，英語とカナダ式マナーの習得に追われる。両親も故郷に捨て去った伝統や文化を忘れさせようと必死になる。古い刺繍や民話のオオカミドンにはもはや居場所もなくなってしまうのだ。

　学校の教師はまずは英語の読み書きやカナダ史を教えるのは当然である。子どもたちも驚異のスピードでそれを身につける。しかし図書館の働きはすこし違うのではないか？図書館では英語単語の暗記から，しばしはなれて空想の世界に遊ぶ時間もあたえたい。金曜日の夕方にはゆったりとして妖精や魔女や故郷の民話のおはなしにうっとりするのがよいではないか？　安食堂や古着屋が並ぶうらぶれた通りに貧しい身なりの子がたむろしているが，彼らが熱心な常連さんだということを私だけは知っている。現場レポートはいくらがんばって最善をつくして書いたとしても無味乾燥になってしまうのが口惜しい。子ども達をこの目で見て直接話してこそ，サービスのありかたがわかる。＜外人顔＞の子ども達に出会って発見があり喜びもあった。(1933年)

　オンタリオ州図書館協会も「外国生まれの新移民が，市民権を獲得してカナダ人になるために読むのにふさわしい図書リスト」を作成することが精一杯で，それ以外は思いつかない時代である。リリアンがみずからの署名入り文書に上記を引用したことは重要である。つまり図書館は統合を促進することのみでなく，新移民がほっとできる場所を提供したり，故郷においてきた忘れがたい民話などに出会うチャンスをあたえる場所であ

りたいという発想は当時の担当者としては異例である。担当者のルース・サオードは，英語もろくに読めない，汚らしく見える子どもたちの立ち居振舞いや発言から謙虚に学んでいる。1950年代[22]にはTPLで多言語蔵書を提供する試み，すなわち多文化サービスがこの界隈で開始されるが，その源流の一つはセツルメント分室における担当者の鋭い分析であり，それを見逃さなかった上司としてのリリアンのまなざしである。

2.7 『少年少女のための図書リスト』を発行

1927年についに待望の図書リスト[23]が発行された。カナダを代表する出版社であるライアソン社からの堂々とした図書がおめみえしたのは画期的な到達である。リリアンは就任のあとすぐに毎週水曜日の夕方に，図書選択のための会議をひらき，そこでの議論を記録にとる作業を長く継続してきた。前述したように1917年には初のリストを発表して州内外の図書館で重宝だと評価されてきた。その内容は，英米の児童書とレファレンス図書である。英国で定評のある古典ものを中心にしつつ，カナダを舞台としている英国の冒険物語（19世紀半ばのバランタインの作品など）を丹念にとりあげるなどした労作であり，10年間の積み重ねを単行本としたのである。

　　　待望の図書リストがやっと発行された。これを完成させるためにはほとんど力を使い果たしたほどである。児童にとって永続する価値ある作品とみなされる図書を約2000点程度選び，解題と解説をほどこしたものである。TPLでまずは役に立つ。次にカナダ国内，さらに英米でも有用であろうと確信する。これほど包括的なリストは初めてのものであろう。長年にわたり，リストはないかという問い合わせが殺到したので，それに応える内容である。（1927年）

2.8 子どもにみあうアレンジメントを求めて

長年にわたり少年少女部では，子どもの読書興味にみあう分類や排列[24]の方法を模索してきたがようやく，試案というべきものをまとめて，実際に運用してみた。それは「はかりしれないほど効果をうみだす。DDC

を子どもに理解させるときに必要な労力の浪費をしなくてすむだけでもありがたいし、なによりも魅力的なのである。新しいアレンジメントの方法は、成人サービス担当者の関心をもひきおこし、希望が多いので印刷して配布したほどである」(1930年)という結果をもたらした。リリアンは子どもの反応を以下のようにまとめている。

　　我々が採用した新しい方法は、一年間利用してみて興味深くかつ有用であることが判明した。利用統計にもその結果が示されたのはありがたい。すなわち、ノンフィクションの利用が急増したのである。それを導入したときに同時期にそれまでの「フィクション制限」(1回に1冊のみ)を取り外したのに、児童の関心はとても広がったのである。訓練を受けた児童図書館員こそが、その持てる能力を発揮してこうした変化をもたらすことができるのである。読書関心の順位は、だんとつの fairy tale を別にして、歴史、博物学、標準的なフィクション、偉人伝、詩などに広がった。こうした変化をつくりだすことは従来の DDC ではできないことであるから、試みてよかった。この数値によって初めて我々の信条が裏付けされたといえるのもありがたい。(1931年) (表2)

表2　少年少女部における1935年度貸出の状況

Picture Books	163,814 冊	Natural History	47,965 冊
Little Children's Books	40,902	Science	7,173
Fairy Tales	107,498	Practical Science	20,133
Legends	7,350	Things To Do	18,054
Myths	7,907	Art	3,715
Epic Heroes	16,294	Music	4,927
Exploration	3,850	Plays	8,132
Famous People	26,191	Poetry	34,889
History	39,359	Standard Fiction	58,580
Geography and Description	25,346	Fiction	376,503

＊1935年度年報　貸出統計より。リリアンが "under our arrangement of the books according to the reading interests of boys & girls" と統計について説明している。(p.32) 数字は学校やセツルメント分室も含む貸出冊数である。

3．おわりに－教育者としてのミッション

　リリアンのもう一つの顔は児童図書館員養成講師としてのそれである。教育学者出身のロック館長は採用した人材を研修で鍛え上げるという方針のもとに，着任したばかりのリリアンに館内講習の講師を任命した。当時のカナダではアメリカで専門教育を受けた人材として貴重な存在だったからである。館長はオンタリオ州教育局に働きかけて司書講習をたちあげ，リリアンも講師として任命された。こうした経過をきっかけとして教育の仕事は彼女が生涯をつうじて情熱をかたむけたであろう分野となる。少年少女部としても講習生のなかから優秀な人材を採用できる条件にめぐまれることになる。短期間の基礎教育を受けた人々を採用して，職場での研修によって「児童図書館員に育てあげる」ことは部長としても最も重要な役割と考えていたと思われる。毎週の定例研修において児童書を評価して選択する研修を継続した成果として図書リストなどを公表してきたように，児童図書館員の専門的業務の一例を，館の内外に提示してみせることにも熱心であった。

　1920年代をつうじて多くの人材を確保することができたのは幸いである。英国の大学に学ぶため留学休暇を願い出る人にも許可を与えるなど，職員の自己研修も応援した。1930年以降15年間に新規採用は少なかったので，中堅職員をさらに研修できたえあげた。（しかしながらリリアンは，年報の末尾にある人事欄に「結婚のためミス…は退職」と毎年のように書いている。ようやく一人前に育てたのに残念だという感慨をもったことであろう。キャリアを継続する場合はリリアンを含めて独身にとどまることが多い時代の制約が感じられる。）

　児童図書館員の使命は子どもに直接サービスすることだけではない。自国の児童文学作家を育てるため，奨励賞を設定したり，出版振興や児童書研究にも貢献できる人材を養成して，図書館内のみならず，カナダ社会のなかで児童図書館員の存在を認めてもらうように努力した。児童書研究に造詣の深い図書館員のありかたについては当人が見本をしめしたことである。たとえばE・オズボーンの寄贈を受けた時，書誌作成や児童書史に造詣の深い担当者を配置することなどの条件がついていた[25]。

戦後の混乱が残る時期にすぐさまその大仕事に着手できたのは，長年にわたり研修を継続していた多くの中堅担当者の能力が花開いた成果である。すぐれた後継者が存在することは退職するリリアンにとってもっとも誇るべきはなむけといえる。

注

1) 主要な訳語について。児童図書館員は（children's librarian），少年少女部部長は（head of boys & girls division）である。boys & girls という表現は，アメリカの文献で 1880 年代には散見されるので，その影響であろう。少年少女の年齢であるが，TPL での下限は 1882 年開館時には 14 歳。1920 年代には 5 歳~10 歳の幼少組とそれ以上の年長組，さらに 13 歳（？）以上という区分があると考えられる。

2) 『児童文学論』（石井桃子他訳）岩波書店 1964 年 *The Unreluctant Years : A Critical Approach to Children's Literature.* Chicago : American Library Association, 1953. 日本では 2005 年に第 49 版を重ねるというほどのロングセラーである。

3) 1996 年にトロントは周辺都市を合併して人口 300 万人を超える大都市になり TPL は 98 以上の分館などをもつ巨大な一つの図書館システムになる。リリアン H. スミス分館の状況については桂宥子『理想の児童図書館を求めて—トロントの少年少女の家』（中央公論社 1997）の報告が優れている。

4) 彼女は退職したリリアンと部長職を引き継いだジーン・トムソンと 3 人で同居していた時期があるくらい親しい間柄である。その家を石井桃子氏が訪問して 67 歳のリリアンに会っている。そのときの愉しい状況など貴重な描写が『石井桃子集 6』（岩波書店 1999, p.37）にみられる。．

5) マーガレット・ジョンストンによる「リリアン・H・スミスの生涯」は，アデル・フェイジック他編（高鷲志子　高橋久子訳）『本・子ども・図書館—リリアン・スミスが求めた世界』（全国学校図書館協議会　1993）に所収。同書はリリアン直系の児童図書館員や児童文学者などが中心となり編集執筆した豪華版でありリリアンの著作目録を含むので基本文献である。理解しやすい翻訳で労作である。

6) 着任前後の状況にかんしては深井耀子「トロント市立図書館の児童サービス：ジョージ・ロック館長の就任から少年少女の家開設まで—第 1 次大戦を背景に—」（『図書館文化史研究』No. 18, 2001, p1-19.）にくわしい。なお，TPL 史研究については，未公刊の下記研究を評価している。Boateng, Rosabelle M. Public Library Service to Children in Toronto 1884-1951 supplemented with Twenty Years of Service to Sick Children: The Library in the Hospital for Sick children 1951-1971.

児童図書館員リリアン H. スミス小伝

(thesis submitted for fellowship of the Library Association, August 1977)

7) 年次報告（Annual Report of the Toronto Public Library Board）は当該年次（1月－12月）毎に理事会が発行して市当局に提出する公式記録である。議長，館長に次いで各部の部長が報告を書き，統計や会計，寄贈図書等の記録で構成されており，例年50頁を越す。筆者は1882年開館以来の100年分をTPLアーカイブスで閲覧し記録をとった。

8) 本稿では略歴に関して，年報を基本とするがその他にはリリアン顕彰のためにTPLが発行した下記文書を主に参照した。*Legacy of an Indomitable Spirit ： 75 Years of Children's Services in the Toronto Public Library.*1987.

9) ムーアの業績についてはアン・ルンディン「アン・キャロル・ムーア（1871-1961）―私は長い糸を紡いできた―」（スザンヌ・ヒルデンブランド編　田口瑛子訳『図書館史に女性を書きこむ』京都大学図書館情報学研究会発行　2002）にくわしい。引用はp.223である。ムーアによるお話の時間についての貴重な文献は次のとおりである。"The Story Hour at Pratt Institute Free Library," *Library Journal.* Vol. 30, No. 4, 1905, p. 204-211.

10) Vol.2, August, 1917, p. 11-33. 同誌はオンタリオ州教育省公共図書館局発行の季刊誌である。カナダでは連邦レベルの教育省はないので州教育省が図書館行政を担当する。

11) 前掲6）深井による第1次大戦中の戦時サービスに関する研究にくわしい。

12) この用語が1932年以前から登場したかどうか，またアメリカの文献で1960年代にアウトリーチという用語が登場するとされるが，それとの関連なども本稿では未調査。

13) 全国組織といっても発足当初は，（フランス語系には別の歴史があるので）主に英語系による。1950年代（注14）には連携されていたようであるが。

14) *A Tribute from the C・A・C・L.* published by The Canadian Association of Children's Librarians, June 1952.

15) 前掲4）p. 94 - 95.

16) The Friends of the Osborne and Lillian H. Smith Collections.

17) 前掲8）同書はリリアン顕彰のために発行された冊子であり，英・米・カナダの児童書からリリアンが厳選した蔵書の展示会カタログをも含む。

18) gryphonはギリシャ神話由来の空想上の怪獣であり，リリアン顕彰の分館入口にはモーリス・センダックのデザインによる彫像がある。（写真参照）

19) 20世紀初頭のユダヤ人の読書や図書館利用にもふれた貴重な研究書にくわしい。Woodsworth,J.H. *Strangers within Our Gates or Cominng Canadians.* Toronto: Stephenson, Methodist Mission Rooms, 1909, p. 151-157.

20) 本稿におけるブックトークの定義は年報における叙述からまとめた。その用語が年報のなかで初出した年を確定していないが1920年代にはしばしば登場する。

21) 都市の社会事業の一環とされる。カナダでは20世紀以来の移民ブームに対応す

図書館人物伝　外国人篇

るため各地に開設されていた。19世紀末のアメリカにおけるセツルメントと児童サービスのつながりについては、ハリエット・G・ロングによる名著（古賀節子監訳『アメリカを生きた子どもたち―図書館の果した役割』日本図書館協会 1983.）にくわしい。当時の「外国人」差別の構造については細川道久「大戦間期カナダにおける〈白人〉移民の選別― 1922-23年移民・移民省小委員会史料が語るもの」（『カナダ研究年報』第26号 2006, p. 103-109.）に日本では未紹介の文献が分析されており貴重である。

22) 1950年代の状況については、深井耀子『多文化社会の図書館サービス　カナダ・北欧の経験』青木書店 1992, p. 43-83. に詳述した。

23) *Books for Boys & Girls*. Toronto : Ryerson Press, 1927. なおこのあと2回の改訂版の後1940年版を上梓している。

24) 年報における記述では、この分野の仕事について、arrangement という表現が用いられている。その試案は、日本でも下記文献のなかで、早い時期に詳細に翻訳されているのは貴重である。山内薫訳「付禄1　児童書の分類表（トロント児童図書館）」森崎震二編『図書館学教育資料集成6　児童奉仕論』白石書店　1979, p.159-166.

25) オズボーン・コレクション室の室長を1980年代に勤めたマーガレット・クロフォード・マロニーによる「トロント公共図書館の三つのコレクション」（注5の文献に所収）には、寄贈のときの秘話をはじめ、当時の取り組みについてくわしく書かれている。室長ならではの運営方針や蔵書評価などが貴重である。(深井もかつて「家」を訪問してマロニー室長の案内を受けて、18世紀のホーンブックの本物を閲覧させていただいたことがある。)

ジョン・ショウ・ビリングスの二つの生涯

Two Lives of John Shaw Billings

藤野 寛之
(聖トマス大学)

ジョン・ショウ・ビリングス (John Shaw Billings) 　1838 年　インディアナ州に生まれる 　1860 年　オハイオ医学校卒業 　1865 年　米国軍医総監局 (Office of the Surgeon General) 勤務 (〜 1895 年) 　1879 年　医学索引誌 *Index Medicus* の刊行 　1896 年　ニューヨーク公共図書館初代館長 (〜 1913 年) 　1913 年　ニューヨークで死去

1. はじめに

　米国国立医学図書館 (National Library of Medicine) という一大専門図書館の基礎を作った医学研究者であり，さらに，ニューヨーク公共図書館 (New York Public Library) という世界最大規模の公共図書館＝大規模貸出システムを創設したジョン・ショウ・ビリングスは，アメリカ

合衆国では医学界ならびに図書館界の"大物"であり，多くの人物事典にその項目を見いだすことができる。伝記も数点出ており，更に米国国立医学図書館とニューヨーク公共図書館の歴史は別に出ていて，いずれの図書館でもその出発点の"主役"として描かれている。ニューヨーク公共図書館のビリングス館長時代については詳細に検討した博士論文も発表されている。しかし，わが国ではこの人物の紹介はごくわずかである。そのため，本稿は医学者と図書館長の二つの生涯を完遂したビリングスの生涯を記録することはもとより，時代の変遷のなかで，彼が何を考え，何をなしとげようとしたか，その意図をたどるものとする。同時に，図書館員とはいかなる仕事をすべきかをこの人物を通して語ることを目的としている。本稿執筆のきっかけは，ビリングスが作った医学索引誌 Index Medicus を学び，その意義と変遷過程に興味を持ったためである。

2. アメリカ時代の到来

　1994年に刊行された，イェシヴァ大学医学校教授カールトン・チャップマンによるビリングス伝の題名は『混沌から秩序へ：ジョン・ショウ・ビリングスとアメリカ時代の到来』[1]であった。『混沌から秩序へ』はビリングスが妻に宛てた書簡の言葉から採っており，この表題はまさに彼自身の生涯を暗示し，彼の生きた時代を物語っていた。副題にあるように，ビリングスが生きた時代（1838-1913）は，アメリカ合衆国が独立した55年後のいまだ世界でも知られていない国から，第一次世界大戦に参戦，その勝利によって世界の政治・経済の中枢に躍りでる前年までであって，まさに彼は"アメリカ時代の到来"を身をもって体験したことになる。移民によりふくれあがった人たちを受け入れる象徴の自由の女神像がニューヨーク港に建てられたのは1886年，石油・鉄鋼・自動車産業の集約である金融市場を形成するニューヨークの見せ場の一つである5番街が整ったのは1910年代であった。

　この時期はアメリカ合衆国の図書館全体の発展においてもきわめて重要な時期，すなわち，アメリカの図書館が世界にその威力を示すようになる"成熟の時代"であった。アメリカ合衆国で市民のための図書館が

正式な姿で成り立つのは，1848年にマサチューセッツ州議会がボストン市に図書館設立の権限を与え，ボストン公共図書館が建設されてからであり，それまでは会員制図書館や巡回図書館が主であった。1848年はビリングスが10歳の時である。南北戦争終結後より図書館が数を増やしはじめ，米国図書館協会が結成された1876年には，連邦教育局の報告書[2]で公共図書館その他各種図書館が多数報告されていた。この世紀の末には，壮麗な米国議会図書館の本館が完成し，首都ワシントンの景観を一新していた。同時期にはすでにシカゴのニューベリー図書館（1887年）が設立されていた。1911年にこれに加わったのは，ニューヨークの5番街42丁目に出現した壮麗な大理石建築のニューヨーク公共図書館であった。20世紀初頭にはカーネギー財団が発足し，各地の公共図書館建設は軌道にのりはじめていた。この時期を通して精力的に活動したビリングスは，チャールズ・カッターより1年後の生まれ，メルヴィル・デューイより13年先輩であった。カッターやデューイに比べて，わが国に紹介された図書館史の記述でビリングスはあまり目立った存在ではなかったが，ビリングスの業績はこの二人に劣らない。

3. 幼年・青年期：図書館，そして医学との出会い

　ジョン・ショウ・ビリングスは1838年4月12日にインディアナ州東部のスイス・カウンティのコトン・タウンで生まれたが，10歳までは農夫の父とともに東部のいくつかの州に移り住んでいた。1838年のアメリカ合衆国中西部とはいかなる時代，いかなる土地であったろうか。ビリングスの家族と彼自身が住んだ中西部，すなわち，オハイオ州が合衆国に編入されたのは1803年，インディアナ州は1816年，イリノイ州は1818年，ミシガン州はようやく1837年であり，それより西のウィスコンシンからロッキー山地にかけてはいまだ合衆国の領土ではなく，南部のテキサスも東南のフロリダもアメリカではなかった。すなわち，インディアナ州は1838年には"フロンティア"の最先端であった。またビリングスが生まれたコトン・タウンは，オハイオ州のシンシナティに接する州境の土地であった。

両親は東部から移住してきたイギリス系の市民であったが，父ジェームズ・ビリングス（James Billings）は農場の管理人や雑貨商人としていずれも成功せず，ジョンが10歳になるころまでは東部とインディアナを行き来するというように，家庭は何度も移動していた。家はかなり貧しく，ジョン5歳のころの回想では，母が吹雪のなか，1マイル離れた隣家から燃え木をもらってきて，2部屋からなる家の暖炉に火をともしたことが記されている[3]。とはいえ，当時スイス系移民の多くが住む西の"フロンティア"であったこの土地で，一家は開拓者としての誇りを失わなかった。ビリングスの生涯を支えた"開拓者としてのプライド"は，すでにこの土地で両親によりつちかわれていた。ニュー・イングランド人の先駆者的な思想は母からも伝えられていた。ジェームズ・ビリングスと1835年に結婚した母親のアビ・ショー（Abby Shaw）は，マサチューセッツ州セイラム生まれの生粋の東部人で読書家であり，住んだ各地での公共図書館の熱心な利用者であった。ビリングスのミドル・ネームは母親の旧姓である。
　双子の姉は幼くして亡くなり，二歳年下の妹エマがいたが，長男のジョンは孤独であり，森でリスやアライグマを追うのが生きがいであった。母はこうした少年に聖書を読みきかせ，文字を教えた。8歳で彼は『ロビンソン・クルーソー』を読んでいた。1848年のころ，家族とともに移り住んだインディアナ州アレンヴィルで，ジョンは素晴らしい教師に出会った。1851年よりこの地の長老派教会の牧師となっていたジョン・クリントン・ボナム（John Clinton Bonham）である。オハイオ州のマイアミ大学を卒業し，シンシナティのレイン神学セミナリー（Lane Theological Seminary）で学んでいたボナムは，ビリングスに自分が卒業したマイアミ大学への進学を薦め，進学に必要なラテン語の基礎知識を教えてくれた。オハイオ州オックスフォードにあったマイアミ大学は，当時のアメリカ合衆国に出現しはじめていたリベラルアーツ，教養課程を持つ大学で，総合的な教養を身につけさせる場であった。ビリングスが医学を学ぶ以前に総合大学に在籍していたことは，彼の後の生涯に大きな意味を持っていた。さらに，この大学は自宅のアレンヴィルから遠くなかった。

ジョン・ショウ・ビリングスの二つの生涯

　1852年から1857年までビリングスが在学したマイアミ大学のカリキュラムは，1年目はラテン語，ギリシア語と近代言語，2年目からは数学と自然科学，3年目には歴史と道徳哲学が加わるというものであった。彼はあらゆる科目を履修した。寄宿舎に住み，金がないので食費を倹約し，かわりに図書館の本を徹底的に読んでいた。
　わたしが大学にいたころ，図書館は教育システムの一部とは認められていなかった。教授は誰も学生に図書館のことを話さなかった，そして本の利用の仕方も教えなかった。図書館には約8000冊の本があり，日曜日の9時から12時まで開いていた。学生は各自2冊ずつ本を借りることができたが，多くの者が1冊も借りなかったので，6人ばかりの友人の権利を行使するのはたやすかった。わたしはいつも持てるだけの本を抱えて帰ってきた。わたしには資料を教えてくれる図書館員などいなかったので，ただ書架のあらゆる本に手をのばし，興味のわく本を次々に読んでいった。図書館員がいたなら，うまく避けていたであろう[4]。
　ビリングスは1857年にマイアミ大学を卒業し，シンシナティのオハイオ医学校に入った。その際，学費を稼ぎだすため夏の間に旅まわりの幻燈ショーの係員を勤めたりもしていた。彼が医学方面に進むことについては，マイアミ大学の教官の示唆があったか，あるいは，彼自身が決めたのか，はっきりした記録は残っていない。しかし，社会に役立つ仕事につくべきだと考えていたことは，家庭，特に母親の考えから知ることができる。医学校の授業はビリングスの言葉では「当時の医学の教え方は，子供を水に投げこんで泳ぎを教えるようなものだった」という。講義やそのためのテキストは"おざなり"なもので，病院と実験室での実技を補完するためのものであった。医学校での生活は彼自身の言葉でこう語られている。
　わたしは5か月間の授業が2年間おこなわれる医学課程にはいった。最初の年からわたしは病院に住みこんでいた。150のベッドがある市立病院の住人であった。ほぼ一人きりで誰にもわずらわされなかった。講義にはきちんと出たわけではなく，むしろ解剖室や実験室で

過ごした時間のほうが多かった。新しい化学，生理学，病理学の本が出はじめていた。本は次々に自分で読んだ[5]。

　後の雄弁多才のビリングスからは想像もつかないほどに無口で孤独な彼は，看護婦たちからは"病院の聖ヨハネ"と呼ばれていた。そこには，近寄りがたさとともにいささかの尊敬の念も含まれていたようだ。この青年は，あいかわらず最低限の食事，ミルクと卵で暮らしていた。貧しかったからではあるが，他の料理は作れなかったからでもあった。

　オハイオ医学校では卒業論文を課していた。ビリングスは論文テーマとして「癲癇の外科学的療法」に取り組むことにした。この論文には"癲癇の外科手術結果の統計"が必要であり，彼は個々のケースを発表論文や本から探しだすことにした。シンシナティ市内の図書館すべてに当たったが，そこで得られない資料は，フィラデルフィア，ニューヨーク，さらに，その他国内各地から入手せねばならなかった。

　この仕事に取り組み，文通を6か月続けて，わたしは三つのことに気がついた。第一は，特定主題についての論文を何千という雑誌や医学書で探すことになると，その時間と労力はたいへんなものであり，そこについている索引は必ずしも内容の案内には役立たないものである。第二に，医学関係の図書や雑誌は…10万冊以上が出版されている。第三に，すべての医学文献を所蔵する図書館は，世界中どこにもない，合衆国には医学生が自分のテーマの文献を充分に探しあてられる図書館はなく，ヨーロッパの大都市，それも一つではなく多くの場所を訪ねなければならないことになろう[6]。

4. 南北戦争期：連邦陸軍の医学部隊への入隊

　1860年にビリングスは医学の学位を取得し，その年の10月からは母校の解剖学の助手となった。彼は外科学の主任教授ジョージ・ブラックマンの指導のもと臨床医学を得意としていた。そのまま続けて医学分野の教員になる道は開けており，開業医になることも可能であった。しかし，1861年4月に始まった南北戦争は彼の運命を変えた。7月の南部同盟軍による連邦軍（北軍）の敗北は多くの連邦支持者にショックをあた

え，その愛国心をふるい立たせていた。心底からのニュー・イングランド人であったビリングスは，戦争に参加する決意を固め，9月には連邦陸軍の外科医師に応募して採用された。そして1862年4月16日付けで首都ワシントンに隣接のジョージタウン市の連邦陸軍病院での勤務を開始した。連邦軍は各地の病院の医師，特に外科医師をやっきになって求めていたのである。

アメリカの南北戦争は，奴隷制度をめぐる賛否の対立から発生した政治的な戦争であったが，飛行機も戦車もない，平地で展開された両軍の衝突であり，大砲と騎兵隊・歩兵隊だけの対決であったため，歴史上でもまれにみる殺戮の戦いであった。両軍の背後の野戦病院には次々に負傷者が運びこまれていった。ビリングスは1862年8月からはウエスト・フィラデルフィア病院，1863年3月からはポトマックの陸軍野戦病院に勤務した。この間に彼はキャサリン・メアリー・スチーヴンス（Katharine Mary Stevens）と出会い，1862年9月3日にジョージタウンの教会で結婚式をあげることができた。キャサリンはミシガン州選出議員の娘で，彼にとって理想の妻であった。戦乱の時期であり，新婚旅行などは望めず，ビリングスはただちに勤務に戻った。1863年に入ってからの戦争はさらなる惨事を呼んだ。野戦病院から彼は妻あてにその状況を知らせている。

　　ようやく息つくひまができ，お知らせすることができる，わたしはただ生きており，それだけです。200人の負傷者を引き受け，24時間休みなく手術を続けました。肘も腕も両足もくっつきそうです。ここまで書いてきて，また125名の負傷者が着いた知らせを受けとりました[7]。

　　わたしは血に覆われ，まったく疲れはてています，ただ言えることは，今夜だけでもあなたのそばにいて，16時間でも通して眠ることができればと思うだけです。一日中手術を続け，屠殺人のような役目を務めあげているのです[8]。

ポトマック野戦病院に勤務した1863年は，ゲティスバーグその他戦場での南北両軍の殺し合いが続き，働きすぎたビリングスは神経に失調をきたし，30日の休暇を得て，ようやく体力をとりもどした。南北戦争は

1865年に終わり連邦軍が勝利したが、その前年の12月27日、ビリングスは米国軍医総監局（Office of the Surgeon General）の勤務を命ぜられ、それからの31年間、彼は新たな人生を歩むこととなった。26歳であった。

5. 米国軍医総監局期：(1) 医学界とのかかわり

米国軍医総監局でのビリングスの当初の任務は、戦争から解放された医師および病院関係者の配置転換と再就職の世話であり、忙しくはあったが、仕事は単調で、慣れてくると精力的な彼には満足できなかった。もてあますほどの余暇を彼は研究に費やした。まずは顕微鏡診断に取り組み、バクテリア学の開発をめざし、ドイツ語を学んで文献を読みあさった。顕微鏡写真技術への関心は、1893年のシカゴのコロンビア博覧会への出展にまでおよんでいた。ビリングスの研究の方向性は軍事医学の方面にもひろがり、山地の天候と兵士の健康との関係など、軍事医学の論文も作成していた。ビリングスが米国軍医総監局に在籍していた時期の論文はほぼ150篇にのぼる。そこには、軍事医学のほか、公衆衛生（public hygiene）といった当時としては先駆的な領域の研究も含まれていた。

1876年、ボルティモアの富豪ジョンズ・ホプキンスの遺贈財産をもとに設立されたジョンズ・ホプキンス大学（Johns Hopkins University）は医学部を柱とし、その病院のデザインを医学の専門家に相談することとし、ビリングスもその一人に選ばれた。彼はヨーロッパ諸都市の大病院を視察し、彼がかかわったジョンズ・ホプキンス病院は1889年に開設された。この建築は衛生面、換気、病院管理の面で画期的なものであり、その後の病院建築のモデルと見なされた。翌年に『ジョンズ・ホプキンス病院の記録』[9]を発表したビリングスは、その後、病院建築の権威と見なされ、メンフィスやプリンストンの病院の新築に顧問として起用されている。

衛生学および公衆衛生にたいするビリングスの関心は、アメリカ公衆衛生学会（American Public Health Association）への積極的な関与にまでおよび、1874年にはボルティモア大会で国内事情の体系的な調査を進める委員会の発足をうながし、自らも意見を提出した。こうした関与を

受けて，1879年に設立された連邦政府の全国健康局（National Board of Health）は彼を副総裁に任命した。当時は黄熱病が南部で勢いよく広がっていたが，ビリングスはその実態調査を実施し，勧告を発表した。この勧告は地方新聞で「ビリングス博士の訪問は，道徳的な強壮剤であり，追いつめられた都市で働くすべての人を勇気づけ，力を与えたもの」[10]であるとして評価された。

　こうした関心が医学統計の領域に結びつくのはきわめて当然であった。ビリングスは1880年には全国健康局に委員会を設立してその議長となり，『病気の命名法と人口統計』[11]について発表し，1880年の第11回国勢調査からはアメリカの死亡統計調査に積極的に係わった。これに関連して，ドイツ生まれのヘルマン・ホレリス（Herman Hollerith）を統計処理用の機械開発に取り組ませ，電動計算機を開発させた。ホレリスはビリングスの娘のボーイフレンドであり，ビリングスは自宅に招いた昼食の席でホレリスに機械的な処理方法を示唆したとされる。

5. 米国軍医総監局期：(2) 図書館員　ビリングス

　ビリングスの本職の一つに米国軍医総監局の図書館の管理運営があった。彼は1880年2月，次のように述べている，「図書館が1865年の秋にわたしの管轄下にはいった時，当時の目録によれば蔵書は約1800冊であった。現在それは5万冊の図書と6万点の小冊子となっている」[12]。1865年に戦争が終結すると，病院の経費約8万5000ドルが米国軍医総監局に図書購入費として回ってきた。図書館はこれにより医学関係の新刊書の75％と世界の主要な医学雑誌を購入・購読することができた。

　医学の古文献にも関心があったことは，その回想文書からもうかがえるが，ビリングスは単なる古書の収集家ではなかった。彼が最優先したのは医学雑誌であり，医学の学位論文であった。教科書などは優先順位が低かった。かわりに，小冊子はかなり重視されていた。このため，書架での資料の配列は一般の図書館とは異なり，小冊子をつめた木箱が主題にそって配列されていた。

　医学の専門コレクションであるため，この図書館に必要な文献検索の

手段は"主題索引"であった。主題からのアプローチはすでにチャールズ・ジューエットがボストン公共図書館で試みていたが、医学のような専門分野での具体的な主題の表示は、初期の段階にあっては医学の専門家に頼るしかなかった。ビリングスは自分でこの仕事を引き受けたのである。図書館には医学雑誌のバックナンバーも大量に追加されていたため、その整理は館員を指導するだけでは間に合わなかった。特に主題の分析は司書では手にあまるところであった。軍のワゴンが毎日のように資料をビリングスのジョージタウンの自宅に運びこみ、彼はその索引作業を夜通しで取り組んだ。主題を論文の頭にメモ書きし、図書館の担当者が翌日に索引カードを作成できるようにしていた。

　ビリングスは図書館司書を訓練して索引の作成者へと変えていった。ここで図書館員の仕事が、単なる資料の管理・提供ではなく、"情報の分析者"となった点に注目せねばならない。個人的なレベルではあれ、ビリングスによる"情報分析"の専門図書館員の養成が実現したことは重要な事実であった。

　ビリングスは、この仕事にロバート・フレッチャー（Robert Fletcher）博士という協力者を得ることができた。フレッチャーはイギリス生まれで、南北戦争の従軍医師に志願し、1876年から米国軍医総監局に配属され、ここの図書館の索引および目録誌である、Index Catalogに関心を示し協力者となった。フレッチャーのおかげで作業ははかどり、その後の定期刊行が実現したものの、発案者と初期の実務者はビリングスであった。ビリングスが米国軍医総監局図書館を去った1895年10月からはフレッチャーが編纂責任者となった。

　米国軍医総監局図書館の目録である、Specimen Fasciculus of a Catalogue of the National Medical Library [13] は1876年に刊行された。これは蔵書の著者ならびに主題からの索引で、すでに図書館には40万点にのぼる主題カードが準備されており、目録は1000ページの10冊本であった。表紙に国立医学図書館（National Medical Library）とあるのは、ビリングスが自分の図書館を国内随一のものと考えていたためであろう。そして、国立図書館の機能を自分のところで引き受ける覚悟がす

でに示されていたためであろう。実際の米国国立医学図書館は，彼の死後にその意志が生かされて成立している。1878年に *Library Journal* にビリングスが発表した文章によれば，

> 医学の現状についての議論には，この国における医学教育の低調さが指摘されねばならない…病気のケースはすでに百年前から分かっていても，それがくりかえされるばかりで，実態は知られていない。こうした索引が実務家の手に渡れば，彼らの見解も変わってくるであろう…こうした索引は合衆国の市民にとって必要であり，北極探検，騎兵隊の一個連隊の創設，小規模郵便局の建設に匹敵する[14]。

連邦議会はこの目録の意義を認めて2万ドルを支援し，そして *Index Catalog*[15] の第1分冊を1880年に刊行した。一図書館の蔵書目録であったが，反響は大きかった。医学の病名による詳細な分析が含まれていたからであり，外国語の論文も採録されていた。ロシア語や日本語には翻字とともに翻訳も付けられていた。後にウィリアム・オスラー（William Osler）は述べている，

> 目録の内容は，米国軍医総監局図書館のものだけであるが，新たな医学文献の網羅的索引となっている。ビリングス博士の関心はきわめて広く，医学のあらゆる分野が取りいれられており，古代から現代まで，記録すべき著者で目録に入っていない者はほとんどいない。これは見事な文献目録の二つの基本，網羅性と正確さとを兼ね備えたものである[16]。

ビリングスは，蔵書目録だけでなく，カレントな医学文献の索引をも考えていた。フレッチャー博士の支援を得た彼は，月刊の医学文献索引の編纂・刊行にとりかかった。*Index Catalog* の仕事と重なる部分があったが，問題は発行を引き受ける出版者であった。幸いなことに，*Library Journal* を刊行していた文献目録専門の出版者であるニューヨークのフレデリック・レイポルト（Frederick Leypoldt）が引き受け，医学索引誌 *Index Medicus* は1879年から刊行となった。初年度は3ドルの定価だったが，次第に値上がりし25ドルになった。ちょうどそのころの1884年にレイポルトが亡くなり，デトロイトのジョージ・デイヴィス出版がそ

の継続に取り組んだものの1894年に挫折，以後フレッチャー博士が自前で編集と刊行を引き受けていたが，1898年についに廃刊となった。雑誌の意義は知れ渡っており，1903年には首都ワシントンのカーネギー研究所が再刊の事業を引き受けてくれた。

5. 米国軍医総監局期：(3) 建築家　ビリングス

　精力的なビリングスは，図書館の他にも"医学博物館"構想を抱いていた。米国軍医総監局図書館は1867年に改装されたワシントン市内のフォード劇場の2階を占めていたが，この建物は図書館には不向きであった。ビリングスは軍医総監バーンズに相談し，新館の建設に向けて企画をたて，1880年より総額25万ドルの建築予算のため議会内でのロビー活動を続けた。そして議会の公共建築委員会は1883年に新建築の法案を可決した。設計の基本構想はビリングスが立てており，1887年8月には図書館および博物館が引越を完了した。米国軍医総監局の医学博物館は以前から小規模のものはあったが，堂々たる3階建ての新館に移ってから拡大され，1888年に公開されると，利用者も増え，ワシントンの名所の一つとなった。このことにより，ビリングスの名は，建築家として，博物館管理者としても知られるようになった。なお古巣フォード劇場は，1893年に突然くずれ落ち，働いていた職員22名が亡くなった。この劇場は1865年4月にリンカーン大統領が暗殺された場所であり，重なる惨事となったが，米国軍医総監局は幸いにしてすでに新居への移動を済ませていた。

　1889年にはオックスフォード大学から，そして，1891年にはダブリンのトリニティ・カレッジから名誉医学博士号を授与されたビリングスは，すでにヨーロッパの医学界でその業績を知られ，ヨーロッパをしばしば往復していたが，それにも増してこの時期にはフィラデルフィアに通うことが多くなっていた。ペンシルバニア大学に創設される衛生学研究所の開設のためである。研究所の建物も彼の設計プランが採用されていた。衛生学はいまだ新しい学問であったが，ビリングスはその草分け的存在で，すでに「米国陸軍の衛生状態の報告」をまとめており，1884年より

ニューヨークのコロンビア・カレッジ鉱山学校で年間12回の講義を受け持っていたのである。ペンシルバニア大学のビリングスの建物は1892年に完成、ビリングスはここで衛生学実務を担当することとなった。

　ビリングスの活動を振り返ってみて驚くことは、実に多彩な仕事に取り組み、それがすべて独創的な領域の開拓であったことである。"フロンティア"の精神は彼に義務づけられた生き方であった。彼は休むことなく働き"ワーカホリック"と言われていた。この人物を動かしてきたのはいったい何だったのだろうか。その答えは、1886年12月4日のワシントン哲学協会の会長就任演説に見ることができる。"科学者とその義務"と題する演説の中で彼はこう述べていた。

　　科学者には純粋科学の秘密を証明する者もいれば、実務的な結果に関心を抱く者もいます。あらゆる種類の人間の条件のなかでの、最高の生活は、他人を助けることに身を捧げるものであり、ねたみや嫉妬にとらわれない無私の生活であり、他の人間に楽しみを与え、暗い場所に光をもたらし、人類を救うことに喜びと行動の指針を定めることであります[17]。

　軍医総監になったわけでもなく、軍隊内での昇進はむしろ遅いほうであったこの人物を支えていた指針は、医師にもっとも必要なサービス精神であった。

　1895年はビリングスにとって転機の年であった。*Index Catalog*シリーズの16冊目が完結した。そしてこの年は米国陸軍からの引退の年でもあった。引退記念の晩餐会が1895年11月30日にフィラデルフィアのホテル・ベレヴューで盛大に開催された。ビリングスは新たな第二の生涯に進むことになった。57歳であった。

6. ニューヨーク公共図書館期：(1) 功績

　ビリングスの第二の生涯は最大級の公共図書館の開設であった。しかも、この図書館は発展期のニューヨーク市の"顔"となるべきものであった。ビリングスが米国軍医総監局の総監代理の職を辞した1895年9月の4か月前に、ニューヨーク公共図書館は発足していた。その基盤となっ

たのは、すでに初期アメリカ資料の宝庫として知られていたアスター図書館（Astor Library）であり、1886年に公共図書館建設のため多額の資産を残して亡くなっていたサミュエル・ティルデンの遺産であった。さらに、資料コレクションが残されていたものの運営資金のないレノックス図書館（Lenox Library）を合併した。19世紀末のアメリカの大図書館のいくつかが、個人慈善事業家の寄付により成り立っていたが、ニューヨーク公共図書館もその一つであった[18]。そこに資金提供というニューヨーク市の熱意が加わった。

　1895年5月23日に州法により成立したニューヨーク公共図書館は、図書館の将来に向けた方針と館長の任命に当たらねばならなかった。館長がまず決まった。新発足の図書館理事会の議長であるジョン・カドワルダーは、義弟のミッチェル博士に相談し、ミッチェルは長年の友人であったビリングスを推薦したのである。理事会はこの人選をただちに受け入れ、ビリングス館長は12月11日に任命された。こうした知り合いの推薦がなくとも、ビリングスはすでに図書館および博物館の経営実績で知られていた。

　図書館の蔵書は、1896年末にすでに28万3207冊の図書と約3万点の小冊子があり、その内容は特にアメリカ史とヨーロッパの文学・歴史に特色があった。そのため、すでにアスター図書館およびレノックス図書館の時代から研究者の熱心な利用の場となっていた。とはいえ、著者名の目録以外は整備されておらず、設備も不適当で、一般の利用者には使いこなせなかった。ビリングスが着任した時、三つの分散したコレクションは42名の職員により管理されていたが、それぞれが独自な分類と目録を持っていた。そのために、館長はまず第一歩として蔵書全体の統一を図るため、ハーバード大学出身の図書館員ハリー・ライデンバーグ（Harry Miller Lydenberg）を採用、この仕事に当たらせた。ライデンバーグは後に館長となっている。同時に彼は図書館に入ってくる膨大な資料の整理を進めねばならず、著者名だけでなく、主題を検索できるカードも作らねばならなかった。1901年には約200万枚のカード目録が完成されていた。

　着任してただちにヨーロッパ図書館の視察に出向いたビリングスは、

ジョン・ショウ・ビリングスの二つの生涯

特にイギリスで大英博物館の建物と組織に感銘を受けており、ここを自館のモデルと見なしていた。壮麗な建築と充分なスペース、レファレンス機能の整った組織と見事なコレクション、ニューヨーク公共図書館もこの方向を目指すのは必然であった。大英博物館でパニッツィ館長は没していたが、大円形閲覧室とその周囲に配備されたレファレンス・コレクションは"見せ場"となっていた。その後ビリングスはその業績の点でパニッツィと比較されたが、それは、両人とも図書館経営の素人でありながら、世界的に知られた二つの参考図書館を作りあげたことに起因している。さらに、この二人は政治家の信頼をかちえていた点でも似ていた[19]。

理念の実現に向け、まず図書館の建物が必要であった。候補地となったのは、5番街にあったクロートン貯水池で、ここは2000万ガロンの水を蓄えていたニューヨーク市の水供給システムの要であり、城砦のような壁で囲まれていた。この地は、ビリングスが南北戦争期に兵士たちとともに通過した場所でもあった。この貯水池の再利用については、市庁舎その他さまざまな計画があったが、ビリングスは市長にはたらきかけ、図書館の教育的な意義を説いて市長を納得させていた。貯水池の取り壊しが始まり、敷地の整備にかかると、ビリングスは毎日のように現場に出向き、建築家に働きかけた。建物の素描もすでに彼自身により描かれていた。それは部局ごとにレファレンス・コレクションを配置するという当時としては斬新なもので、大閲覧室は最上階にあった。建物の入り口に配置された二頭のライオンも彼のアイデアであったという。きわめて贅沢なルネサンス様式の大理石建築で、建築費も当初の予測をはるかに越え、完成も1911年であった。しかし出来上がってみると、ほぼ同時期に開設されたグランド・セントラル終着駅とともに、マンハッタンの中心地を支配するニューヨークの観光名所となっていった[20]。

この建物によりビリングス館長がつくりあげたレファレンス・コレクションはきわめて独自なものであり、当時としては画期的なものであった。発展してゆくニューヨークの独自性を反映して、レファレンス・コレクションは"アメリカーナ"のほかに、スラブ・コレクション、ユダ

ヤ・コレクション，東洋コレクションと区分され，さらに，参考部には音楽部門，地図部門などが部屋を持っていた。こうした排架はビリングスの構想であり，その後のニューヨーク公共図書館の特徴ともなった。

　ニューヨーク公共図書館におけるビリングス館長の第三の功績は分館網の設置であり，市域全体への貸出サービスにあった。就任した時点でその都市にはすでに市民の図書館は存在していたが，いずれも規模が小さく活動はばらばらであった。ビリングスが死去したその後の1914年，ニューヨーク公共図書館の分館網は37館を包含するまでとなっていた。このシステム作りに寄与したのは慈善事業家のアンドリュー・カーネギー（Andrew Carnegie）であった。

6. ニューヨーク公共図書館期：(2) カーネギーとの出会い

　カーネギーはビリングスと同時代人であった。南北戦争にともに従軍（カーネギーは通信士官として）していたが，二人はアメリカ市民への奉仕を最大の生き甲斐としていた点でも共通しており，ともに，仕事以外には趣味を持たない人柄であった。唯一の相違はカーネギーがタバコ嫌いだったことくらいである。二人が出会ったのは1892年4月のある夕食会の席であった。鉄道への投資と鉄鋼産業の成功で財をなしていたカーネギーは，すでにその寄付行為で知られていた。彼の公共事業への寄付は無料図書館の建設を柱としていた。カーネギーにとって図書館は教会の設立よりも優先されるべき場であって，彼の自叙伝にもそのことが語られている。移民でふくれあがり，発展してゆく都市ニューヨークの市民の教化についての関心もカーネギーの目標の一つであり，1898年にはカーネギー・ホールの改築のために120万ドルが投じられていた[21]。

　こうしたカーネギーの事業がビリングスの公共図書館分館網の建設に合致していたことは当然であり，ビリングスの分館建設計画はカーネギーの賛同を得られるところであった。1901年3月12日付けのカーネギーのビリングス宛書簡は次の通りである，

　　大ニューヨーク市の各地区の大衆市民に手のとどく図書館分館を必要とするとのあなたの申し出は，この計画の知恵の面でわたしを納得

させてくれました。65の分館とは一見したところ大きすぎる数のように思えますが，6万人から7万人の人口の都市に図書館が1館あるという点から見ると，決して多すぎる数ではありません。貴兄の算定ではこれらの図書館の平均建設費が8万ドルとのことであり，全体で520万ドルとなりますが，もしニューヨーク市がこれら分館のための土地を提供し，さらに，建設した上でそれらを維持してゆくことに合意されるならば，わたしとしてはその建物に必要な資金を提供させていただくという，稀なる特権を歓迎する者であります[22]。

カーネギーの寄付は実行に移され，分館は年に10館ずつの割合で実現していった。こうして，イタリア系，プエルトリコ系，ユダヤ系，スラブ系，黒人地区といった人種の坩堝であるニューヨークの無料貸出図書館のユニークなシステムは，ビリングス館長の任期のうちに実現していった。ビリングスはカーネギーがもっとも信頼していた相談相手であり，カーネギー財団理事会参与のトップの地位となっていた。

カーネギー財団の企画にビリングスは生涯，死の直前まで関係していた。両者が互いに尊敬し合っていたさまは，1902年のニューヨーク作家クラブでのカーネギーの表彰の会におけるビリングスの挨拶に示されている。彼は面と向かってカーネギーを「あなたは世界史のなかでもまったく異色なタイプの人物である」[23]と評したが，カーネギーもビリングスを高く評価していた。その後のカーネギーの寄付行為はビリングスの発案によるものが多かったといわれる。

その他，ビリングスの業績として挙げなければならないのは，ニューヨーク公共図書館がアメリカ図書館界でその後に活躍した人物の拠点となったことである。児童図書館サービスで活躍したアン・キャロル・ムーア（Anne Carroll Moore）は，1906年にプラット学院から引き抜かれてニューヨーク公共図書館で働き，その後の35年間でここの児童サービス活動の名を高めた。そして彼女にたいするビリングス館長の評価も高かった[24]。音楽部門やスラブ部門，下町の黒人地区の分館での活動で知られている図書館員の数も多い，さらに，1911年に図書館が開設した図書館学校の1期生には後にハーバード大学の図書館館長となった図書館

建築の第一人者キース・メトカーフ（Keyes Dewitt Metcalf）もいた。ビリングスの直接の薫陶のもとに育った図書館員は枚挙にいとまがないほどであった。

　1912年8月19日に妻が死去してから彼の健康は衰えた。仕事だけに生き甲斐を見いだしていたビリングスにとって，信頼できるのは妻だけであった。最後までニューヨーク公共図書館の運営に取り組んでいたジョン・ショウ・ビリングスは，妻が死去した5か月後，1913年3月11日に亡くなった。75歳の誕生日の一月たらず前であった。

7. まとめ

　ビリングスの生涯を振り返って見ると，彼の性格とその時代が浮かびあがってくる。アメリカの"フロンティア"開拓期に生まれたビリングスは，開拓精神の体現者であった。仕事以外にさしたる趣味はなく，常に"仕事，仕事"で自分を追いまくっていた。自宅にすら仕事を持ち込んでおり，その様子を息子の一人が婚約者に書いた手紙の中でこう書いていた。

> こうした人物にとって，自分の妻や子供や友人はあまり関心事ではないのです。われわれ子供たちは父を愛してはいますが，もし父も同様にしてくれたなら，ずっと愛することができたでしょう。わたしはつねに父の生活を憎んでいました，それは彼を奪っていた仕事のためでした，わたしは自分をそのような姿で阻害しないようにしたいと考えています。[25]

　ビリングスがその一生を通じて仕上げた仕事は質・量ともに大きい。アデレイド・ハッセが編纂した『著作目録』には171点の論文が採録されている[26]。そこには医学史，軍医学，衛生学など当時としては先駆的な研究が含まれているとともに，病院建築，米国図書館協会の会長としての講演（1902年）なども含まれている。ジョン・ショウ・ビリングスはこうして一生を仕事とともに生きた。医師として，建築家として，そして図書館員として，彼は自分の仕事がサービスであり，アメリカ社会に役立っていると信じ生きていたに違いない。

注

1) Chapman, Carleton B. *Order Out of Chaos: John Shaw Billings and America's Coming of Age.* Boston, Boston Medical Library, 1994, 420p.
2) *Public Libraries of the United States.* Department of Education, 1976, 2vols.
3) Lydenberg, Harry Miller. *John Shaw Billings.* Chicago, American Library Association, 1924, p.3-4.
4) *The Radcliffe Magazine.* vol.10, 1908, p.107-117, cited in Lydenberg, op. cit., p.11.
5) *Boston Medical and Surgical Journal.* p.141, cited in Lydenberg, op. cit., p.13-14.
6) Billings, John Shaw. "The Medical College of Ohio before the War. Address to the Society of the Alumni of the Ohio Medical College, delivered at the annual Commencement," *Cincinnati Lancet-Clinic.* 20, 1888, p.297-305, cited in Lydenberg, op. cit., p.16.
7) Billings' Letter to Mrs. Billings, July 6, 1863, cited in Lydenberg, op. cit., p.20.
8) Billings' Letter to Mrs. Billings, July 9, 1863, cited in Lydenberg, op. cit., p.21.
9) Billings, John Shaw. *Description of Johns Hopkins Hospital.* Baltimore, Johns Hopkins Hospital Publication, 1890, 116p.
10) Lydenberg, op. cit., p.31.
11) Billings, John Shaw. "Report of Committee on the Nomenclature of Diseases and on Vital Statistics," *Annual Report of the National Board of Health.* 1880, p.537-94.
12) Billings, John Shaw. "Who Founded the National Medical Library?," *Medical Record.* vol.17, 1880, p.298.
13) *Specimen Fasciculus of a Catalogue of the National Medical Library.* under the Direction of the Surgeon General, United States Army at Washington, 1876-1880.
14) Billings, John Shaw. "National Catalogue of Medical Literature," *Library Journal.* vol.3, 1878, p.107-108.
15) *Index Catalog of the Library of the Surgeon General's Office.* Washington D. C., United States Army (National Library of Medicine), 1880-1961.
16) Osler, William. *Bulletin of the Association of Medical Librarians.* vol.1, 1909, cited in Chapman, op. cit., p.195.
17) Billings, John Shaw. "Scientific Men and Their Duties," *Bulletin of the Philosophical Society of Washington.* vol.9, 1886, p.35-46.
18) Dain, Phyllis. *The New York Public Library: a history of its founding and early years.* New York, New York Public Library, 1972, 466p. ; Lydenberg, Harry Miller. *History of the New York Public Library: Astor, Lenox and Tilden Foundation.* New York, New York Public Library, 1923, 643p.

図書館人物伝　外国人篇

19) Chapman, op. cit., p.289-290.
20) Chapman, op. cit., p.293-302.
21) Lester, Robert M. *Forty years of Carnegie giving*. New York, Scribner, 1941, 186p. ; Hendrick, Burton J. *The Life of Andrew Carnegie*. New York, Doubleday, 1932, 2vols.
22) Carnegie, Andrew. Letter to John Shaw Billings, March 12, 1901, cited in Chapman, op. cit., p.304-305.
23) Billings, John Shaw. address of reception at New York's Author's Club, cited in Chapman, op. cit., p.324.
24) Miller, B. M. "Anne Carroll Moore," *Horn Book*. vol.37, p.183-192 ; Sayers, Frances Clarke. *Anne Carroll Moore*. New York, Atheneum, 1972, 303p.
25) Billings, John Sedgwick. Letter to Katherine Hammond, October 22, 1895, cited in Chapman, op. cit., p.334.
26) "Bibliography of the Writings of John Shaw Billings," prepared by Adelaide R. Hasse. *Selected Papers of John Shaw Billings*. Medical Library Association, 1965, p.285-300.

【参考文献】

- Chapman, Carleton B. *Order Out of Chaos: John Shaw Billings and America's Coming of Age*. Boston, Boston Medical Library, 1994, 420p.
  ビリングスの生涯だけでなく，その時代を詳細に検討した最新の伝記。
- Dain, Phyllis. *The New York Public Library: a history of its founding and early years*. New York, New York Public Library, 1972, 466p.
  著者の博士論文で，初代館長ビリングスの時代を扱う。
- Lydenberg, Harry Miller. *History of the New York Public Library: Astor, Lenox and Tilden Foundation*. New York, New York Public Library, 1923, 643p.
  ニューヨーク公共図書館の参考図書館の成立とその初期，主にビリングス館長の時代を扱う。
- Lydenberg, Harry Miller. *John Shaw Billings, creator of the National Medical Library and its catalogue, first director of the New York Public Library*. Chicago, American Library Association, 1924, 94p.
  本人の文章によって語らせたビリングスの簡略伝記。
- Miles, Wyndham D. *A History of the National Library of Medicine*. Washington, D.C., National Library of Medicine, 1982, 531p.
  最初の200ページがビリングス時代にあてられている。
- Rogers, Frank Bradway. *Selected Papers of John Shaw Billings*. compiled, with a life of Billings. Chicago, Medical Library Association, 1965, 300p.
  ビリングスの論文24篇。ビリングス文献目録および米国国立医学図書館ロジャー

ス（Dr. Rogers）による『ビリングス略伝』。

ジョン・コットン・デイナの生涯と図書館哲学

The Life of John Cotton Dana
and his Library Philosophy

山本　順一
（筑波大学図書館情報メディア研究科）

ジョン・コットン・デイナ（John C. Dana）
　1856 年　バーモント州ウッドストックに生まれる
　1902 年　ニューアーク公共図書館長に就任
　1909 年　専門図書館協会（SLA）初代会長に就任
　1929 年　死去

　ニューアーク公共図書館は，2006 年 7 月 5 日から 9 月 2 日にかけて，中央館 2 階のギャラリーにおいて，'ジョン・コットン・デイナに捧ぐ，生誕 150 年を記念して'（*A Tribute to John Cotton Dana, Commemorating the Sesquicentennial of His Birth*）というイベントを行った。彼，ジョン・コットン・デイナ（John Cotton Dana, 1856-1929）は，ニューアーク公共図書館の第 2 代館長で，30 年近く地元ニューアーク市の教育と文化の向上に尽力するとともに，アメリカの図書館と博物館の世界において比類なき指導力を発揮した。図書館実践については，現在，日本において

は'ビジネス支援図書館'という言葉がうわごとのようにこだましているが，デイナは世界に先駆け，1904年にビジネス分館を設置しただけでなく，独立した児童図書館部門を最初に設けたのも彼である。アメリカ図書館協会の会長（1895-96）を務める一方，同協会と競合する組織に成長した専門図書館協会の創設にも中心的な役割を果たし，その初代会長でもあった。

ニューヨーク公共
図書館時代のデイナ

　以下，デイナの生涯を追うこととするが，ここで用いた情報源をあらかじめ明らかにしておきたい。ごく簡略な情報は最近出版された，藤野幸雄編著『世界の図書館百科』（日外アソシエーツ，2006）によって得られる。短くて要領の良い略歴は，藤野幸雄編著『図書館を育てた人々　外国編Ⅰ　アメリカ』（日本図書館協会，1984）に見られる。2003年に刊行された *Encyclopedia of library and information science 2nd ed.* の第1巻のデイナの項目は Julia Sabine によって書かれ，またアメリカ図書館協会から出版された *World encyclopedia of library and information services, 3rd ed.*（1993）には，Rose L. Vormelker がデイナの項目を執筆している（同書の初版（1980）も第2版（1986）にも同一の記事が掲載されている）。図書館情報学の専門事典としていまだに重宝な *Encyclopedia of library and information science* の第6巻（1971）にもデイナの項目が拾われており，比較的まとまった彼の略伝は Julia Sabine が書いている。そして，アメリカの図書館人の伝記事典として便利な *Dictionary of American Library Biography*（1978）のデイナは，Norman D. Stevens が書いている。もっとも，これらデイナの略伝はその多くを1943年にアメリカ図書館協会から'アメリカ図書館界の先達'（American Library Pioneers）シリーズの第5巻として刊行された Chalmers Hadley の手になる『ジョン・コットン・デイナ：略伝』（*John Cotton Dana : A Sketch*）[1] に負っている（この本は，1972年に Gregg Press 社から The library reference series, library history and biography の1冊として復刻刊行されている）。副題に'略伝'とはあるが本文103ページの書物で，本

稿も折に触れ，この本を利用する。

　また，シカゴ大学出版部刊の『ライブラリー・クォータリー』(*The Library Quarterly*) 誌の7巻1号（1937年1月）にHazel Johnsonの「ジョン・コットン・デイナ」('John Cotton Dana') と題する論稿が掲載（pp.50-98）されている。この論稿は，前の4割程度の略伝のあとに，詳細なデイナ自身の著作と彼を対象とする記事・論文についての編年体書誌を掲げている。

1. 少年時代

　デイナの家系は，イングランド，スコットランド，そしてフランスの血統をもつニューイングランド植民地入植者の末裔である。先祖のひとりに聖職者でマサチューセッツ植民地の最初の法典を起草したジョン・コットンがいる。コネチカット渓谷に定住したデイナ一族のひとりであるデイナの祖父は，1802年，ウッドストックに雑貨店を開業した。父親チャールズはこの家業を助け，1835年に祖父とともに共同経営者となった。チャールズは，1848年にジョンの母チャリティーと結婚した。

　ジョン・コットン・デイナは，父チャールズ・デイナ・ジュニアと母チャリティー・スコット・ルーミス・デイナの間に，1856年8月19日，バーモント州ウッドストックで生まれた。彼は5人兄弟のちょうど真ん中，3番目の男の子であった。

　少年期は地方の小さな町であるウッドストックで育ち，戸外に遊び家庭で読書という生活を送った。祖父以来の家業である雑貨店を手伝ってもいる。

　少年期のエピソードとしては，1872年5月から翌73年11月の間，早熟な16歳のジョンは友人数人とともに，'ドングリ'という意味をもつ「エイコン」(*Acorn*) という題号のアマチュア新聞を発行している。このときの経験は後の彼に大きな財産となったようである。読者にとって，平明で分かりやすい達意の文章を書く能力はこの頃から訓練された。

2. ダートマス大学に入学そして

　デイナは，1874年，ダートマス大学に入学した。学業優秀で，クラスの74人中4位の成績を修めている。卒業の年，1878年に秀才だけが加入を認められるアメリカ最古の学生友愛会ファイ・ベータ・カッパ（Phi Beta Kappa：1776年創設）への入会を認められている。学生時代には，ギリシア語とラテン語の家庭教師をしていた。

　ダートマス大学を卒業した彼は，一旦は故郷ウッドストックに戻る。帰郷後の2年間，地元の弁護士事務所に通い，法律の勉強に取組んだ。そのかたわら，以前にもまして読書に励むようになり，古典ばかりか，伝記，紀行文，哲学書などにも親しんだ。しかし，結核に侵された。

　1880年，大学時代の友人のひとりフランク・ワドリー・ガブ（Frank Wadleigh Gove）を頼り，転地療養を兼ねてコロラド州リコ（Rico）に赴いた。当時，ガブは国有地・鉱物監督官代理を務めていた。彼自身も鉱山開発の申請処理の業務に従事し，コロラド州の南西の隅，メサ・ヴェルデ（Mesa Verde）地域に勤務したこともある。その間も法律の勉強を続け，1980年の暮れにコロラド州弁護士会に入会を認められている。1882年の春まで多くの時間はガブと一緒にすごしている。

　そして，故郷ウッドストックを経由して，兄チャールズが医師を開業していたニューヨーク市に移る。そこでも法律の勉強のかたわら家庭教師を務め，1883年5月にはニューヨーク州弁護士の資格を得た。しかし，弁護士事務所の開業は困難だった。このときまた病が再発した。

　1884年3月，ダートマス大学の友人，ウィリアム・D・パーキンソン（William D. Parkinson）が住むミネソタ州ファーガス・フォールズ（Fergus Falls）にゆく。そこから　さらに同州のアシュビー（Ashby）に転居し，弁護士業務のかたわら1884年7月には地方紙『アヴァランチ』（Avalanche）の編集者を数ヶ月勤めた。

　その後，コロラド・スプリングスの従兄弟を頼って再びコロラド州に転じる。そこでまた鉱山監督官となるが，まもなくコロラド・ミッドランド鉄道に職を得て，不動産関係の業務に就き，建設現場の監督などを務めた。1か月ユニテリアン教会の牧師になり宗教的な説法を行った経験

もある。

そして、グリーウッド郊外の農場経営をはじめた。そこで、1888年11月、ケンタッキー州ラッセルヴィル（Russellville）出身のアディーヌ・ロウェナ・ワグナー（Adine Rowena Wagner）と知り合い、結婚した。デイナが32歳のときである。妻アディーヌは病弱で、二人の間に子どもを持つことはなかった。このコロラドの大農場での生活のなかで、デイナは論稿を書きはじめた。紀行文、教育問題や社会問題を取扱ったり、さまざまなテーマに取組んだ。地元紙『デンバー・アービトレイター』（*Denver Arbitrator*）にアメリカ合衆国の公立学校制度を批判した「公立学校」と題する記事を寄稿した。この記事が1889年2月16日付の同紙に掲載され、大いに注目を集めた。この記事を契機として、デイナは偶然にも図書館界に入って行くことになった。

3. デンバー公共図書館時代（1889-1897）

先に記したように、結核になったデイナがコロラドに向かったのはダートマス大学の同級生、F・W・ガブを頼ってのことだった。そのガブの兄、アーロン・ガブ（Aaron Gove）がデンバー公立学校機構（Denver Public School System）の局長を務めており、『デンバー・アービトレイター』の記事がデンバー教育委員会に注目されるところとなった。当時、教育委員会はイースト・デンバー高校に図書室を開設しようとしていた。この高校図書室はたんなる学校図書館にとどまらず、地元住民にも開かれた公共図書館としても機能する学校区図書館として構想されていた。この教育委員会の構想はコロラド州の教育行政の流れに沿ったものであった。そのときのコロラド州法は、学校区に公共図書館の設置運営の権限を認め、公共図書館を学校の機能を補完するものと考えていた。

1889年、デイナはイースト・デンバー高校図書館のスクール・ライブラリアンに任命されたが、教育委員会の事務官を兼務するものとされた（同高校図書室は'学校区図書館第一分館'であるが、やがて1898年に開館したデンバー公共図書館の一部となった）。デイナはこのとき33歳、以後40年に及ぶ図書館での生活がデイナを待っていた。

デイナは学校図書館業務遂行のかたわら，ただちにデンバー公共図書館の組織づくりに入り，有能なスタッフのスカウト活動をはじめた。まもなく，自前で人づくりを進める職員研修クラスもはじめている。蔵書については，高校図書館所蔵の 2000 冊の蔵書に加え図書の増加に努め，雑誌，新聞，パンフレットの収集にも意を用いた。参考図書は直接手に取って選んだ。

デイナは各地の図書館の先進的試みに常に注意を払った。ウィリアム・ホワード・ブレット（William Howard Brett）が提唱していた開架制を導入し，午前 9 時から午後 9 時まで開館した。デンバー市民の興味関心を忖度し蔵書の充実を図る一方，貸出手続の簡素化に努めている。1 日 1,000 人の来館者があったとされる。1894 年には，公共図書館で最初の独立した児童室を設けている。そこには児童専用の家具を入れ，子どもたちが親しめる雰囲気づくりに努めた。学校教育の振興にも留意し，教師が授業に用いる貸出用の図書も受け入れ，必要な期間学校に貸出した。婦人会（women's club）の活動を支援し，ニーズに見合った書目を整備し，図書を提供した。コロラド医学図書館協会と協力し，医学図書コレクションの整備を図るが，これは後のデンバー医学図書館の設置につながった。また，ビジネス書等の収集にも取組み，商工会議所にそのコレクションを設置した。

図書館人デイナの真骨頂のひとつに図書館の広報活動がある。図書館の宣伝や PR はそれまでの図書館の世界ではほとんど行なわれていなかった。デイナはコロラド州内で発行されている新聞や全国的に著名な教育雑誌，マスコミ関係者にことあるごとに面会し，情報を提供し，図書館活動とそのサービスの素晴らしさを説いた。ライブラリアンになってすぐの 1889 年 10 月，「ブックス」（Books）という館報を創刊し，月刊で刊行を続けた。

1897 年の暮れ，学校区の増税が取り沙汰されるが，市民の反発をかった。公共図書館長であるデイナの給与の削減が論じたりされるなかで，デイナはデンバーに嫌気がさし，そこを去ることにした。

図書館の世界に迷い込み，デンバー時代での最初の頃の奮闘のなかか

ら生まれたのが，1895年に刊行されたデンバー図書館における諸手続や書式などの実務を要領よく解説，整理した『公共図書館ハンドブック』（*Public Library Handbook*）[2)]とされる。

4. スプリングフィールド公共図書館時代（1898-1901）

その創設から辣腕をふるったデンバー公共図書館を辞したデイナは，ほどなくマサチューセッツ州のスプリングフィールド公共図書館に職を得た。1898年1月1日，41歳でスプリングフィールド公共図書館長に就任する。ここでは美術館長と兼任とされた（日本美術にも親しんだ）。デイナが図書館の世界に蟄居することなく博物館，美術館の世界に翼を広げたのは，彼自身の外に打って出る性格に由来するところも大きかったであろうが，自分自身に割り振られた実務を通じて造詣を深めていったとみることもできよう。

スプリングフィールド公共図書館の蔵書は，デンバーの蔵書の4倍に達していた。デンバーでの図書館運営の姿勢と方針を堅持し，それらをあらためて展開している。デンバー時代に実施していた開架制を採用し，児童書のコーナーも設置した。赴任後，図書館に研修クラスを付置し，図書館職員の養成を開始している。

図書館界でデイナの評価も高まり，周辺のライブラリアンを糾合し，公共図書館の実践にかかわる諸問題を検討する場を目指して，ウェスタン・マサチューセッツ図書館クラブを組織している。

しかし，図書館の館舎建設をめぐり，図書館利用者を巻き込んでの権力闘争が繰り広げられることとなった。デイナは美術コレクションの寄贈者である有力理事と意見があわず，1901年12月18日，スプリングフィールドの職を辞した。スプリングフィールド公共図書館の在職期間はわずか4年であった。

5. ニューアーク公共図書館時代（1902-1929）

1902年1月15日，ニュージャージー州の前年に新築なったニューアーク無料公共図書館（Free Public Library of Newark）の第2代館長に就

任した。デイナはこのとき45歳であった。前任者のフランク・P・ヒル（Frank P. Hill）は，かつてのダートマス大学の同級生であった。デイナの人生には要所でダートマス大学の同級生が登場する。この時代の上流階級の人間関係のあり方を物語っているし，人間によって構成されている社会というものは所詮そういうものなのであろう。

　ニューアークは国際経済都市ニューヨークに近く，産業都市としても着実な成長を遂げていた。彼が赴任したニューアーク公共図書館は所蔵資料も格段に充実し，職員にも恵まれていた。コロンビア大学の図書館学校を卒業していたビアトリス・ウィンザー（Beatrice Winser）は，前任の初代館長ヒル（Hill）のもとで副館長を務め，ヒルの退任のあとデイナが赴任するまでの7か月の間は館長代理を務め，同図書館の運営に才腕をふるっていた。デイナはウィンザーを副館長に据えた。ニューアーク時代のデイナは，在職のまま死にいたるまで，ニューアーク公共図書館の'顔'，アメリカ図書館界に名士，重鎮として君臨するわけであるが，ウィンザー女史の'内助の功'が後顧の憂いを取り除いた。

　ニューアークに赴任後も，デイナは以前同様，積極果敢に図書館サービスを演出，展開してゆく。ニューアークはニューヨーク市の西方に位置し，現在も一般に'ニューヨーク空港'のひとつと称されるニューアーク・リバティー国際空港がここに置かれるほど近い場所にある。ニュージャージー州最大の都市で州都，商工業の集積に恵まれ，交通の要衝でもある。第一次世界大戦以来，大西洋岸の外洋航行船の入港する主要港湾として発達をみたことから，移民を多く受入れてきた。デイナは外国語の文献を積極的に受入れ，移民のために特別にコレクションを整備した。病院図書館サービスも展開している。

　すでに述べた通り，デイナはすでにデンバー公共図書館の時代に商工会議所のなかに地元商工業者の日常的利用のために特別にコレクションを設置していた。当時，公共図書館の世界においては，ビジネス界の情報ニーズは十分には認識されていなかった。しかるに，デイナが乗り込んだニューアークは，電気機械，精密機械，セルロイド，皮革製品，宝石細工，万年筆，食品工業など生産活動が盛んなところで，またアメリカ

で最も早く保険会社が営業をはじめたところでもある。公共図書館の社会的効用を発揮させ，これを認めさせる分野として'ビジネス支援'は恰好の戦略的位置を担うものであった。スタッフの中にサラ・B・ボール（Sarah B. Ball）というよき理解者を得たことも大きかった。彼女は，1904年10月にオープンしたニューアークのビジネス街に位置する第一分館の分館長に起用された。これが地元ビジネスマンに多いに利用されるところとなり，まもなく'ビジネスマンの図書館'（Business Men's Library）と名称を変更した。ボールはデイナにできるだけ多くのビジネスに関係する資料の収集を提言し，デイナもこれに積極的に応えた。同図書館の図書館委員会のメンバーのひとり，リチャード・C・ジェンキンソン（Richard C. Jenkinson）もまたビジネス支援サービスの提供を強力に支援した。デイナに率いられたニューアーク公共図書館がこの時期にビジネス支援サービスの分野で一定の成果を収め，全米の公共図書館のモデルとされた背景には，この時期アメリカではビジネス書の出版が盛んであったことも見逃せない。

　スプリングフィールドでは美術館長をも兼任していたデイナは，ニューアークでもこの分野の活動に無関心ではいられなかった。赴任後，図書館の中でおりにふれアメリカ美術や科学に関する展示など各種展示を行い，美術館・博物館的な活動を怠らなかった。1905年には，図書館の4階に図書館の1部門として科学博物館を設置している。ニューアーク市に博物館設置を願う運動を推進するために，1909年4月29日，ニューアーク博物館協会（Newark Museum Association）が創設される。デイナはただちにこの組織の事務局長となり，4年後初代会長に就任している。博物館の新設については，設置場所をめぐり議論があったが，1926年3月17日，図書館の近くにニューアーク芸術・科学・産業博物館（Newark Museum of Art, Science, and Industry）がようやく開館し，デイナはその館長に就任した（図書館長の職は保持したまま）。この博物館は，デイナの趣味を反映したチベット・コレクションも有名であるが，ニューアーク市内に多数立地する企業から生産される工業製品や工業デザインの展示に特色があった。

デイナは，1929年7月21日，ニューヨーク市のセントヴィンセンツ病院で亡くなった。死因は手術が原因の急性毒血症とされる。遺体は故郷ウッドストックに埋葬された。

デイナはニューアーク公共図書館長在任のまま他界した。図書館広報の意義を熟知していたデイナはマスメディアとのコミュニケーションを怠らなかった。ニューアーク公共図書館の活動は頻繁に地元紙に掲載されたし，マスメディアの注目するところであった。ビジネス誌や図書館の専門雑誌もデイナとニューアーク公共図書館をしばしばとりあげた。デイナが亡くなる1929年，ニューアーク公共図書館の登録者は9万人で，年間180万冊が利用された。享年73歳。

ニューアーク市の文化，学術，教育の分野で顕著な成果をあげたデイナに対して，ニューアーク市当局は，デイナの死後，彼を'ニューアーク名誉市民'（The First Citizen of Newark）に推戴しただけでなく，死後6年してから1935年10月6日を'ジョン・コットン・デイナの日'としている。そして，1956年10月17日，ニューアーク市はデイナ生誕百周年記念集会を催してもいる。ちなみに，地元ラトガース大学ニューアーク校の中央図書館は現在ジョン・コットン・デイナの名称を冠している。偉大な足跡を残したデイナであるが，経歴にも明らかなように，彼自身は図書館学教育を受けてはいない。彼の伝記作家，ハドレイは，デイナについて，「彼が図書館学校のカリキュラムを見れば耐えられなかったであろうし，また図書館学校の側もデイナの存在が大いに煙たかったであろうことは疑いをいれない」[3)]と述べている。生前ダートマス大学，プリンストン大学，ラトガース大学から申し入れのあった名誉博士号を拒絶している。

6. アメリカ図書館界における貢献

これまで紹介してきたように，ニューアーク公共図書館第2代館長にしてニューアーク博物館の創設者でもあるジョン・コットン・デイナは40年間公共図書館の世界に身をおいた。図書館の世界で一目も二目もおかれる'大物'であった。

アメリカ図書館協会においても大きな軌跡を残している。1895年には，次期会長という立場からデンバー大会を切り盛りし，翌96年クリーブランド大会には会長として臨席している。1896年以降1902年までは評議会メンバーを務めた。

現在では，アメリカにとどまらず，世界に広がる組織に成長している専門図書館協会（Special Libraries Association）は1909年に創設されたが，その創設の中心にあり，初代会長を務めたのがほかならないデイナである。上にも紹介したニューアーク公共図書館のビジネス支援サービスの立役者，サラ・B・ボールとニューヨーク商業者協会図書館長アンナ・シアーズ（Anna Sears）たちがビジネス情報の取扱いについて情報交換をしたり，研修活動をしたりしていた。何度かアメリカ図書館協会の年次総会にあわせて，公共図書館の外で専門図書館サービスを展開しているライブラリアンをも招いて，非公式に会合をもった。このような動きの中で，デイナが呼びかけ，法律，保険，工学，土木などを主題とするライブラリアン，商工会議所や博物館，地方自治体の調査部門などに働くライブラリアンなど，56人のライブラリアンが一同に会することになった。デイナがその名称を示唆して，'専門図書館協会'の旗揚げとなった。デイナは当初この専門図書館協会をアメリカ図書館協会の傘下の組織にしようとしたが，双方の誤解と躊躇が深まる中でデイナはアメリカ図書館協会に失望し，以後，専門図書館協会はアメリカ図書館協会とは別個の組織として成長の道を歩むことになった。デイナ自身はアメリカ図書館協会の有力で活動的なメンバーにはとどまりつつも，アメリカ図書館協会に対しては批判を続けた。

地方的な活動としては，1895年にコロラド州図書館協会長を務めているし，1904-05年，1910-11年の2期ニュージャージー州図書館協会長を務めている。

現在，アメリカ図書館協会は，毎年，優れたＰＲ活動をした図書館に対して，ジョン・コットン・デイナＰＲ賞（John Cotton Dana Public Relation Award）というデイナの名前を顕彰する賞を授与している。また，デイナは図書館界の巨人を顕彰する図書館殿堂（Library Hall of Fame）にも

7. デイナの著述活動

　デイナは，数多くの著作を残している。本稿の最初のところで紹介したヘイゼル・ジョンソンとビアトリス・ウィンザーが作成した編年体の包括的な書誌[4]によれば，生前に書いたものとして500点程度があげられている。デイナが図書館関係の出版物にデビューしたのは「ライブラリー・ジャーナル」1889年7月号の記事[5]で，赴任直後のデンバーでのいくつかの革新的な活動を紹介している（ちなみに，デイナの図書館入りの契機となった『デンバー・アービトレイター』の記事が1889年2月掲載であるから，半年たたないうちに図書館界で頭角をあらわそうとしたことになる）。

　デイナの図書館についての哲学的なアプローチは，図書館業務の初心者を対象として　デイナの論稿やエッセイから彼自身が抜粋した　1921年，F.W.Faxon社から刊行された彼の著書『示唆』（*Suggestions*）[6]にもっともよくあらわされている[7]とされる。博物館の分野でも，1917年に「新しい博物館」（*The New Museum*）[8]を出している。

　デイナの著作の中でも有名なのが，1899年に初版が刊行された「図書館入門」（*A Library Primer*）である。これはその第3版がインターネット上の'グーテンベルク・プロジェクト'を通じて無償で入手，利用することができる。もともと1896年に『パブリック・ライブラリー』（*Public Libraries*）の創刊号から6号まで「図書館入門」（Library Primer）という題で連載された記事を加筆増補したものである。

7.1　主著「図書館入門」について

　デイナの主著とされるライブラリー・ビューローから出版された，いささかくたびれた赤い表紙の『図書館入門』（初版1896年，わずかに改訂を加えた第2版1909年）について紹介しておこう。筑波大学附属図書館図書館情報学図書館はこの本を2冊所蔵しているが，ここでは標題紙裏に押された受入登録印から前身の図書館短期大学が1966年4月1日に受入

れたことが分かる1920年に刊行された第3版（第2版を大幅に改訂したとある）を用いることにしたい[9]。各版の序，目次等の前付が12ページ，本体が263ページである。45章に付録がつけられている。冒頭に「サミュエル・S・グリーン，ウィリアム・I・フレッチャー，そしてチャールズ・A・カッターに捧ぐ」との献辞が添えられているのは，彼らの著述を大いに利用したからである。

　この本は，もともと1896年に創刊された『公共図書館』(*Public Libraries*) 誌の初号から6号に連載された記事に手を加え，成書としたものである。そして，序にもある通り，図書館にかかわる初心者，現場で働く意欲あふれる補助業務従事者，小規模図書館の管理職を対象とし，当時の無料で税金によって運営される公共図書館の業務の全体をひとわたり言及しながら，図書館業務に関する基本的な考え方，それまでの図書館人の経験を共有しようとしたものである。

7.1.1　主著「図書館入門」の内容 (1) :　図書館運営の基盤

　「第1章　アメリカ合衆国における図書館発展の概要」は，私人の寄付にとどまらず，図書館税 (library tax) をも原資とする19世紀後半のアメリカ社会に登場し，質量ともに急激に発達を遂げた公共図書館（運動）の歴史を略述し，その過程で生まれたライブラリアンという職務の意義を説いている。「第2章　図書館づくりに着手：図書館法：図書館振興に向けての印刷資料」は，公共図書館が未設置のまちで，どのようにすれば公共図書館が作れるかということを簡潔に記している。公共図書館設置を支援する州法と州の図書館担当官について論じ，同じ州の同一規模のまちで公共図書館設置に成功した例があればそれを参考にするべきことを説いている。アメリカ図書館協会事務局に助言を求めることの有効性についてもふれている。「第3章　準備作業」は，図書館づくりをするときには，その地域社会のニーズに見合った，機能を絞り込んだ比較的小さな図書館像を描き，地域の様々な個人，組織団体に働きかけ，積極的に広報活動を展開しなければならないと説く。「第4章　地域社会のために公共図書館はなにをなしうるか？」は，多様な資料を備え無料の閲

覧室を利用できる図書館が単調な実生活をすごす市民にレクリエーション読書の意義を知らしめ，その拡大をもたらす一方，社会的・政治的知識を提供するだけでなく，職業知識の欠を補い，地元産業界にも裨益し，学校教育を支援し青少年の広範にわたる潜在的能力の開花に資するなど多面的な貢献を指摘する。「第5章　図書館委員：彼らがなすべきこととしてはいけないこと」は，公共図書館の管理運営の要にある図書館委員会については，その構成メンバーが半永久的に固定されてはならず，地域社会の各構成部分を代表する7名以下の比較的小規模の組織であるべきで，委員に望まれる資質は一般的教養と良識，大いなる読書家ということにある。図書館の日常業務の運営には館長が責任をもち，図書館委員会がそれを監督するべきであるとする。「第6章　図書館委員会設置規則ないし条例」には，図書館委員の選任，図書館委員会の組織等に関する解説のほか，10章20条のモデル規則があげられている。「第7章　図書館長：図書館委員会と図書館友の会のための解説」は，図書館委員会が有能な図書館長を採用することの大切さと諸般の事情から最善の人材が得られない場合には，各種の研修の機会を与えて人材を育成すべきことを説いている。「第8章　諸室・建物・備品・家具」は，図書館委員会が図書館新設に先立ち図書館長を採用し，場合によっては仮住まいの図書館からはじめ，十分に検討すべきことを指摘する。ニューアークの2つの分館を含む6枚の平面図が素材として掲げられているほか，机や椅子，書架についても図入りで解説されている。

7.1.2　主著「図書館入門」の内容（2）：デイナの選書観

「第9章　選書：図書館をその所有者に適合させる」は，選書が業務を通じて住民の読書ニーズを理解している図書館長の専管事項とすべきもので，図書館委員会が選書にタッチしてはならないことをいう（当時は，多くの図書館で図書館委員会が選書を行っていたようである）。「さまざまな知識の分野に分かれる蔵書の分野別の割合は，個々の図書館によって大いに異なって当然である」[10]と述べながら，望ましい蔵書に占める分野別割合が示されている。フィクションが20パーセント，歴史が13

パーセントの一方，哲学が1パーセント，宗教が2パーセントとされており，デイナの見識がうかがわれる。参考までに，以下に掲げておこう。

表　デイナが望ましいとする蔵書の分野別割合（単位はパーセント）

総　記	4	純粋芸術	4
哲　学	1	文　学	12
宗　教	2	伝　記	9
社会学	10	歴　史	13
文献学	1	紀行文	9
科　学	9	フィクション	20
応用芸術	6	計	100

7.1.3　主著「図書館入門」の内容（3）：　図書館サービスの精神

「第10章　レファレンス・ワーク」は，利用者に親しく接する図書館長を補佐するすべての職員がレファレンス・ライブラリアンでなければならないことを確認している。当時の参考図書の状況にふれ，またインフォメーション・ファイルの意義を説き，それを収蔵する4段の引き出しを備えたバーティカル・ファイル・ケースの図が掲げられている。図書と並んで主要な図書館資料である多種多様な主題を対象とする逐次刊行物を取扱う「第11章　逐次刊行物」は，すでに長らく逐次刊行物固有の閲覧室を設置すべきものと考えられていたが，デイナは人気のある逐次刊行物の重複購入とその貸出にも踏み込み，その活用を説いている。逐次刊行物の受入チェックカードの例も示されている。「第12章　図書の購入」は，造本や印刷の良し悪しからはじめ，特定の書店と取引することのメリット，発注の様式やカーボン・ペーパーを用いた発注方式，リスクの大きな大量発注や見知らぬ業者の大幅ディスカウントに惑わされるななどと述べている。当時の日常的な図書館業務がまだ手書き全盛だったことを示す「第13章　インクと手書き：タイプライター」では，タイプライターが時代の寵児としてもてはやされるようになっていたことをあら

わしている。図書館で用いる各種カードやリストについて、手書きよりもタイプライターのほうがはるかに優れていると説く。そして、オールバニー図書館学校のハンドブックから図書館業務における文字の書き方ルールを転載している。「第14章　図書の取扱い」は、図書の受入から配架、配列、環境、およびその利用にいたるまで、本の丁寧な取扱いに関する詳細な説明がなされ、19世紀末から20世紀初頭にかけてまだ本が貴重で大切にされていたことが認識できる。「第15章　図書の受入登録」は、購入ないしは寄贈の個々の図書や雑誌その他のデータを受入登録簿への記入、書架リストカードの作成、標題紙の次葉への受入日、受入価格、購入書店等の書込みについて記している。

7.1.4　主著「図書館入門」の内容（4）：分類・目録等

　97ページから122ページに及ぶ26ページを占める「第16章　図書の分類・目録作業」は本書全体の1割に達し、当時の図書館実務においていかに分類・目録作業に関する知識・技術が重視されたかが分かる。この章の書き出しは、「たとえどんなに小さくても、小規模図書館は分類が行われ、目録がとられなければならない。分類・目録が図書館資料の一層容易な利用につながり、図書の体系的取扱いが異なっていても必ず発生する作業上の混乱と浪費を防ぐことになる」[11]という言葉ではじまる。対象とする図書は必ずしも特定の主題に閉じ込めることはできず、分類は所詮妥協で利用の便宜にすぎない、との達観が明確に示されている。図書館分類法については、本書の初版あたりでは図書館の規模に応じて利用できるC・A・カッターの展開分類法が丁寧に紹介されていたとのことであるが、1920年に刊行されたこの版では初心者にも分かりやすいデューイ十進分類法を推奨しており、DCの百区分表が転載されている。詳細な下位区分をもつDCの文学分野は文学史をのぞき、'L'とだけ表示し著者名のアルファベット順に配架することを示唆するなど、随所にデイナらしい卓見がうかがえる。DC分類記号の付された各種書誌情報への言及のほか、LC印刷カードの例があげられ、その購入利用もふれられている。目録については、著者、書名、件名のカード目録とカード

ケース（図解）が紹介され，辞書体目録のサンプルが掲げられている。

そして，C・A・カッターのアルファベット順の表を解説した「第17章 著者記号」，分類記号と著者記号の組合せで確定する書架上の位置の順に書誌データが並べられた「第18章 書架リスト」が続く。

「第19章 図書配架の準備作業」は，いわゆる'装備'で，所蔵印とその押し方，請求記号の記入，ラベルの貼り方，ブックポケット，蔵書票等について説明されている。「第20章 パンフレット：インフォメーション・ファイル」は，当時急増した手軽で有益，しかしライフサイクルの短なパンフレットの取扱いについて解説している。「第21章 利用者に対する貸出業務」は，図解されたニューアーク式の解説，貸出業務日報，延滞に対する督促などにふれられている。「第22章 書目・館報・印刷目録」は，例示を添えた新刊案内や現代で言えばパスファインダーに該当するもの，月刊等の館報について論じ，図書館長は印刷技術や印刷業，出版等についても十分な知識をもつべきであるという。「第23章 図書館資料の所蔵確認」は，毎年実施するには及ばないが適宜実施するべきだとする。このために休館する必要もないという。所蔵確認，紛失チェックは費用がかかる割には大きな意義を認められるわけでもない，と醒めた認識を示している。自由接架で自由度の大きな貸出サービスをしても，通常の環境ではそんなに多くの紛失は出ないと言い切る。

7.1.5 主著「図書館入門」の内容（5）：図書館サービス各論

約50冊からなる学校の教室におかれる小規模なコレクションを取扱った「第24章 学級文庫」は，それらが教育委員会の購入，所有である場合があるが，柔軟に対応できる地元の公共図書館が提供することが望ましいとする。「第25章 有用な道具としての図書」は，多様な職業に従事するすべての市民に対して，有益な情報を載せた図書を提供できると説く。「第26章 図書館利用者について」では，図書館利用者を5種に大別している。すなわち，①ごく少数の成人研究者，②著名な詩の一節を引用しようとしてそれを失念した場合など，それを調べようとする多数にのぼる知的好奇心をもつ市民，③読書習慣を維持するために努力す

る大多数の人たち，④読書の意味は知っていてもあまり読書をしない人たち，⑤一般に女性よりも男性が多い不読層，がそうである。「第27章　青少年と学校」は，図書館が積極的に教師と児童生徒に働きかけることの大切さを指摘する。「第28章　児童室」は，一般に小規模公共図書館にもおかれている14歳までの子どもを対象としたコーナー等について言及している。「第29章　図書館学校および研修講座」は，当時の理想的なライブラリアンの育成は十分な普通教育の後に図書館学校での2年間の教育と1年間の実務教育とを組合せることだという。そして，いくつかの図書館に付設された数ヶ月から1年の現場での実務研修から正規職員が育っていると述べている。

「第30章　図書館規則あるいは市民に対する提言」においては，図書館職員に向けられた図書館運営規則と市民に図書館利用を促す仕組みと簡単な手続が必要であると述べ，ニューアーク市立図書館の事例が紹介されている。「第31章　報告書」では，当該公共図書館を設置する地域社会と管理機関に年次報告がなされなければならないが，ここではニューアーク市立図書館の1915年と1917年に公表した報告書の例をあげて論じている。「第32章　小規模図書館の小分館」では，村や町の図書館にふれ，いくつかの離れた集落がある場合にはそこに図書が詰められた箱を送り，あたかも分館であるかのように機能させればよいという。「第33章　博物館と図書館」は，町や村の公共図書館でも博物館機能をもつべきだとの見解を掲げている。「第34章　公文書」は，連邦政府だけでなく国内外のすべての政府行政機関が発行する多岐にわたるトピックを取扱った公文書を対象としており，その選択と入手方法について解説している。

「第35章　製本と修復」は関係する技能や用いる材料等について詳細な記述がなされ，当時の図書館現場でライブラリアンに不可欠の知識であったことを示している。「第36章　図書の修理」は，修理の過程で逆に図書を傷めることが少なくないので再製本をも考慮に入れるべきだと述べながら，仔細に修理に用いる材料について論じている。前章の製本とあわせてそれぞれ5ページ前後を割いていることからも当時の図書という商品の位置，出版事情，図書館現場のありようがうかがえる。

「どのようにすればあなたの図書館をもっとも効果的に宣伝することができるか？」という問いに対して「おそらくその解答はよりよい図書館をつくることを通じてしかない」[12]と応える書き出しの「第37章　図書館の存在を人びとに知らせる」は，年齢職業を問わず社会各層がこれまで以上に読書にいそしまざるを得ない状況を指摘した後,「結局，企業におけると同様図書館においても，最良の宣伝活動は優れたサービスを通じてなされる。優れた図書館はそれ自体が最善の宣伝にあたる」[13]と締めくくっている。

「第38章　図書館の初心者が最初に読むべきもの」は，巻末の付録の文献リストにあげてあるとしつつ，さらに19点の記事や文献が付け加えられ，そのうち5点がデイナの著述である。「第39章　外国語図書，絵画・音楽コレクション」においては，外国語図書にはたいていの場合，ドイツ語，フランス語は含まれないとし，費用便益の面で小規模図書館は収集が困難という。当時は'写真の時代'で多くの図書館が写真を収集し提供していたが，小規模図書館は費用をかけず対象を限定するところからはじめればよいとする。音楽資料については，学校や教会用などの楽曲集をのぞき，費用の点で小規模図書館には取扱が困難で大規模図書館にふさわしいとしている。

7．1．6　主著「図書館入門」の内容（6）：図書館業務と関連諸団体等

「第40章　図書館会計と統計」については，日常的な金銭出納には図書館長が責任をもち，会計事務は図書館委員会の会計担当委員があたるとする。アメリカ図書館協会は図書館に予算と事業活動についての年次計画の作成を奨励しており，年次報告には転載されている同協会推奨の様式を用いるよう勧めている。「第41章　アメリカ図書館協会」では，その概要を述べ，入会を勧誘している。「第42章　図書館労働者協会」は，このデイナの本（第3版）が出版された1920年にアトランティック・シティ（ニュージャージー州）で組織された同協会について言及している。12,000人から構成されるこの組合は，図書館学校での教育を受けていない図書館職員と資格を持つライブラリアンに対して就職の斡旋，雇用情

報の提供を行うとされており，暫定事務局をニューアーク市におくとある（デイナが大きく関与したことは想像に難くない）。「第43章　専門図書館」には，1918年にデイナが『エンサイクロペディア・アメリカーナ』に書いた項目が転載されている。当時，様々な業種に属する企業等がその組織内に設置するようになった専門図書館を概述したものであるが，そこで彼が中心となって1909年に組織された専門図書館協会についてもふれられている。「第44章　郡図書館」は，図書館サービスが行き届いていない農村部に図書館サービスを普及させる制度である郡図書館にふれている。課税措置をともなうため立法を必要とし，ここではニュージャージー州法の関係規定が紹介されている。「第45章　全米教育協会：図書館部」は，幼稚園から大学までの教員，当時30,000人を会員とする世界最大の教育専門職の団体であった同協会のなかで，1897年に設置された図書館部が学校教育のなかで図書館振興に努めていることを教えている。

　25ページを占める付録には，当時の公共図書館関係者に必須の情報（源）が満載されている。具体的には，当時の製本業者，図書館の器具や備品の取扱業者，図書館法制について書かれた記事や文献，大学や図書館に付設された図書館学校，州や地方の図書館振興委員会，小規模図書館向けの参考図書・雑誌，図書館業務に従事する際の必需品などのリスト，さらにアメリカ図書館協会出版物選定目録，主要な地図リスト，ライブラリアン必読文献目録，図書館界の最新動向に関する情報源，図書館に関する公務員制度を論じた文献リスト，印刷に関する文献目録，製本に関する文献目録，博物館と図書館との連携について書かれた図書および論稿のリスト，ビジネス図書館一覧，ビジネス関係図書・雑誌一覧が収録されている。

7．2　主著「図書館入門」についての感想

　Ａ5判程度の大きさのこの本で，付録に入る前のページが232ページであるから，章の数である45で除すと1章あたり5ページ強ということになり，それぞれの項目は理論的に詳細に詰められているわけではない。内容を仔細に検討すればベテランのライブラリアンの座右の書としても

活用できるが，本書は図書館に関する理論書ではなく，タイトルにも示されている通り，図書館現場に職を得たばかりのルーキー，ないしはこれから図書館に勤めたいと願う人たちに向けて書かれた，簡にして要を得た実務マニュアルである。人材と資金に悩む小規模公共図書館の振興が念頭にあるようで，それらへのエールと受けとめることもできる。全体を通読して印象に残ったことは，現実の図書館を見学しそこから学び取れという姿勢が強く感じられる。図書館の資料や設備備品等の製品に関する知識，およびそれらを納入するメーカー等についても詳しい。図書の生産過程や物理的特質についても該博である。

　現在の図書館運営については，程度の差こそあれ，いずれの国においても，また館種を問わず，図書館サービスの質の維持・向上に関して十分な吟味をすることなく，ひたすらコスト削減の観点からだけで図書館運営の成否を評価する傾きがある。いまから1世紀を遡る19世紀末から20世紀初頭かけて，当時のアメリカの第一線の公共図書館長にして図書館界のリーダーのひとりが，誰でもが口にできる空疎な'美学'を超えて，出入りする関係業者を評価し十分に彼らと渡り合える具体的で合理的な知識をもち，それに裏打ちされた図書館の物理的側面，図書館資料とサービスに広く目配りが届いている図書館哲学を示しえていることは，まことに素晴らしい。この小著に書かれた内容は奇想天外でもなく洒落たことをいっているわけでもないが，現代なお色褪せないものを確かに含んでいる。

むすび

　最後に，19世紀末から20世紀にかけてのアメリカ図書館界の興隆期に大活躍をしたこの'一匹狼'は，肖像写真からうかがわれるような冷徹で合理的な思考にのみとらわれたどうしようもない高邁な堅物であったわけではなく，かなりお茶目な人であったことを確認しておきたい。現代アメリカを代表する図書館学の碩学，ウェイン・A・ウィーガンド（Wayne A. Wiegand）が余技のひとつを示したものに『ある偽書についての歴

史：エドマンド・レスター・ピアソン，ジョン・コットン・デイナ，そして「老ライブラリアンの年鑑」』(*The History of a Hoax: Edmund Lester Pearson, John Cotton Dana, and The Old Librarian's Almanack*) [14] という小著がある。アメリカ合衆国独立の直前の1773年，コネチカット州ニューヘブンでジェアード・ビーン (Jared Bean) という名の70歳弱の老人（植民地時代の名望家の個人文庫を管理していたとされる架空の人物）が書いたとされる『老ライブラリアンの年鑑』（当然存在しない）が刊行されたという話をでっちあげ，デイナの故里バーモント州ウッドストックで彼の家族が経営していたエルム・トゥリー出版社がその復刻なるいかさまを1909年に6冊からなる'図書館員シリーズ'の第1巻として刊行した（18世紀の文体，印刷のレイアウト，フォントなどを模倣した）。その偽書のまことしやかな来歴を含む前書きをピアソンが書いているが，復刻版の編者がデイナとヘンリー・W・ケント (Henry W. Kent) である。デイナが悪ふざけの偽書出版の中心人物のひとりだった事実をウィーガンドは見事に暴いている。

注

1) Chalmers Hadley, *John Cotton Dana : a Sketch,* American Library Association, 1943（American library pioneers : 5）．この本を開くと，シャーロッテ・A・ベイカー (Charlotte A. Baker)（デイナがデンバー図書館に付設した研修講座の最初の教え子のひとりでデンバー図書館の職員となり，後にコロラド州立農科大学名誉図書館長）への献辞の裏，ハドレイの序の左側のページに，「図書の価値は，利用されてこそ発揮される」(The worth of a book is in its use.) というデイナの言葉が掲げられている。
2) Denver Public Library, *Public Library Handbook*, Carson-Harper Co., 1985 (Articles by J. C. Dana).
3) Chalmers Hadley, *ibid.*, p.12.
4) Hazel Johnson and Beatrice Winser, "Bibliography: John Cotton Dana, Author" including Hazel A. Johnson, "John Cotton Dana", *The Library Quarterly*, VII, pp.68-98 (1937).
5) "Denver (Colo.) Public Library", *Library Journal*, XIV (1889), p. 304.

6) John Cotton Dana, *Suggestions*, Faxon, 1921（Useful Reference Series 24）．（この本は未見）
7) Rose L. Vormelker, "Dana, John Cotton" in *World Encyclopedia of Library and Information Services*, 3rd ed., 1993, p.248.
8) John Cotton Dana, *New Museum*, Elm Tree Press, 1917（New Museum Series 1）．
9) この本の標題紙には，肉筆で縦書きされた '贈呈　関野真吉' とあり，その '贈呈' の横に '図書館職員養成所収書' 印が押され，さらにその右下標題紙中央上部に '図書館短期大学蔵書印' の印影があり，地小口に '図書館情報大学附属図書館' の印，裏表紙には '筑波大学附属図書館' のバーコード・ラベルが貼られている。裏の見返し，ブックポケットの右上には 'TSUJI.BOOK-STORE 京城本町二丁目' という赤い印の小片が貼られている。また，本文中は鉛筆による手書きの文字やアンダーラインなどの書込みもいたるところに散見できる。この本と所蔵者，所蔵機関の数奇な運命が見て取れる。
10) John Cotton Dana, *A Library Primer 3rd ed.* Library Bureau, 1920, p.56.
11) *Ibid.*, p.97.
12) *Ibid.*, p.209.
13) *Ibid.*, p.212.
14) Wayne A. Wiegand. *The History of a Hoax : Edmund Lester Pearson, John Cotton Dana, and The Old Librarian's Almanack..* Beta Phi Mu, 1979（Beta Phi Mu chapbook:No. 13）．この本も筑波大学附属図書館図書館情報学図書館に所蔵されている。竹内悊先生が寄贈されたもので，見返しに本物だと思われるウィーガンドのサインがある。

アメリカ公共図書館における自動車図書館の先覚者

メアリー・レミスト・ティッコム

Mary Lemist Titcomb:
A Pioneer of the Bookmobile in American Public Libraries

中山　愛理
(筑波大学大学院)

メアリー・レミスト・テイッコム（Mary L. Titcomb）
　1857年　ニューハンプシャー州に生まれる
　1898年　ヴァーモント州図書館評議会の委員長に就任
　1902年　ワシントン・カウンティ・フリー・ライブラリー館長に就任
　1905年　馬車図書館（Bookwagon）の開始
　1932年　死去

---

1. はじめに

　メアリー・レミスト・ティッコムは，19世紀末から20世紀初頭にかけて，アメリカの農村部において，図書館サービスを館外に向けて伸展させるため，今日広く行われているブックモビル（Bookmobile，以下「自動車図書館」とする）につながる'馬車図書館（Bookwagon）'の実施という妙案を最初に実現した先覚者である。

これまでにティッコムを紹介した主要な文献は、次の3つがある。まず1つめは、1953年に出版された *Pioneering Leaders in librarianship*[1] である。これは、アメリカ図書館協会（American Library Association、以下「ALA」とする）が刊行した、アメリカの著名な図書館人を扱った列伝である。2つめは、*Dictionary of American Library Biography*[2] であり、アメリカ図書館界の人物伝記辞典である。3つめは、ディアナ・マーカム（Deanna B. Marcum）による *Good books in a country home*[3] である。この文献はティッコムという人物に焦点をあてたというよりも、ワシントン・カウンティ・フリー・ライブラリー（Washington County Free Library、以下「WCFL」とする）の設立背景と図書館そのものに焦点をあてている。これらの文献に共通していえることは、アメリカにおける自動車図書館のもつ大きな意義に着目しつつ、馬車図書館を導入した人物であるティッコムを紹介しているという点にある。

　アメリカにおいては、これまで自動車図書館の先覚者であると紹介されてきたティッコムであるが、それは彼女の一側面を描いたに過ぎない。彼女が館長を務めたWCFLには、彼女に宛てられた書簡や彼女の活動を示す新聞や雑誌の記事など、関連資料が未整理のまま数多く残されている[4]。残された書簡には、ティッコムが全米のライブラリアンのみならず、海外のライブラリアンとも親交があったことや彼女のさまざまな取り組みが示されている。しかし、これらの資料は、これまでティッコムを紹介してきた文献に活用されてこなかった。

　そこで本稿は、館外サービスの重要な展開を導いたメアリー・ティッコムという人物について、これまで内外の研究者が利用してこなかった原資料を用いて、あらためて検討することにしたい。彼女の生い立ちからアメリカ図書館界での活動を時代ごとに整理する中で、どのような影響を受け、与えたのかという点を明らかにしたい。本稿では、WCFLに所蔵されている書簡や年報、新聞記事などを検討し、彼女のリアルな人物像に迫ることに努めた。

2. 生い立ち,そして図書館界へ(ニューハンプシャー州時代):1857-1888年

メアリー・ティッコムは,父ジョージ・アルフレッド・ティッコム（George Alfred Titcomb, 1820-1900）と母メアリー・エリザベス・レミスト・シーバーンス・（ランカスター）・ティッコム（Mary Elizabeth Lemist Seaverns（Lancaster）Titcomb, 1822- ?）[5]の間にもうけられた8人の子どもの1人として,1857年5月16日,ニューハンプシャー州ファーミントン（Farmington）で誕生した[6]。ティッコムが幼少の頃,一家は同じ州内のエクサター（Exeter）に転居している。そこで,ティッコムは母親から教育を受けるという,当時のニューイングランド地方で一般的な養育を受けた[7]。

その後,地元のエクサター・ロビンソン女子神学校（Exeter Robinson Female Seminary）へ通いはじめた。この学校は,地元の有志ウィリアム・ロビンソン（William Robinson, 1793-1864）によって1867年に設立された地域唯一の女子学校であり[8],参考図書などの備えられた図書館も設置されていた[9]。

この学校の教育カリキュラムは,「人生に有用なスキルを身に付けさせ,男性と同等な女性の学究を育成すること」[10]を目的としており,幅広い教養を学ぶこととあわせて,将来結婚し,家庭を築き上げるにあたり,女性として当然必要となる知識の修得を目指すカリキュラムの構成になっていた。この点から女性教育に力を注いでいたことがわかる。ティッコムは,ここで英文学,数学,植物学,哲学,アメリカ史,美術,家庭経済学などの科目を学んだ。課程を修めたティッコムはこの学校を1873年度に卒業した[11]。

卒業後もエクサター・ロビンソン女子神学校のドイツ語とフランス語の特別コースで,引き続き学びつづけた[12]。この時期,彼女は,まだ自らの将来について真剣に考えてはいなかった。

エクサターの地で学んだ後,ティッコムは,実兄ジョージ・ティッコム（George E Titcomb, 1854-1923）一家とともに住むためマサチューセッツ州コンコードに転居している。コンコードにやって来た当初,兄が町

医者だったこともあり，看護士となることを考えていた。しかし，兄と暮らすうちにティッコムは，自分にその職が適していないと感じるようになっていった[13]。そんなある日，通っていた教会に置いてあった教会誌（*Church Paper*）の中に"女性の職業としてのライブラリアンの仕事"と題する記事を見つけた。ティッコムは，その記事からライブラリアンという職業があることを知り，ライブラリアンに興味を抱いた。このことが，彼女の進路が図書館の世界へ向かうことが決定づけられる契機となった[14]。

当時，専門的な教育を受ける機関としてのライブラリー・スクールは，1887年にデューイが開校するまで存在せず，彼女が専門的な教育を受ける機会は皆無に等しかった。そこでティッコムは，当時の一般的なライブラリアン養成方法である実務経験を積み重ねていく方法を選択する。そして，ライブラリアンに必要とされる専門的なトレーニングを積むべく，彼女の住居から至近のサドベリー通り（Sudbury Road）[15]沿いにあったコンコード・パブリック・ライブラリー（Concord Public Library）で研修生として，図書館業務を身につけていったのである。研修生の身であった彼女は，町医者の実兄と同居していたため，生活に窮することなく，図書館での研修に打ち込める環境にいたといえるであろう。ティッコムは，コンコードの図書館での実務経験を通じて，様々な経験や知識を吸収していくことができ，そのことがライブラリアンの職に就く道を開いていった。

3. ヴァーモント州での取り組み：1889-1899年

それまで，マサチューセッツ州コンコードにおいて研修生として図書館業務の経験を積んでいたティッコムであったが，1889年，遂にルートランド・パブリック・ライブラリー（Rutland Public Library，以下「RPL」とする）において，念願であったライブラリアンの地位を得ることとなる。1889年から1900年の約10年間，ティッコムは，ルートランドのライブラリアンを務めるとともに，ヴァーモント州の図書館委員会のメンバーとなったり，州内に新設される図書館において，図書の分類や目録

業務を担ったりと図書館を指導する立場を築いていった。

3.1 ルートランド・パブリック・ライブラリーにおける実務

　ティッコムが正規のライブラリアンとして働きはじめたルートランドは，鉄道網の整備により，人口の増加地域であった。そこに住む人々は，「教育を受けた者は，受けていない者に比べ，知識を実生活に結びつけることができ，実社会において利益が得られる」[16)] ことを認識していたとされる。

　やがて，1880年代初頭になると，南北戦争で活躍した陸軍兵士らを記念するための建物としてメモリアル・ホール（Memorial Hall）[17)] の建設が町の指導者の間で，計画されるようになった。その建物の一部に図書館のスペースを割り当てるよう働きかけたのが，中流家庭の女性の活躍の場を求めた女性協会（Women's Association）であった。

　1886年6月5日，RPLは，マーチャンズ・ロウ（Merchant's Row）にあるグリン・ブロック（Glynn Block）23番地の2階にある2つの部屋において，最初の図書館業務を始めた。

　翌1887年3月，メモリアル・ホールが完成をみると，マーチャンズ・ロウから新設のメモリアル・ホールへと図書館が移転することになった。ティッコムは，図書館がマーチャンズ・ロウから1889年にメモリアル・ホールの部屋への移転も含めた図書館業務を行っていた。しかし，彼女はそのすべてを任されていたのではなく，図書館財務は女性協会が掌握していた。図書をメモリアル・ホールに全部移し終えるのに2年の歳月を要した。その間，ティッコムは，RPLの2冊からなる蔵書目録を作成した。その後，同館勤務中の1893年，ティッコムは36歳の時に初めてALA年次総会へ参加する。この時から，ティッコムは，州内の動きばかりでなく，広くアメリカ図書館界の動きにも目配りしていくようになっていった。

　また，1893年のルートランドでの図書館活動については，ティッコムの *Library Journal* 8月号[18)] への投稿記事からその様子を知ることができる。

Library Journal 6月号[19]で取り上げられた，ライブラリアンの健康に関する話題は，私の注目のひとつです。なぜかというと，私はルートランド・パブリック・ライブラリーにおいて勤続7年目を迎えましたが，その中で病気になって一日働けない日もありました。また，私にはアシスタントが1人ついていますが，彼女も一度だけ3週間病気になって図書館業務ができなくなった日もありました。図書館の開館時間は朝9時から夕方5時までで，1週間のうち2日間は夜7時から9時まで夜間開館をしています。この限られた日数でしか図書館を利用できないということです。ですが，ライブラリアンが病気になってしまうと図書館の業務を休まなければならなくなり，開館日数もそれによって少なくなってしまうのです。多くの人が利用できるように，図書館の開館日をできるだけ増やすため，ライブラリアン自身が自分の健康管理をしっかり行うべきだと考えます。女性よりも体力がある男性ライブアリアンは，きっとこの結果より良い記録を示すのでしょうね。

　このように，当時のアメリカ図書館現場では，ライブラリアンはアシスタントと2人という少ない人数で，夜間開館まで行うという多忙な業務をこなしていた。できるだけ開館日を多くするようにしたいと考えるティッコムの姿勢は，後のワシントン・カウンティでの図書館活動にも見られることである。目録作成業務を担当し，数多くの資料を知り得ていく中で，目録係からやがてはRPLの館長にまで地位をのぼりつめていった。そして，彼女の活動は，「慢性的な財政難にもかかわらず，10年間で蔵書数を3倍にした」[20]と後年ルートランドにおいて評価されている。

3.2　ヴァーモント州における指導的立場

　1894年，州法第37条875～882項として'フリー・パブリック・ライブラリーを促進するための法律'がヴァーモント州において制定された[21]。この法律によりヴァーモント州図書館委員会（Board of Library Commissioners of Vermont）が設置され，アーバン・A・ウッドベリー（Urban A. Woodbury, 1838-1915）ヴァーモント州知事により，5名の委

員が任命された。その委員の1人（事務局長）としてティッコムは任命された。委員会は，選書や目録，図書館の運営についての助言を行うとともに，図書館未設置の自治体に対し，図書を購入する資金を補助する役割を担うものであった。1896年夏にヴァーモント州図書館委員会は，州内5箇所で'フリー・パブリック・ライブラリーを促進するための法律'の周知や学校と図書館の関係の深さについて，教師向けに研修会を実施した。ティッコムは，この研修について「私たちは将来実を結ぶ何らかの種をまき，それが芽吹くことを期待している」[22]と述べ，教師の図書館への理解が広まっていくことで，図書館の設置促進に教師が協力してくれることを望んだのであった。その他にも，1897年のヴァーモント州図書館委員会とヴァーモント州図書館協会の共催の会議で，ティッコムは"小規模図書館における選書"[23]について講演したり，村の図書館に関する小論[24]を書いたりと図書館の設置に必要な基本的な考え方や知識を広める努力を行っていた。1899年には，ヴァーモントにおいて図書館の発展に寄与してきた，ヴァーモント州女性連盟（The State Federation of Women's Club）の人々に向けて，さらなる支援を求めるために"どうすればヴァーモント州婦人会はヴァーモント州図書館委員会を支援できるのであろうか"[25]と題した講演を行っている。こうした州の動きとティッコムによる活動は，ヴァーモント州における図書館の増設への誘導に繋がっていった。その状況は，1897-1898年に新たに11の図書館が設立されたという成果とまだ改善すべき点があることが，委員会の報告を引用した1899年の*Library Journal*1月号[26]の記事などからうかがうことができる。

　ティッコムは，ヴァーモント州図書館委員会の委員として，支援する立場のみならず，新しく設立される図書館で，排架予定の図書の分類や目録業務を行うなど，実務的な支援も行っている。例えば，1899年にはニューポートにあるグッドリッチ・メモリアル・ライブラリー（Goodrich Memorial Library）では，図書に分類を付与し[27]，冊子体目録を作成している[28]。

　また1900年7月，ティッコムは監督者（Supervision）としてラドロー・

図書館人物伝　外国人篇

フレッチャー・メモリアル・ライブラリー（Ludlow Fletcher Memorial Library）において，6,000 冊を超える図書を選書し購入した。8 月にラドローに来たティッコムは，購入した図書に分類を付与し，目録作成を担当するなど[29]の支援を行った。彼女は，こうした図書館設立支援に関わることで，新しい図書館の立ち上げ業務の経験を積んでいくこととなった[30]。

こうして，さまざまな支援を行っていったティッコムは，1899 年にヴァーモント州知事エドワード・クリス・スミス（Edward Curtis Smith, 1854-1925）から任命を受け，ヴァーモント州図書館振興機関の長（Vermont Library Commission）に就任し，州図書館界で指導的立場となっていった。当時，女性がヴァーモント州政府の管理職に就任することは，初めてのことであった[31]。この時期，ティッコムが長を務めたこの機関では，ヴァーモント州の図書館のための推薦図書リストを作成して配布するなど，図書館の充実に繋がる支援を引き続き行っていったのである[32]。以上のようなティッコムの州の機関を通じて行った図書館の設立と運営の指導に関するさまざまな活動は，当時から高く評価されていた[33]のである。

4. メリーランド州ワシントン・カウンティ・フリー・ライブラリー時代：1901-1932 年

ティッコムが，ヴァーモント州で活躍をしていた頃，メリーランド州のワシントン・カウンティでは，地元の有志により図書館が設置されようとしていた。その中心人物となったのが，エドワード・ミリィ（Edward W. Mealey, 1846-1911）である。彼は，WCFL 設立の立役者で，ハーバード大学に学び，ニューイングランド地方における公共図書館の発展をよく見知っていた人物であった。

WCFL の建設後，ミリィは，そこで担当する図書館長を探しに自然とニューイングランド地方へ赴いた[34]。その先でティッコムの噂を聞きつけ，彼女が図書館設立に関与した経験や運営能力を評価し，1901 年 2 月，図書館長として迎えた。

しかし,「住民は,よそ者よりも,メリーランド出身者でそこで居住している者に就任してもらいたがっていた」[35]という意見から見られるように,ミリィのこの人選に,すべてのワシントン・カウンティの住人が賛成したわけではなかった。地元の人が方が,地域の人々に心情的に受け入れられやすく,サービスも適切に実施されると考えられていたのかもしれない。だが,人々の心配をよそに,ティッコムは,「自らの時間を惜しんでまでその業務に従事した」[36]と評されるほど,その地で熱心に図書館活動を行い,人々に受け入れられていったのである。

4.1 WCFLでの取り組み

1901年8月27日,WCFLは開館した[37]。開館当初から,図書館への来館者は盛況であった。開館当初の状況については,拙著「米国メリーランド州おけるカウンティ・ライブラリー・システム導入と館外サービスの展開」[38]を参照されたい。

その状況を踏まえたティッコムは,カウンティの住民に向けて,さまざまな工夫をしながら積極的な図書館サービスを提供することに努めた。中でも特に力をいれたサービスが館外サービスであった。

4.1.1 馬車図書館の発案

WCFLが開館した当時,アメリカ図書館界において館外サービスの主な手段となっていたのは,メルヴィル・デューイ(Melvil Dewey, 1851-1931)により開始されたといわれる巡回文庫(Traveling Library)であった。デューイの巡回文庫は,鉄道などの運輸機関を用いて配本所まで運ばれた。そのため鉄道沿線など,運輸手段のある地域の配本所では,定期的に数十冊の図書を入れた箱(図書箱)が届けられていた。

WCFLにおいても,ティッコムが着任した当初からこの巡回文庫を導入し館外サービスを行っていた。ティッコムが館長として,導入した巡回文庫の配本所は,ほかの図書館と同様に,鉄道駅や停留所など人々が多く集まる地域に設けられていたため,公的交通機関が発達していない山間部や農村部に配本所が設けられることが少ないという特徴がみられ

た。また，山間部や農村部は，配本所が設けられたとしても，交通手段が未発達であり，住民が配本所まで出かけるのは容易ではなかった。そうして，山間部や農村部などの配本所から遠い地域に居住する人は，図書館サービスを享受できなかったのである。ティッコムは，山間部や農村部の多いワシントン・カウンティにおいて，配本所の図書があまり利用されていない状況に直面した。その状況から，配本所に人々がやって来ないことに気づいた。その問題を解決するために，カウンティ内にくまなく網羅した図書館サービスシステム基盤をつくるため，ほかの図書館の取り組みを調べ検討した[39]。その中で，ウィスコンシン州の巡回文庫において，交通網が未整備であった地域へ図書箱を届けるための運搬手段として馬車を用いている事例に着目した[40]。ティッコムは，運搬手段としてのこの馬車の機動性に気づき，この馬車で，さらに図書館サービスを柔軟にできないかと考え，馬車図書館を発案した。これが今日のアメリカにおける自動車図書館の起源となった。彼女は，'馬車図書館'をひとつの分館として'移動する図書館'と位置づけたのである。そして，巡回文庫には存在しなかった担当職員を配置し，巡回文庫よりも多い図書を比較的短い周期で提供していった。機動性のある馬車図書館の登場は，多くの図書を比較的短い周期で提供することで，選ぶことのできる図書の種類を増やすとともに，巡回文庫の配本所から遠い住民に届ける草の根の図書館サービスを行った点がそれまでの巡回文庫との大きな違いであった。また職員が地域の人々と直接接することで，地域の状態や人々がどういった図書を嗜好するかといった情報を把握する機会を図書館にもたらしたのである。

このティッコムの発案した馬車図書館は，「ティッコムはデューイの巡回文庫の考えをさらに広げたものであった」[41]と指摘されたように，巡回文庫の問題点を解決するための画期的な図書館サービス手段であったといえる。

4.1.2 子どもに向けたサービス

ティッコムは，1903年，WCFLに成人閲覧室とは別に児童室を設け，

児童サービスに取り組み始める。彼女は,「私たちは子ども専用のカード目録を作成していないが,子ども向け図書のために,カード目録に色がついたものを利用している。児童は黄色のカード,12歳から18歳は青いカードである。」[42]と子どもが図書館の資料にアクセスしやすいような工夫を行っている。これは,目録作成の豊富な経験とともに,ティッコムが子ども好きであった[43]ことも影響している。

また館外サービスの一環として,学校に向け巡回文庫を送付し,子どもたちへ読書材の提供に努めた。これは,公共図書館が学校を支援する一事例として比較的早いものといえるであろう。

4.2 アメリカ図書館協会などでの積極的な報告

馬車図書館を開始したティッコムは,その取り組みについて,ALAの年次総会をはじめとして,各地の図書館研修会で報告や講演を行い周知に努めていった。

4.2.1 馬車図書館の取り組みの紹介

ティッコムは,馬車図書館を開始した1905年のALAポートランド年次総会(Portland Conference)において,"図書館発展の第一ステップとしての巡回文庫"と題する議論の中で発言した。そこで彼女は,馬車図書館を開始したこと,利用の盛況な状況をいち早く紹介している[44]。

また翌1906年1月8日,フィラデルフィアのペンシルヴァニア・ライブラリー・クラブ(Pennsylvania Library Club)において,ティッコムは講演を行った[45]。この講演で,ティッコムは,WCFLの立地条件を説明し,開館までの経緯や巡回文庫の開始,馬車図書館の導入という地域の人々のおかれた状況を踏まえながら,図書館サービスを改善してきた事実を紹介している。

4.2.2 1909年ブレトンウッズ年次総会での報告

1909年6月26日から7月3日まで開催されたALAブレトンウッズ年次総会(Breton Woods Conference)において,ティッコムは馬車図書館

に関する2つの報告を行った。ティッコムは「私たちは図書館へ来る人々を待っているだけではいけない。私たち自身が利用者のもとへ出向いていかなければならない」[46]と主張した。彼女の報告のひとつは, 6月29日の第2全体会 (Second General Session) において "A County Library" [47]と題し, 馬車図書館の形態やサービス対象範囲などについて紹介した[48]。ふたつめの報告は, 7月3日のALAの関連団体 (Affiliates) 図書館委員会連盟 (League of Library Commission) において "On the Trail of the Book Wagon" [49]と題し, 馬車図書館の担当職員であるトマス・ジョシュアの役割と取り組みを紹介している[50]。

　この時の主張をティッコムは冊子にまとめ, 活動の詳細を理解してもらうためにアメリカ図書館界の人々に送付した。送付先であったマサチューセッツ州公共図書館委員会 (Free Public Library Commission of Massachusetts) のメンバーであるロウ (John Adams Lowe) の礼状に,「あなたの行った馬車図書館の取り組みをアメリカのライブラリアンが関心を持つであろう」[51]と書かれていたように, ティッコムの取り組みに対し, ペンシルヴァニア州[52]の図書館などから馬車図書館に関心を示す内容の書簡が送られてきた。マサチューセッツ州のイートン・クレイン・アンド・パイク社 (Eaton Crane & Pike Company) からは, 社内報に掲載したいので馬車図書館の写真と記事を掲載させてほしいとの許可をもとめる書簡[53]が送られてきた。さらに, 国外のスイス中央図書館長ハーマン・エッシャー (D. D Hermann Escher) からも「馬車図書館の情報を求む」[54]といった内容の電報が届けられた。ティッコムのもとに寄せられた数々の書簡は, 全米の図書館とともに, 国外の図書館からも注目を集めていたことを表している。

4.2.3 1916年アズベリー・パーク年次総会における発言

　1916年ALAアズベリー・パーク年次総会 (Asbury Park Conference) では, 図書館委員会連盟の第2セッションで, 巡回文庫の諸問題 (Traveling Library Problems) が取り上げられた。この会議の進行役であるペンシルベニア州のマクドナルド (Anna A. Macdnald) が, 議論の口火を切り,

ティッコムに「巡回文庫センターを通じての図書館サービスを全域に広げていくことが図書館委員会（Library Commission）に可能であるか」[55]と疑問を投げかけた。

　それに対し，ティッコムは，巡回文庫を地域に送り出すことでそれぞれのコミュニティの理解を深める利点についての説明をおこなった。しかし，一方では，均一したサービスを提供する問題点についても触れ，同じサービスを異なる地域で行っても同一の評価を得ることはできない点をフィールドワーク調査から明らかにした点を述べている。さらに1番の問題点として，巡回文庫でそれぞれのコミュニティに運ばれる資料の蔵書構成について，以下の問題点を指摘している。このサービスを行う人たちは，自分の関心のあるテーマのものを巡回文庫に詰めることが多いが，そのため現場に出向きコミュニティでサービスを提供した時，利用者が本に対して関心を示さないことが多い。ティッコムは，「真の図書館サービスを願うならば，多数の固定されたコレクションという概念をやめなければならない」[56]と述べている点から，コミュニティに適したサービスを行っていない点が問題であり，それぞれのグループに適したコレクションを提供し，個人のニーズにあったものを提供しなければならないことを示唆している。

4.2.4 異なるメディアにおけるティッコムの紹介

　そのほかにも彼女のこの取り組みは *Country Life In America*[57]，*The Farming Business*[58]，*New York Globe*[59]，*McCall's Magazine*[60]，*The American City*[61]，*The Atlanta Journal*[62] などに掲載された。それらの多くの記事は，ティッコムの馬車図書館における活動を紹介している。このような様々な新聞や雑誌に掲載され，紹介されたことは，人の目に馬車図書館の存在を知らせる契機となった。それを見た人からの問い合わせがあるなど，多くの人との繋がりを持つことができたのである。実際，彼女は「図書を巡回させることでいろいろなものが得られた。人々の関係が結ばれた。図書を運ぶことは私たちの仕事であるが，それ以外の利益をも人々にもたらすであろう」[63]と表現している。

また,小冊子 Book wagons - The county library with rural book delivery[64] において,馬車図書館を走らせることは「図書館の存在に気づいてもらう PR を目的としてこの活動は行われていた」[65] と示唆している。このことは,コミュニティに図書館というものを知ってもらうための手段のひとつとなっていたのである。その目的は,後のアウトリーチサービス (Outreach Service) にも引き継がれている理念であると思われる。

4.3 アメリカ図書館協会での活躍

ティッコムは,馬車図書館の重要性を図書館関係者に報告する一方で,ALA の活動を支える立場にも就いた。1914年,ALA の2名いる副会長 (Second vice-president) のうちの1人に就任し,1915年には ALA 評議会により図書館教育部会長に就任するなど,アメリカ図書館界で重要な立場を担っていった。また,ALA で取り組まれていた第一次世界大戦を背景とする戦争サービスにも深く関与していた。

4.3.1 戦争サービス

第一次世界大戦が始まると ALA は,戦争サービスの取り組みを開始した。ティッコムも WCFL において,いくつかの取り組みを開始した。その柱のひとつが,戦地への情報提供で,もうひとつの柱がカウンティの住民に対して戦争に関連する情報の提供であった。ティッコムは戦地に情報提供をするために,「たくさんの図書がすでに寄付されているが,さらにたくさんのものが必要である。市民がこのためにそれぞれの家庭にある図書を寄贈してくれることが望みである。あなたの家にある入用でない図書を兵士のために役立てましょう」[66] というスローガンを含めた戦争サービスの取り組みを地元の新聞で取り上げてもらっている。

1918年 "戦争に勝つ支援をするための図書館" というセッションで開催されたシンポジウムの一部で,ティッコムはカウンティの住民に対する取り組みを報告している[67]。彼女は,戦争に勝つためにカウンティや地方の図書館ではどのようなことすればよいかを取り上げ,「1914年8月現在,十分な状態でなく不揃いの戦争の本が展示された。その展示に際

し，人々の不安な気持ちを打ち消すためにも"The Great War"という文字が黒で印刷された。ベルンハルト（Bernhard）の注目すべきドイツ政策の本を読むことを奨励した」[68]。とドイツについての各種資料を提供し，ドイツを理解させる図書館の試みを紹介した。

さらに不安な気持ちを取り除くために資料構成は，道徳に関するもの，教会に関する恐怖や不安を取り除く資料などをより多く取り揃えており，1,000冊以上のパンフレットを自動車図書館で巡回しサービスを実施していた。ティッコムの「コミュニティ内の戦争への取り組みに従事できるのは，図書館だけである」[69]という言葉に端的に表されているように，戦時における図書館の役割がコミュニティへ戦争に関する情報と戦争に対する不安を和らげるための資料を届けることであると彼女は認識していたのである。

その後ALAの一員であるティッコムは，軍に協力する戦争サービスとして，レブンワース駐屯地（Fort Leavenworth）での図書館サービス担当者に推薦された。ティッコムが行った戦争サービス活動は，"カンザス州レヴェンワース駐屯地での日々"[70]として報告されている。このほか，彼女は，サウスカロライナ州チャールストーンの第六海軍区で10ヶ月間にわたり図書コレクションの形成などを担当し戦争サービスに従事した。

その取り組み姿勢は，「彼女の強い愛国心は，戦争中のサービスに取り組む姿勢を通して窺われる」[71]と評された。このような評価は，ALA戦争サービス委員会（War Service Committee）の委員として活動し[72]，後に委員長に就くことを嘱望されていたこと[73]からも窺うことができる。

4.3.2 本をすべての人に届けるためのPR 'Books for Everybody'

1919年から開始されたALAの運動'Books for Everybody'を受け，ティッコムは，このプログラムの拡大に向け，すべての人々へ本を届けるサービスを強くアピールしはじめるようになる[74]。ティッコムが任命を受け，彼女に任されていた対象地区は，全米を10地域に分けたなかのアメリカ中部大西洋岸地区であった。その担当地区にはニューヨーク州・

デラウェア州・ペンシルヴァニア州・ニュージャージ州・コロンビア州・メリーランド州が含まれていた。

しかし，'Books for Everybody' の取り組みは，1920年10月のALA理事会で中止が決定してしまい[75]，ティッコムの取り組みも道半ばで閉ざされてしまうのであった。

4.4 WCFLにおける図書館教育

ティッコムは，1924年，WCFLにライブラリアンのためのライブラリー・トレーニング・クラスを設置し，基礎的な図書館教育を実施した。このクラスは，図書館の管理職に向けられたものではなく，カウンティ・ライブラリーに就職を望む女性に対し基礎的な図書館教育をする目的で実施された。同時期には，ほかの図書館でもその図書館の職員のためにトレーニングクラスを設けることはあったが，WCFLのように誰にでも開かれていたわけではなかった。ティッコムは，門戸を広げることで自らと同じように実務的な経験から図書館の知識や経験を積み，図書館サービスを担う人材を多く輩出することを望んでいたと考えられる。

WCFLのクラスには，夜間コース，夏期コース，10月1日から翌年の6月1日までの8ヶ月間のコースの3つのコースが設けられ，定員は年12名とされた。受講生達は，どのような図書館資料を選書すべきかなどの内容の教授を受けたり，秋と春にWCFLやその分館で自動車図書館等での実習を行ったり[76]と実践的な方法で図書館に関する知識を体得していった。このトレーニングコースを修了した受講生であった女性たちは，メリーランド州，ヴァージニア州，ウェストヴァージニア州，ジョージア州，ペンシルヴァニア州へ戻っていき，ライブラリアンとして図書館サービスを行った[77]。このトレーニングクラスは，ティッコムが亡くなる1931年まで続けられ，60名余りの修了者を出している[78]。

4.5 WCFL勤続25周年記念祝賀式典

1926年2月1日は，WCFLにおいて，ティッコムの勤続25周年を記念する式典が開催された[79]。ティッコムは，WCFLにやって来て以来，カ

ウンティのすべて人々ために図書館サービスを届けようとしてきた。その 25 年にわたる取り組みが高く評価されたのであった。式典には，ワシントン・カウンティの行政，市議会，市民などの関係者だけでなく，多くの図書館関係者が集まった。さらに，ALA の事務局長であったカール・マイラム（Carl Hasting Milam）[80] やボストン公共図書館のマーレス・ベルデン（Marles F. D. Belden）館長[81]，ニューヨーク公共図書館のアンダーソン（E. H. Anderson）館長[82]，セントルイス公共図書館のアーサー・ボストウィック（Arthur E Bostwick）館長[83]，ワシントン D. C. 公共図書館長ジョージ・ボウエットマン（George F. Bowetman）[84]，ニューアーク公共図書館のジョン・コットン・ディナ（John Cotton Dena）[85] などをはじめとして，ティッコムの取り組みを賞賛する祝報が，ティッコム宛に送られてきた。式典において，ティッコムは表彰され，記念品として顕彰文の刻まれた銀の水差しと 750 ドルの小切手などが贈られた。その小切手を原資にティッコムは，ヨーロッパ旅行にでかけ，最初にイギリスのロンドンに行き，次にフランスのパリへと赴いた。しかし，彼女はパリの街で人に声をかけても信用されず，不愉快な思いでワシントン・カウンティへと戻ってきた。

また，同年の 8 月 27 日，WCFL が開館 25 周年を迎えたことを記念した式典もティッコムの勤続 25 周年のときと同様，WCFL で盛大に催されている。

4．6　その後（逝去）

ティッコムは，長い病床生活の末，1931 年 6 月 5 日，夜 7 時半に自宅で息を引き取った。彼女は，最初に図書館に携わった地であるマサチューセッツ州コンコードにあるスリーピーホロウ共同墓地（Sleepy Hollow）に埋葬されている。彼女が亡くなったことは，地元の新聞やその月の *Library Journal*[86] で報道された。WCFL には，彼女が亡くなったことを知った，ワシントン D. C. の公共図書館長ボウエットマン[87]，ALA 事務局長マイラム[88]，議会図書館からハーバート・パトナム[89]，ニューベリー公共図書館からウトレイ（George B. Utley）[90] など，各地の図書館

から弔意の書簡が送られている。彼女は生涯独身であったが,必ずしも孤独ではなかったといえる。彼女の愛情は,家庭には向けられなかったが,すべてのワシントン・カウンティに住む人々にそそがれていたという点は確かである。そして,彼女は人々のために役立つサービスを提供しつづけることをやめなかった。この31年間を通じて,絶えず計画を行い,さらなる発展したサービスを行えるよう努めた。彼女の取り組みのかいもあり,ヘーガーズタウンは,図書を愛する人々のための中心地として,全米的に評判を得ることとなった[91]。

5. 結びに

　ティッコムの死後も,彼女の取り組みについては,2005年9月7日,オハイオ州コロンバスで開催されたABOS (Association Bookmobile Outreach Service) の年次総会において,WCFL現館長,メアリー・ベイコン (Mary Baykon) による "Celebrating 100 Years of Bookmobile Service" と題する講演などで紹介され続けている。講演のみならず,ワシントンポスト紙[92]や図書館情報学のテキストでも取り上げられている[93]。また,ローラ・ブッシュ大統領夫人からも馬車図書館開始100周年を祝した書簡がWCFLに届けられている[94]。このように彼女の取り組みは,図書館サービス,とりわけ館外サービスやアウトリーチ・サービスを語る上で外すことはできない功績と評価されている。

　馬車図書館に現れた'人々のための図書館'という彼女の行動の根底にある思想は,戦争サービスやライブラリアン・トレーニングといった活動にも色濃く反映されている。それにとどまらず,彼女の思想は,現在のアメリカ図書館界における館外サービスやアウトリーチ・サービスを支える思想にまで通底していると思われる。さらに,ティッコムが,馬車図書館を発案し活動を行うことで,全米各地の自動車図書館の発展の素地をつくり,広めたことは,アメリカ図書館史上特筆すべきことである。

注

1) Wilkinson, Mary S. "Mary L. Titcomb,". Danton, *Pioneering Leaders in Librarianship*. Boston, Gregg Press, 1972, p. 179-187. [Reprinted Edition]
2) Braunagel Judith. "Titcomb, Mary Lemist,". *Dictionary of American Library Biography*. Littleton, Libraries Unlimited, 1978, p. 518-519.
3) Marcum, Deanna B. *Good books in a country home : the public library as cultural force in Hagerstown, Maryland, 1878-1920*. Westport, Greenwood Press, 1994, 194p.
4) 目録未作成のまま資料の多くは, 大きなスクラップブックに貼り付けられている。本稿において, WCFL 所蔵の書簡について Titcomb, Mary Lemist 宛のものは, 単に Titcomb 宛とした。
5) ティッコムの母は, ジョージ・アルフレッド・ティッコムとの婚姻により, ランカスターからティッコムに姓を変えている。
6) Titcomb, Gilbert M. *Descendants of William Titcomb of Newbury, Massachusetts, 1635*. Ann arbor, Edwards Brothers Inc., 1969, p. 163-166.
7) Zeigler, Folra B. "A pen sketch of Hagerstown's librarian," The Builder. 1913-11-15, p. 5, 8.
8) The Robinson Seminary History Committee. On Ever Robinson. Portsmouth, Center for Graphic Communication., 1988, p. 1-13.
9) *Seventh Annual Catalogue Robinson Female Seminary*. Exeter, News-Letter Press, 1876, p. 13-14.
10) *Ibid*.
11) Marcum, *op. cit.*, p. 66.
12) *Seventh Annual Catalogue Robinson Female Seminary. op. cit.*, p. 12.
13) Zeigler, *op. cit.*
14) Braunagel, Judith. *Mary Lemist Titcomb 1857-1932*. (WCFL 所蔵)
15) Concord Free Public Library. *CHARLES H.WALCOTT PAPERS*, [ca.1875] -1901 [online]. Concord, Massachusetts, 2000 [cited 2006-8-11] 〈URL：http://www.concordnet.org/library/scollect/Fin_Aids/C_A_Walcott.html〉
16) Hance, Dawn D. "The Rutland Free library," *Rutland Historical Society Quarterly*. Vol. 16, No. 3, 1986, p. 34.
17) メモリアル・ホールの1階は図書館, 2階が南北戦争博物館になっていた。
18) Titcomb, Mary L. "Women as Library Workers," *Library Journal*. Vol. 18, No. 8, 1893, p. 279.
19) Chief Librarian. "The Health of Female Assistants," *Library Journal*. Vol. 18, No. 6, 1893, p. 178.
20) Sherman, Jake. *1886-1986 : 100 years of service : essays prepared for the*

centennial of the Rutland Free Library.（Rutland Free Library Vermont Room所蔵）
21) *First Biennial Report of the Board of Library Commissioners of Vermont 1895-96.* Burington. Free Press Association Printers, 1896, p. 5-25.
22) "State Library Commissioners," *Library Journal.* Vol. 22, No. 9, 1897, p. 443.
23) "Joint Meeting with Vermont Library Association," *Library Journal.* Vol. 23, No. 3, 1898, p. 119.
24) "Library Economy and History," *Library Journal.* Vol. 22, No. 1, 1897, p. 204.
25) "State Library Association," *Library Journal.* Vol. 24, No. 12, 1899, p. 680.
26) "State Library Commissioners," *Library Journal.* Vol. 24, No. 1, 1899, p. 23.
27) Goodrich Memorial Library. *History of the Library*［online］. Newport, Vermont, 2005［cited 2006-8-11］〈URL：http://www.goodrichlibrary.org / history.htm〉
28) Gibson, Charlotte C. *Classified List of Books in the Fletcher Memorial Library.* Ludlow, The Vermont Tribune, 1901, p. 4.
29) *The Books of the Fletcher Memorial Library.* Ludlow, The Vermont Tribune, 1902, p. 12-13.
30) "Women in the Library profession," *Library Journal.* Vol. 45, No. 14, 1920, p. 639.
31) Zeigler, *op. cit.*
32) "State Library Commissioners," *Library Journal.* Vol. 24, No. 7, 1899, p. 484.
33) "Librarians," *Library Journal.* Vol. 26, No. 1, 1901, p. 40.
34) Byron, Joseph C. "Foreword," *50th Anniversary The Washington County Free Library 1901-1951.* Hagerstown, Washington County Free Library, 1951, p. 4.
35) Braunagel, *Mary Lemist Titcomb 1857-1932. op. cit.*
36) *Ibid.*
37) Washington County Free Library. *Washington County Free Library at Hagerstown, Maryland. 1st Annual Report for the Year ending Oct. 1st,1902.* Hagerstown, Maryland, Morning Herald, 1902, p. 4.
38) 拙稿「米国メリーランド州おけるカウンティ・ライブラリー・システム導入と館外サービスの展開（1896-1916）―ワシントン・カウンティの事例から―」『図書館文化史研究』No. 23, 2006, p. 109-123.
39) Washington County Free Library. *Washington County Free Library at Hagerstown, Maryland. 3rd Annual Report 1903-1904.* Hagerstown, Maryland, Morning Herald, 1904, p. 7.
40) Stearns, Lutie Eugenia. *Traveling libraries in Wisconsin with directory of stations* Madison, Wisconsin, Wisconsin Free Library Commission, 1910, 41p.
41) Greene, Julie E. "News Plus," *The Herald Mail.* 2006-3-26, Section E.
42) "Round Table Discussion on Classification and Cataloging of Children'Books," *Library Journal.* Vol. 27, No. 7, 1902, p. 223-224.

43) Zeigler, *op. cit.*
44) "Traveling Library as a first step in Library Development," *Library Journal*. Vol. 30, No. 9, 1905, p. 161.
45) Titcomb, Mary Lemist. "How a small library supplies a large number of people with books," *Library Journal*. Vol. 31, No. 2, 1906, p. 51-54.
46) Mary Titcomb, "A County Library," Unpublished paper delivered at the American Library Association, Bretton Woods, New Hampshire, 1909, p. 6.
47) *Ibid.*
48) "Papers and Proceedings of the Thirty-First Annual Meeting of the America Library Association Held at Bretton Woods, New Hampshire," American Library Association, 1909, p. 140, 150-152.
49) Mary Titcomb, "On the Trail of the Book Wagon," Unpublished paper delivered at the American Library Association, Bretton Woods, New Hampshire, 1909.
50) "Papers and Proceedings of the Thirty-First Annual Meeting of the America Library Association Held at Bretton Woods, New Hampshire," *op. cit.*, p337, 354-355.
51) Lowe, John A 発, Titcomb 宛, 1915年12月8日付書簡（WCFL 所蔵）
52) Maule, John C 発, Titcomb 宛, 1916年2月19日付書簡（WCFL 所蔵）
53) Eaton Crane & Pike Company 発, Titcomb 宛, 1917年2月8日付書簡（WCFL 所蔵）
54) Escher, D. D Hermann 発, Titcomb 宛, 1919年11月3日付電報（WCFL 所蔵）
55) *Bulletin of the American Library Association*. Vol. 10, No. 4, 1916, p. 454-455.
56) *Ibid.*
57) Wylie, Dalton. "Taking the Library to the People," *Country Life In America*. 1913, p. 66.
58) Gray, Grace Viall. "The Public Library on Wheels," *The Farming Business*. 1916, p. 677.
59) "Book Wagon Woman Here," *New York Globe*. 1920-2-11
60) Frank, Mary. "Books Will Find You Out," *McCall's Magazine*. 1920, p. 16.
61) Tappert, Katherine. "Books at Work in Washington County, Maryland," *The American City*. Vol. 22. No. 1, 1920, p. 25-27.
62) "Library Institute Holds Session at Carnegie Library," *The Atlanta Journal*. 1921-3-31
63) Breen, Mary H. "The Traveling library Service of the New York Public Library in Richmond and the Bronx : A Descriptive History." Master's thesis, Pratt Institute, 1951, 58p.
64) Titcomb, Mary Lemist. and Frank, Mary. *Book wagons -The county library with rural book delivery* Chicago, American Library Association, 1922, 12p.
65) *Ibid.*, p. 4.
66) "Books and Other Reading Material Asked for Soldier," *Daily mail*. 1917-7-31

67) Titcomb, Mary Lemist. "What the County and Rural Library is Doing to help Win the War," *Bulletin of the American Library Association*. Chicago, American Library Association, 1918, p. 187-188.
68) *Ibid*.
69) Judith Braunagel. *op. cit.*
70) Titcomb, Mary Lemist. "A Day at fort Leavenworth," *Bulletin of the American Library Association*. Chicago, American Library Association, 1918, p. 241-242.
71) Bowker R. R. "Women in the Library Profession" *Library Journal*. Vol. 45, No. 14, 1920. 8, p. 639.
72) *Ibid*.
73) Utley, George B 発, Titcomb 宛, 1919 年 8 月 6 日付書簡.（WCFL 所蔵）
74) "Regional Directors of the A. L. A. "Books for Everybody" Appeal," *Library Journal*. Vol. 45, No. 4, 1920, p. 173.
75) "Library Organizations," *Library Journal*. Vol. 45, No. 18, 1920, p. 842-843. なお、理事会で中止した経緯については、山本順一「アメリカ図書館協会の歴史」『図書館史研究』No. 9, 1992, p. 24-26. を参照されたい。
76) Titcomb, Mary Lemist. "Training for the County Library Work," *Library Journal*. Vol. 50, No. 2, 1925, p. 76.
77) Titcomb, Mary Lemist "Story of the Washington County Free Library," *The Washington County Free Library 1901-1951*. Hagerstown, Washington County Free Library, 1951, p. 22-23.
78) 無署名タイプ資料 5 枚（WCFL 所蔵）
79) Titcomb, Mary Lemist "Story of the Washington County Free Library," *op. cit.*
80) Milam, Carl Hasting 発, Titcomb 宛, 1926 年 5 月 21 日付書簡（WCFL 所蔵）
81) Belden, Marles F. D 発, Titcomb 宛, 1926 年 1 月 28 日付書簡（WCFL 所蔵）
82) Anderson, E. H 発, Titcomb 宛, 1926 年 1 月 29 日付書簡（WCFL 所蔵）
83) Bostwick, Arthur E 発, Titcomb 宛, 1926 年 1 月 30 日付書簡（WCFL 所蔵）
84) Bowetman, George F 発, Titcomb 宛, 1926 年 2 月 5 日付書簡（WCFL 所蔵）
85) Dena, John Cotton 発, Titcomb 宛, 1926 年 1 月 29 日付書簡（WCFL 所蔵）
86) "Among Librarians," *Library Journal*. Vol. 57, No. 12, 1932. 6, p. 588.
87) Bowetman, George F 発, Hamilton, William T 宛, 1932 年 6 月 7 日付書簡（WCFL 所蔵）
88) Milam, Carl Hasting 発, Hamilton, William T 宛, 1932 年 6 月 8 日付書簡（WCFL 所蔵）
89) Putnam, George Herbert 発, Hamilton, William T 宛, 1932 年 6 月 9 日付書簡（WCFL 所蔵）
90) Utley, George B 発, Hamilton, William T 宛, 1932 年 6 月 9 日付書簡（WCFL 所蔵）
91) "Miss Titcomb Dies Following a Long Illness," *Morning Herald*. 1932-6-5

92) "You Can't Judge a Book by The Buggy," *Washington Post*. 2005-4-13, Section C-16.
93) Fourie, Denise K. and Dowell, David R. *Libraries in the Information Age : An Introduction and Career Exploration.* Greenwood Village, Libraries Unimited, 2002, p. 31.
94) Bush, Laura Welch 発, Washington County Free Library 宛, 2005 年 5 月 19 日付書簡（WCFL 所蔵）

ピアス・バトラーの図書館学における理論と実践

—書物観を中心に—

Theory and Practice in Pierce Butler's Librarianship :
Focus on His Thinking About Books

若松　昭子
（聖学院大学）

ピアス・バトラー（Pierce Butler）
　1884年　シカゴ市郊外に生まれる
　1916年　ニューベリー図書館就職
　1920年　ニューベリー図書館ウィング財団キュレーター
　1931年　シカゴ大学大学院教授
　1953年　死去

---

1. はじめに

　アメリカの図書館学者ピアス・バトラー（Pierce Butler[1]）は20世紀初頭におけるシカゴ大学大学院図書館学研究科（The Graduate Library School at The University of Chicago：以下 GLS と略す）の開設時スタッフの一人である。彼は，1928年からの非常勤の時期も含めると約24年間，GLS において書誌学や印刷史・学識史を中心とした研究教育に力を注ぐとともに，図書館学を一つの学問分野として発展させるための試論を提

— 347 —

示した。彼の後年の論文は、戦後間もないわが国の図書館学教育の中でも教科書の一つとして取り上げられ読まれていた。従来、図書館学の分野でバトラーが論じられる際には、このシカゴ大学時代における彼の著作が基本となることが多い。特に、彼の代表著作と言われている『図書館学序説』(*An introduction to library science*) [2] は、それまでのLibrary Economyに対し、Library Scienceを提唱したGLSの思想を代弁する作品と見なされており、様々な評価がなされてきた。とりわけ、図書館学の科学的基礎づけという観点からは大きく意見が分かれている。

例えば、バトラーが重視したのは実証的な社会科学の方法であり、同書はGLSにおける図書館学研究の実証主義的傾向を強めた要因であったとする見方[3),4),5)]がある。一方で、バトラーの功績はむしろ近代科学批判にあったとして近年の計量的研究の偏重に対する批判的立場から彼を評価する研究者もいる[6),7)]。このような評価の違いは、バトラーの科学観に対する研究者のとらえ方の相違に基づくものと考えられる。簡略化すれば、前者が、バトラーの図書館学は計量的、実証的科学を支持するものとのみ見なしているのに対して、後者は、バトラーは科学的方法という狭い基盤の上だけではなく人文学を含む広い基盤の上に図書館学発展の可能性を見出している、という見方を示している。

バトラーの人文学的な基盤とはどのようなものをさすのだろうか。シカゴ大学時代にバトラーが著した論文には、「学識」という語がしばしばキーワードとして登場する。筆者は、バトラーの図書館学は科学論よりもむしろこの学識論、特に書物論を中核とする学識論の延長線上に成立していたのではないかと考えている。そして、バトラーの図書館学を理解するためには、方法論や科学論を中心とした議論ばかりではなく、学識論を含むより広い観点から考察が行われるべきであると考える。

バトラーは、GLSへ移る前の1920年代から1930年代のはじめにかけて、シカゴにあるニューベリー図書館 (The Newberry Library) の、特殊コレクション部門であるウィング財団 (The John M. Wing Foundation) のキュレーターとなり、印刷史コレクションとして著名なウィング・コレクション[8]の基礎作りに尽力した。バトラーは、印刷史のなかでも特

に初期印刷期の図書収集に力を入れた。ウィング・コレクションに含まれる約 2,000 種のインクナブラ[9]の大半は、バトラー自らが吟味選択の上収集したものである。今日、このコレクションは、書誌学や書物史分野の研究を支える貴重な資料として高い評価をうけている。

パーゲリス (Stanley Pargellis) や藤野幸雄は、バトラーの図書館学の基礎が形成されたのはこのニューベリー時代であると見なしている[10), 11)]。バトラーの図書館学の中核である学識論の基礎もまたこの時期に育まれたとするならば、バトラー図書館学の解釈と評価は、この時期のバトラーの実践を検証し、その意義や彼の理論との結びつきを踏まえて、総合的に検討されることが必要であろう。バトラーはウィング・コレクションをどのような意図で構築しようとしたのか、それはどのような方法で実現されたのか、またコレクションは結果としてどのような価値があるのか、これらの諸課題を明らかにすることによって、バトラー図書館学の解釈に新たな視点を加味することができるのではないかと考える。

以上の理由から、筆者は、バトラーのシカゴ大学以前の、すなわちニューベリー図書館時代の彼の業績を中心に検討を行ってきた[12), 13)]。その結果、バトラーは同館の印刷史コレクションを形成していく上で、印刷術が与えた書物文化への影響とその足跡を求めてインクナブラの収集に力を入れたこと、さらにこのインクナブラ・コレクションには、印刷術の出現とそれによって起こったと考えられる社会の変化の諸相を具現化したいというバトラーの意図がこめられていたこともわかった。バトラーの関心は、印刷術の普及に伴って現れた、活字体の変化、標題紙の登場、書物形態の変化といった分析書誌学的な変化の側面だけではなく、研究活動の増大、母国語の標準化、新学問分野の発展など、より広範な視野へと及んでいた。バトラーの図書館学の基礎にあると思われるこの書物観は、印刷術発明の社会的・文化的な影響を人間精神や社会構造の変化として解き明かそうとした 20 世紀後半のメディア学者たちの著作のなかにも見出すことができる。

本研究では、近年の書物史研究との関連性に言及しつつ、バトラーの

書物観を通して彼の図書館学の輪郭を明らかにし,その今日的な意義を考察する。

2. バトラーの書物史研究の方向性

18世紀のヨーロッパにおいて,インクナブラの編年順目録の編纂が開始された。しかし,インクナブラの場合,多くは印刷者,印刷地,印刷年月日の記述がなく,個々の図書が印刷された場所や年代を確定することは困難であった。そこで,インクナブラの活字の変遷を手がかりとして,それらを明らかにしようとする動きがイギリスとオランダで起こった。インクナブラの歴史的な研究に科学的な方法をとり入れようとする試みは,19世紀後半,ケンブリッジ大学図書館員のH・ブラッドショー (Henry Bradshaw, 1831-86) によって体系化された。即ち,インクナブラの活字や商標の分析を通して,それまで不明であった印刷者,印刷地,印刷年月日が同定され,またそれによって印刷術の伝播過程が明らかにされたのである。彼の試みは,書誌学に新しい分野を開く転換点として評価されている。

大英博物館のR・プロクター (Robert G. C. Proctor, 1868-1903) は,ブラッドショーの試みを基にヨーロッパにおける印刷術の伝播過程を明らかにしようと,同館が所蔵する約8,000点のインクナブラの活字を調査した。その結果,大英博物館のインクナブラは印刷史の観点から再編成された。このため大英博物館のインクナブラ目録[14]は印刷術の歴史地理的なプロセスを辿ることができるような配列編成となっている。彼の死後,作業は同僚のA・ポラード (Alfred W. Pollard, 1859-1944) に引き継がれた。バトラーは,このプロクターの成果を基に,初期印刷史を再現するコレクションを構築したのである。

この新しい試みは20世紀初頭のイギリスにおいて学問として確立された。この確立に貢献したのが,ポラード,グレッグ (Walter W. Greg, 1875-1959),マッケロー (Ronald B. McKerrow, 1872-1940) である。彼等は,次第に,分析書誌学の研究の対象をインクナブラ以外にも拡大していった。それらの代表的な研究には,グレッグによるシェークスピア

作品の出版年調査[15]や，J・カーター（John Carter）とG・ポラード（Graham Pollard）による『19世紀の小冊子類の本質に関する研究』[16]などがある。書物の物理的な問題に関する知識がテクスト解明に有効であると述べたマッケローの『書誌学入門』[17]は，40年間にわたってこの分野の基本的な教科書となった。

インクナブラの研究に端を発した分析書誌学は，こうして，次第に研究の対象を近現代の書物へと拡張し，それにともなって研究の中心も本文批評（textual criticism）へと推移していった。現在では，世界の国々で，書物の造本行程やテクストの編集行程に関する検討が行われている。インクナブラを研究対象としていた草創期の分析書誌学が，物理的であると同時に歴史的な特性を有していたのに対して，当該学問の発展に伴って次第にその内容は，書物形態についてのより細密で物理的なものへと特化していったと言えよう。

1920年代，バトラーはニューベリー図書館においてインクナブラの収集を行った。実際の収集活動にあたって，バトラーが終始指針としたのは分析書誌学の創始者の一人，プロクターが考案した歴史地理的な分類法であった。バトラーは，分析書誌学の新しい研究成果を自分の実践に応用したのである。その結果，ウィング財団インクナブラ・コレクションには，活字体の変遷の様子や，書物が写本から標題紙等の機能を備えた近代的な形態へと変化していく様子を，具体的にたどれるような痕跡を残すインクナブラが優先的に購入された。即ち，バトラーは当時発展期にあった分析書誌学の研究成果を応用することによって，印刷術の歴史地理的な伝播過程，および近代的な書物の形成過程という二つの歴史を具現化したのである。

この時期は彼にとって，分析書誌学や初期印刷史に関する知識の習得期であったとみなすことができる。印刷術やインクナブラ関係の彼の業績のほとんどがこの時期のものである。ニューベリー時代のバトラーは，インクナブラ目録の編纂や，インクナブラ展示会の開催などにも積極的で，3度のニューベリー図書館所蔵インクナブラ目録の刊行と，2度のインクナブラ展示会の企画および展示図書目録作成を行った。この時期の

バトラーは,アメリカ書誌学会（The Bibliographical Society of America）とのつながりも密であり，インクナブラ展示会の一つは当該学会のために企画されたものであった。当時のバトラーの主な3論文[18],[19],[20]のうち，2編は学会の会報誌に掲載されている。

しかし，展示会の構成とその内容から読み取れるバトラーの関心は，分析書誌学が研究対象としたような，活字体の変遷，書物形態の変化，印刷術の伝播過程という狭義の印刷史にとどまらなかった。バトラーは，印刷の起源を文化史的な側面から意義付けることにも関心を向けていた。その文化史的側面の具体例とは，書物の普及，研究活動の増大，新学問分野の発展といった，印刷術が社会へ及ぼした様々な影響であり，その結果として生じた文化的変化であった。

1930年代は，バトラーにとって分析書誌学やインクナブラの専門的知識の蓄積と拡大の時期であると見なすことができる。この時期は，イギリスやドイツにおいてインクナブラ総合目録の継続刊行が相次ぎ，バトラーは図書館学の学術雑誌である *Library Quarterly* 誌上にそれらの書誌についての書評を次々と書いた。同時にこの時期は，バトラーが書物の意義について考察に取り組み始めた時期であるとも言える。シカゴ大学教授となって最初の著作である『図書館学序説』[21]では，社会における知識の伝達装置としての書物に関心が向けられ，印刷図書の出現と普及の重要性が言及された。

1940年代から1950年代にかけては，バトラーは著作のなかで，文化との関わりを通して書物を捉える試みを行った。『西洋における印刷の起源』[22]では，印刷術の発明は個人の偉業ではなく，蓄積的なプロセスであるという観点を主張し，『学識と文明』[23]や「図書館の文化的機能」[24]では，書物の登場が時空間の制約を越えて学識の伝達・利用を可能とし，文化の発展が促進されたことを論じた。これに反して，この時期におけるバトラーの書誌学に関する著述はかなり減少している。1940年代から50年代は，分析書誌学が隆盛期を迎えアメリカにもその影響が現れてくる時期であったが，この時期のバトラーの研究志向は，当時の分析書誌学の潮流からあたかもそれてしまったかに見える。

しかし，彼の業績を外側からではなく内側から見てみると，決して彼の関心がひとつのものから別のものへと動いていったのではないことがうかがえる。前記したように，バトラーは，ニューベリー図書館時代に既に近代的書物の登場の重要性を意識し，その主題をインクナブラ・コレクションによって再現しようとした。また，インクナブラ展示会では，印刷術普及と書物の変化，それに伴う社会的，文化的な影響を具体的に提示して見せた。これらのテーマは，バトラーがシカゴ大学に移って以降も彼の重要な研究テーマとなっている。

例えば1940年，シカゴ大学に移って既に10年になろうとしていたバトラーは『西洋における印刷の起源』のなかで，中世から近世への移行と写本文化から印刷文化への移行が同時期に起こっていると述べ，"印刷史の理解なくしては人間の文明の発展を理解することはできない"[25]と主張した。この言葉は，後年のバトラーがインクナブラの時期，すなわち印刷史の出発期にあたる初期50年間の文化的意義について，引き続き関心を持ち続けていたことを示している。ここにも，書物の物理的形態のみを研究対象とする分析書誌学，あるいは書物の内容のみを対象とする体系書誌学のいずれか一方だけの視点ではない，言わば両分野を統合するようなバトラーの視点を見ることができる。後年のバトラーが，分析書誌学者よりもむしろ図書館学者として，図書館の存在意義を追求しようと研究を深めていくのも彼がそうした広い視野に立っていたからではないだろうか。

以上のことから，筆者は次のように考える。すなわち，分析書誌学がインクナブラの研究を中心に行われていた頃，その研究はバトラーにとっても書物形成を考える基礎として必要かつ有効であった。しかし，分析書誌学が次第に歴史的性格を弱めていき，より物理的な研究へと移行していくにしたがって，書物や印刷術の文化的な意義を考察するというバトラーの目的と分析書誌学との間には，距離ができていった。つまり，バトラーは自らの関心や研究対象を変化させていったのではなく，早い段階から一貫して書物形成の主題に関心を持っておりそれを文化発展との関わりの中で位置づけようと，次第に本格的な考察に取り組んでいった

と考えられる。

3. バトラーの図書館論と書物観

　バトラーは,1952年に「図書館の文化的機能」と題する論文を発表した。これは彼の最後の学術論文である。このなかで,バトラーは,「文化(culture)」とは人間の生活様式の総体であると定義し,文化と書物の関係について論じた。バトラーによれば,文化とは,物理的要素,社会的要素,知的要素の三つの構成要素からなる複合体である。物理的要素は「道具(equipment)」,社会的要素は「組織(organization)」,知的要素は「学識(scholarship)」とも言い換えられる。「道具」は,人間が生活に使用する食器などの日用品から,鉄道,工場,病院などの社会的な設備,また電気やエネルギー資源,工業製品など,物質的な道具すべてを含む。「組織」とは,人間のかかわり具合である。婚姻形態や家族形態から,封建制や民主制といった政治形態,資本主義体制や共産主義体制といった経済的体制なども含まれる。「学識」とは,文化の知的内容の総和である。それは学問という狭い意味ではなく,物理的要素である道具や装置を操作する技術,社会的要素である組織を操作する統治方式,学問・宗教・芸術などの全分野において,人間の「アイディア(idea)」が体系化されたものすべてを含む[26]。道具,組織,学識の3要素は単なる集合体ではなく有機的に統合し共存しており,それぞれの要素は他の構成要素を支え,同時に他の構成要素によって支えられている,と説明される。

　バトラーは,この"文化が存在するためには,学識が生きた心の中に広まらなければならない。また,文化を持続するためには,その学識が世代から世代へと伝えられなければならない"[27]と述べる。つまり彼は,文化の存在には学識の普及が必要であり,文化の維持には世代を越えて学識を伝達することが必要であるとの観点から,学識を文化の中心的柱とみなしたのである。

　さらにバトラーは,こうした学識の観点から見た場合,文化の発展には三つの段階があったと捉え,その発展の契機として「ことば(language)」の形成,「文(literature)」の形成,「書物,著述(books, writing)」の形

成をあげて,次のように論じた。これらが生み出されたことによって,文化はその前段階から飛躍的に発展を遂げたが,この三つの段階は,いずれもアイディアを人間の意識から外界の形あるものに表すという点で基本的には同じである。しかし,瞬時に消失してしまう「ことば」と異なり,「文」は口承文学のように一つの文化が続く限り,即ちその民族が存在する限り持続する。さらに「書物」はそれ自体が消滅するまでは,ほぼ永遠に存続が可能である。また,書物は優れた伝達手段というばかりではなく,人間の記憶やアイディアを精密で複雑なものへと拡張する力を持っているという点でも優れている。それゆえ,書物の誕生は,最も重要な文化発展の契機であった,とバトラーは言う。バトラーが,学識の伝達や保存という面ばかりではなく,学識の生産においても書物というメディアを重要視していたことがわかる。

同様の考え方は,『図書の生涯』[28]の中でも再度登場する。これは,「図書館の文化的機能」の約1年後の1953年7月(バトラーの死から4か月後)に出版された。そこでは,文化発展の3段階は「言語的変形(linguistic reduction)」「心理的変形(mental reduction)」「記述的変形(graphic reduction)」[29]と表現を変えて,さらに具体的な説明が付加されている。「言語的変形」とは,「様々なアイディアを言葉に変形することによって伝達する」ことを指し,「心理的変形」とは,「話す代わりに言葉を用いて考える」ことを指している。バトラーは,"われわれは言葉を心の中で変形する。われわれの意識するものは,言葉そのものではなくて,言葉で表象されたアイディアなのである"と述べる。そして,第3の変形である「記述的変形」は,自分の代わりに書物によってアイディアを伝達することを指している。そして,書物の有する永遠ともいえる生命が,文明に欠かすことのできない基本の要素であると述べた。

「図書館の文化的機能」のなかでは,全体の6分の5にあたる第1章から第5章までが,人間の思考パターンや学識の伝達・保存・生産にかかわる内面的なプロセス,またそれらの知的行為と書物との関係についての論述である。図書館への言及は,最終章である第6章の後半部分になってようやくなされる。バトラーの図書館論の構造は「書物」「学識」「文

化」によって支えられていると言ってもよい。すなわち，書物によって，学識は時間・空間の枠を超えて半永久的に伝達されていく。その伝達・普及の過程において，学識は人々の精神をくぐり抜け新たな学識として再生され続けていく。こうした学識の変容こそが文化発展の基礎であり，物理的要素である道具や設備，あるいは社会的要素である組織を変える原動力ともなる。図書館とは，学識の再生産という文化発展の重要な役割を果たすために生み出された最も体系的なシステムであり，学識の総体を秩序化して次世代へと継承することを可能にする唯一の場なのだ，というのがバトラーの論旨である。

ここに代表されるように，シカゴ大学時代のバトラーの図書館学の特徴は，図書館システムの技術的・経営的な側面に関心が向けられるのではなく，彼が図書館存在の前提とみなしていた「書物」「学識」「文化」の関係を，人間の精神世界から丹念に論及することに力が注がれていることである。図書館を論じたシカゴ大学時代のバトラーの論文・著作は，同時代の GLS の研究と比べて概念的・抽象的な色彩が強いと言われるが，それもバトラーが図書館を，メディアと人間精神との関係性において捉えようとしていた結果とも考えられる。1970年代から80年代にかけて，図書館学が，計量的あるいは技術的な傾向を次第に強めていくなかで，バトラーの論文・著作がやや時代遅れの古典とみなされ，若い研究者たちに好んで読まれることが少なくなっていったのも無理からぬことと思われる。しかし，今日改めてバトラーの著作を読み返してみると，ある種の新しさに出会うのである。それは，近年のメディア研究にみられるような，書物を人間や社会との関わりで捉えようとする視点である。

4. バトラーの書物観とメディア論

1958年に出版されたフェーブル（Lucien Febvre）とマルタン（Henri-Jean Martin）の『書物の出現』[30]は，「書物の社会史（Histoire de livre）」という新しい研究方法を提唱したアナール学派の代表的な著作であり，"単に，書物そのものの歴史にとどまらず，初めて読者と読書を問題にした研究"[31]である。彼らは，印刷本の登場と当時の社会的環境を洗い直

し,15世紀の出版の背景から16世紀におけるその影響まで詳細に検討した。例えば,当時紙を生産することには,どういう社会・経済的な意味があったのか,出版にたずさわる人はどのような階級の人たちで,どのような生活をしていたのかなどを調べている。藤野は,こうした観点は,誰が何を出版したか,活字体がどう変遷したか,装丁がどう変わったかといった,物理的な検証に重きをおいていた従来の印刷史研究には抜け落ちていた部分であった,と述べる[32]。1976年にこの書が英訳されたことにより,研究者たちの間にさらに影響が広がった。

1960年代から70年代にかけて,書物史研究は,メディア論[33]の一部として論じられるようになる。このような新しい試みから,印刷術が人間や社会に及ぼした影響を論じた研究者として,マクルーハン(Marshall McLuhan)や,アイゼンステイン(Elizabeth L. Eisenstein)などがあげられる。アイゼンステインは,マクルーハンの本を読み15世紀のコミュニケーションの変容が具体的にどのような結果をもたらしたかについて好奇心を一段とかきたてられたが,この重要なテーマに関してはっきり答えてくれる文献は一つも見つからず,自らこの問いに答えるべく研究に取りかかった,と言う[34]。アイゼンステインの『印刷革命』[35]は,約10年に及ぶそうした研究の成果である。

そのなかでアイゼンステインは,口承文化から文字文化への推移ではなく,一つの文字文化から別の文字文化への推移,すなわち,写本文化から印刷本文化への推移について,多くの文献と詳細な記述によって,印刷術がコミュニケーション革命の担い手として果たした役割を論じた。この書は,「書物の社会史」の代表的な著作と見なされ,アイゼンステイン以降の書物史研究において,基本文献の一つにあげられるようになった。「書物と社会」や「書物と人間」の関係を追求する試みは,1980年代以降も,その視点や方法を変えながら多方面から論じられ続けている。代表的な研究者には,オング(Walter. J. Ong)やシャルチエ(Roger Chartier)などがいる。

印刷術を対象にした新しい研究が積極的になされるようになった背景として,書物を思想の表現として扱わない従来の書誌学,また狭く専門

的な書誌学や出版史への疑問や反論があったと指摘されている。今日では，印刷術の登場とその影響に焦点を当てた研究は，書物史，社会史，メディア史など，様々な分野の研究者によって多様な角度から論じられるようになった。彼らの興味・関心や研究手法はそれぞれ異なっていても，印刷術の出現を重要なメディア・コミュニケーション革命の一つとして捉えるという点では同一であると言えよう。

アイゼンステインは，グーテンベルクによって発明された印刷術は"瞬く間に広がり，2, 30年の間に印刷者の工房はヨーロッパ中の都市の中心に作られ"，"1500年にはすでに筆写の時代は終りを告げ，印刷の時代が始まっていた"[36]とも，印刷術の出現とは1460年代に始まり大まかに言ってインクナブラの時代に重なるとも述べている。そして，"今までにこの出発点に向けられた研究はあまりに少ない"[37]と指摘した。彼女は，"写本から印刷への移行は多くの変化の集合を伴っており，その各々がさらに深い研究を要し，かつすべてはあまりに複雑で一つの公式に要約できない"[38]と限界を認めたうえで，社会や人々に及ぼしたと考えられる印刷術の影響について，この時期に起こったいくつかの事実をもとに論じた。すなわち，インクナブラ期における量的な変化として，本の生産量が著しく増加したことや大規模な商業取引が出現したことをあげ，質的な変化として，書物の新しい特徴や新たな宣伝方法の出現，広範囲な販売組織の確立などをあげた。また，消費者側の問題としては，読書による学習が新たな重要性を持つようになり，韻文や抑揚文などの記憶補助手段の役割が減少したこと，記号やシンボルなどの視覚補助が体系化され，建築学・幾何学・地理学・生命科学などの学問分野が発展したことを示した[39]。

インクナブラの時代を重視し，16世紀以降の本格的な印刷文化の登場にむけてその基盤が整備されていく時期と捉えたのはバトラーも同様であった。『西洋における印刷の起源』は，1940年，バトラーがシカゴ大学に移って既に10年になろうとしていた時期の著作である。アイゼンステインは『印刷革命』のなかで，バトラーのこの書を何度か引用している。なかでも注目に値するのは，『印刷革命』第5章「永遠のルネサンス」の

冒頭において，印刷文化への移行と近代化が同時に起こったというバトラーの次のような言葉を引用していることである。

　われわれは，皆知っている……15世紀にいたるまでヨーロッパの書物はすべてペンで書かれていたが，それから後はほとんどが印刷されたものである。またその同じ15世紀に，西欧の文化は中世的な特徴をぬぐい去り，はっきり近代のものになったということも承知している。しかしわれわれは，この技術上の変化と文化的な変化との間に，これらが期せずして同時期に起こったということ以外，なんら現実的な関連を見いだしえないのである[40]。

アイゼンステインは，このバトラーの言に対して次のような問題を提起した。一つは，15世紀の「技術の変化」と「文化的な変化」の現実的な関連づけがなされていないことを，1940年時点において既にバトラーに指摘されていたにもかかわらず，印刷術の登場と15世紀の文化的変容についてのより具体的な研究については，それ以後も手付かずのままだったという事実。もう一つは，バトラーは印刷術の登場と近代化を同時期に起こったとしているが，むしろ別々の時期に起こったものと見る方が妥当であり，それら二つの出来事がどのように影響しあったのかが重要な点であること。

　これらの課題を解決するために，彼女は，印刷術による書物の普及と近代化の関係を解き明かす試みに挑戦したのであった。そして当該章の結論を次のように導き出した。印刷術はテクストの生産配布や使用される状況に変化をもたらしたが，それは写本文化の産物を捨て去った上でのことではなく，反対にそれをかつてないほど大量に再生することでもたらされた変化である。印刷術による影響はまず古典への回帰という形になって現れた。それ以前も古典復興は何度かあったが，印刷術が登場するまでの古典復興は規模も小さく，影響も一時的なものだった。大量の複製本が出回ることで，古典復興は永続性を持ち始め古典の体系化と再編成が必要となった。それは古典に対する全体を見通す理性的・客観的な見方を育て，印刷術はこの新しい眼にとってまた重要な役目を持った。こうした段階を経て新しい時代へと進んでいったのであり，近代化

は印刷術の段階的な影響によるものであった。

　アイゼンステインの緻密な論述と比較すると，バトラーのニューベリー図書館時代及びシカゴ大学時代の著作は，印刷術の出現とその社会的文化的な影響についての具体的な論証が不足しているといわざるを得ない。というのも，バトラーの各著作の1編の分量は，今日のメディア論のように膨大な量ではなく，注記や引用箇所の指示も少なく，統計的なデータによる裏づけなどもほとんどないからである。しかし，ニューベリー図書館において実践したインクナブラ・コレクションの形成過程，および展示会における意図やその構成内容から浮かび上がるバトラーの書物観は，むしろ具体的で明確なものであった。それは，彼の著作中の言説を補ってくれるものと言えないだろうか。

　例えば，『図書館学序説』の中で，バトラーは，書物の形態は社会との関わりの中で発展を遂げており，書物形態の変遷の理解が社会変化の理解につながると主張した。この観点は，「書物の社会史」の研究志向とも重なるものであるが，残念ながら当該書には，書物形態のどのような変化が，社会のどのような変化と関係しているのかについて，あまり具体的な記述がない。しかし，1925年のニューベリー図書館インクナブラ展示会で，バトラーは書物形態の様々な変化を具体的に示すことによって，それらを生み出す社会的な状況や，書物変化が社会に及ぼす影響について示して見せた。標題紙に例をとれば，18点の展示図書によって，冒頭文「インキピット (incipit)」がついた写本様式のものから，次第に著者名，出版地・出版者・出版年などが明記された標題紙へと変遷する様子が示されていた。それらは単なる書物形態の変化のみならず，印刷業の商業化，印刷業と出版業の分離，版権や特認制度の登場といった当時の社会的な変化をも如実に映しだすものであった[41]。

　このように，ニューベリー図書館におけるインクナブラ・コレクション形成や展示会での展示内容や方法に映し出されたバトラーの書物観は，その後の彼の著作の中にも繰り返し現れる。残念ながら，多くの文献を駆使し緻密に論述するアイゼンステインら近年のメディア論から見ると，バトラーの関心の中心であった書物形成と文化の関係は，本人自

身によって十分に論じ尽くされたとは言いがたい。けれども，アイゼンステインのバトラー部分の引用をみれば，彼女がバトラーの問いかけを受けてバトラーが達成し得なかった詳細な論証を実現させたことは事実であり，バトラーの書物観の輪郭がアイゼンステインに有益な示唆を与えたということが想像できる。また，バトラーが「図書館の文化的機能」のなかで取り組んでいた，人間の思考パターンや学識の伝達・保存・生産にかかわる内面的なプロセスと，それらの知的行為に書物が与える影響については，"目につきやすい印刷の社会的な影響よりもむしろ，印刷が意識におよぼすこうしたいっそう微細な影響のことを特に論じてみたい"[42]と述べたオングによって詳しく論究された。

アイゼンステインの著作以外に，メディア論のなかでバトラーの著作を直接引用あるいは参照しているものは見当たらない。すなわち，バトラーの観点が近年のメディア研究者へ何らかの影響を及ぼしたと判断するにはためらいがあるのは事実である。しかし，これまで見てきたように，ニューベリー時代の実践に裏づけられたバトラーの書物観や文化観は，今日のメディア論を踏まえた時に，より鮮明で理解しやすいものとなって眼前に浮かび上がってくるのである。

以上の事柄を踏まえ，バトラーの図書館学を筆者は次のように捉えたい。バトラーの図書館学の基礎には，学識を中心とする文化観があり，学識を伝達し普及するメディアとしての書物が人間や社会とどう関係しあうのかを深く追求することは，彼にとっての重要な課題であった。バトラーの書物観は，彼自身の手によって今日のメディア論のような十分な展開はなされなかったものの，そこには当時の書物史研究には見られなかった新しい視点への可能性とエッセンスが凝縮されていた。そして，同様の視点をもつ次世代の研究者たちによって，書物史は広い視野からまた様々な角度から現実に論じられ展開されることとなった。その意味において，バトラーの書物史に対する立脚点は，印刷術の発明を情報コミュニケーション革命として位置づけようとする今日のメディア研究の，いわば先駆的な位置に存していたと言えるのではないだろうか。バトラーの図書館学は，ニューベリー図書館時代の彼の実践と，今日のメディア

研究の成果を踏まえて読み返すとき,これまで抽象的で曖昧であると思われてきた部分が次第に顕在化し,生き生きと語り始めてくるように感じられるのである。

5. おわりに

バトラーのニューベリー図書館時代の実践は,インクナブラ・コレクションを通して15世紀後半に起こった歴史的なプロセスを再現しようとしたことであった。すなわち,バトラーは多くの印刷所から出版された多様な活字体の例を収集することによって印刷術の伝播過程を示し,書物形態の様々な変化をたどることで近代的な書物の形成過程を提示した。また彼は,写本から近代的印刷本への変化を,単に物理的な変化としてのみ捉えるのではなく,社会変化や文化発展との関わりの中で捉えようとも試みた。

書誌学者としてのバトラーは,イギリス主流の分析書誌学的な研究,即ち書物の物理的な研究から出発したが,彼の関心は終始一貫して書物の文化史的な考察にあった。初期の分析書誌学の研究はインクナブラを対象としており,インクナブラの活字を分析し印刷年や印刷者を同定することで,初期印刷の歴史を概観することが可能であった。バトラーが,ニューベリー図書館においてインクナブラの研究や収集を行う際に,分析書誌学の研究成果を応用することは,書物史を考えるという自らの関心事と調和しており,積極的にとり入れられたものと思われる。

しかし,分析書誌学の発展とともに,当該研究の対象が近現代の著作に,また研究の関心がより物理的なものへと集中していく中で,バトラーの関心はむしろ拡大していった。その結果,バトラーは次第に分析書誌学の中心的な研究から離れ,彼が以前から追求してきた書物形成の主題のより体系的な考察へ向かったものと思われる。つまり,インクナブラ期の文化史的な重要性に着目していたバトラーは,書物と文化の関係を中心に据えた図書館論や図書館学論の考究に向かったのである。

ニューベリー図書館時代のバトラーの著作は少なく,彼が言う「文化の道具としての」書物像を,本人自身の記述から詳細に確かめることはでき

ピアス・バトラーの図書館学における理論と実践

ない。しかし，ウィング・コレクションやインクナブラ展示会に反映されたバトラーの書物観は，きわめて具体的にそれを物語っていた。後年のバトラーの著作のなかに現れる書物に対する記述を見ると，彼はニューベリー図書館時代の主要な関心事であった書物形成という主題，即ち，書物形態の変化を物理的な変化としてのみ捉えるのではなく，学識や文化との関わりの中で捉えようとする見方を，シカゴ大学時代において熟成し発展させていったと考えることができる。

20世紀後半，コンピュータという新しいメディアの登場によって，社会や人々の生活に変化が生まれた。新メディアの登場によるコミュニケーションの変容が人々の精神，社会，文化にどう影響しあっていくのかと考えたとき，研究者たちは過去に起こったもう一つのメディア・コミュニケーション革命，すなわち印刷革命に思いを馳せその検証を始めた。その代表的な研究の一つが，アイゼンステインの『印刷革命』である。この書は，印刷術発明以前とそれ以後の人間の思考や表現パターンの変化，人々の社会的・知的生活の変化などに注目し，500年近く私たちを支配してきた活字メディアの文化とは一体いかなるものであったのかを詳細に論じた。

今日のメディア研究から見ると，バトラーによる書物の文化史的な考察は，やや大掴みで論証性や実証性に欠けているという点を否定できない。しかし，バトラーの観点と，メディア論として新しい書物史研究を展開する彼らの視座との間には，書物史を人間の精神や社会構造の変化との関わりで捉えようとする共通の姿勢が見られる。本研究の冒頭において述べたように，バトラーの図書館学の中核に書物観を中心とする学識論があると捉えるならば，ここで明らかにされたバトラーの書物観は，彼の図書館学を解釈する際の重要な鍵になるであろう。

(本研究は，平成16年度〜平成17年度の科学研究費補助金（基盤研究（C）「20世紀前半のアメリカ図書館思想とその今日的な意義に関する一考察 ―メディア論から見るピアス・バトラーの書物観とその位置づけ―」（研究代表者：若松昭子）の研究成果の一部をもとに加筆修正したものである。ニューベリー図書館ウィング財団キュレーターのポール・ゲール博士，同財団係員の方々，ならびに関係各位

に深く感謝申し上げる。)

注・引用文献

1) バトラーに関する従来の資料では誕生が1886年12月16日となっているが，リチャードソンは調査の結果これが誤りであると指摘した。下記はバトラー研究で最も詳しい文献であり本研究でもこれに従った。
Richardson, John V., Jr. *The Gospel of Scholarship: Pierce Butler and a Critique of American Librarianship*. Metuchen, N. J., Scarecrow Press, 1992, p.x 及び p.25.
2) Butler, Pierce. *An Introduction to Library Science*. Chicago, Univ. of Chicago Press, 1933, 118p.
3) 椎名六郎『新図書館学概論』学芸図書, 1979, p.115.
4) 弥吉光長『図書館通論』理想社, 1979, p.196.
5) Haris, Michael H.「国家，階級および文化的再生産：合衆国における図書館サービスの理論に向けて」[*State, Class, and Cultural Reproduction: toward a Theory of Library Service in the United States.*]『図書館の社会理論』根本彰編訳, 青弓社, 1991, p.57-59.
6) Karetzky, Stephan. *Reading Research and Librarianship: a History and Analysis*. Westport, Greenwood Press, 1982, p.66.
7) Terbille, Charles I. "Competing models of library science: Waples-Berelson and Butler." *Libraries and Culture*. Vol.27, No. 3, 1992, p.306.
8) The John M. Wing Foundation は財団の正式名称であり同時に財団のコレクション名でもある。本稿では混乱を避けるために，機関を示す場合にはウィング財団，コレクションを示す場合はウィング・コレクションとした。
9) インクナブラ (incunabula) は，印刷術開始の1455年頃から15世紀末までに印刷された図書の総称。インキュナブラ，インキュナビュラとも呼ばれ，和語は，初期活字本，初期印刷本，初期印刷図書，揺藍本，初期揺藍本，揺藍刊本，15世紀本，15世紀刊本など多数ある。図書館学分野ではインキュナブラが多く使われている。本稿では語源であるラテン語の音に準じた「インクナブラ」を用いた。
10) Pargellis, Stanley. "Pierce Butler: a bibliographical sketch." *The Library Quarterly*. Vol.22, No. 3, 1952, p.170-173.
11) Butler, Pierce『図書館学序説』[*An Introduction to Library Science.*] 藤野幸雄訳, 日本図書館協会, 1978, p.7.
12) 若松昭子「ピアス・バトラーによる印刷史コレクションの形成：インクナブラの収集を中心に」『図書館学会年報』Vol. 44, No. 1, 1998, p.1-16.
13) 若松昭子「インクナブラ・コレクションに見るバトラーの書物観」『日本図書館情

報学会誌』vol.46, No. 4, 2001, p.143-158.
14) Proctor, Robert. *An Index to the Early Printed Books in the British Museum*. London, British Museum, 1898-99. 2 v. および, *Catalogue of Books in the Fifteenth Century now in the British Museum*. London, British Museum, 1908-85, 11 v.
15) 代表的なものとして, "On certain false date in Shakespearian Quartos." *Library. N.S.: a Quarterly Review.* No. 9, 1908, p.113-31; 381-409.
16) Carter, John; Pollard, Graham. *An Enquiry into the Nature of Certain Nineteenth-Century Pamphlets*. London, Constable, 1934, 400p.
17) McKerrow, Ronald B. *An Introduction to Bibliography for Literary Students*. Oxford, Clarendon Press, 1928, 359p.
18) Butler, Pierce. "A typographical library." *Papers of the Bibliographical Society of America*. Vol.15, No. 2, 1921, p.73-87.
19) Butler, Pierce. "Bibliography and scholarship." *Papers of the Bibliographical Society of America*. Vol.16, No. 1, 1922, p.53-63.
20) Butler, Pierce. "Incunabula markets of Europe." *Publishers' Weekly.* Vol.111, 1927, p.835-839（1-5）.
21) 前掲11), 135p.
22) Butler, Pierce. *Origin of Printing in Europe*. Chicago, Univ. of Chicago Press, 1940, 155p.
23) Butler, Pierce. *Scholarship and Civilization*. Chicago, Univ. of Chicago Graduate Library School, 1944, 34p.
24) Butler, Pierce. "The cultural function of the library." *The Library Quarterly.* Vol.22, No. 2, 1952, p.79-91.
25) 前掲22), p.5-9.
26) 前掲23), p.7. 及び, 永田正男「図書館学の基礎づけのために― Pierce Butler の構想―」『季刊図書館学』1巻4号, 1953, p.7.
27) 前掲24), p.84.
28) Butler, Pierce. "The Life of the Book." In *Librarians Scholars and Booksellers at Mid-Century*. Ed. by Pierce Butler. Chicago, Univ. of Chicago Press, 1953, p.1-7.
29) 同上, p.3.
30) Febvre, L.; Martin, H. -J. 『書物の出現』[*L'Apparition de Livre*.1958.] 関根素子ほか訳. 東京, 筑摩書房, 1985, 2v.
31) 同上, v.2, p.367.
32) 藤野幸雄「「図書の歴史」と図書館史の方法」『図書館史研究』No. 1, 1984, p.76.
33) メディア論についてはいまだ厳密に定義することは難しい。吉見と水越は, メディア論はもともとメディア原論のようなものがありその上でマスメディア論やマルチメディア論などが展開されたのではなく, 社会の中でメディアの具体的な変化が人々にメディア論的な関心を引き起こしたと述べる。吉見俊哉；水越伸『メディ

ア論』東京 , 放送大学教育振興会 , 1997, p.175.
34) Eisenstein, E. L. 『印刷革命』[*The Printing Revolution in Early Modern Europe.* 1983.] 小川昭子ほか訳. 東京 , みすず書房 , 1987, p.2.
35) 同上 , この書は初め *The Printing Press as an Agent of Change.* Cambridge, Cambridge Univ. Press, 1979, 2 v. として出版されたが , その後図版を加え , 脚注を割愛して一冊に要約された。
36) 前掲 34), p.122-123.
37) 前掲 34), p.21.
38) 前掲 34), p.46.
39) 前掲 34), 第 1 部第 2 章「最初の移行を定義する」を参照。
40) 前掲 34), p.119.
41) 若松昭子「十五世紀ヨーロッパにおける標題紙の出現とその発展—ニューベリー図書館所蔵インクナブラの調査を通して—」『聖学院大学論叢』第 18 巻第 3 号 , 2006, p.325-338.
42) Ong, Walter Jackson. 『声の文化と文字の文化』[*Orality and Literacy.* 1982.] 桜井直文訳. 東京 , 藤原書店 , 1991, p.243.

戦後占領期初代図書館担当官キーニー

Philip O. Keeney,
the first Library Officer under the Allied Occupation Japan

三浦　太郎
（東京大学大学院教育学研究科）

フィリップ・キーニー（Philip O. Keeney）
　1891 年　米国コネチカット州に生まれる
　1931 年　モンタナ大学図書館長兼図書館学教授となる
　1946 年　CIE 初代図書館担当官に就任する
　1962 年　死去

はじめに

　戦後占領期（1945-52 年）日本では米国の影響下，諸制度の改革が進められ，図書館分野については，連合国軍総司令部（GHQ/SCAP）民間情報教育局（Civil Education and Information Division: CIE）に置かれた図書館担当官や米国からの図書館使節が中心となって推進された。図書館担当官には，キーニー（Philip O. Keeney），バーネット（Paul J. Burnette），フェアウェザー（Jane Fairweather）の 3 人が着任し，占領終期には社会教育担当官であったネルソン（John M. Nelson）がこれを兼

務した。このうち，とりわけ意欲的に図書館制度改革構想を打ち出したのは，初代図書館担当官のキーニーであった。彼の構想は，CIE の政策文書「日本のための統合的図書館サービス（キーニープラン）」(1947)，および Far Eastern Survey 誌に掲載された「日本の公共図書館制度の再組織化」(1948) から知ることができ，すでにそれぞれ『図書館法成立史資料』(1968) に収録されている[1]。

また，先行研究としては，堀越崇[2]，根本彰[3]によってキーニープランの検討が行われているほか，米国でも，ロビンズが図書館の自由の観点から彼を評価し[4]，マクレイノルズは，彼がモンタナ滞在時期に起こした裁判（モンタナ裁判）の過程を詳細に検討している[5]。筆者も，彼の来日・帰国の経緯を明らかにしつつ日本での活動をまとめ[6]，さらに，日本から帰国後に妻メアリー・ジェーン（Mary Jane Keeney）と連名で著した「低予算で図書館サービスを実施するためのプログラム」(1948) の内容を紹介した[7]。

彼の横顔について，来日当時に通訳を務めた大佐三四五が"当年六十一才。長身，赭顔，頭髪殆んど見受けず光々と輝いてゐるので，可成の老人に見えるが仲々元氣，訥々と語り，時々ユーモアを交へた諧謔を飛ばすところ，一見禪僧の如き風格を具え，内に古武士的な氣骨を蔵した方"と評している[8]が，この初代図書館担当官キーニーとはどのような人物だったのであろうか。本稿では先行研究をもとに，彼の人生に大きな影響を残したモンタナ裁判の過程を振り返るとともに，日本滞在中から帰国後にかけて記したいくつかの図書館制度改革構想の中に，彼の図書館思想を見ていきたい。

1. モンタナ時代

1.1 モンタナ州立大学ミズーラ校図書館長

まず，キーニーの略歴について簡単に振り返る。彼は 1891 年 2 月 1 日にコネチカット州に生まれ，マサチューセッツ工科大学に進学した。しかし 22 歳でチフス治療のため中退し，カリフォルニア州へ移り住んで 1913 年から 10 年間，オリーブ園を営んだ。このとき，資本主義的な農園経営

に根本的な疑問を感じていたといい，後の社会主義思想に共感する下地がつくられたと考えられる。軽い言語障害のハンデを負っていたようだが，その後再び大学に戻り，1925年にカリフォルニア大学バークレー校で歴史学の学位を取得した。

卒業後はミシガン大学図書館で働くかたわら，1930年に図書館学修士号を取るに至った。妻メアリー・ジェーンと知り合い結婚したのもこの頃であり，"内気なキーニーと反対に，彼女は強固な意志をもち精力的であった"という[9]。メアリー・ジェーンの思想性はキーニーに強く影響を及ぼしたと考えられるが，彼女も1920年から7年間，療養生活を送った経験をもち，その時期からソビエト政府への関心が生まれ，急進主義思想への支持を表明するようになっていた。

1931年に40歳を迎えたとき，キーニーはミシガン大学博士課程の学生であった。将来を楽観する状況にはなかったが，折しもモンタナ州立大学ミズーラ校（現在のモンタナ大学）学長のクラップ（Charles Clapp）から，カリフォルニア大学バークレー校の図書館学部長であったミッチェル（Sidney Mitchell）に図書館長の候補者要請があった。ミッチェルはかつての教え子であるキーニーを推薦し，キーニーもこれを快諾した。9月に夫妻はミズーラに赴き，キーニーはモンタナ大学図書館長兼図書館学教授となった。

キーニー夫妻はミズーラの地で，ミズーラ女性クラブでの図書館プログラム計画や，雑誌 *The Montana Woman* の編集に携わるなど，社会的活動に力を注いだ。もっとも，人びとのあいだに大きな関心を呼ぶことはなく，キーニーが酒場で酔ったことを噂されたり，喧嘩騒ぎにおわったカクテルパーティを非難された程度であった。また，メアリー・ジェーンが読書会で神を冒涜する一説を朗読したことで周囲と齟齬を来したが，このことは結果的に，キーニーが学生たち向けの蔵書を選定することを疑問視する意見を一部に生じさせた。

こうした問題が顕在化するのは，1935年にクラップ学長が亡くなり，後任人事をめぐる対立が表面化したときである。モンタナ大学ではまとめ役のクラップを失うと，若手の研究者と年配の研究者，保守主義の多

数派と自由主義の少数派の対立が表面化した。キーニーは急進主義者と目されていたが，各分野の教科書を主体に蔵書構築するアプローチは伝統的な手法に沿っており，自由主義的な行動といえば，雑誌 *New Masses* の購読と「開架」(Open Shelf) プログラムを始めたことくらいであった。前衛的な小説や社会主義に関する図書もたしかにこの開架の書棚に置かれたが，大半は歴史，伝記，科学書であった。

　ことの発端は，学長選挙の候補者のひとりが，1935年9月の州教育評議会に出席した際に *Passions Spin the Plot*[10] という図書から一節を引用し，大学の不道徳を批判したことにあった。彼はこの図書をその開架の書棚から見つけたのだが，作者フィッシャー (Valdis Fisher) はモンタナ大学の客員教授であり，引用されたのは，婚約者が自分よりも豊富な性体験をもっていたという若者の驚きの描写部分であった。これを受けて州教育評議会は，同書およびこれと同様な図書を大学図書館から廃棄することを決定したが，これにはうるさい批判をかわす以上の意味はなく，検閲の可能性はまったく考えられていなかった。

　しかし，キーニーにとって廃棄通告は検閲という別の大きな意味をもった。彼は州教育評議会への回答に際して，該当書を廃棄するほかにどのような書物を廃棄すべきかと尋ねた。州教育評議会からのすみやかな回答はなく，キーニーはこの音沙汰のない期間に，ミズーラで出会った友人でありオレゴン大学教授のスミス (Stephenson Smith) と相談し，州教育評議会に決定の再考を迫る請願書を集め始めることとした[11]。

1.2　キーニーと新学長シモンズ

　一方，学長選挙のほうは，財界団体であるダウンタウングループによって，まだ教授職に就いて1年に満たない若い物理学者シモンズ (George Simmons) が推薦され，12月の州教育評議会で選出された。この会議はシモンズ反対派の面々が州外に出ているときに開かれたものであったため，キーニーを含め教授陣によって学長選出再考の請願書が州教育評議会に提出されたが，数日を経ずして反対派の一員だった州知事が逝去したため，その混乱のうちに新学長の誕生は密かに認められた形となった。

シモンズとキーニーとは，政治的信条や学長選挙での立場の違いのほか，"人びとを惹きつける容貌と態度を備えたシモンズに引きかえ，キーニーは猫背で禿げ上がっており，対極に位置する者同士であった"とマクレイノルズは評している[12]。

シモンズが学長に選出されたのと同じ会議の席上，ようやくキーニーが先に提出した事案，すなわち開架書棚で廃棄すべき書物の件が州教育評議会の議題に上った。その結果，残りの蔵書には問題のないことが確認されたが，このときすでに，スミスが画策してワシントンとオレゴン両州の教授60名が署名した反検閲の請願書が作成されたところであった。スミスはこの請願書をシモンズ新学長に宛てて送り，シモンズはこれに対し州教育評議会には検閲の意図のなかった旨を回答した。しかし，数日後に再び，教授陣・学生あわせて400名の署名の入った反検閲の請願書が届けられると，シモンズはこれを自らの権威に対する挑戦と受け取ったようである。

翌1936年3月に雑誌 *Pacific Weekly* 上に州教育評議会の検閲を批判し，学長の選考過程にも疑義を呈する記事[13]が掲載された。読者から批判の寄せられたシモンズは同誌の編集長を問い質し，ペンネームを使ったこの記事の著者がモンタナ州立大学の図書館長であることを突き止めた。翌月にはモンタナ進歩主義同盟のリャンと名乗る人物から，州内の全新聞社に宛てて反検閲を主張する手紙が送付されたが，この団体名も人物名も偽名であった。問題の中心にキーニーがいると確信したシモンズは，キーニーの排斥に取りかかることになる。

その同じ1936年，キーニーは6期目の契約を結ぶことになるが，契約書には1か所，それまでと変わる点があった。すなわち，3年間の契約を行った教授に自動的に終身在職権が付与されるという文言が削除されたのである。弁護士の奨めに従って，キーニーは契約時に，この条項が自分の終身雇用を危険に晒すものではない旨を書き加えたが，4か月後，シモンズによって，その付け加えには何の法的効力もないと伝えられた。さらに，キーニーは5年間（1931.9-1936.8）の教授職経験を主張したが，これに対しては，1931年以来，単年契約を積み重ねて来たのであって，

今後は保証できないと告げられた。
　同じ年, シモンズは州教育評議会を説得して, *Passions Spin the Plot* の廃棄の再検討を行う代わりに, 図書館資料および学生劇の「適正な基準」を守るための委員会を新たに発足させた。大学の知的雰囲気を守るという言葉で飾られてはいるが, 図書館資料の検閲がその意図であった。未成熟な学生の読書に不適切な表現の図書は, 一般もしくは開架の書棚に置かれてはならないという規則が設けられた結果, キーニーは監視下に置かれることとなった。キーニーは自発的に論争の種になりそうな図書を書棚から撤去せざるを得ず, 学問の自由の唱道者ではなく検閲者の役目を負わされることとなったのである[14]。

1.3　裁判をめぐる状況

　そうしたなか, 1937年1月, 米国教員連盟 (American Federation of Teachers: AFT) からキーニーに対し, モンタナ大学にAFT支部を作らないかとの打診があった。AFTは, もともとは学校教員の団体であったが, 大学教員への拡大を進めていたのである。スミスの署名に賛同した1人の紹介によるものであった。キーニーにとって, これは巻き返しの好機であったと言えよう。彼は2か月間奔走し, 支部発足に必要な24人以上の署名を集めることに成功した。4月, キーニーはシモンズから翌年度の契約更新は行われない旨の通知を受けたが, これに対し即座にAFT支部招致が解雇につながったとの論陣を張った。当時はワグナー法が改正され, 組合に参加する労働者の不当解雇を禁止する状況が追い風となっていた。これに対しシモンズ側は, キーニー解雇は図書館長としての彼の能力によると主張し, 両者の争いは法廷に持ち込まれた。
　労働組合は大きな勢力であり, 州政府との契約を結ぶうえでも重要な要素であったため, シモンズは労働組合との友好的な関係を望んだが, キーニーにとって幸いなことに, モンタナ州の労働組合, 全米自由市民同盟 (American Civil Liberties Union: ACLU), 米国大学教授協会 (American Association of University Professors: AAUP) はキーニー支持を打ち出した。1937年6月にはAAUPが学問の自由の侵害について調査

団をモンタナに派遣する運びとなった。

　キーニー解雇の発端が図書廃棄の問題であったにも関わらず，アメリカ図書館協会（American Library Association: ALA）は裁判とは距離を置いた。1937年，「給料・職員・身分保障の委員会」委員長であったライス（Paul N. Rice）は調査費用がないことを理由にキーニーを支援しない考えを示し，キーニーの図書館員としての資質，とくにその中立性に疑問を投げた。シモンズはALA執行部に送った手紙の中でキーニーの能力を激しく攻撃したが，ライスはシモンズの見解に沿っていた。また，1937年6月の *Library Journal* 誌上では，次期会長のファーガソン（Milton Ferguson）がシモンズの主張をそのままに引用し，大学教員が学問の自由や言論の自由を盾に，どこまで大学問題や図書館の運営について主張を展開することができるかには，異論があると論じた[15]。

　キーニーは即座にファーガソンに反論の手紙を送り，開架書棚の構成にはバランスをとっていることを述べている。また，*Library Journal* 誌に自分の説明を掲載したい旨を伝え，ファーガソンもこれを拒否しなかったが，編集長のウェストン（Bertine Weston）からは調査が終わるまで載せられないとの拒絶にあった。その後，「給料・職員・身分保障の委員会」はシモンズと州教育評議会に対して，キーニーは公聴会を開く権利があることを伝え，ALAの新機関である職員組織円卓会議（Staff Organization Round Table: SORT）が公聴会の開催に尽力することになったが，影響力の点では常任理事会とは比べものにならなかった。そこには，協会内部の保守的エリート層と自由主義的な図書館員の対立を見て取ることができる。

　また，この解雇には，教授陣の多くが雇う側によって支配されるという，当時の大学の雰囲気が反映されている。AAUPが1930年代半ばに行った調査では，ほぼ半数の学術機関で一般的に契約は単年で行われており，モンタナ州立大学の場合，契約が1年もしくは3年なのか，終身雇用かについて学長と諮問委員会が決定するのは，教授たちが契約書に署名した後のことであった。終身雇用されたかどうかは，給与表を確認して分かるのである。クラップ前学長はキーニーの学問的業績に必ずし

も満足していなかったため，契約を単年で行ってきたのであろう。キーニーは，正教授職であり給料の異なる契約を3度結んできたのであるから，自分にも終身在職権が保証されているものと主張したのであるが，キーニー支援の立場に立つ AAUP の中でも，この見方を疑問視する向きはあった。

1.4 判決

おそらくはキーニーの終身在職権の曖昧さからであろう，1937年9月に出されたモンタナ州地方裁判所への提訴事由では，組合組織の支部形成を画策したことのみが解雇の原因と述べられている。すぐに地方裁判所からはキーニー復職の命令書が出された。審理中にシモンズ側は，キーニー解雇を決めた1936年3月時点で，AFT支部招致の話しはまだもたらされていないことを明らかにしたため，キーニー弁護団は労働問題による解雇を主張し続けることはできなくなった。このため，焦点は契約書類上の問題へと移っていった。

結局，1938年3月，すでに1918年に成文化されていた州教育評議会の規則に基づき，判事はキーニーが終身雇用されるべきとの判断を示した。州教育評議会側は州高等裁判所に上告し，すでに同規則には法的拘束力がなく，20年も前の規則では現状に適用できない旨を主張した。これに対し弁護側は，州教育評議会は州法により大学管理を行うと位置づけられており，規則には実質的な拘束力があったと反論した。

1939年6月，最高裁判所はキーニー支持の判決を下した。裁判所は規則の法的拘束力を認め，給与額の異なる3度目の契約が結ばれた時点でキーニーには終身雇用権が発生したと結論した。これは大学教員の権利を前進させた判決であったが，言論の自由の側面は触れられていない。マクレイノルズの指摘するように，キーニー解雇の方法をめぐる議論であり，その理由には立ち入らなかった。キーニーが大学当局を批判したことの正当性や，図書館に論争的な図書を置いたことは審議の対象とならなかったのである[16]。

ただ結果的に，この「モンタナ裁判」は米国図書館界において，図書

館のすべての利用者に対し論争的な問題に関するあらゆる見解を提供するという，知的自由の問題が広く議論される契機のひとつとなった。

キーニー自身は，裁判後にミズーラに戻っても，また図書館界でも孤立していた。1939年にキーニー夫妻は進歩的図書館員会議（Progressive Librarians Council: PLC）を設立し200名の会員を集めた[17]が，ALAほどの勢力にはならなかった。

もっとも，1939年に議会図書館（Library of Congress: LC）館長に就任したマクリーシュ（Archibald MacLeish）がこのPLCに加入したことから，キーニーの後年の状況は変わることとなる。マクリーシュはルーズベルト大統領の信任によりLC館長に就任したが，専門的知識をもたないとして就任前からALAの激しい批判を受けており，図書館界の主流から距離をおかざるをえないという意味でキーニーと近い境遇にあった。

2. 来日

2.1 戦時情報機関への転職

キーニーの来日は，このモンタナ裁判後の人脈が縁で実現される。次に，彼の来日背景を見ていく。

1940年にキーニー夫妻はモンタナの地を離れ，マクリーシュを頼ってワシントンへと移り住んだ。LCに職を得たキーニーは，まず整理部門に属する受入部に務めたが，翌1941年9月には新設の特殊情報部に配属され，LCで進められていた戦時情報の分析に関与した。

ただし，当時，モンタナ裁判の傷は決して癒えていなかったようである。1941年にLCでキーニーとともに仕事をしたシェラ（Jesse H. Shera）は彼をこう酷評している。"私はそのときまでキーニーのことをよく知らなかったが，彼の近くで働くようになって，これほど何もしない人といっしょに働くのは初めてだと分かった。彼はブラウン（Charles H. Brown）が言っていたとおりの，いやもっと悪い人物だ。一日中，机の前にじっと座って不満ばかり口にしている"[18]。

やがて，1943年に特殊情報部が戦時機関の戦略局（Office of Strategic Services: OSS）の一部門に編入されると，キーニーもOSSへと移った。

さらに同年9月には,同じく戦時機関の外国経済局 (Foreign Economic Administration: FEA) へと移る。米国では,すでに1942年から日本の戦後処理策に関する検討が始められていたが,1943年3月には陸軍省に民事部 (Civil Affairs Division: CAD) が創設され,占領下の軍政についての具体案が検討されることとなった。CADでは関係の諸機関からの情報収集に力が注がれ,実務的な観点からの問題処理が検討されていた。キーニーが所属したOSSやFEAは臨時の文官からなる戦時機関であり,日本やヨーロッパにおける戦時情報の収集・分析を行っていたが,CADのそうした活動を支える役割を果たした。戦時機関には当時,進歩的なエコノミストらニューディーラーの多くいたことが知られている[19]。

キーニーは,1943年9月からFEAの文書保全課長の地位にあり,経済諜報部や諜報文書管理部に所属した。戦時文書を取り扱う責任者の地位にあり,かつての経験や知識を活用できる職場を得たといえる。ただし,モンタナ裁判を争った経歴から,働くに当たっては連邦捜査局 (Federal Bureau of Investigation: FBI) の事情聴取などを受け,どういった図書を大学図書館に置こうとしたかであるとか,彼と労働組合との関係,およびキーニー夫妻と共産主義思想との関連性についてなどが問われ,身の潔白を主張する必要があった。ここでの疑いは晴れたが,共産主義との関わりを政府当局に疑われたことは,キーニーのその後に大きな影響を及ぼすこととなる。

2.2 GSからCIEへ

1945年8月,日本はポツダム宣言を受諾し終戦を迎えた。その2か月後,CAD部長のヒルドリング (John H. Hilldring) 少将からFEAの経済機構スタッフ次長であったボーエン・スミス (Bowen Smith) に対し,経済を中心として日本の民事問題を調査する人材の要請が行われた。キーニーと同様に妻のメアリー・ジェーンもFEAに職を得,主にドイツの経済状況の分析に関与していたが,彼女はスミスのもとで働いたことがあった。その縁でこの話はキーニーに打診され,彼は9か月間の日本行きを了承した。新天地日本での仕事に彼は気分一新を図ったのであろうか。

ここにおいて日本との明確な接点が生まれることとなった。キーニーは，おそらくこの年の末に，民政局（Government Section: GS）を支援するための「民主化使節団」の一員として来日した[20]。このようにキーニー来日の直接の動機は日本の図書館復興にはなく，占領軍の民政に貢献するところにあった。

GSは日本の民主化にもっとも重要な役割を果たした局であり，憲法改正，公職追放，警察改革，公務員制度改革，地方自治改革など政治の民主化を担当した。GS次長であったケーディス（Charles L. Kades）は，キーニーが極秘資料を取り扱う資料室に配属されたと回想している[21]。この時期，GSでは極秘裏に独自の憲法草案作成作業に入っており，キーニーも起草のための委員会のひとつである「地方自治小委員会」に名を連ねた。しかし，彼は共産主義への同調者と見られたため実際の起草には関わらなかった。

ケーディスはCIEのダイク（Ken R. Dyke）局長に打診し，その了承を得るとキーニーをCIEに転出することを決めた。CIEは，民主的な思想普及のための日本人の再教育や，最高司令官の教育方針に必要な情報の収集をその使命とするほか，図書館など文化施設の再興に関する勧告も担当した。1946年春の時点では，教科書における軍国主義的イデオロギーの排除を達成するため，文部省に教科書の書き直しを求める作業や，米国対日教育使節団の来日に向けた受け入れ準備が整えられている最中であった。

1946年2月1日，CIE教育課に米国対日教育使節団に現状報告を行うための委員会が発足したが，ここで図書館に関する調査を行うことも企図された。担当は，図書館についての検討を行う「高等教育委員会」の委員長であったクロフツ（Alfred Crofts）少佐であったが，図書館に関する知見は未知であった。これより1か月前の1月5日の時点ですでに教育使節団の任務の中に図書館の調査が挙げられていることから推して，CIE側でキーニーを受け入れた背景には，図書館経験をもつ人材への要望があったといえる。また，リベラルな性格の持ち主として知られるダイク大佐が局長を務めていたことも影響したと思われる。2月15日に高

等教育委員会の委員が発表されたときにはキーニーの名前も加えられており，27日に彼は帝国図書館の視察に訪れ，使節団受け入れに向けて活動を始めた。

3. 日本における図書館再建構想

3.1 統合的な図書館システム

　日本におけるキーニーの活動の大きな特色は図書館再建構想を示したことである。次に，彼の提唱したキーニープランについて見ていく。

　1946年3月5日に来日した教育使節団は月末までに報告書の作成作業を済ませ，慌しく帰国した。CIE側では，各受け入れ委員会の委員が使節団に助言を与え，それぞれが担当する事項の歴史と現状に関して講義した。使節団には図書館関係者としてシカゴ大学教授のカーノフスキー（Leon Carnovsky）も含まれており[22]，キーニーは日本の図書館の将来像について，カーノフスキーや岡田温ら日本側関係者と協議を行った。4月7日に公表された『米国対日教育使節団報告書』では，主に成人教育および高等教育の両章で図書館への記述が割かれている。

　翌4月8日付けでキーニープランがCIEのファー（Edward H. Farr）教育課長補佐に提出された。使節団報告書と比べると，成人教育の章の中でカーノフスキーが執筆したと考えられる「公共図書館」の項の記述との類似性は薄く，強いてあげれば，両者で地域全体に対するサービスが主張されている程度である。一方，高等教育の章の中の「大学図書館」の項とは，(1)全国的な総合目録の作成，(2)図書館間相互貸借の実現，(3)図書館学校の設立を主張した点で軌を一にしている[23]。

　キーニープランは次の6項目に分けられている。

　　[1] 目的：(図書館の) 統合，文献共有，教育制度への組み込み，人びとへの図書館の公開

　　[2] サービス単位：(ひとつもしくは複数の) 県を「地域」としてサービスの単位とする

　　[3] 組織と運営：市町村の公共図書館は「地域」図書館の分館として機能する。「地域」図書館は分館と資料の貸借を行う。国立図書

館と「地域」図書館も資料貸借によって結びつく
　［4］総合目録：「地域」図書館が総合目録を作成。国立図書館は全国的な総合目録を作成する
　［5］計画の実施に向けて：文部省が会議を開催し，日本側の了承を得たうえで実施方法を検討する
　［6］会議後の活動：全国的な総合目録の作成に大学図書館も含める

　キーニープランの最大の特徴は，カリフォルニア州を範にした統合的な図書館システムを提案したことである。これは，日本全国をカリフォルニア州，県をカウンティに見立て，国立（州立）図書館―県立（地域）図書館―各分館という構造で，日本の図書館サービスを組織化する構想であった。ここでいう統合とは，具体的には資料や目録カードを介した図書館間相互の結びつきのことである。国立図書館は全国的な総合目録を完備し，「地域」図書館からの資料要求に応え，「地域」図書館もまた総合目録を備えて，市町村の図書館からの資料要求に応える。そうして，あらゆる地域に住む人びとへの要求が満たされ，図書館が彼らの教育に資することができるとする考え方を示している。こうした構想は，それ以前に作成された使節団報告書などには見られなかったものである。

　キーニーには公共図書館に勤務した経験はない。彼がカリフォルニア州の制度を範としたことに関しては，州立大学図書館長としてほぼ10年間を過ごしたモンタナ州でもこの制度が採用されていたこと，およびカリフォルニア州立図書館のエディ女史（Harriet Eddy）と親交のあったことが影響したと考えられる[24]。

3.2　キーニープランの限界

　当時の日本は，戦争によって文化機関が破壊され，中央図書館の約6割，市立図書館の約8割の蔵書が焼失し，図書館の職員も資料も不足する状況であった。その中で，公費を支えに図書館サービスを無料で提供していくには，図書館間相互貸借を通じて各図書館を結合することが肝要だとの考えを窺い知ることができる。しかし，この構想は米国における広域の図書館サービスの移植を図ると同時に，戦前から日本で構想され

ていた中央図書館制度とも近い考えであり，そこに限界を抱えていた[25]。

1946年4月29日に成人教育担当官としてネルソンが着任すると，CIEの社会教育政策は急激に分権化へ舵取りがなされ，県や市町村の積極的な役割が奨励された。図書館についても，6月20日にネルソンが示した「分権化試案」によれば，帝国図書館以外の図書館の統制は文部省から完全に分離し，日本図書館協会が監督すべき旨が記されている。日本全国の図書館を合わせて組織化しようとするキーニーの構想が，CIEの社会教育政策の中から浮いてしまうことが窺える。

キーニーが戦前のような統制型の図書館政策を容認したのでないことは，帰国後に *Far Eastern Survey* に寄稿した報告「日本の公共図書館制度の再組織化」を見ても分かる。その中で彼は，戦前の日本の図書館が貧困であったことを批判し，図書館は人びとが自ら考えるための資料を提供すべきであるのに，検閲制度を通して軍国主義的政府の言いなりになるように人びとを育成することに加担していたと主張する[26]。そして，図書館制度面における具体的な問題点として，入館料・貸出料の徴収，図書館行政の不統一，不十分な図書館員教育，非民主的な図書館協会運営，図書館員の専門職意識の欠如，貧困な図書館予算を指摘した。これらの改善策には，専門職を養成する図書館学校の開設，図書館協会の民主化，図書館法の整備を挙げている。堀越崇が述べているように，キーニーが図書館に求めたのは「人民の大学」(People's University) としての機能であった[27]。キーニーが構想した統合システムとは，人びとに資料を円滑に提供する枠組みなのである。

CIE文書から，当時，日本の種々の図書館の蔵書や目録・分類の方法に関して多くの調査のなされていることが知られるが，これは統合化の前段階として意識されたものといえよう。キーニーの意図は，経済効率を高めて利用者に資料を提供する枠組みの構築であったが，その性質上「中央政府の積極的な役割」を要請する側面があったために，図書館行政そのものの集権化という権威主義的な主張につながりえた。そのため，図書館政策を動かす指針には採用されなかったと考えられる。のちに，ALAの意向を受けて第2代図書館担当官にバーネットが着任した時点で，キー

ニープランは継承されることはなかったが[28]、そこにはモンタナ裁判以来のキーニーと ALA の微妙な関係もさることながら、キーニープラン自体のもつそうした限界が影を落としたといえる。

その後、キーニーは積極的に全国の図書館を訪れ、先に挙げた図書館制度面での改善策など主要課題を掲げて各地の図書館員と話し合いながら、彼の構想の真意を伝えようとしていた。日本側関係者と CIE との討議の場である金曜会が発足するなど、日本の図書館人との協力関係が模索された。

3.3 帰国

1947年4月、キーニーに解雇通告がなされた。前年7月に正式に図書館担当官に就任していたキーニーはその冬、帰米した折に2年間の契約更新を済ませており、解雇は突然であった。

図書館担当官としての職務の継続が決まった後も、キーニーは繰り返し、キーニープランについて図書館員の理解を図っている。また、1947年2月からは、主要課題のうち特に図書館学校の設立に力を注ぎ、上野の帝国図書館に図書館学校を付設する件について、主にその教科内容の検討に入っていた。

キーニー解雇の背景には米本国における反共政策の強化があった。米国では、すでに1938年に下院に非米活動委員会 (Un-American Activities Committee, House of Representatives: HUAC) が設けられ、共産主義者の動向が注視されていたが、大戦終了とともに反共の動きは急進化していった。1947年3月に「官吏忠誠令」が出されると、共産主義団体に対する支援を含む、合理的な根拠と信ずるに足る理由があれば、疑わしい職員は解雇されることと決められた。GHQ/SCAP の職員も審査対象であった。戦時機関への就職に際してキーニーは FBI の聴取を受けていたが、戦後、キーニーから米国の妻メアリー・ジェーンに宛てた手紙の検閲が行われ、彼が日本の共産党に対して思想的な共感を有していることが判明した。これが彼を解雇する理由となったのである[29]。

他方、GHQ 内部でも G2 のウイロビー (C. A. Willoughby) 少将の指

揮のもと,独自に改革派を排除する動きがあった。1946年6月の第2次読売争議を契機に,ウイロビーは秘密裏にGHQへの「左翼」の浸透状況の調査を始めていたが,1947年6月に作成されたマッカーサーへの報告において,要注意人物リストの中にキーニーの名前も挙げられた。そこには彼が共産党員であり,日本の共産主義と関係をもつと記されている。

また,岡田温は"奥さんがそちらの方の［急進主義的な］団体に加入していたので,急に罷免になったというように当時いわれましたね"と回顧している[30]。メアリー・ジェーンは,ワシントンにおける共産主義機関紙の販売店だった「ワシントン・ブックショップ」の一員となっていた。反共に向かう時代の流れがキーニーを図書館担当官から離職させたといえる。

ALAのような図書館員を支援すべき団体からのキーニーを擁護する動きは,またもやなかった。1947年5月にキーニーは米本土に戻り,6月1日をもって正式に図書館担当官の職を解かれた。大佐三四五は"［キーニー］氏の一九四六年四月帰國に先だち,在京の図書館人が送別会を開いたとき,熱涙を流して答へられたことや,当時衣服の非常に困難なときであつたので,自分は子供も無いし,着て帰る服さえあればよいと,洋服や靴など多数,東京の図書館員の爲残して行かれたことなど,今なほ記憶に新らしい。これは氏の情愛の細かなところを表はしてゐる"と記している[31]。

4. 図書館サービス・プログラム

4.1 プログラムの内容

1947年6月,キーニー夫妻はニューヨークに移り住み,メアリー・ジェーンの回想によれば,キーニーは"国家規模で組織される図書館サービス・プログラムの作成に半年間を費やした"という[32]。"世界のあらゆる国々で適用されることを想定し,とりわけ,図書館サービスの発展していない国,もしくは発展途上にある国において適用されること"を目的としたこの「低予算で図書館サービスを実施するためのプログラム」は,キーニーの図書館思想のいわば総決算である。以下にその内容を見る。

この「プログラム」は序文と次の8章からなる[33]。
　[1] 図書館サービスを組織する新たな手法
　[2] 適切な図書館サービスとその費用
　[3] 仮説
　[4] 通俗図書館（Popular Libraries）
　[5] 統合的な図書館制度
　[6] 図書の購入，目録・分類の中央集中化
　[7] 図書館サービスのための教育
　[8] 統合的制度と処理機構の導入時期

　キーニーがプログラムを作成した意図は，図書館サービスを効率的かつ少ない費用で運用するためであった。発展途上国や戦後再建を進める国々において，図書館は文化を具体的に再生させるものだと規定したうえで，彼は図書館の組織化の成果を短期間のうちに示す方法として，建物として図書館をつくるか，図書を広く行き渡らせるかの2つを挙げる。しかし，彼にとって本質的に重要なのは建物ではなく図書であり，図書をできるだけ早く循環する仕組みを作ることが大切だと主張している[34]。

　また，長期的な視野に立ち図書館を効率的に組織化するために，彼はさらに2つの方途を提示している。すなわち，一定レベルの図書館サービスを保障する中央政府の積極的な関与の下に，"(a) ある地域の既存の図書館をすべて1つの広域図書館制度へ統合する。(b) 地域内の全図書館の図書購入，目録，分類を1つの機関に集約する"ことである[35]。

　(a) にいう統合制度は，先のキーニープランの骨子でもある。1911年にカリフォルニア州で始められ，モンタナなど5州で地域規模に展開されていた方式で，そこでは総合目録をもとにして図書館間相互貸借が円滑に運用されていた。また (b) については，当時，大都市部で市立図書館の中央館がこうした機能を担っていたほか，1930年代に始まったLCと大学図書館との共同目録・分類作業の動きからも影響を受けていた。「プログラム」の核は，これら2つの制度を併用しながら，諸外国の広い地域への適用を目指したことにあり，既存の限られた建物，蔵書，設備，人員を効果的に活用する手立てを講じた点に特色があった。

仮に，中央集中処理機関が受け入れから目録化，分類作業，ラベル貼りなどの実装を一手に引き受ければ，個別の図書館による作業の重複がなくなり，経費節減が実現されることになる。また，分類法については，当時の米国ではデューイ十進分類法とLC分類法の2種類が通用しており，各図書館は自館で使用している分類記号をカード目録に書き記したり，件名標目や相互参照を書き加えたりする必要があったが，それを統一することで作業を軽減することができる。効率化した図書館制度を機能させることによって，戦時下で疲弊した国々でも図書流通の回復を図る狙いであった。

　さらに，キーニーは図書館員の重要性にも言及している。図書館員は利用者に対して目的に沿った資料を示す教育的機能を担うほか，受入，目録，分類，レファレンス，書誌，索引づけ，抄録作成の際に高度に専門的な実務処理機能も担っている。キーニーは小規模都市の図書館や大都市分館のような「通俗図書館」では「教師としての図書館員」を配置し，逆に大規模図書館や中央処理機関では「実務家としての図書館員」を置くことを主張した。限られた人員を最大限に活用する方途であった。

4.2 主要な特色

　「プログラム」に見られる特色を2点挙げておく。

　1点目は，キーニープランが継承・展開されていることである。「プログラム」の核となる考えは，①総合目録に基づいて図書館間相互貸借制度を確立し，限られた図書館資源を十分に活用すること。そして，②中央集中処理機関を設立して受入，目録，分類の実務処理過程を集約的に行い，作業上の重複を省いて経費を削減することの2つである。①については，建物という外枠にとらわれずに如何に資料自体を循環させるかという発想が根底にあり，②に関しては，図書館サービスにかかる費用を経済的側面から算定してその効率化を図ろうとする意図が読み取れる。

　2点目は，図書館が社会教育機関と位置づけられ，図書の提供に限らず，討論会や映画上映，レコード鑑賞，展示会などのコミュニティ活動が重視されている点である。そこで働く「教師としての図書館員」には，

思考や議論を刺激したり，コミュニティで指導力を発揮することが求められており，図書館の枠を超え，地域の人びとへの啓発活動に従事することが，重要な図書館的機能と捉えられている。

社会科学者のアルビン・ジョンソン（Alvin Johnson）が『公共図書館：民衆の大学』において，公共図書館が成人教育運動の中で指導的地位を占めるべきことを主張したのは1938年のことであった[36]。彼は，"フォーラム，討論クラブ，父母会，児童学習会，読書クラブ，文学とお茶の会，有権者協会，その他類似のものが，すべて1つの地区成人教育組織にまとめられたものから成る，活力にあふれた独立の成人教育組織"を理想に掲げ，図書の蓄えと設備を有する公共図書館こそが，そうした組織や成人教育の発展に主導的な役割を果たすことができると論じた。

キーニーは，ジョンソンのように，図書館が単に図書の番人の役割を担う機関ではないという理解に立ち，社会教育的サービスと図書館サービスの結合を図ったと考えられる。こうした図書館観は，キーニープランなどに明示されていなかったものの，日本での経験を踏まえて現れてきたものと言える。

おわりに

モンタナ裁判の傷跡を癒すように，新天地日本での図書館改革に取り組んだキーニーは，突然の帰国という出来事にも屈せず，自らの図書館経験を「プログラム」に結実させた。この小冊子は南米諸国やヨーロッパの関係者に送られ，プエルトリコ，チェコスロバキア，ブルガリアの関係者から関心が寄せたというが，いずれも実現には至らなかった[37]。

やがて，反共の流れが加速し，いわゆる「赤狩り」の社会的風潮の中でキーニーは妻メアリー・ジェーンとともに非米活動委員会（HUAC）に召喚され，これを機に図書館界との関わりが絶たれた。堀越は，"［帰国から］5年後に，日本から一人の図書館員があなたを訪ねた時，あなたはニューヨークのうらさびれたとあるクラブの切符もぎをやっていたというエピソードは，あなたの受けた傷の大きさだけを私たちに教えてくれる"と書き留めているが[38]，キーニーの厳しい晩年を垣間見せている。

注

1) Keeney, Philip O. "Unified Library Service for Japan," 1947. および "Reorganization of the Japanese Public Library System I, II," 1948. 裏田武夫・小川剛『図書館法成立史資料』日本図書館協会 , 1968, p.419-438. 所収。)
2) 堀越崇「キイニー研究序説」1977. (図書館短期大学別科卒業論文)『占領期図書館研究の課題』(占領期図書館研究第 1 集) 代表根本彰 , 東京大学大学院教育学研究科図書館情報学研究室 , 1999, p.105-132. 所収 [http://plng.p.u-tokyo.ac.jp/text/senryoki/report98/horikoshi.html] (最終アクセス日 2007 年 4 月 23 日)
3) 根本彰『文献世界の構造：書誌コントロール論序説』勁草書房 , 1998, p.171-180.
4) ルイーズ・ロビンズ『検閲とアメリカの図書館：知的自由を擁護するアメリカ図書館協会の闘い』[Censorship and the American Library: the American Library Association's Response to Threats to Intellectual Freedom, 1939-1969] 川崎良孝訳 , 日本図書館研究会 , 1998, p.19.
5) McReynolds, Rosalee "Troubles in Big Sky's Ivory Tower: The Montana Tenure Dispute of 1937-1939," Libraries & Culture, Vol.32, No. 2, Spring 1997, p.163-190. [www.gslis.utexas.edu/~landc/fulltext/LandC_32_2_McReynolds.pdf] (最終アクセス日 2007 年 4 月 23 日)
6) 三浦太郎「占領期初代図書館担当官キーニーの来日・帰国の経緯および彼の事績について」『日本図書館情報学会誌』Vol.45, No. 4, 2000.1, p.141-154.
7) 三浦太郎「占領期初代図書館担当官キーニーの図書館制度構想：「低予算で図書館サービスを実施するためのプログラム」(1948) にみる図書館サービスの枠組み」『戦後教育文化政策における図書館政策の位置づけに関する研究』(占領期図書館研究第 3 集) 平成 14・15 年度科学研究費補助金 (基盤研究 C (2)) 研究成果報告書 , 研究代表者・根本彰 , 2005.3, p.33-54.
8) 大佐三四五「我國圖書館事業の革新を指導せる米國圖書館人の足跡」『金光図書館報　土』1952.2, No. 20, p.9-10.
9) 前掲 5), p.165.
10) Vardis Fisher. Passions Spin the Plot. New York: Doubleday, Doran & Company, Inc., 1934, 428p.
11) 前掲 5), p. 170, および前掲 6), p.142.
12) 前掲 5), p.171-172.
13) James R. Steele "Hire Learning in Montana," Pacific Weekly, 1936.3, p.131-132.
14) 前掲 5), p.175.
15) 同上 , p. 178, および前掲 6), p.143.
16) 前掲 5), p.184.

17) McReynolds, Rosalee "Progressive Librarians Council and Its Founders," *Progressive Librarian*, No. 2, Winter 1990/91. [http://libr.org/pl/2_McReynolds.html]（最終アクセス日 2007 年 4 月 23 日）
18) Letter from Jesse H. Shera to Joe W. Kraus, 1972/10/3, DSC03011, Charles H. Brown, 25/1 Deans Office, Iowa State University Archives. 井上靖代氏（獨協大学准教授）の教示による。なお，ブラウンは 1941-42 年に ALA 会長を務め，戦後 1947 年末には，国立図書館創設について助言するための図書館使節の一員として来日している。
19) 前掲 6)．p.145.
20) 同上
21) 竹前栄治『日本占領— GHQ 高官の証言—』中央公論社, 1988, p.87-88, および前掲 6)．p.146.
22) 根本彰「占領初期における米国図書館関係者来日の背景：ALA 文書ほかの一次資料に基づいて」『日本図書館情報学会誌』Vol.45, No. 1, 1999.3, p.3-5, および前掲 6)．p.147.
23) 根本彰ほか「政策文書に見る GHQ/SCAP 民間情報教育局の図書館政策」『東京大学大学院教育学研究科紀要』Vol.39, 1999.3, p.459.
24) 同上, p.477.
25) 前掲 6)．p.147-149, および前掲 22)．根本, p.13.
26) 前掲 1)．"Reorganization of the Japanese Public Library System I, II"
27) 前掲 2)．p.114-115.
28) バーネットの着任とその活動については，三浦太郎「占領下日本における CIE 第 2 代図書館担当官バーネットの活動」『東京大学大学院教育学研究科紀要』Vol.45, 2006.3, p.267-277. を参照されたい。
29) 前掲 6)．p.149-150.
30) 『岡田温先生喜寿記念　図書館の歴史と創造 1　岡田先生を囲んで』岡田温先生喜寿記念会, 1979, p.60.
31) 前掲 8)．p.10.
32) "Political Persecution of Philip O. and Mary Jane Keeney," 1969, 11p. Keeney Papers 71/157, Box 2, Folder 2:3, Bancroft Library, University of California, Berkeley.
33) 前掲 7)．p.35-36.
34) 同上, p.40.
35) 同上, p.37.
36) Johnson, Alvin *The Public Library : A People's University*, New York : American Association for Adult Education, 1938, p.73. および Williams, Patrick『アメリカ公共図書館史 1841-1987 年』[*The American Public Library and the Problem of Purpose*] 原田勝訳, 勁草書房, 1991, p.69-72.

37）前掲 32)
38）前掲 2), p.130.

20世紀アメリカのライブラリアン

そして図書館学者ジェシー・H・シェラについて

Jesse H. Shera, an American librarian and scientist of library science in the 20th century

松﨑　博子
（筑波大学大学院図書館情報メディア研究科）

ジェシー・H・シェラ（Jesse H. Shera）
　1903年　オハイオ州オクスフォードに生まれる
　1928年　スクリップス財団人口問題研究所図書館員
　1938年　シカゴ大学大学院図書館学科（GLS）に入学
　1941年　戦略情報局（Office of Strategic Services：OSS）調査分析部中央情報課長補佐
　1947年　シカゴ大学大学院図書館学科助教授
　1952年　ウェスタン・リザーブ大学図書館学部学部長
　1982年　死去

はじめに

　ジェシー・H・シェラは，20世紀のアメリカを代表するライブラリアンにして図書館学者である。彼は，図書館学シカゴ学派の系統を引く代表的な存在でもあった。本稿では，ピアース・バトラーの後，コンピュー

タが全盛となる以前のアメリカ図書館界を第一線で生きたシェラの人生を追う。

1. シェラがシカゴ大学 GLS に入るまで

1.1 シェラの生い立ち

オランダ系アイルランド人の血筋をひくシェラは，1903年12月8日，オハイオ州オクスフォードで，父チャールズ・H・シェラ（Charles H.）と母ジェシー・ホーク・シェラ（Jessie Hauk）のあいだに生まれた。

シェラは先天的な視覚障害（斜視）を持っていた[1]。斜視とは，ものを見るときに一眼が正しく目標に向かわない病気で，不自由な日常生活を強いられた。障害のために，おそらく，近所の友だちと活発に動き回ることはできず，見てすぐにそれとわかるので，自分の顔を見られることがいやだと思うこともあったと思われる。

シェラは，仕事とあれば世界中どこへでも飛んで行ったが，暮らすところとなると，アメリカ合衆国北東部から出ることはなく，人生のほとんどを生地オハイオ州で過ごした。第1次世界大戦開戦のとき13歳であったシェラは，生涯を通じ兵隊として戦地に赴く経験は持たなかった。

1.2 青春時代（マイアミ大学・エール大学）

第一次世界大戦後，クーリッジ政権（1923-29年）の上昇期は「黄金の20世紀」と呼ばれる。1920年代，大量消費時代に入ったアメリカ合衆国では，通信販売会社「シアーズ」の1,100ページのカタログやコカ＝コーラ社のカレンダーが出回っていた。当時の英雄としては，チャップリン，『怒りの葡萄』のスタインベック，ヘミングウェイ，アル＝カポネが挙げられる[2]。この時期に，シェラは，大学の学部生，大学院生として学生生活を送っている。

少年期以来シェラの読書量は並大抵ではなかった。そのためか，あるいは一般的な進路としてか，シェラは，地元オハイオ州オクスフォードにあるマイアミ大学英文学部に進学，1925年に卒業，その後エール大学に進学し，1927年，23歳で英文学修士号を取得した。

シェラの伝記作者ホワード・ウィンガー[3]（Howard W. Winger）は，シェラがウィンガーにエール大学でのボーリング（the Yale Bowl）の思い出を楽しそうに語ったと記している。目の障害のためにシェラ自身が試合に参加することはできなかったらしいのだが[4]。

シェラは，エール大学で取得した英文学修士号を活かしてカレッジの英語の教師になりたかった。しかし，それは非常に難しかった。1927年，シェラは，修士号取得後すぐに母校であるマイアミ大学附属図書館のアシスタント・カタロガーとなることを受け容れた。英語の教師となることを断念した24歳のシェラは，ライブラリアンになったのである。

ウィリアムソン・レポート（1923年）が刊行された後，1928年には，シカゴ大学大学院図書館学研究科（GLS：Graduate Library School）が開設された。アメリカ図書館界が学問としての図書館学という未踏の領域に踏み出すとき，シェラもまたライブラリアンの道を歩み始めた。

1.3 スクリップス財団人口問題研究所

マイアミ大学にアシスタント・カタロガーとして勤めて間もない1928年，シェラはマイアミ大学附属図書館のなかにあった[5]スクリップス財団人口問題研究所[6]の図書館に移った。シェラは，そこに12年間勤めた。

新聞王として知られるスクリップス（E. W. Scripps）の寄付により，1922年に設立されたスクリップス財団では，現在に至るまで，アメリカ合衆国および世界の人口と多産に関する科学的研究を生み出してきた[7]。主として統計を扱っていた人口問題研究所では，センサスの統計データを扱うために発明した表作成装置（tabulation machine）[8]やパンチカードなど，当時としては最新鋭の機械を用いていた。シェラが，ここで，それらの最新鋭の機械を目にしていたことが，シェラの後の職業や研究に活かされる。

「人口」に関するコレクションを持つ図書館は少なかった[9]ので，シェラは，一般的な分類に加え，独自の分類体系を構築していたかもしれない，また，ルーチンワークや事務的な諸手続きにも携わっていただろう。シェラは，ここでビブリオグラファーを，後には研究助手を務め，人口

問題や統計的手法についての知識も会得した。統計的手法にせよ人口問題にせよ，当時は，新しくて脚光を浴びている学問であった。順応性のあるシェラは，物怖じしない，呑み込みの早い人だった。

シェラは，25-35歳のあいだに，このスペシャルライブラリー（専門図書館）で，図書館業務を体得した。このシェラのスペシャルライブラリアン時代には，シェラを'ライブラリアンそして図書館学者シェラ'たらしめた要素が詰まっている。

人口問題研究所に入所したのと同じ年（1928年），ヘレン（Helen M Bickham）と結婚した。彼女とのあいだに，長女マリー（Mary Helen），長男エドワード（Edward Brookins）を儲けた。ヘレンとはシェラが逝く1979年までの50年間連れ添うことになった。目の不自由なシェラのために，妻ヘレンがシェラの出席する会議に同伴することや，手稿を手伝うこともしばしばであった。シェラの主著である博士論文『パブリック・ライブラリーの成立』の執筆に当たっても，夫人はデータ収集に至るまで大分手助けされたようである[10]。

1.4 図書館界の雑誌に投稿を始める

スクリップス財団人口問題研究所に入所後，まもなくシェラは図書館界の雑誌に短い記事を投稿するようになる。

当時の大問題は，1929年10月24日ニューヨーク・ウォール街の株式市場の株価大暴落が引き金となって起こった世界大恐慌だった。シェラの問題意識も，やはり，不景気や雇用問題にあった。「学問の世界の侍女」[11]と題した短い記事で，シェラは公共図書館とそこで働くライブラリアンの脆弱さを憂えている。シェラ云わく，大恐慌の後，激増した失業者たちが公共図書館の利用者として高い割合を占めるようになった，そこでは，痩せ細った女の子たちが，失業者たちのあいだを縫って忙しく立ち働いている，実は，この人たちはろくろく給料も貰えていない。このような状況のなかで，ALAに戦略がないことが非常に問題であるとシェラは述べている。

ALAを批判する一方で，シェラは，シカゴ大学GLSが刊行しつつあっ

たLibrary Quarterlyの創刊に大きな期待を寄せている。また，この記事なかに，突如として，2人の館界の有名人の名前が登場する。ジョン・コットン・デイナ (John Cotton Dana) とイサドア・マッジ (Isadore Gilbert Mudge) である。

デイナは，ニューアーク公共図書館長，専門図書館協会の初代会長を務め，アメリカでライブラリアンの理想像とされている人物である。シェラは，デイナに対して，相当の親しみを覚えていた[12]。マッジは，*Guide to Reference Book.* の3-6版 (1917-36年) を編集し，コロンビア大学図書館学科で15年間，「書誌と書誌学の方法」を担当した人物である。

シェラは，この頃，「書誌 (資料組織化)」にもっと目を向けるべきである，ということを簡単にではあるが，度々述べている。この記述がこの時期に現われることは，最期まで変わることのなかったシェラの書誌の重視が，実践経験に基づくことを裏付けている。

また，シェラが生涯持ち続けた，図書館「対社会」の意識もこの頃の記事に確認できる。雑誌 *Library Quarterly* に初めて掲載された論文「社会の最新の動向と未来の図書館政策について」[13]のなかで，シェラは，図書館は静的ではなく，経済に付きまとう栄枯盛衰に敏感な流動的な現象である，だから，図書館政策を考えるには，今日の社会と経済のしっかりした解釈から出発する必要がある，と述べている。

2. シカゴ大学GLS進学後のシェラ

2.1 シカゴ大学GLSの概略

次に，シェラが学び，教鞭をとったシカゴ大学GLSについて述べる。

19世紀後半，図書館建設に対して莫大な資金を投じ，社会貢献していたカーネギー財団は，20世紀に入り図書館の実態調査を行った。委託調査，ジョンソン・レポートが1916年に，ウィリアムソン・レポートが1921年に財団に対して提出された。この2つのレポートにより，「カーネギー財団はその政策課題を図書館建設から図書館サービスとそれを支える図書館員の教育へと移行」することを決めた[14]。

カーネギー財団は，ALAにライブラリー・スクールの改革を依頼。こ

れを受けて ALA は, 臨時図書館教育部 (1924 年に ALA 図書館教育部に改称) を設置,「高度な研究機能を持つライブラリー・スクール (graduate library school)」の準備に着手した。そして, シカゴ大学が選ばれ, 1928 年に開校された[15]。

シカゴ大学の研究者たちは, 科学的研究, なかでも社会科学的研究を標榜し, 推進した。その結果, 開校当初の数年間は, ALA をはじめ, 図書館現場からの要望と折り合いがつかず, 館界で異端の存在となった。ルイス・ラウンド・ウィルソン (Louis Round Wilson) が学部長を務めたとき (1932-42 年) に, そのような軋轢はようやく緩和された[16]。1979 年の閉校に至るまで, シカゴ大学 GLS はアメリカの図書館界において傑出した存在であり続けた。

2.2 シカゴ大学 GLS に入学

1938 年, 34 歳のシェラは, シカゴ大学 GLS に入学した。入学するまで, シェラは, 人口問題研究所にライブラリアンとして勤める傍ら, 雑誌記事や論文の投稿を熱心に続けていた。在学中の 2 年間は, 仕事と勉強を両立させていた。1940 年には同研究所を退職しているので, GLS への入学がライブラリアンとしてのスキルアップ, あるいはシカゴ大学 GLS のほかの学生同様, 図書館長の事実上の資格 (学位) を取得するためであったとは考え難い。

シェラは, 明らかに彼自身の目標をもってこの専門職大学院に入学したのだった。シェラが GLS に入学した当時, 教員としては, ピアース・バトラー (Pierce Butler), C・B・ジョッケル (Carleton B. Joeckel), カーノフスキー (Leon Carnovsky), ダグラス・ウェイプルズ (Douglas Waples), ルイス・ラウンド・ウィルソン, ワークス (George Works) などがいた。シェラは, ルイス・ラウンド・ウィルソンとバトラーの薫陶を受けたということになっている[17]。人情からか理性的判断からか, 結果的に, シェラは, ウィルソンの行動 (運営方針) と, バトラーの思想について, 最期まで熱弁を奮うことになった。ウィルソンに対しては本当に恩義を感じていたようであるし, シェラはバトラーの後継者と見な

されている。図書館学の古典と評される，バトラーの主著『図書館学序説』(*An Introduction to Library Science*) が世に出たのは1933年，シェラは当然これを読んでいたし，ワークス，ウェイプルズ，ジョッケルも，研究所員時代にシェラが度々引用した研究論文の著者であった。

2．3　シェラの身近な同時代人たち

シェラには，同じ時代を生き，接点があり，境遇も似ていた図書館関係者が数人いる。カーノフスキー（1903-75）とバーナード・ベレルソン（Barnard Reuben Berelson; 1912-79），モーリス・タウバー（Maurice F. Tauber ; 1908-1980）の3人がまさしくそうであった。バーナード・ベレルソンは，コミュニケーション研究で，カーノフスキーは読書研究で，タウバーは分類，目録研究で知られる。

シカゴ大学で図書館学博士号を取得したのは，カーノフスキーは1932年，タウバーとベレルソンは1941年，シェラは1944年である。全員，シカゴ大学GLSの卒業生であり，教員であった。ベレルソンとカーノフスキーは，第二次世界大戦の戦中・戦後，政府機関の仕事に従事したことでも一致している。シェラとタウバーはシカゴ大学GLSでの同級生である。シェラ，タウバー，バーナード・ベレルソン，そして，ジョン・コリー（John M. Cory）の4人は本当に仲が良く，のちには'4人の騎手'と呼ばれたそうである[18]。ほかに，ルイス・ショアーズ（Louis Shores; 1904-81）との親交が知られている。

2．4　諜報機関OSS調査分析部中央情報課長時代

シカゴ大学で2年間勉強した後，1940年，シェラはスクリップス財団人口問題研究所の図書館には戻らず，アメリカ議会図書館に移り，国勢調査資料組織化計画[19]（Census Library Project）の主任を務めた。

1941-44年のあいだ，シェラは,諜報機関OSS（現CIA）調査分析部中央情報課の課長補佐,同課長を務めた。OSSでのシェラの仕事について，シェラの伝記作者マーガレット・カルテンバッハ（Margaret Kaltenbach）は次のように述べている[20]。

— 395 —

ワシントンでの初めの数年間,シェラは自分の任務の責任の所在が明確でないことに苛立った。しかしそれでもなお,OSSでの経験は彼にとって重要な意味を持つものとなった。そこには型にはまった図書館の管理,写真資料,さまざまな軍事部門から寄せられた「諜報文書」に加えて,いわゆる「検閲妨害」*というものまでもが存在した。つまりシェラは,このまとまりのない膨大な資料を,利用に供することができるように,資料の組織化を行わなければならなかったのである。そのために,情報検索の方法を改善する実験が必要とされた。シェラは,スクリップス財団人口問題研究所にいたときに……見ていた装置を活用して,件名標目やディスクリプタを振り,情報の記録,蓄積,調査,検索を行った。シェラは,ここで図書館運営という経験と,政府図書館に対する洞察を得た。

(*訳者注 '検閲妨害'とは,書簡類を無断で収集し,検閲したことであると思われる。)

シェラ自身も,「わたしは,第2次世界大戦中,合衆国軍事戦略部の小さなグループで,IBMの分類装置を用いて実験を行っていた」[21]と述べている。

カルテンバッハの記述のなかの「責任の所在が明確でない」という部分は,おそらく,厳密に言えば従属組織という位置づけのなかで,中央情報課長シェラは,その仕事が何のためであるか分からなくても,命令に従い実行しなければならなかったということだろう[22]。

OSS調査分析部極東課の課長補佐を経て課長を務めたチャールズ・B・ファーズ(Charles B. Fahs)[23],一時OSSに配属されていたフィリップ・キーニー(Philip Olin Keeney)[24]らが,物理的に近くにいた。シェラは,キーニーとは,議会図書館に勤める以前にも書簡のやり取りがあったし[25],OSSでの職務の遂行上の接点もあった。

2.5 シカゴ大学の教員として

1944年3月,シカゴ大学附属図書館長となっていたラルフ・ビールズ(Ralph Beals)の支援を得て,シェラはシカゴ大学図書館に移動し,

1946年には，ビールズの後を襲って館長となった。シェラは，1947年，GLSの学部長を務めていたビールズの再度の引き立てにより，シカゴ大学GLSの助教授として教員の一員となった。教員のメンバーには，バトラー，カーノフスキー，ウェイプルズ，バーナード・ベレルソン（学部長1947年-）などがいた。

リチャードソン Jr.（John Richardson Jr.）がシカゴ大学GLSについて著した『調査の精神』(1982)[26]のなかで，シェラは，「ベレルソンの学部長の時代に教員に加わった。……その直前までは，附属図書館で副館長としてビールズを補佐していた」[27]と，ごく簡単にではあるが触れられている。そのほかの部分では，「ライブラリアンの知識・技術（librarianship）は技芸か科学か？」[28]，「図書館学教員養成（Training Students for Teaching Library Subjects）」[29]，「調査結果の出版物」[30]の項目の下にシェラの名前が登場している。

シェラは，自身が教員を務めていたころのシカゴ大学GLSを肯定的に評価していた。それは，シェラが，1953年8月10-15日にシカゴ大学GLSによって開催された図書館学教育に関する会議の結論を1972年においてもなお高く評価していた[31]ことに表れている。その会議の結論は，「必修科目には，以下の7点の内容が含まれるべきである 1. 図書館と社会の調査，およびそれらの相互の関係の調査。2. 専門性の意味と特徴。3. 本，資料，情報資源の解釈，理解，評価，選択。4. 図書館内外でサービスを提供する利用者とそれに関連する組織と特徴。5. 図書館組織と図書館経営の基礎原理とさまざまなパターン。6. 昔の（history），そして，現在のコミュニケーション・プロセスの特徴と機能の概説。7. 研究の機能と方法，および研究結果の利用。」[32]という内容であった。

3 ウェスタン・リザーブ大学とシェラ

3.1 ウェスタン・リザーブ大学に学部長として赴任

1952年，シェラはシカゴ大学を去り，ウェスタン・リザーブ大学（オハイオ州クリーブランド；Western Reserve University；以下，WRUとする）新生図書館学部の学部長に就任した。

1904年という相当早い時期からライブラリー・スクールを開設していたWRUは、図書館学部のフォッケ（Helen Focke）教授の提案により、ドキュメンテーションという新しい分野に乗り出し、新境地を開拓するという、学部の生き残りを懸けた賭けに出ることを決めていた[33]。これは、それまでの専門学校としてのライブラリー・スクールとの訣別を示していた。結果的には、シェラが学部長に就いて数年後、WRUは、学内に設置したドキュメンテーションセンターが功を奏し、この計画は大成功を収めた[34]。

　シェラは、研究の時間が減ることを覚悟で学部長の役職を渋々引き受けたというのではなく、むしろ、政治的な一面を持ち合わせた研究者であったことを明らかにした。

　学部長に抜擢された理由としては、ALAの「目録と分類」部が発行する雑誌 Journal of Cataloging and Classification に創刊準備段階から携り、1947-57年に編集者を務めていたこと[35]、雑誌 American Documentation の創刊号（1950年）から立て続けに記事を載せていたこと、1950年11月7-10日にパリで開催されたUNESCO「書誌サービスの改善に関する会議」にアメリカ合衆国代表として出席したこと、1950年の「書誌の組織化に関するシカゴ会議」の報告書（1951）の編集、マーガレット・イーガン女史（Margaret Elizabeth Egan；1905-59）との共著論文「書誌の理論の基盤」（1951）などの業績が考えられる。

　1953-60年、シェラは、雑誌 American Documentation の編集長を務めた。シェラは、少なからず、雑誌の編集者、編集委員を務めたが、編集長を務めたのは雑誌 American Documentation のみである。（WRU出版の編集長（1954-59年）も務めた。編集者を務めた雑誌には、Library Quarterly（1947-55年）、編集委員を務めたものには、Journal of Library History, United Educator（1961-74年）などがある[36]。）シェラは、旬刊であったこの American Documentation に、毎号、自身の書いた編集子論説や軽い読み物を載せた。29点の著作が残っている。この雑誌の編集長を務めるということは、すなわち、シェラがドキュメンテーションという分野の顔であったことを示している。

また，1961-68年には，*Wilson Library Bulletin*でコラム"Without Reserve"を担当しており，シェラは，74点のエッセイを残している。

3.2 イーガン女史とシェラ

イーガンは，研究者として，人間としてシェラと非常に関わりが深かった女性である。1930年，ドミニカ共和国からアメリカに帰国したイーガン女史は，シンシナチ公共図書館で講習を受け，シンシナチ大学で学士号を取得，読書案内係として働いた。1940年イエール大学で極東地域の政治学について学び，1941年にはシカゴ大学GLS博士課程に入学，課程をすべて修了したが，博士論文を提出せずに終わった。1943-46年，シカゴ大学GLSで非常勤講師を務め，後に助教授として教員に迎えられた。1955年，シェラが学部長を務めるWRUに準教授として移った。4年後の1959年，心臓病のため，惜しまれながら亡くなった。享年53歳であった。

ジョナサン・ファーナー（Jonathan Furner）の調査によれば，イーガン女史の遺した著作の総数は31点であり，シェラとの共著は12点，シェラ以外の著者との共著は5点である[37]。

上にふれたUNESCO「書誌サービスの改善に関する会議」（1950）に提出する報告書，「書誌の組織化に関するシカゴ会議」（1950）の報告書をシェラとともにまとめ上げたのがイーガン女史であった。『パブリック・ライブラリーの成立』（1948）にもイーガン女史は携わっている[38]。シェラの主要業績の背後には，いつもイーガン女史がいた[39]。イーガン女史との共著として名高い書物に『分類目録』（1956）[40]がある。かねてから主題アプローチに重きを置いていたジョン・クレラー図書館は，目録の作成，維持に関するマニュアルを製作するという一大プロジェクトを計画し，これにロックフェラー財団が助成金を出資することになった。そこで，図書館学研究者の立場でこのプロジェクトに携わり，研究に当たったのがシェラとイーガン女史であった。その成果が『分類目録』である。

3.3 ドキュメンテーション・コミュニケーション研究センター

1955年，WRUのなかにドキュメンテーション・コミュニケーション研究センターが設立された。シェラはセンター設立の中心的人物であった，というよりも，センターは「シェラなくしては実現しなかったとさえ考えられる研究所」[41]であった。シェラは，バテル記念研究所（Battelle Memorial Institute）にいたジェイムズ・ペリー（James Perry）とアレン・ケント（Allen Kent）をあらたにWRUライブラリー・スクールの教員に迎え入れた。

1955年，ペリーは，WRUサーチングセレクターを設計，建設した。これは，ブール代数を用いた代数で定義され，詳細な調査作業を実行するようにプログラムされており，検索に関する多様な特色を有していた。たとえば，図書館の磁気テープ1つを詳細に調査するときに，最大10個の質問を検索できた。これは，電磁波光線の電気回路を使って設計された。これは，当時としては，非常に画期的な発明であった。上述したように，ドキュメンテーションセンターは，研究開発において成功を収め，未発達であった情報検索という分野の草分けとなった。少なくとも1961年ごろまで，ドキュメンテーションセンターの躍進は続いた[42]。

シェラは，WRUとその図書館学部それ自体をドキュメンテーションとスペシャルライブラリアンシップの学問的調査を行う場所と見なしていた。シェラは，ドキュメンテーションに関する著作を多数著し，1960-71年にはセンターの責任者も務めた。

4. シェラの図書館分類観

4.1 分類研究

1951-65年にかけて，シェラは分類に関する6点の論文を著した。なかでも，「書誌の組織化の基礎としての分類」(1951)[43]，「分類—最新の機能と図書館資料の主題分析の適用—」(1953)[44]は，示唆に富んだ内容となっている。

シェラは，デューイ十進分類法，展開分類法，議会図書館分類法，主題分類法を一括りにし，それらを'伝統的な図書館分類'と呼んだ。シェ

ラは，一般的な知識を取り扱い，また，'本' が多面的であることを無視しているこれらの '伝統的な図書館分類' を批判した。一方，国際十進分類法，コロン分類法が '本' の多面性に留意していることを高く評価した。

また，シェラは，上の2論文のなかで，ライブラリアンによる実用分類を標榜するような記述も残している。

4.2 ランガナタンに対するシェラの評価

現在，ランガナタン（Shiyali Ramamrita Ranganathan）に対する高い評価は世界中でゆるぎないものとなっているが，ランガナタンがコロン分類法を発表した当初はそうでもなかった。イギリス図書館界に比べ，アメリカ図書館界は，ランガナタンに対して冷淡，無関心であった。だが，そのような状況にあっても，ランガナタンを高く評価し，彼の業績を広めることに尽力した数人のアメリカ人がおり，シェラはその筆頭に位置づけられる[45]。シェラは次のように述べている。「残念でならないのは，少なくともアメリカでは，思慮のないライブラリアンたちが，ランガナタンの著作を無視することに甘んじてきたということだ」[46] と。

4.3 ASLIBドーキング会議「分類法研究国際会議」(1957)

1957年5月13-17日，シェラは，イギリス，ドーキングで開催されたASLIB（The Association of Special Libraries and Information Bureaux: 専門図書館情報機関協会）の「分類法研究国際会議」に出席し，講演した。ヴィッカリー（B. C. Vickery），ランガナタンをはじめ，セイヤーズ（W. C. Berwick Sayers），ミルズ（Jack Mills）など，世界各国の分類の専門家が一堂に会し，それぞれの論文を提出，それに関する討論を行った[47]。シェラも，大会2日目に，論文「分類におけるパターン，構造と概念化」(1957)[48] を提出した。ここでのシェラの報告は会場からとくに絶賛を受けることはなかった。しかし，シェラは，図書館分類法につき哲学的に論じ，斬新な意見を提示したとされる[49]。この会議は，1997年になってもなお，分類の大家ヴィッカリーが，「[現在の知識の組織化に関する]問題はすべてドーキングで提出された」[50] と述べるほど，歴史

に名を刻む成功を収めた。
　その後，ファセット分類の有効性に十分に気づいていたCRG（The Classification Research Group：イギリス分類研究グループ）は，さまざまな分類法を開発したし，ミルズも然りである。シェラも，大西洋を跨いでCRGを組織した。世界中で分類法研究が活気づいていたときに，シェラはまさにその第一線にいた。

4.4　D・J・フォスケット編集のシェラの論文集
　20世紀のイギリス図書館界を代表する1人といわれるダグラス・J・フォスケット（Douglas J. Foskett）が編集したシェラの論文集がある。『図書館と知識の組織化』（1965）と『ドキュメンテーションと知識の組織化』（1966）である。いずれもロンドンで発行された。
　フォスケットの主たる関心領域の1つは「分類」であり，これに関する業績が広く知られている。フォスケットは，CRGの創設（1952年）メンバーであり，1984年にはその議長を務めた。ごく初期のランガナタンの賞賛者であったという点がシェラと一致する。フォスケットは，独自の分類体系もいくつか構築した。ロンドン大学図書館で図書館員を務める傍ら，分類を始めとする研究に打ち込み，イギリスはもちろん，アメリカを含む，世界各国のライブラリー・スクールで講師を務めていた。
　この論文集の出版は，フォスケットがシェラの業績を高く評価していたことにほかならない。原田勝は，「知識の組織化」という言葉の中身が「主として，分類，目録，検索，索引，図書館の機械化」を扱うにとどまるものであったとしても，シェラは，「壮大なビジョン」も抱いていたのかもしれない[51]と述べた。
　「知識の組織化」という言葉はシェラ自身が好んで用いており，彼の図書館思想を象徴する言葉だと思う。

5.　シェラの人と仕事

5.1　図書館学教育研究の集大成『図書館学教育の基盤』（1972）
　1956年，シェラはカーネギー財団から強く要望され図書館学教育に関

する調査研究を行うことになり，多額の助成金を受け取った。『図書館学教育の基盤』(1972)[52]はその研究成果をまとめた本であり，シェラの図書館学研究の集大成と見なせる大著である。シェラは，その序文に「シェラの「蒸留物」を著すことをカーネギー財団から求められた」と得意気に記している。

16年間におよぶ調査研究期間があったが，この本には実態調査のような内容は一切含まれていない。文献調査を主とした研究書である。当時の「図書館学教育」に関するほかの著作と比較するとき，この点は，相当特異である。

ライブラリアンの本質について，シェラは，それは「書誌（資料組織化）に関する知識・技術」であると結論づけた。「書誌に関する知識・技術」と関連して，「主題知識」と「研究の経験」をきわめて重要な要素として挙げた[53]。「管理・運営」，「図書館を取り巻く環境」，「文化」，「物理的設備」，「事務とルーチン」，「人事」に関する知識は，ライブラリアンにとって重要ではあるが副次的である，とシェラは捉えていた。また，シェラは，この本のなかで，自身がシカゴ大学GLSの学生，教員であったころのGLSの姿勢や教育方針について敢えて言及し，肯定的な評価を与えている。

5.2 アメリカ図書館界人物事典 Dictionary of American Library Biography の編纂

シェラは，Dictionary of American Library Biography (1978)[54]（以下，DALBとする）の編集に携わった。1973年1月ワシントンD.C.で行われたALA冬季大会の際，ボーダン・ワイナー（Bohdan S. Wynar）がシェラとジョージ・ボビンスキ（George S. Bobinski）にDALBの話を持ちかけたことに端を発する。この事典の編纂が，シェラにとって最後の大仕事となった。

「シェラは，アメリカ図書館史に関する豊富な知識と，著者，編集者としてのそれまでの経験を大いに活かし，事典の編纂に貢献した。シェラ自身，多くの伝記を執筆し，そしてまた，多くのほかの執筆者（伝記作

者) たちの文章に手を入れた。執筆者たちへ案内と執筆要領を送付した際には，シェラが書いたラルフ・ビールズの描写をお手本として同封した」[55]。

人物事典は，ほかにもいくつか存在するが，このDALBが有用な参考図書であることは間違いない。1990年にはウェイン・ウィーガンド(Wayne Wiegand) 編集による補遺版[56]が出版され，当時すでに鬼籍に入っていたシェラはこの本のなかに納まった。表題紙にはひと際大きなシェラの肖像画が描かれている(ちなみに本稿はシェラの略歴につき，このDALBの補遺版を利用しているところが少なくない)。

5. 3 努力家シェラの行動原理と彼の思想の問題点

ここまでシェラの業績を年代順に追ってきた。最後に，筆者が構想している，今後進めてゆくシェラ研究に関連して，シェラの軌跡からうかがえる彼の行動原理と思想がもつ問題点を記しておきたい。

シェラの公共図書館観について，シェラには良書主義的な一面があったし，図書館は勉強する人のための場所だと固く信じていた。図書館「対社会」の認識も，図書館を繁栄させるために社会を意識するのではなくて，社会のために図書館は何ができるか，という発想に基づいていた。シェラの行動・思想の根底には，「社会改良」の意識があったように思われる。

また，川崎良孝氏がシェラの主著である『パブリック・ライブラリーの成立』を「シカゴ学派図書館史学のマクロ図書館史研究の完成」[57]と評しているように，シェラが多くの著作のなかにいくつかの優れた業績を残したことは，シェラの勤勉さと，研究者としての能力の高さを示している。しかし，その経歴，業績から見るに，シェラは政治性が強く，学究肌というわけではなかった。政治性の強さは非難されることではないが，シェラの人格を決定づけているように思われる。これについて言及している先行研究は筆者の把握するかぎりでは見当たらない。

そのような政治家的研究者シェラは，図書館学が，他の学問の「寄せ集め」にならないようにするためには，固有の学問的「凝縮力」が必要

であること(それが何であるか)を悟っていた。それは,根本彰氏が明らかにされたシェラの晩年の方向転換によく表れている。「彼[シェラ]自身が主唱者の一人である,情報学に図書館学の理論的基盤としての期待を寄せ図書館学との融合を願う考え方を全面的に否定」[58]した理由には,インフォメーション・サイエンス「を指向したライブラリアンシップ教育が「機械操作の達人」をつくり出すのみで,道具の使用こそが本質であるというような思い違いをもたらす貢献しかしていない」[59],インフォメーション・サイエンス「の前提が情報の物理的な伝達過程のみに焦点をあてられそこで伝えられるはずの観念(idea)がおきざりにされている」[60],「ライブラリアンシップを専門職として発展させるための図書館の目的に関する議論を欠いている」[61]といったシェラの問題意識がある。

上のように図書館学の中核の探究を強く意識していたシェラであったが,それと同時に,図書館学の隣接諸領域に過分に期待を寄せる傾向をも持ち合わせていた。たとえば,シェラは,『図書館学入門』[62]のなかで「脳研究は,将来書誌的道具と手続きを改良する方法を指し示すかも知れない。だから,脳研究はライブラリアンにとってとくに重要である」[63]と述べている。シェラは機転が利くので,新しくて,見込みのあることに敏感だった。ファセット分析,脳研究,インフォメーション・サイエンスなどにすぐに飛びつき,図書館学に何らかの貢献をするだろうと大きな期待を寄せた。シェラは,「学際的」というコトバを好んで使った。だが,シェラは脳研究の専門家ではなかったし,熟知していたかどうかも怪しい。これは多くの場面で類推可能だろう。

それでもなお,シェラの時として断片的な思想の根底にあったものを追究することには大いに意味がある,とわたしは思う。その理由は,シェラの混迷ぶりは,一世代,二世代前のアメリカ図書館界の状況のひとつの断面を見事に露呈しており,その時代を代表し,なおかつ非凡なものをもち,その時代の要素が凝縮された存在であるシェラは,その時代と図書館情報学を知るときの格好の研究対象だからである。

わたしがこれまで学部以来研究対象としてきたシェラは,晩年は視覚

を失い白杖を用いていた。その彼は，1982年3月8日，オハイオ州クリーブランドで息を引き取った。享年79歳であった。

注

1) Winger, Howard W. "Shera, Jesse Hauk (1903-1982)" Weigrand, Wayne A. (ed.) *Supplement to the Dictionary of American Library Biography.* Library Unlimited, 1990, p.120.
2) 浜島書店編集部［編］「1920年代のアメリカ合衆国」『新詳世界史図説』浜島書店, 1993, p.177.
3) ウィンガー（1915-95）は，シカゴ大学GLSの学部長（Dean of Students; 1953-56, Dean of school; 1972-77）を務めた人物である。*Library Quarterly* の編集にも長いあいだ携わった。マンチェスター・カレッジで文学士を取得（1936年），ジョージ・ピーボディ教育大学で修士号を取得（1945年），イリノイ大学で博士号を取得した（1948年）。その後，1953年にシカゴ大学の教員に助教授として迎えられ，1968年に教授となった。*Obituary: Howard Winger, Graduate Library School.* The University of Chicago Chronicle March 9, 1995　Vol.14, No. 13 [cited 06-12-31]< http://chronicle.uchicago.edu/950309/winger.shtml >
4) 前掲1), p.120.
5) Richardson, John Jr. *The Spirit of Inquiry: The Graduate Library School at Chicago, 1921-51.* ALA, 1982, p.97.
6) 現在，スクリップス人口問題研究所は，スクリップス老齢学センター（Scripps Gerontology Center）と名称を変更し（1972年），マイアミ大学と提携している。
7) Miami University Scripps Gerontology Center. *Miami University Scripps Gerontology Center* [cited 2006-12-28] <http://www.scripps.muohio.edu/scripps/home.html>
8) アメリカのコンピュータ会社IBMの前身Tabulating Machine Companyの創設者ヘレリッチ（Herman Hellerich）が発明した。
9) 「人口」のコレクションを抱える図書館は，1957年時点で，スクリップス人口問題研究所を含めても4館のみである。（「出産調整」，「センサス」，「優生学」は別）(Ash, Lee (ed.) *Subject Collections.* R. R. Bowker Company, 1958, p.365.)
10) シェラ［著］／川崎良孝［訳］『パブリック・ライブラリーの成立』日本図書館協会, 1988, p. vii.
11) Shera, Jesse Hauk "Handmaidens of the Learned World." *The Library Journal.* 1931.1, p.21-22.
12) シェラは，'知識を機能させる' という専門図書館協会のスローガンとともに，晩年

に至るまでデイナを頻繁に引き合いに出している。(Shera, Jesse Hauk. *Intoduction to Library Science:Basic Elements of Library Service*. Library Unlimited, 1976, p.124-25)
13) Shera, Jesse H. "Recent social trends and future library policy." Library Quarterly, 1933.10, p.339-353.
14) 吉田右子「シカゴ大学大学院図書館学部における研究の概念:創設期を中心に」『図書館学会年報』Vol.38, No. 4, 1992, p.156-157.
15) *Ibid.*, p157.
16) *Ibid.*, p162.
17) 日本図書館情報学会用語辞典編集委員会[編]『図書館情報学用語辞典 第2版』丸善, 2002, 273p.
18) Dale, Doris Cruger "Maurice Falcolm Tauber" Wiegand, Wayne A. (ed.) *Supplement to the Dictionary of American Library Biography*. Library Unlimited, 1990, p.134.
19) 川崎良孝『アメリカ公立図書館成立思想史』日本図書館協会, 1991, p.241.
20) Kaltenbach, Margaret . "Shera, Jesse H. (1903-)" Wedgeworth, Robert. (ed.) *ALA World Encyclopedia of Library and Information Services*. ALA, 1980, p.525.
21) 前掲12), p.74.
22) Shera, Jesse Hauk "Special Libraries Their Relation to Administration" *Special Libraries*, Vol.35, No. 3, 1944.3, p.91-94.
23) 吉田右子「チャールズ・B・ファーズの生涯」『藤野幸雄先生古稀記念論文集:図書館情報学の創造的再構築』勉誠出版, 2001, p.194-195.
24) 三浦太郎「占領期初代図書館担当官キーニーの来日・帰国の経緯および彼の事績について」『日本図書館情報学会誌』Vol.45, No.4, 2000, p.144-145.
25) Case Western Reserve University Archives. 27DD5 "Paper of Jesse Hauk Shera (1903-1982)" Correspondence Box8.
26) 前掲5), 238p.
27) *Ibid.*, p.142.
28) *Ibid.*, p.90-98.
29) *Ibid.*, p.150-153.
30) *Ibid.*, p.145-146.
31) Shera, Jesse Hauk. *The Foundation of Education for Librarianship*. Wiley & Sons, 1972. p.221.
32) Asheim, Lester (ed.) *The Core of Education for Librarianship: A Report of a Workshop held under the auspices of the Graduate Library School of the University of Chicago August 10-15, 1953*. ALA, 1954, p.51.
33) Case Western Reserve University. *Annual Report for 2003-2004*. Institute for the Study of the University in Society. 2004.8, p.13.

34) *Ibid.*
35) "Shera, Jesse Hauk," *Who's Who in America: 40th edition 1978-1979 Volume2.* Marquis Who's Who, 1979, p.2953.
36) *Ibid.*
37) Furner, Jonathan "A Brilliant mind: Margaret Egan and social epistemology" *Library Trends.* Vol.52, No. 4, 2004.4, p.804.
38) 前掲 10), p.v.
39) Shera, Jesse H. "Egan, Margaret Elizabeth (1905-59)" Bobinski, George S.; Shera, Jesse Hauk; Wyner, Bohdan S. (ed.) *the Dictionary of American Library Biography.*Libraries Unlimited, 1978, p.159.
40) Shera, Jesse H.; Egan Margaret E.; Lynn, Jeannette M.; Hilton, Zola. *The Classified Catalog: Basic Principle and Practice.* ALA, 1956, 130p.
41) シェラ［著］／藤野幸雄［訳］『図書館の社会学的基盤』日本図書館協会, 1978, p.181.
42) School of Library and Information Science, University of South Carolina. *Case Western Reserve University.*[cited 2007-03-27] <http://web.archive.org/web/20070327084409/http://www.libsci.sc.edu/Bob/ISP/cwru.htm>
43) Shera, Jesse H. "Classification as the Basis of *Bibliographic Organization*" Bibliographic Organization, University of Chicago Press, 1951, p.72-93.
44) Shera, Jesse Hauk. "Classification: Current Functions and Applications to the Subject Analysis" Tauber, Maurice F. (ed.) *The Subject Analysis of Library Materials.* School of Library Service Colombia University, 1953, p.29-42 .
45) 宮部頼子「ランガナタン研究の概況および分析」『図書館史研究』No. 6, 1989, p.84-85.
46) 前掲 44), p.34.
47) 神本光吉［訳］［［付録］分類法研究国際会議におけるシェラの講演に対する「討議の要旨」と同会議の「結論および勧告」」『JLA information service New series』Vol.1, No. 1, 1960, p.37-42.
48) Shera, Jesse H. "Pattern, Structure and Conceptualization in Classification" *Proceeding Conference*, ASLIB, 1957, p.15-27.
49) 前掲 47), p.37-42.
50) 原田勝「ドキュメンテーションの現在」『情報の科学と技術』Vol.53, No. 6, 2003, p.283.
51) *Ibid.*, p.282.
52) 前掲 31), 511p.
53) ケース・ウェスタン・リザーブ大学（1967 年にウェスタン・リザーブ大学はケース研究所（Case Institute）と合併し，名称を変更）は，複合学位システム（dual master's program）を比較的早くに導入している。
54) Bobinski, George S.; Shera, Jesse Hauk; Wyner, Bohdan S. (ed.) *the Dictionary*

of American Library Biography. Libraries Unlimited, 1978, 596p.
55) *Ibid.*, p.xxxvi.
56) Wiegand, Wayne A. (ed.) *Supplement to the Dictionary of American Library Biography*. Libraries Unlimited, 1990, 184p.
57) 前掲19), p.232.
58) 「図書館研究の二つの理論的基盤―J.H.シェラ晩年の「離反」をめぐって―」『図書館学会年報』vol.40, No. 4, 1994, p.145.
59) *Ibid.*, p.147.
60) *Ibid.*
61) *Ibid.*
62) 前掲12), 211p.
63) *Ibid.*, p.70.

セーチェーニ・フェレンツの生涯

―ハンガリー国立セーチェーニ図書館の設立者―

Széchényi Ferencz :
the founder of Hungary National Széchényi Library

伊香　左和子
（静岡文化芸術大学）

フェレンツ・セーチェーニ（Ferencz Széchényi）
　1754年　ハンガリー西部ショプロン地方セープラクに生まれる
　1800年　個人コレクションの目録を作成し国内外に配布
　1802年　個人コレクションを国に寄贈し国立セーチェーニ図書館として開館
　1820年　死去

はじめに

　セーチェーニ・フェレンツ[1]（以下フェレンツと略す）は，彼のつくりあげた図書・コインなどの個人コレクションを国立セーチェーニ図書館の名称で一般に公開することを条件に1802年に国に寄贈した。この図書館が民族，言語，宗教，社会的地位にかかわらず利用されることをフェレンツが目指していたことを考えると，これはハンガリー最初の公共図書館ともいえるのではないか。フェレンツはなぜこのような図書館を設立

しようと考えたのであろうか。この点を多少とも明らかにしたいと考え，彼自身の政治家としてまた文化後援者としての経歴を，図書館設立までを中心にたどってみた。

　フェレンツについて書かれた日本語文献には，キシュの『ハンガリーの図書館』[2] とバラージュの『ハプスブルクとハンガリー』[3] がある。前者は国立セーチェーニ図書館の歴史の中でフェレンツについて触れている。後者はハンガリー歴史研究者が18世紀後半のハンガリーをハプスブルク君主国との関係の中で描き出した著作で，政治家としてのフェレンツについての記述が見られる。フェレンツについてだけでなく，彼の生きた時代を知る上で非常に参考になった。

　ハンガリー国内ではフェレンツに関する図書，雑誌論文は多数出版されている。その中で2人の国立セーチェーニ図書館の館長経験者フランクノーイとコラーニィが書き著した2点の図書 *Gróf Széchényi Ferencz 1754-1820*[4] と *Magyar Nemzeti Muzeum Széchényi Országos Könyvtára 1802-1820*[5] は，フェレンツや国立セーチェーニ図書館設立時期の研究の基本図書とみなされている。ただ図書館学者ベルラースは，1971年に発表した論文[6]の中で，この2点の価値を認めながら次のような問題点を指摘している。まずこの2点の図書がほぼ同時期に発表された[7]ため，お互いの研究を参考にすることができなかったことである。またコラーニィの著作は「国立図書館設立時期の事実は詳細に語られているが，この図書館の社会的意義については不十分である」と述べている。ベルラースが後に著した国立セーチェーニ図書館の歴史についての図書 *Az Országos Széchényi Könyvtár története 1802-1867*[8] は，この図書館の果たした役割を明らかにすることを目的の一つとしている。本論文では，フェレンツの経歴についてはフランクノーイの著作によるところが大きいが，コラーニィの著作やベルラースの研究（特に上にあげた2点）とフェレンツの同時代人の日記[9]も参考にした。英語の研究書では，バラニィの著したフェレンツの息子イシュトバーンの伝記[10]に，父フェレンツが取り上げられており参考となった。

1. 出発点
1.1 家族とフェレンツの生い立ち

フェレンツは1754年4月28日にジグモンド二世(Zigmond, 1720-1769)とツィラーキ伯爵の娘マーリア(Cziráky, Maria, 1724-1787)の次男として生まれる。3才年上の兄ヨーゼフ(Jozsef, 1751-1774)がいた。

セーチェーニ家はハンガリーの大貴族であったが、フェレンツの祖父ジグモンド一世(Zigmond, 1681-1738)の頃から多額の借金を抱えるようになっていた。これは当時のハンガリー貴族としては珍しいことではなかった。18世紀のハンガリーはオーストリアの植民地的存在であり、主要な産物である農作物や牛、ワインをオーストリア以外の国や地域に輸出することはできなかった。その一方でオーストリア工業製品の重要な輸出先の一つであったため国内での工業化は進まない。農業・工業ともに発展することが難しい状況におかれた結果、貴族たちが収入を増加させることは難しかった。

また相続の仕組みにも問題があった。息子が何人かいる場合、所領地は分割される。爵位もそれぞれが名乗ることが出来た。セーチェーニ家の場合でいえば、ジグモンド一世の所領地が息子たちに分割された結果、フェレンツの父ジグモンド二世の所領地はハンガリー西部のショモジ県と隣接するザラ県、さらに一つおいて隣のショプロン県に分散していた[11]。ショプロン県とザラ県の間のヴァシュ県はジグモンド二世の兄たちの所領地となっていた。このように所領地が分割されると経営の効率は悪くなる。その上兄弟全員が伯爵となるため、伯爵家としての対面を保つための費用は4人に同じように発生してしまう。この結果支出が収入を上回り、借金が増えることになる。幸いセーチェーニ家の場合は、フェレンツの3人の叔父に息子がいなかったため、一族唯一人の男子としてフェレンツのもとに所領地すべてが集まった。これにより、フェレンツの時代には一族の財政状況は改善にむかっている。

1.2 ウィーン留学

多くのハンガリー貴族がウィーンやポジョニィ[12]の大邸宅に住みほ

とんどハンガリー語を話さなかったといわれる中で，セーチェーニ家はショプロン地方でハンガリーの伝統に従って生活していた。カトリック教徒であったため，子どもたちは教育の仕上げとしてイエズス会の経営するナジソンバトの大学[13]で学んでいた。フェレンツも1769年頃からこの大学で学んでいる。フェレンツは政治家となることを志望しており，そのために必要な専門的な知識をさらに身につけるとともに，オーストリアやハンガリーの貴族階級の間に交友関係をつくることを目的として，1772年にウィーンのテレジアニウムに入学した。

1746年に開かれたテレジアニウムは，25年の間に100人以上のハンガリー貴族の子弟が学んでおり，哲学，法学，政治学といった専門科目と並んで近代ヨーロッパの言語（主にフランス語，イタリア語，英語），ハンガリー語やチェコ語もあった。「セーチェーニ・フェレンツがテレジアニウムに入学した頃には新入学生の数は随分減っていた」[14]というが，それでもここで後に義理の弟となるフェステティチ・ジョルジ（Festetics, György, 1755-1819）やバッチャーニ・イグナーツ（Battyány, Ignác, 1741-1798）などハンガリー貴族の子弟と知り合っている。

テレジアニウムで出会った人の中で，フェレンツの後の人生に最も大きな影響を与えたのはデニス（Denis, Nepomuk Cosmas Michael, 1729-1800）であろう。イエズス会士で詩人，書誌学者のデニスは1759年にテレジアニウムの教授に就任していた。後に『書誌学入門』（1777-78）や『ウィーン書籍印刷業史』（1782）を出版，1784年には帝室図書館司書となるデニスからフェレンツは図書・図書館について学んだ。その交際はデニスの死まで続いている。図書コレクションの構築や分類・目録作成の時には，多くの助言も得た。デニスの影響はフェステティチ・ジョルジやバッチャーニ・イグナーツにも及んでおり，彼らもまた名高い図書コレクションを作り上げている。

ウィーン滞在中，フェレンツはテレジアニウム以外でも多くの刺激を受けた。例えばハンガリーではまだ珍しかった新聞・雑誌・小説・演劇などにこの地で触れることができた。啓蒙思想が普及しており，教会とは別の市民文化が育っていた。こういった空気の中で，フェレンツ自身，カト

リック的なものの考え方から離れ,「精神の自由を得るとともに,洗練された文化の力を身につける」[15] ようになっていた。フリーメーソンに加わったのもウィーン滞在中である。テレジアニウムにも「フリーメーソンで「兄弟」となるヴィツァイ家やオルツィ家の息子たち」[16] がいた。すでにヨーロッパ各地に支部を作っていたこの結社に加わることで,フェレンツは他の国の人々との交流をもつことができ,国外の事情も詳しく知ることが出来た。ハンガリーに帰国後もフリーメーソンとの関わりは続いている。

2. 政治家としてのフェレンツ

2.1 政治家としての出発と挫折

政治家としてのスタートは1775年初め,ペシュト[17] にある最高法院の研修で始まった。仕事には満足していたが,数ヶ月で体調をこわしている[18]。研修終了後,オーストリアとの国境近くのコーセグ地方の裁判所に配属された。

1777年に生まれ育ったセープラクから同じショプロン地方のナジツンクに移った[19]。また同じ年にフェステティチ・ユーリア(Festetics, Julia, 1753-1824)を妻に迎えた。ユーリアの父パール(Pal, 1722-1782)はセーチェーニ家の所領地からもフェレンツの勤務地からも近い,バラトン湖湖畔のケストヘイに居城をかまえていた。ユーリアがフェレンツの兄ヨーゼフの妻であったため彼女の父とフェレンツの母の反対はあったが,それを押し切っての結婚であった。翌1778年に長男ジョルジ(György)が誕生したがその年のうちに死去,その後3男2女が誕生している。

1780年にマリア・テレジアが死去,単独統治を開始したヨーゼフ二世は性急に改革に取り組み,1781年に検閲令や宗教寛容令[20],永代農奴制廃止令を出した。フェレンツは当初ヨーゼフ二世の改革を支持していたが,1784年の聖イシュトバーン王冠のハンガリー国外への持ち出しや言語令には多くのハンガリー人と同様に反対の立場を表明している。言語令は公用語をラテン語からドイツ語に代えるということで,民衆が使う

言語を制限したわけではなかった。ただこの国では,ハンガリー人,ルーマニア人,スロヴァキア人,ドイツ人など様々な民族が共存する中でラテン語を公用語とすることでバランスが保たれていた。言語令でドイツ語が公用語と定められたことで,ドイツ人が他の民族(ハンガリー人を含む)に比べて有利となるのではないか,との不安から,ドイツ語よりもハンガリー語を公用語にするべきという民族意識が芽生えるきっかけとなった。

1785年には県令を廃止し州長官制度(これまでの56あった県を統合して10州に区分,それぞれの州に皇帝の任命する長官をおく)を導入した。フェレンツは最初の州長官の一人で,ハンガリー西部のオーストリアとの国境を接するペーチ州の長官に任命された。ヨーゼフ二世の改革すべてに賛同していたわけではないが,フェレンツは貴族4万人に対して農奴500万人[21]というハンガリー社会を変革するにはウィーン宮廷の権力を借りなければ不可能であると考えており,この仕事を引き受けた。長官の下には副県令と郡判事が置かれる。フェレンツは秘書ハイノーチィ・ヨージェフ(Hainócy, Jozsef, 1750-1795)を副県令に任命し,ハイノーチィの助けをうけて州内の改革にある程度の成果をあげることができた。しかし新しい長官の仕事は激務であった上,国内の根強い反対が心理的負担となり,1786年に病気を理由に辞任している。辞任はフェレンツの「性格の弱さを示すと同時に,祖国独立を求める意識のあらわれでもあろう。独立への希求からフェレンツにあって民族感情は無視できないものであったが,性格の弱さから彼は帝国に対してそれを声高に話すことができなかった」[22]との見方がある。

2.2 ウィーン宮廷の疑惑

州長官を辞任した翌年の1787年から1788年にかけて,フェレンツは妻と新しい秘書リビニ・ヤーノシュ(Ribini, Janos, 1722-1788)や医師等を伴い,ドイツ,ベルギー,イギリスなどをまわる旅に出た。バラージュは,この旅はセーチェーニの消極的ではあるが明確なヨーゼフの改革に対する反対の姿勢の表明であると見ている[23]。

フェレンツの辞任の理由やその後の旅行の目的に対して、当時のウィーン宮廷も疑いを抱いていたようである。ベルリン滞在中にフェレンツが王家の一員の歓迎を受けたことで、プロイセンに通じているのではないかと風聞がたった[24]。またハプスブルク家の支配下におかれていたベルギーでヨーゼフ二世の改革への反対運動が起きたが、ちょうど温泉療養の目的でフェレンツがこの国を訪れていたため、監視の対象となり、ヨーゼフ二世に対して「セーチェーニがこの地に滞在し、怪しい交友関係を結んでいること」[25]が報告された。

疑われた理由の一つは、フェレンツがハンガリーのフリーメーソンの有力メンバーと見なされていたことにある。18世紀後半、ハンガリーのフリーメーソンの大半がプロテスタントの貴族や知識人であった。彼らは宗教寛容令を出したことではヨーゼフ二世の改革を支持していた。とはいえその多くがゲッチンゲンやハノーヴァーなどに留学した経験をもっており、プロイセンのフリーメーソンの影響下にあった。ハンガリー国内での反ハプスブルク運動をプロイセンがかげで煽動していた[26]ことから、プロイセンとのつながりをもつグループのメンバーであったフェレンツにも反ハプスブルク運動に関わっているのではないかとの疑いがかけられたようである。

フェレンツが帰国した1788年には、国内の反ハプスブルク運動はさらに激しくなっていた。彼が過激な抵抗運動に関わったかどうかは「直接の資料がないために断言できない。だがセーチェーニがそこに加わったという噂が流れたために、ヨーゼフ二世からもその後継者からも危険人物と見なされた」[27]。次の皇帝となるレオポルト二世は息子にあてた手紙の中で、セーチェーニと彼の秘書ハイノーチィは…プロイセンと連絡があるので気をつけるようにと書いている[28]。

1790年2月、ヨーゼフ二世が亡くなった。死の直前に彼は宗教寛容令と農奴制に関する勅令を除く改革勅令を撤回し、王冠もポジョニィに返還させた。次の皇帝となったレオポルト二世は、ポジョニィでの戴冠式やラテン語使用の復活、議会招集といった点ではハンガリー貴族に妥協した。しかしその一方、反対勢力の後ろ盾となっていたプロイセンと和

睦することで，反対派の行動を封じ込めた。

フェレンツは1790-91年にかけて招集されたハンガリー議会の一員となり，「宗教の自由と総合（貴族への）課税という理想」[29]の実現に向けて活動していた。しかし彼の理想はハンガリー貴族の多くに理解してもらえなかった。1792年に小作農のおかれた状況の改善を検討する委員会を辞任しているが，その理由は「委員会がセーチェーニからみればまだリベラルさにかけていた」[30]からであった。

ハンガリー貴族の理解を得ることができない一方で，ウィーン宮廷との関係は改善にむかっていた。疑惑を持たれていることを知らされたフェレンツがその態度を変化させていったためであろうか。1791年末から1792年夏にかけて，かつてフェレンツを疑っていたレオポルト二世が，彼を自分の使節としてナポリ王のもとに派遣している。

2.3 ハンガリー・ジャコバン党事件

1794年，フランス革命の影響を受けて結成されたハンガリー・ジャコバン党員等50人以上が，革命を計画していたとして逮捕される事件がおきた。フェレンツの元秘書ハイノーツィが事件の中心人物の一人であったため，フェレンツはしばらくの間居城にこもり今度の事件が自分にどのような影響を及ぼすか様子をうかがっていた。貴族からも逮捕者がでており，ハイノーチィと親しかったことや以前反ハプスブルク運動に関係したと疑いをうけたことなどの事情を考えるとフェレンツが不安を持ったのも当然であった。彼が逮捕されることはなかったが，1795年にハイノーチィを含む7人がブタで処刑された。フェレンツはこの時期精神を患い，崩壊寸前であった[31]という。かつての同志ハイノーチィを悼む思いや国の改革がさらに困難になったことを残念に思う気持ちがある一方で，もしフランスと同様の革命が成功した場合の自分達の運命を想像すると改革をおそれる思いもあったであろう。

この事件の後，フェレンツはウィーン宮廷への忠誠を明白に示すようになった。1796年の議会で対フランス戦争のための軍事費援助を提供することが検討された時には賛成し，彼個人でも1797年に1万2千フォ

リントを提供している。フェレンツだけが特別であったわけではない。
「ブダで執行された処刑は改革熱に燃える貴族に強い衝撃を与え，ハンガリーがジャコバン派革命に陥る寸前であったという政府の宣伝が功を奏した。それによってハンガリー貴族はオーストリアにたいする独立をめざす戦いを放棄した」[32]。フェレンツは1797年にショモジ県令に任命され，その後最高法院のメンバーにも指命された。

3. 文化後援者としてのフェレンツ

3.1 図書コレクションの基盤

1781年の検閲令で，それまで各地域のカトリック高位聖職者にまかされていた検閲の権限は統一委員会に委ねられることになった。ハンガリーの場合は総督府が担当する。検閲の対象も政治に関することに限られるようになったため，発禁となる図書の数はそれ以前に比べて5分の1となった[33]。これ以後，ハンガリー国内の出版点数は急速に増加し，フランス，ドイツなどの出版物の輸入についても大幅に自由が認められるようになった。

18世紀後半になると，一般の人が利用できる図書館も出現しはじめた。クリモ・ジョルジ（Klimo, György, 1710-1777）は1774年からペーチの司教図書館を週2回公開していた。伯爵フォルガーチ・ミクローシュ（Forgách, Miklós, 1731-1795）もフランス語を中心とする彼のコレクションを，彼と同じ思想をもつ人々に提供した。マローシュバシャールヘイ（現在のルーマニア，タルグレ・ムシュ）の大貴族テレキ・シャームエル（Teleki, Sámuel, 1739-1801）の図書館は蔵書数の点でも内容からも傑出していたが，これも希望者には利用を許可していた。

このような風潮がフェレンツにも影響を与えたのではないだろうか。1781年にハイノーチィ・ヨージェフを秘書として迎え，受け継いだ一族の蔵書を元に系統立った完全なコレクションを作り上げようとした[34]。ハイノーチィの仕事はコレクションの増加のための図書・雑誌の選定と国内各地の協力者やオーストリア，ドイツなどの書店などと連絡を取り購入の手配をおこなうことであった。写本コレクションの収集や整理，コ

インなどの骨董品の収集にも取り組んでいる。

3.2 外国旅行

　1787年から1788年のヨーロッパ旅行中，フェレンツは各地で文化後援者の貴族や学者たちとの交流を図り，図書館や博物館といった文化施設を訪れている。

　最初に向かったプラハには，テレジアニウムの同窓生キンスキー伯爵（Kinsky, František Karel 1739-1804）がいた。キンスキー伯爵は1770年に「私立学術協会」を創設し，ドイツ語の雑誌『プラハ学術報知』を発行していた[35]。またプラハ王立大学図書館にキンスキー一族の図書コレクション1万2千冊を寄贈し，この大学図書館の発展に貢献していた。大学図書館にはその他にも，図書館員ウンガール（Ungar, Karel Rafael, 1743-1807）が，大学のコレクションの中から選び出したりあるいは新しく購入して作り上げたチェコ語で出版された図書すべてとチェコに関する資料をまとめた特別コレクションがあった。ドレスデンでは宮廷図書館を見学，ゲッチンゲンでは学者と交流し，学術協会や大学図書館を訪れている。

　イギリスでは，文化施設の充実や出版量の多さに驚かされた。18世紀末のイギリスでは「新聞，雑誌，小冊子，漫画，流行歌の発行量は増大する一方であったが，それでも市場に供給過剰とはならなかった」[36]。「1777年までには，ロンドンには72の書籍商が存在し，その当時のほかのヨーロッパのどの都市よりも多くいるといわれていた」[37]。この当時イングランドを訪れる「外国人たちは広く各層のイングランド人が示す読書熱や教育熱に感銘を受けた」[38]という。フェレンツは自分のコレクションのためにロンドンで多数の図書を購入しウィーンへ送った[39]。博物館も多く，大英博物館がすでに公開されていた他，ロンドンでも地方でも，「私営の博物館が営利事業として門戸を開くことになった。レスタースクウェアーにあったサー・アシュトン・リーヴァーの博物館は1775年から1784年の間に1万3千ポンドの入場料収入を上げた」[40]。フェレンツはオックスフォード，ケンブリッジの大学図書館，王立協会や地方の

— 420 —

科学協会などを見学，学術や娯楽が一般の人々に開かれている状況に強く感銘をうけた[41]。帰国途中，国務長官パルフィらあてた手紙で「ハンガリーでもこういったことを実現できるよう努力したい」[42]と述べている。

　この思いから，帰国後のフェレンツは数多くの学者や文化人に支援するようになった。フェレンツが援助した人の多くが，図書の収集における協力者となる。

　1792年に皇帝の使節としてナポリに向かった時にも，ローマやフェレンツェ，ジェノバ，ミラノなどイタリアの主な都市の図書館を見学，図書・メダルなどの収集もおこなった。

4. 国立セーチェーニ図書館の設立

4.1 コレクションの本格的構築と分類

　ハンガリー・ジャコバン党事件後，1796年頃からフェレンツは図書などのコレクション構築に一層熱心に取り組むようになった。コレクションを充実させより多くの人々が利用できるようにすることで，ハンガリーの学術文化のレベルを高めることができると考えていたようである[43]。セーチェーニ家の経済状況がかなり改善されてきており[44]，コレクション構築の経済的基盤が安定してきたことも大きい。

　また彼が後援した学者・文化人からの要請もあった。詩人のチョコナイ・ヴィテーツ（Csokonai, Vitéz, 1773-1805）はフェレンツにあてた手紙の中で，誰もが利用できる広い分野の資料を集めた図書館の計画実現[45]をもとめている。歴史学者コヴァチチ・マールトン・ジョルジ（Kováchich, Márton György, 1734-1821）もフェレンツの個人コレクションを歴史研究のよりどころとなる図書館として公開してほしいと願いでた[46]。コヴァチチはフェレンツの写本コレクションの収集・整理を手伝っていた。

　いずれにしてもフェレンツはこの頃からハンガリー語で公表された資料，ハンガリーについて書かれた資料，さらにハンガリー出身者によって表された資料をできる限り収集しはじめた。国内外の知人や書籍業者

に連絡を取りどのような図書・写本があるかとその価格を調べてもらい，必要と思われるものは購入して送ってもらっている。1787年の旅行中に知り合って以降，フィン・ウゴル諸語に関する珍しい図書を探して送ってくれているチェコの言語学者ドブロフスキ（Dobrovsky, Jozef）のように長年にわたる協力者もいた。こういった人々との連絡や事務手続きを担当したのは，秘書ティボルト・ミハーイ（Tibolt, Mihály, 1765-1833）であった。1798年までにこの図書コレクションの総数は7,096点になっていた。そのうち30ページ以上の図書が5,132点，30ページ以下の印刷物が1,894点，一枚ものが70点[47]である。

　ティボルトはまた，急増する図書の分類作業にも取り組んだ。フェレンツの勧めでデニスが『書誌学入門』で紹介している分類法を学び，ハンガリー関係コレクションにあわせて多少の修正を加えた。デニスの分類法では「1 神学」「2 法学」「3 哲学」「4 医学」「5 数学」「6 歴史学」「7 文献学」となっていた順番を「1 神学」「2 歴史」「3 法学」「4 医学」「5 哲学」「6 数学」「7 言語学・教育学」の順にかえた。さらに「歴史」の中に「ハンガリー史」「紋章（家紋）」や「伝記」「地理」などの小項目をもうけた。「法学」にも「ハンガリーの法」の小項目がある。「文献学，教育学」には「ハンガリーの教育」「ハンガリーとトランシルヴァニアの文学史」という小項目をもうけた。この分類に従い，ティボルトはフェレンツの図書コレクションを整理している。

4.2　目録の編纂と配布

　コレクションの存在を広くアピールし国内外の関心を持つ人々に利用してもらおうと，フェレンツは印刷目録の編纂を計画した。ここでも実際の作業にあたったのはティボルトであった。著者名目録2巻，主題目録1巻の計3巻（合計1800ページ）が1799-1800年に出版された。序文はテレジアニウム時代の恩師デニスに依頼した。序文の中でデニスは，学術の発展に寄与する新たな図書館の公開を喜び，フェレンツの祖国愛と教養を褒め称え，彼がかつてテレジアニウムで自分の図書館に関する講義を熱心に聞いていたことを記憶しているとのべている[48]。

編纂された目録は国内外の機関・個人に送付された。外国に発送されたのは84点で，そのうち11点が機関・団体で，残りは協力者や著名な研究者など個人であった。国別でみると，ハプスブルク帝国内のウィーン，プラハやハンガリーからの留学生が多いドイツの大学都市，さらにフェレンツが旅したイギリスやイタリアの他，わずかではあるがロシアやポーランドにまで送られている[49]。一方国内では469点中113点が機関・団体に配布され，356点を個人に寄贈している。ベルラースが寄贈された国内の個人について調査・分析をおこない，365人のうち220人までが貴族や高位の聖職者以外の一般の知識人であること，カトリック以外の聖職者にも送られていること，ドイツ人，セルビア人，クロアチア人，スロヴァキア人，ルーマニア人，ウクライナ人などの国内の少数民族の精神的指導者や機関に送られていることを明らかにした[50]。この事実をふまえてベルラースは，フェレンツは彼の図書コレクションを利用に供するにあたって民族や宗教，言語といった制限を設ける意識はなかったと考える。さらに「フェレンツは貴族や高位聖職者以外の知識人が（ハンガリーの）学術的文化的の後継者として欠くことのできない存在であること，彼らがその使命を果たすことができるようにハンガリーの学術文化遺産を受け入れる機会を提供することが必要であることを見抜いていた」[51]と指摘している。

　目録配布によって，セーチェーニ家のコレクションの存在は広く知られるようになったが，実際に利用を希望するものは少なかった。個人の邸宅にあったために誰でも気軽に訪れることはできなかったであろうし，ペシュトやブタといった学術文化の中心から離れたナジツンクにおかれていたことも関係しているであろう。フェレンツはこのコレクションをペシュトかブタに移すことを考え始めた。1800年にフランス軍が所領地のあるハンガリー西部に侵攻してきたことでその思いはさらに強くなった。

　しかしペシュトやブタによい設置場所を見つけることは個人では難しい。また個人図書館では自分の死後散逸するおそれもあった。「フェレンツが国に寄贈する決心をつけたのは，コレクションの維持と発展を確実

なものにしておきたかったから」[52]でもあった。

4. 3 国立図書館設立

セーチェーニは1802年春，ウィーンのハンガリー局を通して，自身のコレクションの寄贈とそれをもとに国立図書館を設立することを認めてくれるように，以下の条件をつけて願いを提出した[53]。

1. 当該コレクションを一般民衆に公開するという前提で寄贈する。ただししばらくの間は図書のみで，それ以外のコレクションについては目録作成後公開するものとする。
2. コレクションの増加は，今後もセーチェーニ家で担当する。
3. 上記の増加分の目録も，セーチェーニ家が作成し，1000部を出版，配布するものとする。ただし大学図書館に対しては，(そこが収集している) 著作権登録図書についてのデータを請求する権利を有するものとする。
4. 図書館はハンガリー副王パラティーナ大公の管理のもとに置かれること。大学図書館内に置くのはかまわないが，決して二つのコレクションを統合させてはならず，また大学が移転した場合にも国立図書館はペシュトもしくはブタにとどまるものとする。
5. セーチェーニ家の功績をたたえるとともに，他の人々の同様の行動を奨励するために，以下の銘をいれたボードを掲げること。
    セーチェーニ伯爵家のハンガリー・コレクション
    オーストリア皇帝にしてハンガリー国王であるフランツ二世陛下
    ヨーゼフ・パラティーナ大公[54]の時代である
    1802年
    国家に捧げる
6. 館長と図書館員は3人とし，みなカトリック教徒であること。彼らの任命権はセーチェーニ・フェレンツとその子孫(そのうちで最も高い公的地位を持つもの)に与えられるべきものであること。もし一族の誰も公的地位についていなかった場合には，任命権は総督会議に託されること。図書館の発展のための費用はセーチェー

ニ家が負担するが，図書館員の給与は大学基金から支払われるべきこと。国立図書館長は大学図書館長と同等の地位とみなされるべきこと。

　大使館事務局はこの請願書を総督会議に送付，そこで次のことが決定された。

　　1. セーチェーニのコレクションを大学図書館と一つにすることはせず，元の神学校の建物に置くこと。
　　2. 図書館に職員を3人採用，図書館長には600，専門職員には300，一般職員には200フォリントを支給，その支払いは大学基金から当てるものとすること。
　　3. セーチェーニの愛国的行為を広く国内に知らしめ，この新しい図書館をより一層発展させるために寄贈を呼びかけること。

　この願いはウィーン枢密院にまわされ，寄贈を受け入れることを皇帝に勧めることが決議された。この決定を受け，皇帝フランツ二世は図書館の設立を認め，7月2日，セーチェーニのもとにハンガリー局から設置が認められたという知らせとともに創立者証書が届いた。この証書で，セーチェーニが寄贈を申し出たコレクションが受納されたこと，寄贈願いとともに出された請願書における彼と一族の責任と権利がすべて保証されたこと，同時にいくつかの権利がつけ加えられたことが保証された。

　ここに正式に「ハンガリー国立セーチェーニ図書館（Magyar Országos Széchényi Könyvtár）」が誕生した。

　ここで図書館寄贈の際の条件について考えてみたい。

　まず図書館維持，発展のための経費についてであるが，コレクションの収集，目録作成はセーチェーニ家の負担であり，国に期待しているのは場所と管理，図書館員の給与の支払い（ただし任命権はセーチェーニ一族に優先的に与えられる）となっている。一族の図書館を公的支援を受けて一般に公開しようとしているようである。一方で自分の子どもたちに対して，今後も図書館の発展に力を尽くすようにと指示しているようにもみえる。

　王立大学図書館と同じ建物の中に置かれること構わないが，一つにし

てはいけないという条件についても，いくつかの理由が考えられる。寄贈した目的の一つがペシュトあるいはブタという首都に図書館を置くことであったと考えられるが，そうだとするとそれ以外のところへの移転は歓迎できない。大学はナジソンバトからブタへ次いでペシュトへと移転させられている。もし今後別の場所に移された場合，一緒に移転させられないようにという配慮であろうか。また大学図書館となると，大学に直接かかわりのない人は利用しにくくなる。ハンガリーに関わるあらゆる分野の資料を収集し，誰もが利用できる施設とするという本来の目的からはずれてしまうことを危惧したとも考えられる。

　図書館の名称との関連で考えることもできる。セーチェーニ家の名を残すには独立した図書館であることが好ましい。国立図書館という名称にもこだわりがあったであろう。ハンガリー国立図書館の存在を外国にアピールすることはすなわちハンガリーという国の存在をアピールすることにつながる。国の存在や独立性をより強調したかったと考えられる。

　「国立図書館長は大学図書館長と同等の地位とみなされるべきものとする」という条件には，この国立図書館が国の学術・文化の中心となるべきものである，というフェレンツの意志が感じられる。

4．4　国立セーチェーニ図書館開館

　国立図書館の設立が認められるとまず行われたのが，館長と専門職員，事務官の任命であった。チョコナイやコヴァチィチが館長となることを希望していたが，フェレンツが選んだのは王立アカデミーの元教授で図書館員の経験もある53歳のミラー・ヤーカブ・フェルディナンド（Miller, Jakab Ferdinand, 1749-1823）であった。専門職員には，フェレンツの息子の家庭教師であったペトラヴィチ・イグナーツ（Petravich, Ignác）が選ばれ，2人は1803年2月にブタで正式に任命されている。事務官の採用は少し遅れて3月に入ってからのことで，パボニッツ・ヤーカブ（Pavonics, Jákab）が選ばれた。

　ミラーたちの最初の仕事は，居城におかれていた7000点を超える図書をペシュトに送るために荷造りをすることであった。発送の準備がすむ

と先回りをして受け入れ体制をつくる。図書館にあてられた建物は，大学に管理が任されていた元聖パウロ神学校の一室であった。次々に送られてくる図書を分類し並べていくことがミラーたちの仕事であった。この時用いられた分類法はミラーの発案によるもので，1) ハンガリーに関する外国図書，2) ハンガリー語の出版物，3) ハンガリー人の著者の手によるものでしかし特にハンガリーに関する主題を扱っていない図書，4) ハンガリーについて書かれている外国語のハンドブック，5) 地図・版画・紋章，6) 写本・古文書など，に分けられた。

　図書館が一般に公開されたのは1803年8月の終わりであったが，開館記念式典は副王ヨーゼフの帰国を待って12月におこなわれた。当初は土日を除く毎日，午前中3時間，午後3時間開館していた。利用者には貴族のほか，大学教授，法律家，役人など社会各層の人々がおり，後に図書館長となる歴史学者ホルバート・イシュトバーン (Horvát, István, 1784-1846) もしばしばこの図書館を利用している[55]。ただスペースが限られていたため閲覧室を別に設けることができないという問題があった。

　新しい図書館は人々の注目を集めていたようで，専門職員ペトラヴィチの後任としてフェレンツが詩人グルバー・カーロイ・アンタール (Gruber, Károly Antál, 1760-?) を選んだ時には，「国立図書館員に選ばれておかしくない，すぐれたハンガリー知識人が多くいるのに，ミラーとグルバーというドイツ系を任命するセーチェーニ伯爵の行為は納得がいかない」と憤りの声があがった[56]。

　1805年にナポレオン軍がウィーンに迫ると，副王ヨーゼフの命令でミラーは助手とともに貴重図書を馬車でテメシュバール (現在のルーマニア　トランシルヴァニア地方の都市) に運びここに2ヶ月ほど滞在した。ミラーの留守中に副王ヨーゼフとフェレンツとの間で手狭になった図書館の引っ越しが検討された。フェレンツは図書館に閲覧室及び図書コレクションと一緒に寄贈したコインや紋章といったコレクションを展示する部屋をもうけることを希望していた。そのために現在使っている建物の他の場所も図書館のために開放し，博物館図書館としてオープンする

ことを望んだが，副王ヨーゼフはやはり大学の管理する別の建物に移すことを決定した。この副王はブダの城に住み，ハンガリーの習慣を受け入れ，ウィーン宮廷に対してハンガリー貴族の代弁者となっていた[57]。国立図書館の管理・運営にも熱意をもっていたようである。

この年のうちにフランスとの講和がまとまり国内が安定してくると，副王ヨーゼフとミラーは国立博物館を設立する計画を立て始める。フェレンツが寄贈していた美術品，コイン，メダル，岩石などのコレクションをもとに博物館を設立し図書館と一つの組織にするという計画であった。1807年副王が議会に提出した国立博物館法は翌年に成立，国立図書館は国立博物館図書館部門となった。ただ図書館部門と博物館部門は互いに独立性を保っていた。

4.5 図書コレクションの発展

著作権登録図書館として国内の出版物を各1部受け入れられるようにするということは，すでにフェレンツから提案されていた。1804年にハンガリー総督府によって納本の基本規定がつくられている。これによれば，登録図書の取り立てと取り締まりは検閲官にそして図書館への納入は学校区の理事に任されていた[58]。しかしすでにウィーンの王立図書館とブダの王立大学図書館へ一部ずつ納めており[59]，さらに寄贈先が増えるのは出版者にとって負担が大きい。納本が徹底するまでにほぼ10年間かかっている。

開館後もフェレンツは新たに収集した図書などを国立図書館に寄贈している。ティボルトが収集や目録編纂の実務を担当した。1803年最初の補遺版[60]が，1807年には2回目の補遺版が出版され，同様に国内外に送付された。本編と補遺版3点でみると，セーチェーニ家から寄贈された図書コレクションは，図書が9,039点，パンフレット4,342点，一枚もの343点で総計13,724点である。出版年別に分けると，15-16世紀が4.2%，17世紀が15.3%，18世紀（1805年まで）は76.8%で，15世紀以前もしくは出版年不明が3.7%となる。出版国で分けると，国内が55.2%，オーストリアとドイツが30.5%，それ以外の国での出版が7.7%，出版地不明

が6.6%である。言語別では、ラテン語が46.8%、ドイツ語が25.8%、ハンガリー語は22.2%、フランス語2.4%、イタリア語1.8%で、その他の言語は1%である[61]。1820年にも9200点の図書と6000点の地図、版画を含む個人のハンガリー・コレクションを買い取り寄贈した。

フェレンツ以外からの寄贈も図書館の発展に寄与している。国立図書館の開館は国内の関心を集め、個人や教会関係から多数のコレクションが寄贈された。中でもポジョニィの聖職者会の寄贈した中世期の資料コレクションは非常に貴重なものであった。1813年までに寄贈された写本コレクションの目録を館長ミラーが編纂している[62]。

5. 晩　年

国立図書館設立後もフェレンツは議会にとどまっていたが、その活動のほとんどはハプスブルク家を支持するものであった。かつて改革派の一人として期待されていただけに、国立図書館設立という功績をたたえながらも失望を表明する同時代人は少なくなかったようである[63]。1806年議会をさり、ヴァシュ県の県令となる。最高法院の一員としての活動とともに続けていたが、1811年に今度は完全に引退した。

その後は「宮廷からさまざまな勲章を与えられ、国外の諸大学の名誉博士号も得たが、鬱に沈み気むずかしい面を増していった」[64]。フリーメーソンの「兄弟」であったヴィツァイ・ミハーイ（Viczay, Mihály, 1756-1831）はフェレンツのことを「無神論者で、熱狂的な愛国者で、熱烈な王党派で、頑固な信者」[65]と語っている。若い頃はフリーメーソンの一員として異なる宗教に寛容であったフェレンツであったが、晩年は頑迷なカトリック教徒になり「一日の大半を祈祷所でひざまずいて」[66]過ごしていた。

ナポレオン戦争では、フェレンツの所領から近い西部も戦場になり、ハンガリー貴族軍は敗北している。戦争に勝てなかったことは、ウィーンに対する立場をさらに弱める結果となり、1811年にはハンガリー議会の承認がないままウィーン宮廷はハンガリー通貨の切り下げを決定した。この年から23年間ハンガリー議会は開かれていない。フェレンツがかつて

望んだ政治的独立への動きは,むしろ後退していた。国立博物館図書館も,戦争と経済状況の悪化の中で,不安定な状態におかれていた。家庭では3男イシュトバーンが父親に反発,外国への旅行や「若気の遊蕩を重ね」[67]ていた。「政治への嫌悪と精神的荒廃の中で,そして心身ともに破滅しかけた」[68]この時期に書かれた回想録『時代精神』が「あきらめのため息に満ちた書」[69]となったのも当然といえるかもしれない。1820年12月13日,ナジツンクの居城でなくなった。

祖国の学術文化の発展と政治改革の願いは,彼が生きているうちには実現しなかったが,国立博物館や図書館を利用した人々や彼自身の息子イシュトバーンによって,1825年以降現実のものとなっていった。フェレンツについては「判断する者の視点により肯定的にも否定的にも描かれる」[70]。しかし誰もが利用できる社会教育施設である博物館・図書館が存在していたことで国民が啓発され,その結果として改革が生まれたと考えるならば,国立博物館・図書館の基礎を築いたことで彼はハンガリー社会の変革という望みの実現に寄与したと考えることができるであろう。

謝辞

本論文執筆にあたり,査読者の方から貴重なご指導やご助言をいただきました。ここに記して感謝の意を表します。

注

1) 本稿では,ハンガリー表記に従い人名は姓名の順とした。
2) キシュ,イェネ『ハンガリーの図書館』長倉美恵子訳 日本図書館協会 1977 156p.
3) バラージュ,H.エーヴァ『ハプスブルクとハンガリー』渡邊昭子,岩崎周一訳 成文社 2003. 414p.
4) Franknói, Vilmos *Gróf Széchényi Ferencz 1754-1820* Budapest, A Magyar Torténelmi Társulat Kiadása, 1902 383p. 本書はセーチェーニ家の文書やフェレンツの日記,書簡などをもとに描かれた詳細なフェレンツ伝である。

5) Kollány, *Ferencz Magyar Nemzeti Muzeum Széchényi Országos Könyvára 1802-1820* Budapest, A Magyar Történelmi Társulat Kiadása, 1905 437p.
6) Berlász, Jenö "Hogyan propagalta Széchényi Ferenc az Országos Könyvtár?" *OSZK Evkönyve* 1968/1969 , 1971 p.55-84
7) Kollányiの著作も1902年に国立セーチェーニ図書館発行の雑誌Magyarkönyvzemmelに数回にわたって発表された論文をまとめたものである。1902年は国立セーチェーニ図書館開館100年の年にあたるため，2人はこれを記念してそれぞれの著作を発表した。
8) Berlász, Jenö *Az Orszagos Széchényi Konyvtar története 1802-1867* Budapest, Országos Séchényi Könyvtár, 1981 491p.
9) 後にセーチェーニ図書館長となるHorvatの *Mindennapi:Pest-Budai Naplója 1805-1809* Tankonyvkiado, 1967 371p. とフェレンツの息子Istvanの *Napló* Gondolat, 1978 435p.
10) Barany, George *Stephen Széchenyi and the awakening of Hungarian nationalism, 1791-1841* Princeton, Princeton University Press, 1968 487p.
11) Felho, Ibolya *Az urbéres Birtokviszonyok Magyarorsagon Maria Terézia Koraban* Akadémia Kiadó 1790. p.484
12) 現在のブラチスラバ。1784年までハンガリー総督府が置かれていた。
13) 1773年にイエズス会が解散させられた後，この大学はブタに移り王立大学となる。現在のエトヴァシュ・ロランド大学（ブタペシュト大学）の前身である。
14) バラージュ，H. エーヴァ 前掲書 p.126
15) Berlasz, Jeno *Az Orszagos Széchényi Konyvtar története 1802-1867* Budapest, Orszagos Séchényi Konyvtar, 1981 p.16
16) バラージュ，H. エーヴァ 前掲書 p.336
17) フェレンツの時代，現在のブタペシュトはブタとペシュトに分かれていた。一つになったのはフェレンツの息子イシュトバーンによりセーチェーニ橋が架けられてからである。
18) 母への手紙の中でフェレンツは体調をこわし治療を受けたと書いている（Franknói, Vilmos op.cit., p.87）。
19) 叔父イグナーツ（Ignac 1711-1777）が死去し，フェレンツはナジツンクの居城などを相続した。他の2人の叔父はすでに死去していた。
20) カトリックのみに認められてきた宗教活動が自由になり，カトリック教徒以外でも公職につくことができるようになった。
21) Barany, George *op.cit.*, p.15
22) Barany, Gyorge *op.cit.*, p.16
23) バラージュ，H. エーヴァ 前掲書 p.306
24) Barany, Gyorge *op.cit.*, p.16

25) 同上
26) ツェルナー,エーリヒ『オーストリア史』リンツビヒラ裕美訳　彩流社　2000 p.402
27) バラージュ,H. エーヴァ 前掲書　p.338
28) Barany, George op.cit., p.22
29) Ibid., p.21
30) Franknói, Vilmos op.cit., p.164
31) バラージュ,H. エーヴァ 前掲書　p.338
32) 南塚信吾編『ドナウ・ヨーロッパ史』山川出版社　1999 p.171
33) Kosáry, Domokos　Muvelodés: a xviii. századi Magyarországon. Budapest, Akademiai Kiadó, 1980, p.526
34) Ibid., p.117
35) 南塚信吾編『ドナウ・ヨーロッパ史』山川出版社　1999. p.167
36) ポーター,ロイ『イングランド18世紀の社会』目羅公和訳　法政大学出版局　1996 p.342
37) バーク,ピーター『知識の社会史』井山弘幸,城戸淳訳　新曜社　2004 p.249
38) ポーター,ロイ　前掲書　p.340
39) 秘書のリビニがフェレンツにあてた1788年4月22日の手紙で,ロンドンから送られた図書の箱が無事届いたことを報告している(Franknói, Vilmos op.cit., p.113)
40) ポーター,ロイ　前掲書　p.335
41) Franknói, Vilmos p.115
42) Ibid., p.115
43) Berlász, Jenö "Hogyan propagalta Széchényi Ferenc az Országos Könyvtár?" OSZK Evkönyve 1968 / 1969, 1971 p.80
44) Barany, George op.cit. p.16によれば,フェレンツの経済についての知識が彼の財産の状況を改善する役に立った。1775年の相続時の多額の負債は,その後の25年間で半分になり,次の20年間で相当の財産を築くことができたという。
45) Franknói, Vilmos op.cit., p.192-193
46) Franknói, Vilmos op.cit., p.221
47) Berlasz, Jeno Az Orszagos Széchényi Konyvtar története 1802-1867 Budapest, Országos Séchényi Könyvtár, 1981　p.37
48) Franknói, Vilmos op.cit., p.228
49) Berlász , Jenö "Hogyan propagalta Széchényi Ferenc az Orszagos Konyvtar?" OSZK Evkönyve 1968/1969 , 1971 p.63-64
50) Ibid., p.75-77
51) Ibid., p.84
52) Berlász Jenö Az Orszagos Széchényi Konyvtar története 1802-1867 Budapest, Országos Séchényi Könyvtár, 1981 p.41
53) Berlász Jenö Ibid., p.42-43

54) オーストリア皇帝フランツの弟で，ハンガリー副王のヨーゼフを指す．
55) 1805年1-3月の彼の日記（Horvát, István *Mindennapi:Pest-Budai Naplója* 1805-1809 Tankönyvkiadó, 1967 p.61-126）には，10回国立図書館にでかけたという記述がある．
56) *Ibid.* p.27
57) バラージュ，H. エーヴァ　前掲書　p.357-359
58) Berlász Jenö *op.cit.*, p.69
59) ブタの王立大学図書館は1780年に著作権登録図書館の特権を認められた．
60) なおこの時ティボルトを手伝ったのが，後に図書館専門職員となるグルバーであった．
61) Somkuti, Gabriella 'Széchényi Ferenc nemzeti könyvgyüteménye' *OSZK Evkönyv* 1970 / 71, 1972 p.191
62) Berlász Jenö *op.cit.*, p.138
63) Franknói, Vilmos *op.cit.*, p.252
64) バラージュ，H. エーヴァ　前掲書　p.338
65) Séchenyi István Napló Gondolat, 1978　p.180
66) Barany, George op. cit., p.24
67) パムレーニ，エルヴィン編『ハンガリー史1』恒文社　1980 p.268
68) バラージュ，H. エーヴァ　前掲書　p.338
69) 同上 p.339
70) 同上 p.338

「はだしのライブラリアン」の足跡

——ヘディッグ・アニュアールと東南アジア図書館界の発展——

The Footprints of "Barefoot Librarian": Hedwig Anuar and Her
Contribution to the Development of Libraries in Southeast Asia

宮原　志津子
（東京大学大学院教育学研究科博士課程）

ヘディッグ・アニュアール（Hedwig E. Anuar）
1928 年　マレーシアに生まれる
1965 年　シンガポール国立図書館長に就任
1968 年　マレーシア「公共図書館振興のための青写真」発表
1980 年　シンガポール国家図書振興カウンシル議長就任
1988 年　シンガポール国立国会図書館退職

---

1. はじめに

　ヘディッグ・アニュアールは1965年のマレーシアからの分離独立後，シンガポールの国立図書館長を始めとする様々な要職を歴任し，シンガポールそして東南アジア地域において，公共図書館の発展に努めた女性として知られている。その名はシンガポールやマレーシアなどの東南アジア地域だけでなく，イギリス，オーストラリアの図書館界にまで広く認知されており，特にシンガポールではその功績に対して大きな敬意が

払われている。

　独立後の東南アジア諸国の図書館の歴史は，植民地時代の「遺産」として残された社会装置としての図書館を，どのように新たな国家建設・開発の枠組みの中に取り込み，各国のアイデンティティを踏まえた図書館に再設計していくか，という問いと共に始まった。それはすなわち，図書館を植民地エリートなど一部の特権階級のための施設から，新たな国家建設に参加する「国民」すべてのための施設にするために，国家開発の中に公共図書館を位置づけることへの挑戦の始まりでもあった。

　さらにこうした公共図書館拡大への試みはまた，植民地エリートに奉仕していたライブラリアンの役割をも変えようとしていた。1970年代，東南アジアの図書館界では，アジアの農村部で医療を行う「はだしの医者」のように，一部の特権階層のためだけでなく，より広範囲の人々の中に飛びこみ，図書館サービスを行う「はだしのライブラリアン」[1]が期待されていた。時代は庶民のために働くライブラリアンを必要としていたのである。

　そのなかで公共図書館の発展に努めたアニュアールの存在は，シンガポール国内だけでなく，東南アジアをはじめとする途上国の図書館界に大きな影響を与えた。アニュアールがシンガポール国立図書館に迎えられた1960年代，東南アジアの各国では新たな国家建設に取り組んでおり，図書館界にとっても新たな図書館のあり方を模索する時代であった。

　この時代に活躍したアニュアールの足跡をたどることは，東南アジアにおいて図書館が植民地統治の手段から，新興国家建設の手段としてどのように組み替えられていくかという過程を検証する意義がある。

　これまでのところ，アニュアール個人に関する学術研究や報告などはほとんどないが，シンガポールの図書館史についてはいくつかの先行研究がある[2]。しかし，アニュアールの業績を通し，歴史研究としてこの時代の図書館活動を検討した学術研究はほとんど見られない。むろん日本でも，これまでアニュアールの業績について論じられたことはなく，シンガポールや東南アジアの図書館活動が学術的に研究されることも少なかった[3]。

そこで本稿では、アニュアールが残した業績の中で特筆すべき事柄である、公共図書館サービスの構築、図書開発、東南アジアの図書館界の連携の3点について論じながら、彼女の足跡をたどる。そして最後に、東南アジアの図書館界における「はだしのライブラリアン」としてのアニュアールの功績に対する歴史的意義を検討する。

2. ヘディッグ・アニュアールついて

2.1 ライブラリアンとしてのキャリアの始まり

ヘディッグ・アニュアールは1928年11月19日、シンガポールとの国境に近いマレーシアのジョホールバルで生まれた。幼少期は1934年から1936年までジョホールバルのホーリー・インファント・ジーザス修道院（Convent of the Holy Infant Jesus）と、さらに1937年から1941年と戦後の1946年に同修道院のシンガポール校舎で初等・中等教育を受けた。その後1947年から1950年までシンガポールの名門 ラッフルズ・カレッジ（Raffles College）で学んだ後、当時シンガポールにあったマラヤ大学（University of Malaya）に進学し、1951年に学士号を取得しFirst Class Honours Degreeの最優秀の成績で卒業した[4]。

卒業後は行政職への就職を希望したが、女性であるという理由で公共サービス委員会に就職を断られた。アニュアールは後年、女性の自立を支援する活動を行うようになるが、その背景には能力ではなく性別で差別された若き日の苦い経験が元になっていることが推察できる。希望通りの就職ができなかったアニュアールは、母校のホーリー・インファント・ジーザス修道院に6ヶ月契約の臨時教員として採用された。しかし小学生や中学生を教える仕事にアニュアールは満足することができず、生徒たちとも打ち解けることができなかったようである[5]。

このような不遇の時代が続いたが、やがて母校のマラヤ大学からのリクルートの電話をきっかけに、アニュアールの人生は大きく変わっていく。マラヤ大学の図書館に採用されたアニュアールは、1952年4月からライブラリーアシスタントとして働き始めた[6]。当時のマラヤ大学は1949年に設立されたばかりであり、大学図書館は仮設のバンガローで開館し

ながら新しい建物の建設を進め，現地人の図書館員の採用を始めていた[7]。このようにアニュアールは最初からライブラリアンを目指していたわけでなく，職場環境も整っていなかったが，生来の本好きも幸いしてアニュアールは新しい仕事にすぐ馴染んだ。そしてこの「偶然もたらされた専門職」[8]はやがて彼女の天職になった。

アニュアールはイギリス図書館協会の試験を受けるため，通信教育で勉強を始めた[9]。当時，シンガポールには国内にライブラリースクールがなかったので，図書館員が司書資格を取るためには海外へ留学するか，イギリス図書館協会の外部試験（external examination）を受験するしか方法がなかった[10]。アニュアールはカーネギー財団の奨学金を得て数名の図書館員と共にイギリスに留学し，1955-1958年までロンドンのノースウェスタン・ポリテクニクのライブラリースクール（Northwestern Polytechnic School of Librarianship）で，イギリス図書館協会のアソシエイト（Associate of the Library Association）として学んだ。そこで優秀な成績を収めたことにより，イギリス図書館協会のフェロー（Fellowship of the Library Association）となり，さらに1年ロンドンに滞在して勉強を続けた。フェローはライブラリアンの中で最も高度な専門資格とされており，アニュアールは排他的な性格のイギリス図書館協会においてフェローとなった初めてのシンガポール人女性となった[11]。

2.2 シンガポールでの活躍

帰国後，アニュアールはクアラルンプールの新キャンパスに移転したマラヤ大学図書館に戻り，アシスタントライブラリアンとして働き始めた。一方，シンガポールでは1955年からシンガポールのラッフルズ国立図書館（Raffles National Library）の館長を務めていたイギリス人のレオナルド・ハロッド（Leonard M. Harrod）が1960年1月に退職することになり，後任としてアニュアールの名前が挙がっていた。アニュアールはシンガポール政府からの特別要請を受け，翌1960年4月にマラヤ大学図書館からの出向という形で，シンガポール国立図書館の館長職に1年間の期限で就任した。任期を終えた後マラヤ大学図書館にいったん戻るが，

1962年にシンガポール国立図書館の副館長に正式に任命される。さらに1965年5月には，コロンボプランから派遣され館長を務めていたニュージーランド人のプリシラ・テイラー（Priscilla Taylor）の後任として，シンガポール人として初めて国立図書館の館長に就任した。1968年4月からは終身雇用の契約を結び，以後1988年まで20年間館長の任を全うした。1969年には優れた行政手腕が国から評価され，その年の最も優秀な公務員5名のうちの1名に選ばれ，ゴールドメダル（Public Administration Gold Medal）が贈られている[12]。

なおアニュアールはシンガポール国立図書館長の職の他にも，様々な役職に就いていた。1969年から1978年までの9年間は，シンガポール国立公文書館（National Archive and Records Centre）の館長を兼務しており，1965年から1995年までシンガポール国家図書振興カウンシル（National Book Development Council of Singapore）の名誉事務局長や議長を務めている。なおイギリス図書館協会（the British Library Association）と東洋ライブラリアン国際協会（International Association of Orientalist Librarians）の会員でもある。また図書館協会の設立には創立当時から深く関わり，1954年には現在のシンガポール図書館協会の前身であるマラヤ図書館グループ（Malayan Library Group）を創設し，1958年に現地人として初めて会長となった。さらにCONSAL（Congress of Southeast Asian Librarians: 東南アジア図書館員会議）の創設メンバーにも名を連ねている[13]。

一方で国際会議やジャーナルなどでは東南アジアの図書館事情を多く発表しており，Lohによれば1958年から1988年の30年間で，アニュアール自身が書いた著書や論文は94本あり[14]，代表的な論文は*Issues in Southeast Asian Librarianship: A Selection of Papers and Articles*[15]として出版されている。この本は東南アジアの図書館を取り巻く事情について包括的にまとめられており，当該地域の図書館の歴史や出版事情を知る上で貴重な資料となっている。

国立図書館館長の職を退いてからも，関連する様々な要職や委員を務めていたが[16]，同時に自身のライフワークである女性の支援活動に積極

的に取り組んでいる。1985年に創設した市民団体Association for Women for Action and Researchでは1989年から1991年まで会長を務め,他にも女性を対象とした英語教育プログラム (Women Learning English Programme of the Society for Reading and Literacy) にコーディネーターとして関わるなど,そのエネルギッシュな活躍ぶりは今も変わらない。このような女性の自立への長年の活動が評価され,1993年にシンガポールの女性雑誌 *Her World* 誌 からウーマン・オブ・ザ・イヤー賞が贈られている[17]。

3. 東南アジアの図書館の概略

アニュアールの業績の歴史的位置付けを明確にするために,本章では先行研究に基づき,東南アジアの国立図書館の歴史と,独立後の公共図書館サービスを概観する。

3.1 国立図書館の概略

東南アジア地域で図書館が本格的に作られるようになったのは,19世紀に植民地化されるようになってからである。欧米の宗主国は植民地統治の一環として,自国の役人や商人の情報収集や娯楽のために図書館を設けるようになった。例えばイギリスはシンガポールにラッフルズ図書館 (Raffles Library) を,オランダはインドネシアに中央博物館図書館 (Central Museum Library) を,そしてフィリピンではアメリカが貸出図書館 (American Circulating Library) を建てた。なお植民地化を免れたタイでも,図書館を文明化のシンボルとして植民地化を進める各国に対抗するため[18],王族のための会員制図書館であるヴァジラナナ図書館 (Vajiranana Library) が建てられた[19]。

独立後,これらの図書館の運営は政府が担うようになった。シンガポールではラッフルズ図書館が1960年にシンガポール国立図書館 (National Library of Singapore) に改められ,新たな建物が造られた。インドネシアでも中央博物館図書館にジャカルタ地域図書館 (Regional Library of Jakarta),社会政治史図書館 (Library of Social and Political History),図

書館開発センター書誌部(Bibliography Division of the Centre for Library Development)を合併して,1980年に国立図書館(National Library of Indonesia)が造られた。マレーシアでは,1972年から国立図書館(National Library of Malaysia)は国家公文書館の一部として運営されてきたが,1977年には分離し独立の組織となった。フィリピンではアメリカ貸出図書館が何度かの名称変更を経たあと,1964年に正式に国立図書館となった。なおタイでは,王室図書館のヴァジラナナ図書館が1905年の王室の布告により,王室関係者だけの会員制図書館からすべての国民が使える国立図書館に変わった[20]。

　このように独立後いくつかの国では,新たな国立図書館の建物が「国家や国家威信のシンボル」[21] として建てられており,国立図書館の整備が進んだかに見えた。が,多くの国では衣食住の基本ニーズを満たすことで精一杯で,図書館への十分な投資はされなかった。蔵書は購入できず,植民地時代に収集されたものに頼っていたので,多くの図書館では資料が不足していた。一方,国民の識字率は低い国が多く,現地語で書かれた出版物も少ないことから,一般国民が図書館に行くことはほとんどなかった[22]。国家のシンボルとして立派な建物が造られても,国立図書館としての機能を十分に果たしているとは言えない状況が続いたのである。

3.2　公共図書館の特徴

　アニュアールは東南アジアの図書館について,「大学生や研究者,技術者や法律家,医者など少数の高学歴エリートが使う大学や専門図書館から先に発展し,一般の人が利用する公共図書館の発展は遅れていることが多い[23]」と述べているが,公共図書館は国立図書館に比べてさらに発展が遅れている国が多かった。また各国の公共図書館の発展の度合いは,経済・社会状況などを反映して国によってかなり異なっていた。よって東南アジアの公共図書館を一概に論じるのは難しいが,いくつかの共通点も見出すことができる。例えばLimは東南アジアの公共図書館の特徴について次のように列挙している[24]。

　1) 公共図書館の多くは独立後つくられたものである。植民地時代は大

半の国で公共図書館はなく、政府が建てた図書館は経済調査を行う専門図書館か、宗主国の商人や役人のための娯楽施設としての会員制図書館だった。

2) 現在の多くの公共図書館は、植民地政府が設けた会員制図書館が元となっている。

3) 独立後、政府の政策は衣食住や教育などの国民の基本的ニーズを優先したため、公共図書館は財政的に恵まれていなかった。また現地語出版物の不足や識字率の低さ、そして専門家の不在も常にあった。

4) 多くの公共図書館はイギリスやオーストラリアのように地方政府によって運営されておらず、シンガポールやインドネシア、フィリピン、タイのように大半は国立図書館によって管理されている。なおマレーシアでは国立図書館はクアラルンプールの首都の公共図書館サービスのみを運営し、州レベルのサービスは公共図書館公社（Public Library Corporation）が行っている。

5) 東南アジアでは公共図書館設備の質と国の国内総生産（GDP）の間にはかなりの相関関係がある。実際、GDPが最も高いシンガポールの公共図書館システムは域内で最も優れているが、反対にGDPが低いフィリピン、ラオス、カンボジア、ベトナムは公共図書館の設備が貧弱である。

現在でも一部の国を除き、東南アジアの公共図書館をめぐる状況は厳しい。特に国内全体での公共図書館システムネットワークの形成が不十分な国がほとんどであり、大都市と地方とのサービス格差も依然として存在している。また「建物があっても、サービスが整っていないところが多い」[25]とのアニュアールの指摘のように、中央政府や地方政府の財政難のため、資料費や人件費に十分な予算を割けないことから、図書館サービスを十分に行えない図書館が依然として多い。

4. 東南アジアの公共図書館発展におけるアニュアールの功績

前章で述べたように、東南アジア国会図書館や公共図書館の多くは、今なお多くの課題を抱えている。しかしシンガポールでは「域内で最も発展

した公共図書館システム」[26)]の整備に成功し,隣国マレーシアでも国全体に公共図書館ネットワークを形成している。その成功の背景には,両国の公共図書館の礎を築いたアニュアールの存在がある。さらにアニュアールは現地語の図書の開発や,東南アジア域内の図書館の連携にも取り組んだ。本章では東南アジアの公共図書館の発展に寄与したアニュアールの功績とその意義について述べる。

4.1 すべての国民へのサービスへ:公共図書館ネットワークの構築
4.1.1 シンガポール公共図書館の発展

シンガポールでは国土が狭いこともあり,UNESCO の勧告[26)]をもとに,国立図書館が公共図書館のサービスを兼ねることを 1960 年の「国立図書館法」(National Library Act) の制定時に定めた。そこでアニュアールは公共図書館システムの形成に向けて,まず国立図書館の改革から着手した。1968 年には国立図書館の機能が初めて詳細に定められた「国立図書館法」が改正された。この改正により,国立図書館が傘下の図書館などに資料やサービスについての助言や調整を行うことが正式に定められ[27)],公共図書館ネットワークの形成が本格的に始まった。

アニュアールが館長に就任した 1965 年の国立図書館報告書によれば,国立図書館の建物は中央図書館が 1 館のみであり,他にはコミュニティセンターを間借りし,週に数時間開館する「パートタイム図書館」と移動図書館しかなかった[28)]。アニュアールは館長就任後の方針で,図書館の分散化に力を入れることを表明した[29)]。最初の「フルタイム」分館のクインズタウン (Queenstown) 図書館は 1970 年 4 月に開館し,20 万冊の蔵書可能冊数を誇る本格的な図書館が出来上がった。またこの図書館は,シンガポール人建築家が設計し,シンガポール人図書館員が運営するなど,国内の専門家による最初の公共図書館となり,「シンガポールの公共図書館開発にとって画期的な出来事」[30)]となった。その後,公共図書館の利用は増え[31)],さらに 7 館の「フルタイム図書館」が開館するなど[32)],1970 年代から 80 年代にかけて図書館ネットワークは全土に構築されていった。また各分館では読書室やレファレンス室の他に,児童室

や多目的ホール，視聴覚室がなどが備えられ，多様なサービスが展開できるようになった[33]。

さらに1956年からはそれまでの英語の資料に加え，他の公用語の中国語，マレー語，タミル語の資料も収集するようになり，4言語での目録も作られるようになった[34]。アニュアールにとって，この4言語による資料提供には特別の意味があった。それは，「以前のラッフルズ図書館は英語教育を受けた少数のエリートのための図書館だったが，現在の国立図書館システムは国民のすべての層にサービスする図書館に変化した」[35]からである。このように，アニュアールは公共図書館を整備することで，シンガポールに住むすべての人が図書館を利用できるように力を尽くした。

4.1.2 マレーシアの公共図書館計画への協力

1970年代まで，マレーシアでは無料の公共図書館サービスはほとんど行われていなかった。マラヤ図書館グループは1956年に公共図書館の開発に関する要望書を用意し，教育大臣に提出しているが，政府の図書館への関心は低く，その書類は受理されなかった。

1965年，マレーシア図書館協会（Persatuan Perpustakaan Malaysia）は公共図書館の常任委員会を設立し，図書館開発を進めようとした。しかし方向性が打ち出せないことと，開発を推進するコーディネーターの不在が大きな障壁となっていた[36]。しかし1968年にマレーシア図書館協会とシンガポール図書館協会主催で，国家開発における公共図書館に関する会議が行われ，マレーシアの公共図書館開発計画を作ることが決議された。マレーシア図書館協会はマレーシアユネスコ委員会（Unesco National Commission for Malaysia）とアジア財団（Asia Foundation）の財政支援を受け，アニュアールを計画作成のために招聘することをシンガポール政府に要請した[37]。アニュアールが委託された内容は，「1. マレーシアの公共図書館のニーズに関する調査」「2. 公共図書館サービス開発を行う図書館担当局を設置するための法律案の作成」「3. 公共図書館の設立・開発計画案と，マレーシア連邦政府の5年間の行動計画案の作成」「4. 公共図書館開発への様々な提言」であった[38]。

アニュアールは1968年の4月30日から3ヶ月間マレーシアに滞在し，全13州をまわって公共図書館の現状をくまなく調査し，その結果を「公共図書館振興のための青写真」(*Blueprint for public library development in Malaysia*[39])としてまとめた。計画書には公共図書館の現状と共に，公共図書館は独立した公共図書館団体によって運営されるべきであり，公共図書館が完全に整備されるには20年の歳月が必要であることなどが記された。さらに提言は法制度や財政から職員，サービス，蔵書，建物のあり方，そして図書館協会や国立図書館の役割まで，詳細に及んでいる。報告書は国家図書館委員会（National Library Committee）に提出され，最終的に公共図書館計画の基礎として連邦政府によって受諾された。

　その後，マレーシア政府はこの計画をもとに公共図書館の整備を進め，公共図書館サービスは主に州公共図書館公社（State Public Library Corporation）によって担われるようになった。図書館ネットワークは全土に広がり，2005年現在では移動図書館も含め941館の公共図書館が造られている[40]。全国規模の図書館開発を継続的に進めるためには，長期的視点に立ち，国の状況に合わせた開発計画の設計が重要であることを，アニュアールは示したと言ってよいだろう。

4.2 出版界の発展へ：「図書振興」の推進

　アニュアールが精力的に取り組んだ仕事の一つが，国内の出版を活性させるための「図書振興」（Book Development）である。アニュアールは「アジア地域では教育の普及にも関わらず，言語や活字の多様性と低い購買力，著述業・印刷業・書籍販売業の停滞，高い非識字率が，読書人口を増やし公共図書館を発展させることを阻害している」[41]と述べているが，図書館を発展させるためには，識字や出版流通などの図書館活動に関係する様々な問題にも並行して取り組むことが必要だと考えていた。

　1960年代当時の東南アジア各国の出版事情は極めて乏しい状況であった。本の大半は輸入されたものだったため非アジア言語で書かれており，わずかな人しか読むことができなかった。一方，現地で出版される本はほとんどが教科書など教育関係のものであり，購入者が少ない一般書や

児童書の出版点数は少なかった[42]。また地方では本の入手自体が難しいことであった。国民の間に読書習慣も定着しておらず，読書活動を推進する機関もほとんどなかった。また作家や印刷技術者などの育成も行われておらず，本の原材料である紙の入手すら困難な国がほとんどであった。政府の図書振興への対応も遅れていた[43]。この結果，書店や図書館には一般市民に馴染みのない言語で書かれた本ばかりが並び，図書館も現地語出版物自体が少ないため，蔵書を増やすことができなかった。

このような状況を受け，1966年東京で，アジアの本の生産と流通問題に関するユネスコ専門家会議（UNESCO Meeting of Experts on the Problems of Book Production and Distribution in Asia）が開催された。アジア地域から書店，出版業界，図書館，作家，教育者などの関係者が初めて一同に会し，深刻な本不足の状況の改善について議論を重ねた。そして各国で本の生産と流通を発展させることと，アジア域内はもとよりそれ以外の地域との間でも本の流通を促進することが決められた。さらに各国の国家開発計画の一部として図書振興計画を盛り込む必要性が確認された[44]。アニュアールもこの会議に参加し，シンガポール図書館界の代表として積極的に発言を行った。ユネスコ代表として参加していたジュリアン・ベルストック（Julian Behrstock）は，アニュアールの意見は「図書振興のための総合計画は，各国の社会経済計画として採用されなければならない[45]。」という会議報告書の一文に反映されており，図書振興を国家開発の中に位置づける重要な役割を担ったと評価している[46]。

東京会議の後，シンガポール図書館協会は「シンガポールの本の生産と流通の問題に関するワークショップ」（Workshop on the Problems of Book Production and Distribution in Singapore）を同年12月に開催し，関係者が出席して国内の出版産業が直面している問題について討議した。この時に国家図書振興カウンシルの設立が提案され，文化省によって1969年2月にシンガポール国家図書振興カウンシル（National Book Development Council of Singapore）が正式に設置された。カウンシルは財政的な支援を政府から受け，会員は政府・非政府の教育者，文化人，出版者，印刷業者，図書館関係者，書店関係者からなる12名で構成され

た。事務所は国立図書館内に設けられ,初代名誉事務局長にアニュアールが選出された。アニュアールは名誉事務局長を1980年3月まで務め,その後は1995年まで議長として働くなど,長年カウンシルの発展に貢献した[47]。

シンガポール国家図書開発協会は1969年からシンガポール・ブックフェアを開催し,また1982年からは「国家読書月間」定めている。その他,出版者や編集者,書店やライブラリアンのスキル向上のためのセミナーやワークショップも開催している。さらにシンガポールの作家や文学の育成のために,1976年から2年ごとにシンガポール人もしくは永住外国人が公用語で書いた作品に対し「協会賞」を授与している。また1991年からは英語で書かれた作品に対する「シンガポール文学賞」が設けられた[48]。このように国家図書開発協会は,国内の出版文化を支え,発展させるために重要な役割を今日まで果たしている。

4.3 東南アジア地域の連携へ:CONSALの結成

CONSAL (Congress of Southeast Asian Librarians: 東南アジア図書館員会議)は「域内の図書館員,図書館,図書館学校,図書館協会,関連組織間の関係の立上げ・強化」「域内の図書館員,図書館,図書館学校,ドキュメンテーション,関連活動の分野での協力の促進」「図書館,図書館教育,ドキュメンテーション,関連活動の分野での他の地域・国際組織や機関との協力」を目的として1970年に結成された,東南アジア地域の図書館のための組織である[49]。アニュアールは設立当初から関わり,地域の連携に力を尽くした。

アジアにおける図書館の地域組織はCONSAL以前にもあり,1957年にアジア図書館協会同盟 (Asian Federation of Library Associations: AFLA),1966年には東南アジア図書館協会同盟 (Southeast Asian Federation of Library Associations: SEAFLA) が発足した。しかし運営方針などについて各国の同意を得ることができず,具体的な活動を行わないまま解散した[50]。

CONSAL設立のきっかけは,1969年にインドネシアで開かれた「東

南アジアの図書館資料に関する会議」(Conference on Southeast Asian Library Materials) である。この会議にはライブラリアンだけでなく，アーキビスト国際協会東南アジア地域支部」(Southeast Asian Regional Branch of International Council on Archives: SARBICA)に所属しているアーキビストたちも参加していた。ライブラリアンたちはSARBICAのような図書館員のための地域組織の必要性を強く感じ，会議の間に議論を重ねた。その議論の輪の中にアニュアールもおり，彼らが創設者[51]となってCONSALが結成されることになった[52]。

　アニュアールは東南アジア研究所 (Institute of Southeast Asian Studies) のライブラリアン，リム (Lim Pui Huen) と共に，図書館の地域組織結成のための会議を開くことをシンガポール図書館協会とマレーシア図書館協会に働きかけた。そして両協会の主催により，記念すべき第一回目のCONSALが1970年の8月14から16日にシンガポール大学で開催され，カンボジア，インドネシア，マレーシア，フィリピン，シンガポール，タイ，ベトナムの7カ国が参加した[53]。

　CONSALの最も大きな特徴は，常設の事務局や職員を設けていないことである。CONSAL以前に発足した組織は，運営方針に関する意見の相違が元で解散したので，その先例を踏まえてあえて細かな規定は設けず，「緩やかな連合体」として「会議と協会のハイブリッド」の運営を行っている。協会の運営は各参加国の国立図書館から任命された代表によって行なわれており，3年に一度の会議の運営は開催国から選出された議長，副議長，書記，会計執行委員会が行っている。また会費を徴収していないため，執行委員会は自らスポンサーを見つけ，運営経費のための財源を確保しなければならない[54]。このようなCONSALの運営や取り組みについては様々な評価がある。例えばLimは「CONSALは東南アジアの図書館間の関係強化にかなり成功した一方で，地域間の図書館間協力や資料共有の促進などの重要な課題にはほとんど成功していない。」として，「CONSAL統治機構の脆弱さ」などが地域の図書館協力を阻む「障害」となっていると指摘している[55]。

　現在CONSALにはASEAN10カ国（ブルネイ，カンボジア，インド

ネシア，ラオス，マレーシア，ミャンマー，フィリピン，シンガポール，タイ）が加盟し，2006年末までに計13回の会議が行われており[56]，東南アジア各国の図書館の状況を知ることのできる貴重な場となっている。しかし現状の報告で終わるのではなく，地域の図書館界が抱える問題にどのように対処するか。図書館を取り巻く状況が刻一刻と変化している中で，今後のCONSALにはそのような現実的な協力体制づくりがより求められるだろう。

5 まとめ

前述のように東南アジアの大半の図書館は，植民地時代に欧米諸国によって自国民のための現地情報の収集，または娯楽施設として設けられ，利用者は役人や商人などに限られていた。また独立後も，大学や専門図書館など高学歴のエリート層が利用する図書館から発展していき，誰もが利用できる公共図書館は，国家開発の中での優先順位が低いこともあってその設置や発展は遅れた。1970年代に入っても「図書館施設は未だエリートのものであり，教育を受けた少数者だけが利用できるもの」[57]であり，ライブラリアンもまたエリート意識が高い専門家であった。アニュアールはイギリスで図書館学を修めているエリートであるが，同様に海外に留学して図書館の専門知識を学んだ東南アジアのライブラリアンたちが，帰国しても母国の図書館事情に関心を示さず，何ら問題を解決するために働こうとしない状況を危惧していた[58]。

このような殻に閉じこもった図書館エリートと違い，アニュアールはライブラリアンとして，または一人の良き市民として，積極的に自国やアジア地域の図書館が抱える問題に取り組んだ。そして公共図書館の発展に力を注ぎながら，図書館を軸として国家や社会の発展に貢献するという視点を忘れなかった。アニュアールは先進国の図書館サービスをそのまま持ち込もうとせず，アジアの歴史や文化を尊重し，それぞれの国にあった図書館サービスを構築しようとした。その結果，シンガポールやマレーシアにおいて，図書館をかつての植民地時代に作られたエリートのための会員制図書館から，誰もが必要とする情報・知識にアクセス

できるための公共図書館へと変え，全国に公共図書館システムをつくりあげることを実現することに成功したのである。また自国の言語や文学を尊重し，西欧からの文化の輸入に頼らず，自国の出版文化を発展させることに取り組んだ。それらの取り組みは，東南アジア全体へと向けられ，図書館の地域組織の結成につながった。

　本稿の冒頭で，新たな国づくりの途上，図書館界でも一部の特権階層のためだけでなく，より広範囲の人々の中に飛びこみ図書館サービスを行う「はだしのライブラリアン」の登場が待たれていたことを述べた。ライブラリアンとしての可能性に挑戦し続けたアニュアールの視線の先には，常に情報や知識を求める多くの庶民がいた。アニュアールこそ「はだしのライブラリアン」を象徴する人物だと言えよう。

注

1) 1973年にフィリピンで行われた第2回CONSALでの，国連大使Leticia R. Shahaniのスピーチ。彼女はフィリピンで始まった農村部で活躍する「はだしの医者」を引き合いに，様々な分野の専門家が多くの人のために働く時，新たな東南アジアの「ルネッサンス」が始まると述べた。(Shahani, Leticia R. "Welcome Address." CONSAL Proceedings, No. 2. *CONSAL I-X proceedings*, Talipan Triangle, 1996, [CD-ROM]. 参照)

2) シンガポールの図書館史については次の研究がある。
　Anuar Hedwig. "The National Library of Singapore 1958-1983," *Issues in Southeast Asian Librarianship: a selection of papers and articles.* Aldershot, Gower. 1985, p.71-72.
　Chan, Thye Seng. "Libraries and Library development in Singapore," *Proceedings of the First Conference of Southeast Asian Librarians.* Singapore, Chopmen Enterpprise, 1972, p.77-86.
　Gim, Wee Joo, Chan Thye Seng, Mary Beng Neo. "Singapore Libraries: ADecade of Development, 1965-1974 ", *Singapore Libraries*, vol.5, 1975, p.16-23.
　Lim, Edward Huck Tee. *Libraries in West Malaysia and Singapore: a short history,* Kuala Lumpur, University of Malaya Library, 1970, 161p.
　Seet, K.K. *A Place for the People*, Singapore, Times Books International, 1983, 176p.

3) シンガポールの図書館に関する日本での学術研究は次の研究がある。
　宮原志津子「シンガポールにおける図書館情報政策「Library 2000」の策定と公共図書館の社会的役割の変容」『日本図書館情報学会誌』Vol.52, No. 2, 2006,6,

p.85-100.
同「シンガポールの図書館司書職制度の変遷」『東京大学大学院教育学研究科紀要』Vol.44, 2004, p.411-420.
4) Mohamed, Zaubidah. *Singapore Infopedia : Hedwig Anuar* [online]. Singapore, National Library Board, 2003[cited 2006-12-25]<URL: http://infopedia.nlb.gov.sg/articles/SIP_648_2005-01-11.html>
5) Auar, Hedwig. "The Library Profession in Singapore: 50 Years On." Tan, Jessie Gek Hong [et al.]（ed.）. *Celebrating 50 years of librarianship in Malaysia and Singapore*. Singapore, Integrated Press Pte Ltd., 2005, p.38.
6) 前掲5) p.38
7) Lim, Patricia. Pui Huen. "Singapore Library Scene." Gopinathan, S., Valerie Barth（eds.）. *The need to read: Essays in honour of Hedwig Anuar*. Singapore, Festival of Boooks Sinagpore Pre Ltd., 1989, p.15-16.
8) 前掲5) p.38.
9) 前掲5) p.38-39.
10) Wicks, Yoke-Lan. "Staff Training in the National Library," *Singapore Libraries*, Vol.5, 1975, p.41-45.
11) 前掲2) Seet, p.119.
12) 前掲4), 前掲11) p.120.
13) 前掲2) Seet, p.120.
14) Loh, Alice. "Bibliography: Works by and about Hedwig Anuar, 1958-88." Gopinathan, S. & Valerie Barth. *The Need to Read: Essays in Honour of Hedwig Anuar*. Singapore, Festival of Boooks Sinagpor, 1989, p.1-13.
15) Anuar, Hedwig. "The Planning of National Libraries in Southeast Asia," *Issues in Southeast Asian Librarianship: A Selection of Papers and Articles*. Aldershot, Gower. 1985, 214p.
16) 退職後は次の委員などを務めた。著作家著作権仲裁所（1988-1991年），文学諮問委員会（1989-1991年），出版物諮問委員会（1990-1991年），検閲審査委員会（1991-1992年），ライブラリー2000審査委員会（1992-1993年），出版物上訴委員会（1993-1994年）。また1989年から1993年まで国際開発調査センターと図書館情報開発コンサルタントの顧問も務めた。(Khoo, Siew Mun.（ed.）. *Memorable journey: commemorating 25 years of CONSAL （Congress of Southeast Asian Librarians）, 1970-95*. Kuala Lumpur. CONSAL X Executive Board in conjunction with the Tenth Congress of Southeast Asian Librarians. 1996, p.xivを参照)
17) 前掲3), 前掲16) p.xiv.
18) Jory, Patrick, "Books and the Nation: The Making of Thailand's National Library," *Journal of Southeast Asian Studies*. Vol.31, No. 2, 2000, p.351-373.

19) Lim, Edward Huck Tee. "CONSAL into the 21st century," 前掲16) p.78-79.
20) 前掲18) p.78-79.
21) 前掲18) p.78.
22) 前掲18) p.78.
23) 前掲15) p.4.
24) 前掲18) p.80.
25) 前掲15) p.4.
26) 前掲18) p.81.
26) 国土の狭い国では国立図書館と公共図書館は統合することが望ましいことが勧告された。(Unesco, Public Libraries for Asia: the Delhi Seminar, Paris: Unesco, 1956, p.28. を参照)
27) 前掲2) Anuar, p.71-72.
Byrd, Cecil K. *Books in Singapore*. Singapore: The National Book Development Council of Singapore, 1970, p.103-104.
28) Singapore National Library, *Annual Report 1965*, Singapore National Library, 1966, p.69.
29) 前掲2) Seet, p.130.
30) Chan, Thye Seng. "A Branch Library for the People", *Singapore Libraries*, vol.1, 1971, p.63-66
31) 図書の会員数は、アニュアールが館長に就任した翌年の1966年には119,643人であったが、退職した翌年の1989年には60万人を超えるまでに増えた。貸出も「フルタイム図書館」の整備が進められた1980年代に急速に増加した。公共図書館全体の蔵書冊数も増え、1983年には国立図書館の蔵書は160万冊を超え、1958年と比べて10倍になった。
(Singapore National Library 発行の *Annual Report* 1958年から1989年を参照)
32) トアパヨ分館(1974年)、マリンパレード分館(1978年)、ブキッメラ分館(1982年)、アンモキオ・ベドック分館(1985年)、ゲイラン東・ジュロン東分館(1988年)が開館した。
33) 前掲2) Anuar, p.55.
34) Siew, Kee Yeh & Chang Soh Choo. "Multi-Language Catalogues in the National Library Singapore," *Singapore Libraries*. Vol.2, 1972, p.1-14.
35) 前掲2) Anuar, p.57.
36) Ali, Syed Ahmad bin. "Preface," Hedwig Anuar. *Blueprint for public library development in Malaysia*. Kuala Lumpur: Persatuan Perpustakaan Malaysia, 1968, p.1
37) 前掲2) Seet, p.136.
Wijasuriya, Dek., Lim Huck-Tee. and Radha Nadarajah. *The Barefoot Librarian: Library development in Southeast Asia with special reference to Malaysia*. London:

Clive Bingley, 1975, p39-40.
38) Anuar, Hedwig. *Blueprint for Public Library Development in Malaysia.* Kuala Lumpur: Persatuan Perpustakaan Malaysia, 1968, p.3.
39) 前掲28) 229p.
40) 2005年の Research Division, National Library pf Malaysia の調査。本稿では Shahar Banun Jaafar. "Strategizing Librarians as Human Capitals: A Way Forward for National Development,"
Proceedings of the 13th CONSAL [CD-ROM] p.22. を参照した。
41) 前掲15) p.3.
42) Behrstock, Julian. "Promoting Books and Readership in the Developing World." Gopinathan, S. , Valerie Barth （eds）. *The need to read: Essays in honour of Hedwig Anuar.* Singapore, Festival of Boooks Sinagpore Pre Ltd., 1989, p.55-56.
43) Romesh Thaapar. *Book Development in National Communications and Planning.* UNESCO Regional Centre for Book Development in Asia. p.49-54, p.57-66.
44) 前掲42) p.54.
45) Unesco. *Book Development in Asia: A Report on the Production and Distribution of Books in the Region*[online]. Unesco: Reports and Papers on Mass Communication. 52:21, 1976, p.21. [cited 2006-12-25] <http://unesdoc.unesco.org/images/0000/000013/001313eo.pdf>
46) 前掲42) p.53.
47) Anuar, Hedwig. "Foreword," Cecil K. Byrd, *Books in Singapore.* Singapore, The National Book Development Council of Singapore, 1970.p.i-ii.
48) Anuar, Hedwig. "About Book Development," National Book Development Council of Singapore, [online] [cited 2006-12-25]
<URL: http://www.bookcouncil.sg/>
49) CONSAL." About CONSAL: History" [online] [cited 2006-12-25]
<URL:http://www.consal.org.sg/about/history.asp>
CONSAL." About CONSAL: Mission and objectives" [online] [cited 2006-12-25]
<URL:http://www.consal.org.sg/about/mission.asp>
50) Lim, Patricia Pui Huen. "CONSAL: Concept and Beginning," 前掲16) p.17-18.
51) Limによれば、次の7名がCONSALの創設者とされている。(前掲50) p.21を参照）
Mastini Hardjoprakoso（インドネシア中央博物館ライブラリアン）
Winarti Partaningrat（インドネシア国家科学ドキュメンテーションセンター所長）
Soong Mun Wai（マラヤ大学図書館ライブラリアン）
Marina G. Dayrit（フィリピン大学図書館ライブラリアン）
Hedwig Anuar（シンガポール国立図書館館長）
Patricia Lim Pui Huen（東南アジア研究所ライブラリアン）
Maenmas Chavalit（タイ国立図書館館長）

図書館人物伝　外国人篇

52) 前掲 50) p.20
53) Lim, Patricia Pui Huen. "CONSAL I: New Prospects for Southeast Asian Cooperation," 前掲 16) p.22.
54) 前掲 18) p.75-76.
55) 前掲 18) p.74-84.
56) CONSAL. "Conference" [online] [cited 2006-12-25] <URL: http://www.consal.org.sg/conference/consalxixiii.asp.>
57) 前掲 37) Wijasuriya p.7.
58) 前掲 23) p.3-4.

編集後記

　2002年に研究会が創立20年を迎えるにあたり，その記念事業を行なうため，2000年6月に20周年記念事業実行委員会が設置された。委員会での検討の結果，名誉会員の推薦，20周年記念集会の実施などとともに，機関誌『図書館文化史研究』19号を記念号として増ページ発行することになった。内容は，"「20周年によせて」＋論文" と決した。

　2002年9月の20周年記念集会・パーティの実施にあわせて刊行された記念号は，本文203ページの分厚い1冊となった。『図書館文化史研究』の通常号は平均して100ページ程度であるから，19号はそのおおよそ倍の分量である。「束」としては，20周年を記念するにふさわしいものとなった。

　しかし前記のように，内容は "「20周年によせて」＋論文" であり，実行委員会としても悔いが残った。委員会の立ち上げが遅く，これが内容決定の遅れにつながり，統一テーマの設定等ができなかったのである。

　他方この時期の事務局は，中林隆明氏（1995〜98年度），石井敬三氏（1999〜2001年度）が担当されていた。お二方の堅実かつ適切な研究会運営によって，20周年記念事業準備金は着々と積み立てられ，事業終了後も，相当額の積立金が残った。

　この20周年の剰余金をどのように活用するかが運営委員会で議論され，25周年事業の実施が企図された。この運営委員会提案は，2004年9月の会員総会で了承され，25周年記念事業の実施が決定された。事業内容は，20周年と同様で，名誉会員2名の推薦，記念集会・パーティの開催，そして記念論集の刊行である。

　この記念論集については，当初から "特集テーマを設定した「論文集」とし，「随想類」は掲載しない" 方針であった。テーマは，会員の意見を徴し，運営委員会で協議を重ね，「人物評伝」とすることになり，2005年2月「図書館人物伝（仮称）」の原稿募集が始まった。

　実はこの論集は初期の計画段階では，20週年と同じく『図書館文化史

研究』の増ページ発行を想定していた。あまり多くの原稿は集まらないだろうと踏んでいたからである。ところが、募集開始直後から多くの方が名乗りをあげ、2006年度末で募集を打ち切った。この時点で35件の応募であった（のち1件追加）。運営委員会では『図書館文化史研究』増ページではなく、単行本での出版に計画を変更した。

上記のように、本書には当初36の応募があったが、所定の期限に提出された原稿は26篇であった（うち1篇は辞退）。これら25篇の原稿について『図書館文化史研究』に準じて1篇につき2名の査読担当者を決め、審査を行なった。多数の原稿が集まったため、一般会員にもご協力もいただきながら、全運営委員総がかりの査読となった。

査読は短期間に多数の原稿を読まなければならなかった。必ずしも各自の専門領域と一致していないものも受け持たざるを得なかった。また、再審査、再々審査となった原稿もあり、査読担当者には大変な労苦をかけた。

査読の結果、執筆者の皆さんにも、それぞれ原稿の修正をお願いすることになった。かなり大幅な手直しを求めたり、再々修正を求めた原稿もあった。残念ながら掲載見送りとなった原稿もあった。編集・審査の過程で、ご不快な思いをされた方もおられよう。この間の事務上の不手際は、事務局担当者の責任である。深くお詫びしたい。

以上のような経過により、本書は予定通り2007年9月の創立25周年記念研究集会・パーティにあわせて、刊行の運びとなった。本文454ページ、日本人篇10、外国人篇10、合計20篇の人物評伝集である。分量では、20周年をはるかに凌ぐ。しかし問題はもちろん中身である。

運営委員会では、前述のように企画当初から本書を「論文集」とするべく、編集を進めてきた。一定水準の論集を目指して、執筆者の皆さんとともに本書を作り上げてきた。個人的には、まずまずの出来ばえではないかと思っている。

だが、はたして本書が所期の目的を達成しているのか、真に25周年にふさわしい内容を確保しているのか、その判断は読者に仰ぐほかない。今後の研究会と斯学の発展ためにも、忌憚のないご意見をお願いする次第

である。

　最後になったが，本書の出版にご理解・ご助力をいただいた日外アソシエーツ株式会社に，厚くお礼申し上げる。

2007年7月

日本図書館文化史研究会
事務局　小黒 浩司

図書館人物伝
― 図書館を育てた20人の功績と生涯

2007年9月25日　第1刷発行

編　集／Ⓒ日本図書館文化史研究会
発行者／大高利夫
発　行／日外アソシエーツ株式会社
　　　　〒143-8550 東京都大田区大森北 1-23-8 第3下川ビル
　　　　電話 (03)3763-5241(代表)　FAX(03)3764-0845
　　　　URL http://www.nichigai.co.jp/
発売元／株式会社紀伊國屋書店
　　　　〒163-8636 東京都新宿区新宿 3-17-7
　　　　電話 (03)3354-0131(代表)
　　　　ホールセール部(営業)　電話 (044)874-9657

組版処理／日外アソシエーツ株式会社
印刷・製本／光写真印刷株式会社

不許複製・禁無断転載　　　　《中性紙三菱クリームエレガ使用》
《落丁・乱丁本はお取り替えいたします》
ISBN978-4-8169-2068-4　　　Printed in Japan,2007

日本図書館史概説

岩猿敏生 著　A5・250頁　定価3,990円（本体3,800円）　2007.1刊

図書文化が伝来した古代4〜5世紀から、市民に公開される「図書館」が誕生した明治・大正・昭和戦前期まで、図書館文化の変遷を時代背景とともに詳説。

入門・アーカイブズの世界──記憶と記録を未来に

記録管理学会・日本アーカイブズ学会 共編　A5・280頁　定価2,940円（本体2,800円）　2006.6刊

アーカイブズ学の分野で世界的に定評ある論文7編を精選し、翻訳した論文集。記録管理の歴史的背景、海外での現状、未来への展望まで俯瞰することができる。

情報センターの時代──新しいビジネス支援

緒方良彦・柴田亮介 著　A5・210頁　定価2,940円（本体2,800円）　2005.1刊

企業・組織の中枢として機能する情報センターを事例や図表とともに詳説。公共図書館との連携や情報シンジケートの構築など新しい可能性についても提言。

レポート作成法──インターネット時代の情報の探し方

井出翕・藤田節子 著　A5・160頁　定価2,100円（本体2,000円）　2003.11刊

図書館情報学のプロによる、レポート・論文作成の実践的マニュアル。テーマ決定から情報収集・管理、執筆、仕上げまで、実際の手順に沿って理解できる。

世界の図書館百科

藤野幸雄 編著　A5・860頁　定価14,910円（本体14,200円）　2006.3刊

古代から現代までの世界の主要な図書館や発展に寄与した人物および図書館関連用語を解説した"図書館の百科事典"。アメリカ議会図書館、北京国家図書館、パニッツィ、ランガナータンなど3,100項目を収録。

お問い合わせは…　データベースカンパニー　日外アソシエーツ

〒143-8550 東京都大田区大森北1-23-8
TEL.(03)3763-5241　FAX.(03)3764-0845
http://www.nichigai.co.jp/